ABÉCÉDAIRE

OU

RUDIMENT D'ARCHÉOLOGIE

(Architectures civile et militaire);

PAR M. DE CAUMONT,

CORRESPONDANT DE L'INSTITUT, FONDATEUR DES CONGRÈS SCIENTIFIQUES,

Directeur de l'Institut des provinces et de la Société française d'archéologie pour la conservation des monuments historiques.

Ouvrage approuvé

PAR L'INSTITUT DES PROVINCES DE FRANCE

Pour l'enseignement de cette science dans les Collèges , les Séminaires et les Maisons d'éducation des deux sexes.

2e. ÉDITION.

PARIS ,
DERACHE, RUE DU BOULOY, N°. 7 ;
DIDRON , RUE ST.-DOMINIQUE-ST.-GERMAIN, 23 ;
DENTU , PALAIS-ROYAL, GALERIE D'ORLÉANS;

CAEN, HARDEL, IMPRIMEUR, ÉDITEUR, RUE FROIDE, 2 ;
ROUEN, LE BRUMENT, SUCCESSEUR DE FRÈRE.

ET CHEZ LES PRINCIPAUX LIBRAIRES DES DÉPARTEMENTS.

—

1858.

ABÉCÉDAIRE

ou

RUDIMENT D'ARCHÉOLOGIE.

A. DE CAUMONT,

DIRECTEUR DE LA SOCIÉTÉ FRANÇAISE D'ARCHÉOLOGIE POUR LA CONSERVATION DES MONUMENTS, FONDATEUR DES CONGRÈS SCIENTIFIQUES.

ABÉCÉDAIRE

OU

RUDIMENT D'ARCHÉOLOGIE

(Architectures civile et militaire);

PAR M. DE CAUMONT,

CORRESPONDANT DE L'INSTITUT, FONDATEUR DES CONGRÈS SCIENTIFIQUES,

Directeur de l'Institut des provinces et de la Société française d'archéologie pour
la conservation des monuments historiques.

Ouvrage approuvé

PAR L'INSTITUT DES PROVINCES DE FRANCE

Pour l'enseignement de cette science dans les Colléges, les Séminaires
et les Maisons d'éducation des deux sexes.

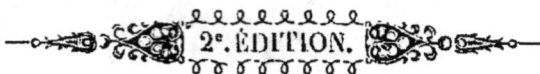

2e. ÉDITION.

PARIS, DERACHE, RUE DU BOULOY, N°. 7 ;
DIDRON, RUE ST.-DOMINIQUE-ST.-GERMAIN, 23 ;
DENTU, PALAIS-ROYAL, GALERIE D'ORLÉANS;

CAEN, HARDEL, IMPRIMEUR, ÉDITEUR, RUE FROIDE, 2 ;
ROUEN, LE BRUMENT, SUCCESSEUR DE FRÈRE.
ET CHEZ LES PRINCIPAUX LIBRAIRES DES DÉPARTEMENTS.

1858.

PRÉFACE DE L'ÉDITEUR.

Ce que nous avons dit en parlant de l'architecture religieuse du moyen-âge (préface de l'*Abécédaire*, architecture religieuse), nous le répéterons pour l'architecture civile et pour l'architecture militaire de cette grande période. Avant la publication du *Cours d'antiquités monumentales* de M. de Caumont, en 1830, on n'avait pas même songé à étudier les constructions civiles du moyen-âge : on les confondait avec les églises, et toutes les fois qu'on rencontrait des maisons, des caves même, voûtées en ogive, on n'hésitait pas à en faire des chapelles. Telle était l'ignorance au sujet des constructions civiles que l'on ne paraissait pas soupçonner qu'elles eussent pu avoir rien de commun avec l'architecture religieuse, et l'on rapportait à celle-ci tous les débris dans lesquels la forme de l'ogive se dessinait.

L'architecture militaire ne pouvait donner lieu à une semblable confusion ; mais les auteurs et les artistes qui s'étaient occupés des anciens châteaux ne songeaient guère à faire connaître le système d'après lequel ils ont été construits. Tous s'étaient proposé de décrire ou de dessiner des ruines pittoresques, sans les comparer les unes aux autres, sans chercher

leurs analogies ou leurs dissemblances dans les différents siècles ;
et, conséquemment, ils n'avaient pu tirer aucunes inductions
sur la marche de l'art, ni établir aucune classification chrono-
logique.

Esquisser l'histoire de l'architecture civile et de l'architecture
militaire du moyen-âge, c'était, comme on le voit, un sujet
vaste et complètement neuf. Cette étude présentait d'autant plus
de difficultés que les constructions civiles anciennes sont clair-
semées, le plus souvent incomplètes et plus ou moins défigurées.

D'autre part, les châteaux ont été les uns rasés ou démantelés, d'autres dénaturés par des constructions nouvelles. Il
faut aller chercher ceux qui ont conservé quelque caractère
dans les lieux stériles, au milieu des bois et sur des éminences
que l'homme s'est hâté d'abandonner dès que la civilisation lui
a permis de vivre avec sécurité dans des demeures moins sévères et plus commodes.

Ces difficultés, quoique considérables, n'avaient pas rebuté
M. de Caumont, et ses leçons de 1830 offrirent pour l'architecture civile et pour l'architecture militaire, un système de classification aussi juste que celui qu'il avait proposé pour l'architecture religieuse. Après avoir subi l'épreuve de vingt-huit
années en France et à l'étranger, ce système a été reconnu bon
partout. Il ne pouvait en être autrement, parce qu'il repose
sur des faits observés par l'auteur lui-même sur un grand nombre
de points différents.

L'*Abécédaire d'archéologie* (architectures civile et militaire)
qui donna, en 1853, un résumé de la 5ᵉ. partie du *Cours d'an-*

tiquités, devait avoir le même succès que l'*Abécédaire d'archéologie* (architecture religieuse), puisqu'il présentait aussi un abrégé substantiel, illustré d'un grand nombre de figures; il a bientôt fallu en publier une autre édition dans laquelle l'auteur a introduit de nouvelles planches et d'utiles améliorations. C'est cette édition, impatiemment attendue, que nous présentons, persuadé qu'elle ne sera pas moins bien accueillie que la précédente.

L'éditeur,

A. HARDEL,

Membre du Conseil de la Société française d'archéologie.

ARCHITECTURE CIVILE

DU MOYEN-AGE.

CHAPITRE Ier.

Qu'appelez-vous architecture civile du moyen-âge ?

Tout édifice non consacré au culte, comme les églises ou les chapelles, et qui n'est point destiné à la défense, comme les châteaux, appartient, d'après ma division, à l'architecture civile.

Ainsi, les maisons claustrales des abbayes, les hôpitaux, les palais, les halles, les ponts, les hôtels-de-ville, et enfin les maisons particulières, viennent se ranger dans la classe des constructions civiles.

Ces constructions, dans lesquelles on peut suivre les progrès de la civilisation, du commerce et de l'industrie durant le moyen-âge, offriraient un sujet d'études infiniment attrayant, si nous en possédions un grand nombre passablement conservées de divers siècles.

« Dans l'histoire des mœurs des nations, dit Hallam, le chapitre
« consacré à l'architecture domestique, serait, sans contredit, s'il était
« bien exécuté, celui qui ferait le mieux connaître les progrès de la vie
« sociale. Dans les habillements, dans les plaisirs, les modes tiennent
« en général au caprice, et ne sont point susceptibles d'être ramenées à
« des règles certaines ; mais chaque changement dans les habitations
« des hommes, depuis la hutte des bois la plus grossière, jusqu'au palais
« le plus magnifique, a été dicté par quelque principe de convenance,
« d'agrément, de commodité ou de magnificence » (1).

_____

(1) V. l'*Europe au moyen-âge*, par Hallam, t. IV.

Malheureusement, ce champ de recherches si intéressant a été bien moins exploré que d'autres comparativement stériles, et aujourd'hui que nos villes se sont presqu'entièrement renouvelées, il ne reste plus que des débris des constructions civiles des XIe. et XIIe. siècles.

Ce n'est guère qu'à partir du XIIIe, et de la fin du XIIe. que nous trouvons un certain nombre de maisons anciennes, et jusqu'à cette époque, je n'ai pu réunir que des renseignements fort incomplets sur les monuments civils.

Une telle pénurie force d'être extrêmement bref dans l'aperçu que l'on peut présenter sur ces édifices antérieurs au XIIe. siècle (1).

Quelles divisions chronologiques peut-on établir pour l'étude et la classification des monuments civils au moyen-âge ?

On peut admettre pour l'architecture civile, durant l'ère du moyen-âge, à peu près les mêmes coupes que pour l'architecture religieuse ; ainsi la première période, qui correspondrait à l'architecture romane primitive, s'étendrait :

Depuis le Ve. siècle jusqu'au Xe.

La seconde (période romane secondaire et transition), commencerait à la fin du Xe. siècle et se prolongerait jusqu'au XIIe. inclusivement.

On établirait pour la période ogivale des divisions correspondant :

Au XIIIe. siècle et au XIVe. ;

Au XVe. siècle et aux premières années du XVIe. ;

Au XVIe. siècle et au XVIIe. ;

Lesquelles coïncident avec la durée des styles ogival primitif, secondaire et tertiaire, avec la renaissance et la période moderne.

Quel était l'état de l'architecture civile du Ve. au Xe. siècle ?

Pour répondre à cette question, il faut se reporter d'abord à ce qu'étaient, sous la domination romaine, les habitations privées et les monuments publics ; car il est bien certain que long-temps après la chute de l'Empire on suivit les traditions de l'ère précédente. La pe-

---

(1) La forme générale et la distribution des divers bâtiments civils ont, comme on le comprend, différé considérablement de celles des églises ; mais comme ces édifices ont été soumis aux mêmes variations que l'architecture religieuse, quant au système de décoration, de maçonnerie et d'ouvertures (portes et fenêtres, etc.), on pourra toujours les classer au moyen de ces caractères, quand ils offriront quelques parties passablement conservées.

riode mérovingienne fut en quelque sorte, pour l'architecture et la sculpture, *la continuation de la période gallo-romaine*, avec les différences résultant de l'abaissement de l'art, suite naturelle des malheurs qui avaient pesé et pesaient alors sur la société.

J'ai donné dans mon *Cours d'antiquités*, t. III*., et dans l'*Abécédaire d'archéologie* (ère-gallo-romaine), des notions assez étendues sur les édifices publics et privés de la Gaule romaine; il faut recourir à ces détails. Je rappellerai seulement que, sous les Romains, les constructions privées étaient pour la plupart, loin de répondre à la magnificence des édifices publics, et que, dans nos contrées, les maisons ne furent souvent qu'en bois et en torchis. L'usage de bâtir de la sorte, qui a régné si long-temps au moyen-âge, *remontait donc aux temps de la domination romaine;* c'était une des traditions de l'ère qui avait précédé, tradition qui avait seulement été modifiée suivant les temps et suivant les lieux.

Les édifices publics et quelques maisons de riches propriétaires durent particulièrement, aux premiers siècles du moyen-âge, offrir des matériaux solides et durables.

Sous les Romains, comme aujourd'hui, il y avait des maisons spacieuses pour les personnes riches, et des maisons disposées pour le logement du peuple : celles-ci, plus ou moins étroites, n'avaient pas la régularité des premières et devaient présenter, comme aujourd'hui, de grandes variétés de forme et d'étendue. Les autres, plus régulières, n'offraient pourtant pas invariablement la même distribution : la nature des emplacements, le goût et les besoins des propriétaires, durent à cette époque, comme à présent, apporter des modifications notables dans la disposition des pièces.

*Reste-t-il en France des débris de maisons publiques ou privées du V*e*. siècle et des siècles suivants jusqu'au X*e*.*

Je n'oserais l'affirmer : il est possible que des fondations ou même quelques pans de mur de cette époque existent dans des localités que nous n'avons pas visitées; mais il serait probablement bien difficile de se prononcer sur leur origine, surtout si ces débris sont associés à des constructions moins anciennes.

Les abbayes même, bien plus importantes que les constructions privées et les édifices publics qui existaient avant le X*e*. siècle, n'ont pas laissé de traces que l'on puisse indiquer aujourd'hui comme authentiques. On sait d'ailleurs que, pour les édifices publics, on se servit aussi, à cette époque, des constructions romaines encore subsistantes ; ces monuments durent être appropriés aux besoins des populations : on répara les bains, les aquéducs, les portiques, etc.

Les édifices élevés par les Romains ont fourni pendant long-temps des logements pour le peuple dans presque toutes les anciennes villes ; on s'était aménagé dans les arènes, les temples, les théâtres ; les murailles antiques avaient servi de support aux toitures et aux cloisons de ces demeures établies au milieu des ruines (1).

Les constructions nouvelles qui purent alors être faites offraient une imitation des constructions précédentes. Les traditions ne se perdirent point entièrement, et Mabillon a publié un document précieux (2) prouvant que certains édifices du premier ordre avaient conservé, au VIIᵉ. siècle, les mêmes distributions qu'auparavant.

Les abbayes avec leurs cloîtres, par exemple, étaient une imitation des grandes habitations romaines, ornées de portiques.

CONSTRUCTIONS MONASTIQUES. — *Vous venez de dire que les abbayes étaient une imitation des grandes habitations romaines, donnez quelques explications sur ce sujet ?*

Il est évident que pour leurs maisons conventuelles, les moines ont emprunté à l'une et à l'autre des maisons romaines, c'est-à-dire aux maisons de ville et aux grandes maisons de campagne.

Le cloître représente le péristyle des maisons de ville, la partie réservée à la vie intérieure.

Il répond aussi à la *villa urbana* ou cour d'honneur des *villæ*.

La cour de la ferme, ou première cour, répond à la *villa rustica* des maisons de campagnes romaines.

(1) Frodoard, dans son *Histoire de l'église de Reims*, nous apprend que l'évêque saint Rigobert s'était logé sur une des portes de la ville, où il avait établi un oratoire. — Cet évêque fut ami de Pépin, maire du palais. Pépin ayant appris que sa demeure de Gernicourt lui plaisait s'empressa de la lui offrir, ajoutant qu'il lui donnerait, en outre, tout le terrain qu'il pourrait enceindre en en faisant le tour, tandis qu'il prendrait son repas à l'heure de midi. Rigobert, suivant l'exemple de saint Rémi, se mit en route, fit placer des limites de distance en distance et traça ainsi l'enceinte pour obvier à toute contestation. *Frodoard, Hist. de l'église de Reims.* Collection de M. Guizot, p. 168, t. V.

Ce récit offre beaucoup d'anologie avec celui que l'on fait à Noron, près Bayeux, relativement à l'origine des fossés du bois de Vernay, que la tradition attribue à saint Regnobert.

(2) *Rer. Ital.*, t. II.

Le *tablinum*, ou lieu de réception des maisons romaines, et la salle qui y correspond dans les *villæ* furent transformées en *salle capitulaire* dans les abbayes; les cuisines et les salles à manger, placées sur le côté des cours dans les maisons romaines, conservèrent cette place dans l'architecture monastique.

Un seul élément nouveau, L'ÉGLISE, vint se substituer à certaines dépendances de l'habitation antique et forma toujours un des côtés de la cour du cloître, de telle sorte que les maisons conventuelles, après s'être développées parallèlement à l'église, venaient, en retour d'équerre, s'appuyer, d'un côté sur le transept ou le sanctuaire, de l'autre, sur la partie occidentale de la nef.

En résumé, les abbayes avec leurs bâtiments claustraux représentant l'*urbana* ou *prætorium*, au milieu desquels on voit le cloître et le préau, frappante imitation d'un portique et d'un xyste, avec leur basse-cour comprenant tout ce qui exige une exploitation, et de vastes magasins pour serrer les récoltes; avec leur parc entouré de murs, etc., etc., offrent une image des grandes *villæ* romaines, dans lesquelles l'exploitation rurale était réunie au *prætorium*.

Est-il certain que les abbayes aient offert dans les premiers siècles du moyen-âge la disposition qu'elles ont offerte dans les siècles suivants ?

Il me serait facile de l'établir par un grand nombre de documents, j'emprunterai seulement à la chronique de l'abbaye de Fontenelle (depuis abbaye St.-Wandrille (Seine-Inférieure) un passage prouvant qu'il en était ainsi dans cette abbaye comme dans beaucoup d'autres.

Gervold, qui gouverna pendant dix-huit ans le monastère de Fontenelle (St.-Wandrille) dans la Haute-Normandie, à la fin du VIIIe. siècle (de 787 à 806) et qui avait été chargé par le monarque de fonctions importantes (1), fit réédifier l'infirmerie, les cuisines, le chauffoir, et plusieurs autres parties de l'abbaye (2). Mais Andegise, qui devint

(1) Hic nempe Gervoldus, super regni negocia Procurator constituitur per multos annos, per diversos portus ac civitates exigens tributa atque vectigalia, maxime in Quintawich (Quintovic, port de mer en Picardie). *Chronicon Fontanellense*, Cap. XVI. *Apud spicilegium* d'Achery, in-4°., t. III, p. 230 *Apud* Bouquet, t. V, p. 315.

(2) Caminatam fratrum à fundamentis ædificavit... domum etiam infirmantium fratrum emendare studuit. Coquinam fratrum jam penè dirutam in majori elegantia reparavit. Sacrarium Ecclesiæ à fundamentis ædificavit. Scholam in eodem cœnobio esse instituit. *Chronicon Fontanellense, Caput.* XVI. *Apud spicilegium* d'Achery, édit. in-4°., t. III, p. 230.

abbé en 823, entreprit des travaux plus considérables. La chronique
de Fontenelle donne sur les constructions de cet abbé des détails du
plus haut intérêt; il fit bâtir un dortoir ayant 208 pieds de longueur
sur 27 pieds de largeur et 64 pieds de hauteur. On voyait, au milieu
de ce dortoir, une pièce en saillie ayant un pavé composé de pierres
artistement disposées (probablement en mosaïque) et dont le plafond
était décoré de peintures. Les fenêtres étaient vitrées : le chêne avait
été employé pour toutes les boiseries (1).

Andegise fit construire un autre édifice qu'il divisa en deux parties;
l'une servait de réfectoire, l'autre de cellier. Les murs et les lambris
du réfectoire furent peints par Maldalulfe, peintre habile de l'église
de Cambray (2).

Un troisième corps-de-logis, appelé *la grande maison*, s'éleva plus
tard par les soins du même abbé; il renfermait un appartement avec
cheminée et touchait d'un côté au réfectoire, de l'autre au dortoir :
comme ces deux derniers bâtiments devaient être, d'après la chronique,

(1) Ædificia autem privata ab ipso cœpta et consummata hæc sunt : In
primis dormitorium fratrum nobilissimum construi fecit, longitudinis pedum
ducentorum octo, latitudinis verò vigenti septem : porrò omnis ejus fabrica
porrigitur in altitudine pedum sexaginta quatuor; cujus muri de calce fortissima
ac viscosa, arenaque rufa et fossili, lapideque tofoso ac probato constructi
sunt. Habet quoque solarium (probablement un appartement en saillie au
milieu de la façade) in medio sui pavimento optimo decoratum, cui desuper
est laquear nobilissimis picturis ornatum. Continentur in ipsa domo desuper
fenestræ vitreæ, cunctaque ejus fabrica, excepta maceria, de materia quercuum
durabilium condita est : tegulæque ipsius universæ clavis ferreis desuper affixæ ;
habet sursum trabes et deorsum.

(2) Post quod ædificavit aliam domum quæ vocatur refectorium, quam ita
per medium maceria ad hoc constructa dividere fecit, ut una pars refectorii,
altera foret cellarii : de eadem videlicet materia similique mensura sicut et
dormitorium, quam variis picturis decorari in maceria et in laqueari fecit à
Madalulfo egregio pictore Cameracensis ecclesiæ.—Tertiam nempe fecit domum
egregiam construi, quam majorem vocant, quæ ad orientem versa ab una
fronte contingit dormitorium, ab altera adhæret refectorio : ubi cameram et
caminatam, necnon et alia plurima ædificari mandavit........ Item ante
dormitorium refectorium, et domum illam quam majorem nominavimus,
porticus, honestos cum diversis pogiis ædificari jussit, quibus trabes imposuit,
ac juxta mensuram eorumdem tectorum in longum extendit. In medio autem
porticus, quæ ante dormitorium sita videtur, domum cartarum constituit.
Domum vero, qua librorum copia conservaretur quæ grecè *pyrgiscos* dicitur,
ante refectorium collocavit, cujus regulas clavis ferreis configi fecit.
Chronicon Fontanellense, apud spicilegium d'Achery, tome III, p. 238,
239, 240.

en contact avec l'église, du côté du Nord, il est facile de tracer le plan du couvent de Fontenelle à cette époque ; il devait se composer d'une cour carrée enclose au Midi par l'église, à l'Est par le dortoir, à l'Ouest par le réfectoire, au Nord par un grand bâtiment dont on n'indique pas la destination.

Il est probable qu'il y avait à l'Ouest une seconde cour renfermant les magasins, les écuries, les granges et les autres dépendances du couvent.

Le long des constructions dont la chronique de Fontenelle nous donne une description si intéressante, et à l'intérieur de la cour, se trouvaient des portiques construits par ordre d'Andegise et dont le toit et la charpente reposaient sur des pilastres.

On le voit, dès cette époque les maisons conventuelles étaient disposées à peu près comme elles l'ont été dans les siècles suivants. L'église bordait d'un côté la cour du cloître. Cette disposition, que nous retrouvons dans toutes les abbayes qui subsistent, paraît avoir été très-anciennement consacrée.

A Fontenelle, le cloître était placé au Nord de l'église, mais dans beaucoup d'autres maisons religieuses il était au Midi, je suppose même, à en juger par ceux qui nous restent de différents siècles, que cette orientation était la plus ordinaire dans les contrées septentrionales où l'on avait besoin de se mettre à l'abri du froid, et de placer les bâtiments d'habitation de manière à les faire jouir du soleil autant que possible.

Dans ses constructions à Fontenelle, Andegise n'avait pas oublié la bibliothèque ; elle était près du réfectoire, les rayons ou planches qui portaient les livres étaient fixés avec des clous en fer ; le chartrier se trouvait près du dortoir. On voyait aussi à Fontenelle, près de l'abside de l'église, une salle pour les délibérations et qui devait répondre à ce que dans la suite on a appelé la salle capitulaire dans les abbayes (1).

Je pourrais citer beaucoup de passages de chroniques attestant l'importance qu'on attachait aux deux corps-de-logis renfermant le réfectoire et le dortoir ; cette dernière pièce se trouvait habituellement dans

(1) Jussit præterea aliam condere domum juxta absidam Basilicæ sancti Petri ad plagam septentrionalem, quam conventus sive Curiæ, quæ græcè *Beleuterion* dicitur, appellari placuit ; propter quod consilium in ea de qualibet reperquirentes convenire fratres soliti sint. Ibi namque in pulpito lectio quotidie divina recitatur, ibi quidquid regularis auctoritas agendum suadet deliberatur. *Chron. Fontanel. Apud spicileg.* d'Achery, t. III, in-4°., p. 239.

le bâtiment qui fermait le côté oriental de la cour et dont l'une des extrémités joignait le sanctuaire ou le transept de l'église.

Je crois aussi qu'en général on décorait plus particulièrement cette partie des abbayes que les autres ; nous avons dit tout à l'heure qu'à l'abbaye de Fontenelle, on voyait, au milieu du dortoir, un appartement en saillie remarquable par la beauté de son pavé et de ses peintures ; le dortoir d'une abbaye construite près du Mans dans la première moitié du IX. siècle, par Aldric, évêque de cette ville, offrait aussi, vers le centre, une espèce d'abside bâtie avec élégance (1) ; le réfectoire construit en même temps était aussi assez remarquable.

Voilà donc le plan des cloîtres et des bâtiments conventuels du VIIIe. et du IXe. siècle parfaitement indiqué.

L'église, élément nouveau que nous n'avions pas dans les maisons romaines, forme à elle seule, comme je l'ai déjà dit, tout un côté du carré ; les trois autres sont consacrés aux usages de la vie. En regard de la basilique se trouvent le réfectoire, la bibliothèque, etc., etc. ; à l'ouest, les magasins, les parloirs et quelquefois la cuisine ; à l'est, la *salle capitulaire*, les dortois et quelques pièces moins importantes. Cette distribution a été fidèlement observée dans les siècles suivants.

Quelle était la destination de l'appartement nommé solarium *dans la chronique de Fontenelle ?*

Evidemment c'était une espèce de salon au premier étage, puisqu'il était attenant au dortoir ; on remarquera que cette pièce se trouve placée comme le *tablinum* des maisons de ville, lieu où l'on recevait les étrangers et l'appartement le plus orné de tableaux et de peintures ; appartement que l'on trouvait aussi dans les *villæ* avec cette différence que, d'après ma conjecture, il était au premier étage.

(1) Hic (Aldricus) namque fecit in loco in quo olim canes et meretrices sive latrones habitare solebant, monasterium supra fluvium Sarthæ, milliario et semis à jam dicta urbe (Le Mans) distante, in honore sancti Salvatoris et sanctæ Dei genitricis Mariæ et sanctorum martyrum Stephani Gervasii et Prothacii et omnium sanctorum. In quo et dormitorium novum decenter compositum fecit, et *in ipso dormitorio absidam in orientali parte mirifice construxit...*
Fecit quoque in ipso monasterio refectorium novum et nobiliter compositum, et cetera officina fratrum, tam cellaria quàm et alia officina mirabiliter et decenter construxit et regulariter ordinavit, monachisque ad inhabitandum contradidit.
Voir *Gesta Aldrici Cænomanensis urbis Episcopi, in lib. III. Stephani Baluzii Miscellaneorum*, p. 45.

L'appartement placé au milieu
de la partie orientale du cloître,
qui lui-même remplace l'*atrium
corinthien* des grandes maisons
romaines, fut plus tard réservé
à la salle capitulaire. Il paraît
que cette salle était, au IXe.
siècle, à Fontenelle, toute voisine du *solarium.*, puisqu'elle
était près de l'abside, mais elle
en était distincte.

*Quelle était l'ornementation
des constructions monastiques
de la première époque romane ?*

Il serait difficile de l'indiquer
d'une manière précise ; mais de
ce qu'elles étaient l'imitation
des grandes maisons romaines,
on peut en conclure qu'elles em-
pruntèrent aussi leur système de
décoration autant que l'abaissement de l'art le permettait.
Les pavés en mosaïques, employés avec profusion, on peut
le dire, sous la domination romaine, et l'un des principaux
éléments de la décoration de
cette époque, prirent leur place
dans les grands édifices civils
comme dans les églises. On dut
reproduire les mêmes dessins
avec plus ou moins d'habileté,
mais il est permis de croire
que l'on s'attacha à exécuter
des compartiments géométriques
plutôt que des figures d'êtres
vivants, à cause de la difficulté
qu'offraient ces dernières images.

FRAGMENT D'UNE MOSAÏQUE GALLO-ROMAINE.

La *peinture murale*, aux Ve., VIe., VIIe. et VIIIe. siècles, et même plus tard, était aussi une imitation des peintures murales gallo-romaines. Nous avons vu que le *solarium* de l'abbaye de Fontenelle était pavé en mosaïques, qu'il était peint, ainsi que le réfectoire, par un artiste habile appelé de Cambray ; les moulures devaient être, comme les peintures, une imitation de ce qu'offrent les restes des constructions romaines. On peut d'ailleurs se reporter à celles que j'ai indiquées comme usitées à cette époque pour l'architecture religieuse.

Nul doute que les combinaisons de briques figurant quelques dessins

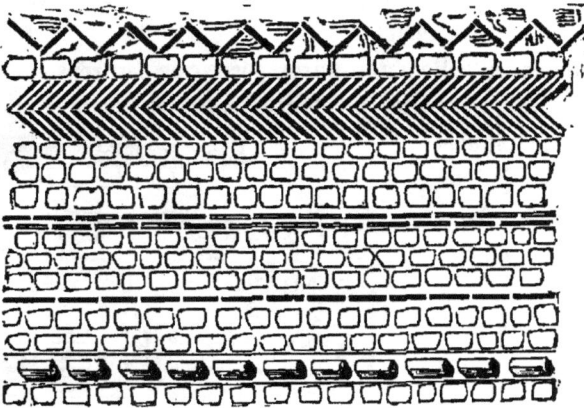

REVÊTEMENTS EXTÉRIEURS DE MURAILLES DE LA PREMIÈRE PÉRIODE ROMANE.

symétriques au milieu du petit appareil, ne fussent usitées dans les constructions civiles comme elles l'étaient dans les édifices religieux, comme elles l'avaient été même dans les murs de défense au Mans, à Cologne et ailleurs, dans les derniers temps de la domination romaine. Les *lozanges*, les *billettes* peu saillantes et le *ciment* fort épais mêlé de briques et détachant les pièces de l'appareil les unes des autres, étaient encore des moyens de décoration fréquemment usités.

Les toits composés de tuiles à rebords et de tuiles rondes ont été employés généralement pendant les premiers siècles du moyen-âge,

et beaucoup plus long-temps dans certaines contrées, dans nos provinces
méridionales, par exemple.

A Rome et dans quelques parties de l'Italie, on trouve encore ce
mode de toiture : il serait donc impossible de préciser l'époque à
laquelle on l'abondonna, car ce qui serait vrai pour un pays ne le
serait pas pour un autre. Ce qu'il y a de certain, c'est que si dans
quelques contrées on laissa de bonne heure les tuiles à rebords pour
leur substituer des tuiles fixées au moyen de cloux, dans la plupart des
autres pays on modifia très-peu la forme des tuiles avant le Xe. siècle.

*Jusqu'à quelle époque a-t-on conservé l'usage de chauffer les appar-
tements au moyen d'hypocaustes ?*

Cette question est difficile à résoudre, parce que les renseignements
nous manquent. Les hypocaustes, ou planchers, portés sur de petits piliers
de briques sous lesquels
pouvait circuler la chaleur
et la fumée d'un fourneau
dont le foyer était en-dehors ; les hypocaustes, dis-
je, qui représentaient jusqu'à un certain point nos
fours à pain, en ce sens que
la flamme entretenue dans
le fourneau du *præfur-*

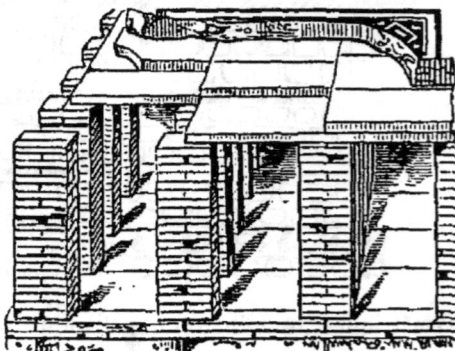

nium attirée par le courant, se répandait plus ou moins sous cette espèce
de cave entre les piliers de briques disposés en quinconce, qui supportaient le pavé des appartements, étaient si répandus sous la domination
romaine ; il restait encore tant de foyers de ce genre au Ve. siècle, que
l'on dut les utiliser et même en construire à l'imitation de ceux qui
existaient : le plan de l'abbaye de St.-Gall, monument du IXe. siècle,
prouve qu'alors on établissait encore des hypocaustes, car il indique

positivement ce mode de chauffage pour le réfectoire; cependant, de bonne heure, la cheminée qui avait été en usage dès le temps de la domination romaine, fut préférée à l'hypocauste.

L'hypocauste était très-convenable pour le temps où les murs de tous les appartements couverts de peintures auraient été ternis par la fumée des cheminées, où la civilisation romaine avait introduit partout le goût d'un confortable et d'un bien-être qui se traduisait jusque dans l'établissement des pavés qui procuraient une chaleur douce et uniforme. Sans doute le moyen-âge suivit les traditions de l'époque précédente par les constructions; il n'adopta pas les raffinements du style gallo-romain, ou du moins ce ne fut que par exception pour les grands établissements et pour les demeures les plus somptueuses de l'aristocratie. La cheminée remplissait d'ailleurs un double but, celui de chauffer les appartements et de permettre d'utiliser le foyer aux usages domestiques, ce qui dut la faire préférer à l'hypocauste pour la plupart des habitations.

Quel fut, durant la période romane primitive, l'époque où l'architecture monastique dut prendre de nouveaux développements?

Les règnes de Charlemagne et de Louis-le-Débonnaire furent très-féconds en constructions monastiques.

Beaucoup d'abbayes construisirent alors leurs maisons d'habitation, et souvent elles obtinrent la permission de prendre pour matériaux les pierres des enceintes murales et des grands monuments romains.

« Une grande quantité de monastères, dit l'Astronome dans sa vie « de Louis-le-Débonnaire, s'élevèrent par les soins de ce prince, dans « toute l'étendue de sa domination, et de nouveaux furent même con- « struits. Tels furent : les monastères de St.-Philbert, de St.-Florent, de « Charroux, de Conques, de St.-Maixent, de Ménat, de Manlieu, de « Moissac, de Savigni, de Massay, de Nouaillé, de St.-Chafre, de St.- « Pascent, de Donzère de Solignac, de Ste.-Marie, de Ste.-Radegonde, « de Véra, de Utera, de Valade, d'Anien, de St.-Guillem, de St.- « Laurent, de Ste.-Marie-sur-l'Orbieu, de Caunas, et beaucoup d'autres « qui semblent s'élever comme des flambeaux pour éclairer tout le « royaume d'Aquitaine.

« Cet exemple fut suivi par une multitude d'évêques, et même beau- « coup de laïcs, frappés d'émulation, réparaient les monastères en ruine, « ou en construisaient de nouveaux, à l'envi les uns des autres (1). »

(1) *Vie de Louis-le-Débonnaire*, par l'Astronome. — *Apud* Bouquet, t. VI, p. 95. Collection de M. Guizot, t. III, p. 340.

On ne peut douter que tous ces édifices ne fussent ce qu'il y avait alors de plus remarquable en architecture civile, aussi excitaient-ils particulièrement, par leur importance, l'attention et la convoitise des pirates qui désolèrent la France au IXe. siècle.

Les chanoines qui vécurent en commun autour des cathédrales, adoptèrent aussi à peu près la disposition des abbayes, car ils avaient un cloître, une salle capitulaire, un réfectoire, des magasins, un tribunal ou officialité, des écoles, des dortoirs ou des maisons particulières groupées dans le même quartier.

PALAIS, HALLES ET AUTRES MONUMENTS PUBLICS. — *Que sait-on des palais, des halles et des autres monuments publics pendant la période romane primitive?*

Les écrits laissés par les moines nous fournissent quelques lumières sur l'état des bâtiments claustraux du VIIIe. et du IXe. siècle; mais nous n'avons pas la même ressource pour les autres constructions civiles, et nous sommes réduits à des conjectures relativement à l'étendue et à la disposition des palais, des grandes habitations privées et des édifices publics des villes. On peut supposer que ces différents ouvrages avaient retenu quelque chose de la magnificence romaine, qu'ils offraient beaucoup d'analogie avec les édifices de même destination auxquels ils avaient succédé.

On voit à Ravenne, près de l'église St.-Apollinaire *intra-muros,* une construction en briques regardée comme un reste du palais de Théodoric.

Si la maçonnerie en briques avec des couches de ciment fort épais, offre les mêmes caractères que les constructions du VIe. siècle existant dans la même ville, les petites colonnes ou arcatures qui décorent la partie supérieure de cette façade sont peu caractérisées et ressemblent à nos colonnes romanes ordinaires. Du reste, cette espèce de façade offre une disposition symétrique des portes et des arcades qui confirme jusqu'à un certain point la tradition. Ainsi trois portes existent au rez-de-chaussée; l'une est encore ouverte, les deux autres sont bouchées.

Au-dessus de la porte centrale une niche semi-circulaire, voûtée, paraît avoir été destinée à recevoir une statue; quatre arcatures décorent la muraille de chaque côté de cette niche, reposant sur des colonnettes portées par des consoles et sur des saillies de la muraille représentant des contreforts (1).

(1) Dans une des deux portes aujourd'hui bouchées qui s'ouvraient primitivement à droite et à gauche de l'entrée centrale, on a incrusté une baignoire

Charlemagne, qui sut imprimer l'impulsion à tout ce qu'il y avait
de grand et d'utile, avait pris goût pour les arts dans les voyages qu'il
avait faits en Italie et dans les autres parties de ses États. Pendant les
intervalles de ses diverses expéditions, il s'occupa de réaliser les idées
que lui avaient inspirées ses voyages. Il fonda plusieurs villes nouvelles,
bâtit des ponts, répara beaucoup d'anciens édifices publics (1).

Le palais de Charles, à Aix-la-Chapelle, était un ouvrage remarquable, composé d'une vaste maison autour de laquelle se trouvaient
des corps-de-logis considérables pour les hommes attachés à la cour,
c'est au moins ce qu'indique le passage suivant du moine de St.-Gall,
écrivain contemporain.

« Les demeures de tous les gens revêtus de quelques dignités, dit-il,
« furent construites, d'après les plans de Charlemagne, autour du
« palais, et de telle manière que l'empereur pouvait, des fenêtres de
« son cabinet, voir tout ce que ceux qui entraient ou sortaient faisaient
« de plus caché. »

« Les habitations des grands étaient de plus suspendues pour ainsi
« dire au-dessus de la terre; non-seulement les officiers et leurs servi-
« teurs, mais toute espèce de gens, trouvaient sous ces maisons un
« abri contre les injures de l'air, la neige et la pluie, et même des
« fourneaux pour se défendre de la gelée, sans que toutefois ils pussent
« se soustraire aux regards du vigilant Charles (2). »

L'exemple donné par le souverain ne peut jamais être stérile; les
grands s'empressèrent d'imiter Charles sur différents points du royaume,
et l'architecture se releva de la décadence dans laquelle elle était tombée.

Eginhard, secrétaire de Charlemagne et surintendant des bâtiments
de l'Empire, secondait avec empressement les vues de son maître; il
avait étudié l'architecture dans les ouvrages de Vitruve (3); il était
versé dans tous les détails de cet art et avait dirigé les travaux entrepris
à Aix-la-Chapelle, pour la reconstruction du palais et de la basilique.

en porphyre transformée en sarcophage : cette baignoire avait été trouvée près
du mausolée de Théodoric, d'où l'on avait conclu, sans autre preuve, qu'elle
avait renfermé les cendres de ce prince ; on alla même jusqu'à affirmer le fait
dans une inscription gravée sur la muraille où elle se trouve maintenant en-
châssée.

(1) V. Séroux d'Agincourt, *Histoire de l'art par les monuments.*

(2) *Vie de Charlemagne,* par le moine de St.-Gall ; Apud. Bouquet, t. V,
p. 119. Collection de M. Guizot, t. III, p. 214.

(3) C'est ce que prouve une des lettres d'Eginhard, imprimée dans le t. VI
de Dom Bouquet, p. 376.

Nous le voyons, dans une de ses lettres, commander de faire des briques de deux espèces, dont il indique soigneusement à l'artisan la grandeur, l'épaisseur et la forme. Les plus grandes devaient avoir 2 pieds sur tous sens, et quatre doigts d'épaisseur (1).

A cette époque, en effet, on plaçait des chaînes de briques dans les

murailles, comme on l'avait fait sous la domination romaine; l'usage d'employer la brique par zônes horizontales, paraît même s'être prolongé jusqu'au XIe. siècle dans quelques localités.

Il est certain également que, sous Charlemagne, on ajusta, dans les édifices les plus riches, des colonnes romaines arrachées aux monuments antiques : on remarquait des chapiteaux romains au palais d'Ingelheim, situé à quelques lieues au-dessous de Mayence. Aujourd'hui le palais d'Ingelheim est détruit; mais plusieurs de ces chapiteaux on été déposés dans le musée de Mayence.

En Italie, le palais ducal de Spolette était considérable et sa distribution rappelait celle des grandes maisons romaines, comme le prouve une citation faite par Mabillon dans les *Annales bénédictines*, p. 410.

D'après le document qu'il cite, et qui se rapporte à l'année 844, ce palais offrait d'abord un antichambre ou vestibule, *proaulium ;* secondement, la salle de réception, *salutatorium ;* troisièmement, le consistoire, *consistorium ,* grande pièce, espèce de tribunal où les causes étaient entendues et jugées ; quatrièmement, le *trichorum ,* espèce de réfectoire ainsi nommé parce qu'il contenait trois tables pour trois ordres de convives ; puis les *zetæ hiemales* et les *zetæ æstivales*, ou chambres d'hiver et chambres d'été.

Septièmement, l'*episcautorium ,* où l'on brûlait des parfums ;

Huitièmement, le bain chaud ;

Neuvièmement, le gymnase, pièce destinée à la discussion et à divers exercices corporels ;

---

(1) Volumus ut Egmunalo de verbo nostro præcipias ut faciat nobis lateres quadratos habentes in omnem partem duos pedes manuales, et quatuor digitos in crassitudinem, numero LX, et alios minores similiter quadratos habentes in omnem partem unum semissem et quatuor digitos, et in crassitudine digitos tres, numero CC. Misimus tibi per hunc hominem de semine lapitri, etc.

Eginhardi abbatis epist. XXXVIII, Apud Bouquet, t. VI, p. 379.

Dixièmement, la cuisine, où les aliments étaient préparés ;

Onzièmement, le *columbum*, réservoir où les eaux venaient se rendre ;

Douzièmement, l'hyppodrôme, destiné aux courses de chevaux (1).

Cette indication sommaire ne peut tenir lieu de plan et ne mentionne d'ailleurs que les pièces principales ; mais elle suffit pour montrer l'importance du palais et l'identité de sa distribution avec celle des palais gallo-romains.

HALLES ET PONTS. — Je ne connais pas de halles ni de ponts qui remontent à la période que nous étudions, mais on peut sans crainte affirmer que les halles ressemblaient à celles des XIe. et XIIe. siècles. Les ponts, dont un bel exemple a long-temps existé à Mayence dans le pont bâti sur le Rhin par Charlemagne, devaient peu différer de ce qu'ils avaient été auparavant et de ce qu'ils furent après.

Quel fut, au Xe. siècle, l'état de l'architecture civile ?

Les ravages des Normands et les malheurs sans nombre qui en furent la suite, vinrent bientôt arrêter l'impulsion imprimée aux arts par le génie de Charlemagne. — Pendant un demi-siècle, on vit les Normands renouveler les sanglantes destructions qui avaient abimé la Gaule au Ve. et à la fin du IVe. siècle. La ruine et l'incendie désolèrent plusieurs provinces et firent sur quelques points disparaître les plus riches monuments civils ; les ronces et les épines envahirent les cloîtres dont les habitants avaient pris la fuite.

L'ordre se rétablit au Xe. siècle, on vit renaître la sécurité sans laquelle les arts ne peuvent exister ; mais après de si grands malheurs,

(1) « In primo *pro aulium*, id est locus ante aulam ; in secundo *salutatorium*, « id est locus salutandi officio deputatus, juxta majorem domum constitutus ; « in tertio *consistorium*, id est domus in palatio magna et ampla, ubi lites et « causæ audiebantur et discutiebantur, dictum consistorium a consistendo, « quia ibi, ut quælibet audirent, et terminarent negotia, judices vel officiales « consistere debent ; in quarto *trichorum*, id est domus conviviis deputata, in « qua sunt tres ordines mensarum, et dictum est trichorum a tribus choris, « id est tribus ordinibus commessantium ; in quinto *zetæ hyemales*, id est « cameræ hiberno tempori competentes ; in sexto *zetæ æstivales*, id est ca- « meræ æstivo tempori competentes ; in septimo *episcautorium* et *triclinia* « *accubitanea*, id est domus in qua incensum et aromata in igne ponebantur, « ut magnates odore vario reficerentur, in eadem domo tripertito ordine « confidentes ; in octavo *thermæ*, id est balnearum locus calidarum ; in nono « *gymnasium*, id est locus disputationibus, et diversis excitationum generibus « deputatus ; in decimo *coquinæ*, id est domus, ubi pulmenta et cibaria co- « quuntur ; in undecimo *columbum*, id est ubi aquæ influunt ; in duodecimo « *hippodromum*, id est locus cursui equorum in palatio deputatus. »

il fallut s'occuper de relever les édifices les plus nécessaires ; les
constructions ne durent être ni belles, ni considérables : d'où il
résulte que le X⁰. siècle est un des plus pauvres en productions architectoniques.

CHAPITRE II.

ARCHITECTURE CIVILE DE LA SECONDE PÉRIODE

(XI⁰. ET XII⁰. SIÈCLES).

Quel fut, à partir du XI⁰. siècle, l'état de l'architecture civile?

J'ai suffisamment prouvé dans le volume de l'*Abécédaire* consacré
à l'architecture religieuse, qu'au XI⁰. siècle, un grand mouvement se
manifesta dans l'art de bâtir, et j'en ai sommairement indiqué les
causes.

Ce fut au XI⁰. siècle, mais bien plus encore au XII⁰., que les innovations tendirent à affranchir l'art des traditions gallo-romaines : il y a
donc, dans cette période de deux siècles, deux époques assez faciles à
distinguer : la première, qui correspond aux deux tiers du XI⁰. siècle ;
la seconde, qui répond à la fin du XI⁰. et au XII⁰.; dans l'une,
l'architecture se rapproche beaucoup de celle du X⁰. siècle, dans
l'autre, elle est beaucoup plus intéressante et plus riche. Des changements notables s'opèrent successivement et la transition du roman
au style ogival devient de plus en plus manifeste.

Les généralités dans lesquelles nous allons entrer s'appliqueront aux
deux époques, sans tenir compte de ces différences.

Et d'abord on peut appliquer à l'architecture civile ce que j'ai dit
des ornements usités pour l'architecture religieuse aux XI⁰. et XII⁰.
siècles (Voir l'*Abécédaire*, architecture religieuse). Les lambeaux de
constructions civiles qui nous restent de cette époque, montrent que
l'appareil et les moulures d'ornement étaient les mêmes ; seulement
celles-ci ont presque toujours été employées avec sobriété : *elles sont
plus rares dans les monuments civils que dans les églises.*

Ainsi les contreforts plats, les colonnes avec leurs chapiteaux, les modillons placés non-seulement sous la corniche extérieure, mais aussi à l'intérieur des appartements, offrent, dans l'architecture civile, les mêmes caractères que dans les monuments religieux.

Les *portes* étaient assez simples et leurs archivoltes souvent unies.

Les *fenêtres* étaient presque toujours à plein-cintre dans les con-

FENÊTRES DE LA 2e. MOITIÉ DU XIIe. SIÈCLE, A L'ABBAYE DE SAINT-ANDRÉ
(Calvados).

structions en pierre ; il est probable que dans les maisons de bois elles étaient carrées.

Les plus petites ressemblaient à ces étroites ouvertures semi-circulaires que l'on trouve dans quelques églises de campagne. Elles étaient employées principalement pour les pièces du rez-de-chaussée. On a toujours évité de pratiquer de larges ouvertures dans le rez-de-chaussée de peur de donner accès aux voleurs, et quand on en a ouvert, comme dans la figure précédente (p. 18), les bâtiments se trouvaient dans une cour fermée où l'on n'avait rien à craindre. Les petites fenêtres présentaient presque toujours un évasement assez considérable à l'intérieur. Au 1er. étage, les ouvertures étaient plus larges et souvent divisées en deux baies. Les fenêtres à linteau droit ont été moins fréquentes que les fenêtres cintrées dans les constructions en pierre, au lieu que dans les constructions en bois c'était la forme la plus usitée.

Dans les édifices qui offraient une certaine étendue, les fenêtres étaient le plus ordinairement disposées deux à deux, et l'archivolte souvent sans moulures, mais ornée parfois de celles qu'on employait à cette époque,

était presque toujours surmontée d'une cymaise qui se prolongeait dans toute l'étendue de l'édifice en formant une ligne horizontale au niveau des impostes des cintres.

Cheminées. A l'extérieur, les cheminées, des XIe. et XIIe. siècles, étaient presque toujours cylindriques, plus ou moins élevées, sou-

CHEMINÉES DU XIIe. SIÈCLE, A LAON.

vent rétrécies vers leur sommet, n'y présentant qu'une ouverture très-étroite ; quelques-unes même n'avaient point d'orifice au haut du conduit, et la fumée ne pouvait s'échapper que par des trous pratiqués latéralement ou dans le toit de ces petites pyramides en pierre, qui alors ressemblaient plus ou moins à des clochetons.

Parmi ces dernières, on peut citer la cheminée de Quinéville (département de la Manche) figurée dans mon *Cours d'antiquités*, pl. LXXXIV, n°. 10 ; celle de la Maîtrise, près du cloître de Notre-Dame du Puy, et quelques autres. L'intérieur des cheminées est en général disposé comme le montre le dessin qui suit, que je dois à M. de

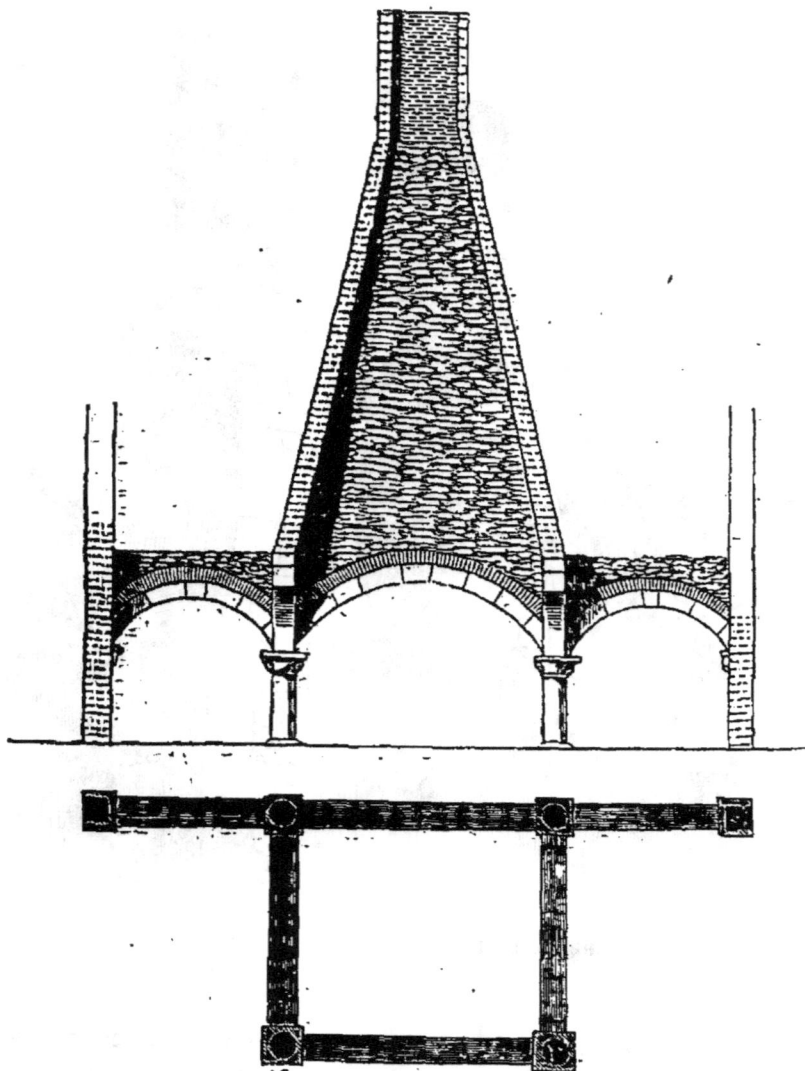

INTÉRIEUR D'UNE CHEMINÉE DU XIIe. SIÈCLE, A L'HOSPICE DE FOUGÈRES.

La Garenne, de Fougères : c'est une cavité conique pyramidale dans laquelle s'engage la fumée, et terminée par une ouverture cylindrique.

Le manteau de la cheminée, à l'intérieur des appartements, était quelquefois décoré de moulures, supporté par des colonnes, des pilastres ou des encorbellements, tantôt droit, tantôt en arc surbaissé. Je citerai pour exemple la belle cheminée, du XIIe. siècle, dessinée par M. Léo Drouyn dans une maison de La Réole (Gironde).

L'ouverture de cette cheminée a 2 mètres 13 centimètres de largeur sur 1 mètre 80 de hauteur. Le manteau, convexe et d'une seule pierre, a 0 mètre 80 centimètres de hauteur. Il est orné de plein-cintres qui, s'entrecroisant, forment onze arcs ogivaux ; dans celui du milieu est sculptée une tête d'homme. Ce manteau est soutenu par deux

CHEMINÉE DU XIIe. SIÈCLE, A LA RÉOLE.

consoles très-saillantes, divisées elles-mêmes en trois consoles en retrait. Elles sont couvertes de figures.

CONSOLES DE LA CHEMINÉE DE LA RÉOLE.

C'est à droite : 1re. *console*, un harpie à corps d'oiseau, pieds armés de griffes, long cou surmonté d'une magnifique tête de femme (V. la page 23) ; 2e. *console*, un enroulement ayant au centre une tige supportant une jolie tête humaine : à *gauche* : 1re. *console*, un dragon sans ailes, à queue recoquevillée, à pieds armés de griffes et à tête de serpent ; 2e. *console*, une superbe tête de jeune homme entourée d'enroulements.

Au-dessus du manteau est un cordon, puis le corps de la cheminée monte en se rétrécissant jusqu'à la corniche qui supporte les poutres : la salle était entourée d'un banc de pierre.

On pourrait citer bien d'autres exemples intéressants de cheminées du XIIe. siècle. J'ai figuré, pl. LXIX de mon *Cours d'antiquités*, n°. 8, la cheminée du château de Chamboy (Orne), dont le manteau droit, pyramidal, porté sur des colonnettes, est orné de moulures en lozanges ou réticulées.

Il y a des cheminées, notamment celle de la Maîtrise de la cathédrale du Puy, que je citais tout à l'heure, dont le manteau est circulaire et forme une saillie conique et cylindrique dans l'appartement. Le foyer affecte la même forme, de manière à compléter le plan circulaire.

Ce fut au XIe. et au XIIe. siècle surtout que les cheminées se multiplièrent, alors on dut abandonner complètement l'usage des hypocaustes que les constructions romaines avaient transmis au moyen-âge.

Dispositions générales.—Dans les constructions civiles d'une certaine importance, le rez-de-chaussée était souvent voûté en pierre et servait habituellement de magasin ou de logement pour les personnes attachées au service de la maison ; les plus belles pièces se trouvaient au-dessus de ce soubassement (1) : les grands appartements étaient divisés intérieurement par des colonnes et des arcades supportant le plancher.

Des peintures décoraient les murs et rehaussaient quelquefois les moulures.

(1) On pourrait néanmoins citer des exceptions à cette disposition des grands bâtiments.

Architecture civile monastique.

Les monuments civils les plus importants qui nous restent de l'époque romane secondaire (XIe. et XIIe. siècles) appartiennent à *l'architecture monastique :* ils datent pour la plupart du XIIe. siècle.

Dans le XIe. siècle, l'architecture était encore simple et sévère ; il était réservé aux architectes du XIIe. siècle de s'occuper de ce qui plait aux yeux, de chercher l'élégance et la pureté des formes.

Les nombreuses donations faites aux monastères, permirent de consacrer des sommes plus considérables à la construction des cloîtres et des maisons religieuses ; celles qui n'étaient que de bois furent souvent remplacées par des bâtiments en pierre ornés de moulures et percés de fenêtres élégantes.

Partout, au XIIe. siècle, les évêques et les abbés agrandissaient, dans leurs villes épiscopales et leurs abbayes, les édifices consacrés aux usages de la vie.

J'emprunterai donc aux monuments du XIIe. siècle la plupart des exemples que je vais citer.

Quels monuments d'architecture monastique du XIIe. siècle pouvez-vous indiquer comme méritant d'être examinés ?

Malgré les destructions sans nombre opérées sans relâche depuis 200 ans, il existe encore en France de très-beaux restes d'architecture monastique de tous les siècles, à partir du XIIe. Je n'aurai que l'embarras du choix pour décrire quelques-uns de ces curieux débris ; mais constatons d'abord quelques faits relatifs au plan des abbayes.

J'ai déjà indiqué quelle était habituellement la disposition des bâtiments d'une abbaye ; le plan qui suit, page 26, va le faire mieux comprendre encore.

Autour du préau, ou jardin carré (12) qui était encadré dans la galerie du cloître, se trouvait l'église (n°. 1), s'étendant de l'Ouest à l'Est ; puis, à l'Est, la salle capitulaire (3) ; près d'elle diverses salles (2, 4, 5) surmontées du dortoir, et en contact avec d'autres bâtiments (n°. 6) ; puis, parallèlement à l'église, le réfectoire (n°. 9) avec ses dépendances (la cuisine n°. 10), et à l'Ouest (n°. 11), des magasins, les salles des hôtes, etc., etc. (1).

Le plan ne comprend que le centre d'une abbaye, la partie exclu-

(1) Le plan que je présente est celui de l'abbaye de Beauport (Côtes-du-Nord),

sivement réservée aux moines ; les cours, les jardins, formaient des en-

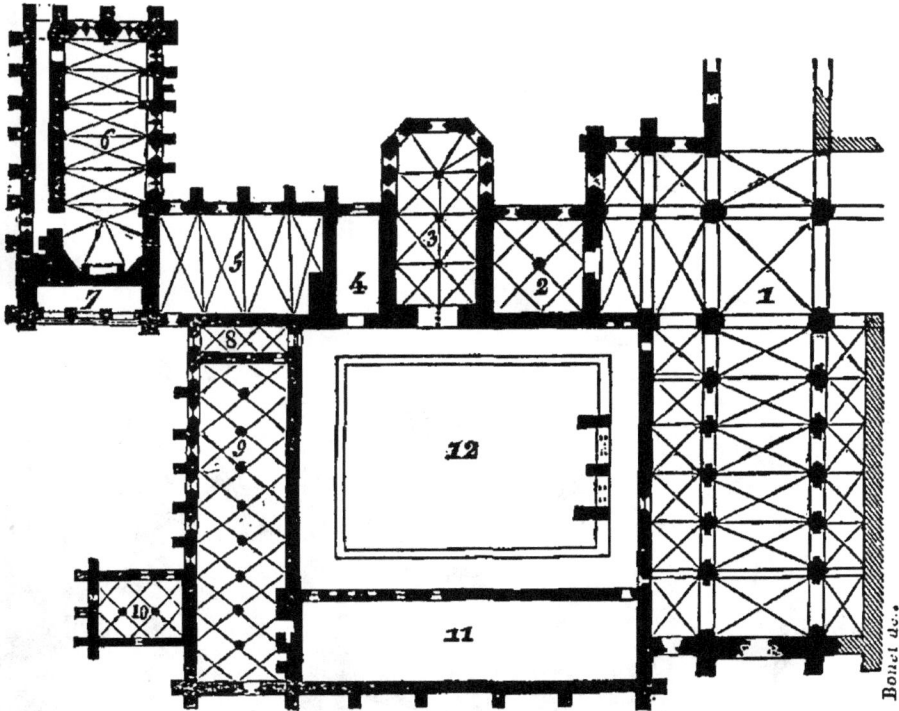

DISPOSITION DES CONSTRUCTIONS MONASTIQUES AUTOUR DU CLOITRE.

ceintes plus ou moins vastes, en-dehors de cette partie centrale ; mais c'était là qu'étaient ordinairement les constructions les plus remarquables par leur architecture.

Examinons maintenant séparément les principaux bâtiments dont nous venons d'indiquer la distribution autour du cloître et ceux qui étaient placés dans les cours.

Cloître. — Avant le XIIe. siècle et la fin du XIe., la galerie du cloître n'avait été souvent qu'en bois, supportée par des poteaux faisant l'office de colonnes. Quoique l'on ait pu donner à ces constructions une certaine élégance, et même les sculpter et les peindre, la pierre était toujours préférable au bois : beaucoup de cloîtres furent édifiés en pierre au XIIe. siècle dans nos abbayes (*Le Thorouet*

qui ne date que de 1202 , par conséquent du commencement du XIIIe. siècle ; mais ce plan est identique avec celui que l'on observe dans les abbayes du XIIe. siècle, et il est plus complet que beaucoup d'autres, ce qui me détermine à le présenter comme type.

ARCS DU CLOITRE DE L'ABBAYE DE THOROUET (Var).

(Var), *Silvacane* (Bouches-du-Rhône), *St.-Aubin-d'Angers*, *St.-Georges de Bocherville*, près Rouen ; *Abbaye Blanche*, près Mortain ; *Savigny*, près Mortain ; *Doulas* (Finistère), l'abbaye d'*Issoudun*, *Fontenay* (Côte-d'Or), *Senauques* (Vaucluse), *Moissac* (Tarn-et-Garonne), etc., etc., etc., etc.).

Un certain nombre d'abbayes ont eu deux cloîtres.

Quant aux arcades en pierre qui éclairaient les galeries et les séparaient du préau, les plus simples offraient des cintres géminés portés sur des colonnettes et séparés de place en place par des pilastres destinés à contrebouter les voûtes. Les colonnes étaient rarement isolées, plus souvent accouplées (Fontenay (Côte-d'Or) ; dans quelques cloîtres les arcatures ou baies sont au nombre de trois ou de quatre entre les contreforts (St.-Trophime d'Arles).

Les chapiteaux des cloîtres étaient traités comme ceux des églises, et parfois historiés (St.-Trophime à Arles, Moissac, St.-Aubin d'Angers, etc., etc.), représentant des sujets tirés de l'Ancien Testament, quelquefois entremêlés d'autres sujets plus ou moins étrangers. Ainsi parmi les chapiteaux du cloître primitif de St.-Georges de Bocherville, bâti dans la seconde moitié du XIIᵉ. siècle, et qui avaient été employés au XVIᵉ. siècle comme simples matériaux, lors de la reconstruction du cloître, se trouvait un des chapiteaux les plus curieux qui aient été décrits et figurés depuis la renaissance des études archéologiques : on voit sur ce chapiteau une suite de personnages, la plupart dans le costume royal, la barbe et les cheveux longs, jouant de divers instruments, au son desquels une femme jongleur danse sur la tête.

Le cloître St.-Aubin d'Angers, dont un côté subsiste encore dans la cour de la préfecture qui remplace le préau, devait être un des plus splendides de cette région de la France. Le côté qui subsiste était vraisemblablement le plus intéressant, car c'était celui qui donnait accès à la salle capitulaire. Les belles arcades, dont quelques fûts de colonnes étaient sculptés du haut en bas, présentent des moulures très-variées et très-élégantes, dont voici quelques spécimens. Sur

DÉTAILS DU CLOITRE DE SAINT-AUBIN.

deux tympans, on voit en bas-
relief le combat de David et de
Goliath, la Sainte Vierge tenant
l'Enfant Jésus sur ses genoux en-
cadrée dans une auréole bilobée
soutenue par deux anges. Toutes
les arcades, les moulures d'ornement et les figures étaient peintes,
elles offraient encore des couleurs
assez fraîches quand elles ont été,
il y a quelques années, découvertes sous un mortier qui les avait
dérobées à la vue depuis la reconstruction de l'abbaye et du cloître,
au XVIIe siècle. Les figures variées
(syrènes, tortues, poissons) et

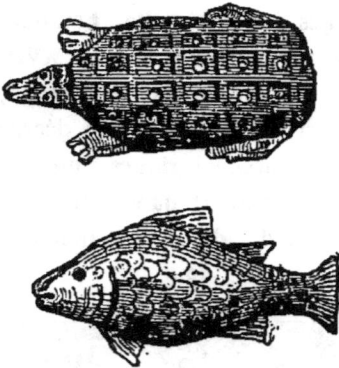

les peintures du cloître ont particulièrement attiré l'attention de
la Société française d'archéologie
quand elle a tenu à Angers ses
séances générales, et ont donné
lieu à des observations intéressantes consignées dans le tome VII du
Bulletin monumental.

Depuis cette époque on a retrouvé sous les couches de chaux, dont
les moines du XVIIe siècle l'avaient couverte, la porte de l'ancien
réfectoire qui donnait sur la galerie du cloître faisant face à l'église.
Cette porte, peinte et dorée, est un véritable chef-d'œuvre de
sculpture polychrôme. On peut juger du mérite des figures par le

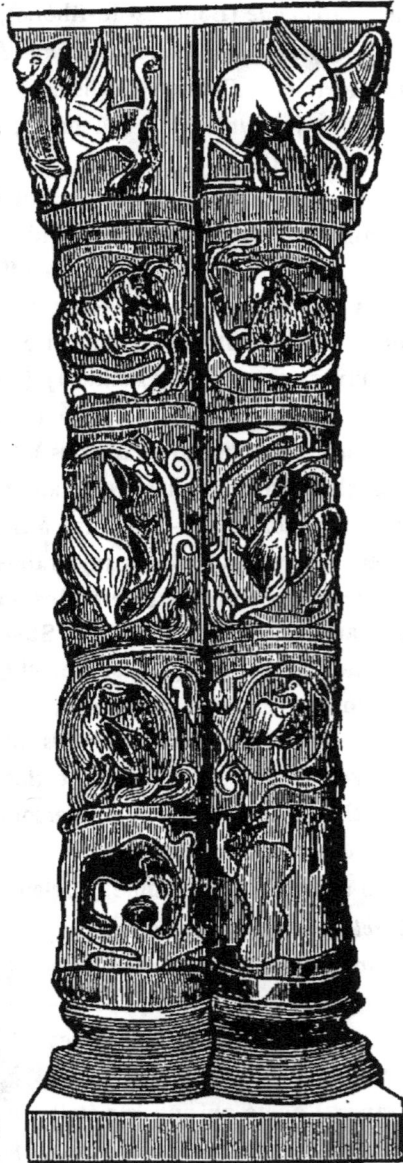

fragment suivant sur lequel on distingue les vertus et les vices, l'Agneau porté par des anges et d'autres figures symboliques. Des vers léonins sont peints en beaux caractères entre les voussures et ont été publiés par M. de Soland auquel nous devons une note sur ce curieux morceau de sculpture.

Le *cloître St.-Trophime d'Arles*, un des plus élégants de France, offre, dans chacun des côtés qui remontent au XIIe. siècle, douze arcades reposant sur deux rangs de colonnes de la plus grande élégance; elles sont séparées de quatre en quatre par des piliers répondant aux arceaux de la voûte qui sont parallèles et non croisés comme dans d'autres cloîtres.

La finesse des sculptures des chapiteaux et des personnages, l'élégance des formes, ont fait depuis long-temps signaler le cloître de St.-Trophime comme un des plus curieux monuments de la France; l'histoire du Christ y est représentée dans tous ses détails. M. du Sommerard a publié une belle vue de ce cloître dessinée par M. Victor Petit : plusieurs autres lithographies moins détaillées en ont reproduit l'image.

Le *magnifique cloître de Moissac*, terminé vers la fin du XIIe. siècle, a été décrit par divers archéologues; je ne peux que renvoyer aux dessins et aux notices qui ont été publiées : c'est un de ceux dont l'ornementation est la plus riche et la plus intéressante.

« Les arcades qui l'éclairent, dit M. Marion, inspecteur de la Société française d'archéologie, exhaussées sur un large soubassement ou stéréobate élevé à hauteur d'appui, sont étroites, et de forme ogivale. Elles reposent sur de belles colonnettes, alternativement simples et géminées, dont les chapiteaux et les tailloirs, tous historiés, composent ensemble un cours complet d'histoire sainte en image. Chaque chapiteau forme un épisode distinct, dont le sujet est emprunté, soit à l'Ancien ou au Nouveau Testament, soit à l'Apocalypse, soit aux légendes des saints ; de plus, chaque scène est expliquée par une inscription en lettres capitales et onciales, gravée sur le tailloir, et prolongée, lorsqu'il y a lieu, sur le chapiteau lui-même, où les lettres sont disposées verticalement dans les vides laissés à dessein entre les personnages. Il faut ajouter toutefois que les sculpteurs du cloître, pour s'épargner sans doute la peine d'une invention trop laborieuse, ont imaginé de reproduire deux fois chaque sujet ; mais cette répétition, qui eût été choquante si les deux chapi-

FRAGMENT DE LA PORTE DU RÉFECTOIRE DE SAINT-AUBIN D'ANGERS.

teaux semblables se fussent trouvés l'un près de l'autre, a été à demi
dissimulée au moyen d'une disposition assez ingénieuse. En effet, la
série complète des chapiteaux occupe deux galeries seulement, et
recommence dans les deux galeries suivantes, où les mêmes sujets
se succèdent de nouveau, calqués sur les premiers et rangés dans le
même ordre; de façon que, pour la décoration, le cloître se divise
en deux parties égales, dont l'une est la reproduction exacte de
l'autre. »

J'ai vu en Italie des cloîtres qui avaient deux étages superposés et
qui accédaient l'un au rez-de-chaussée, l'autre aux appartements de
l'étage supérieur. Il y en avait de semblables dans le midi de la
France.

Au milieu ou dans l'un des angles du préau des cloîtres était ordinairement une fontaine où les moines lavaient leurs mains, leur visage
et quelquefois leurs vêtements. Dans les temps modernes ce réservoir
fut, dans quelques abbayes, transformé en fontaine jaillissante.

A l'abbaye de Thorouet, M. Rostan a observé dans le préau une
petite construction hexagonale qui recouvre le lavoir. Elle est éclairée
par cinq fenêtres dont trois sont simplement cintrées et deux ont
les mêmes moulures que les arcades du cloître; deux portes géminées
donnent accès à ce pavillon par la galerie septentrionale.

A côté des galeries remarquables que je viens de citer, il est bon de
montrer les vestiges d'un cloître en charpente comme on continua d'en
construire durant tout le moyen-âge dans les maisons qui n'avaient pas
de grands revenus ou dans les prieurés dont le personnel était peu
nombreux. Je prends pour exemple les ruines du prieuré de Badeix
(Dordogne), dessinées par M. F. de Verneilh, et dont le style correspond à celui de la fin du XIIe. siècle. On remarque au rez-de-chaussée
des arcades alternativement en plein-cintre et en ogive, qui se trouvaient à couvert sous la galerie du cloître quand celle-ci existait. Aujourd'hui elle est détruite, mais on remarque entre les deux étages un
rang de corbeaux en pierre taillés de façon à retenir le long du mur
une poutre sur laquelle venaient s'appuyer les chevrons d'un toit. Au-
dessus on peut remarquer aussi le filet saillant qui empêchait les
eaux pluviales de glisser sur la poutre (1). J'ai trouvé la même dis-

____

(1) M. de Verneilh, *Note sur le prieuré de Badeix*.

position dans un assez grand nombre d'autres localités qui avaient des

EMPLACEMENT DU CLOITRE DU PRIEURÉ DU BADEIX (Dordogne).

De Verneilh del.

cloîtres ou des hangars adossés d'un côté comme à Badeix et de l'autre appuyés sur des poteaux en bois.

SALLES CAPITULAIRES. — Une des pièces les plus importantes de celles qui bordaient le cloître était la *salle capitulaire*. J'ai dit qu'elle était toujours placée à l'Est ; la porte par laquelle on y entrait du cloître était ornée de colonnes et de moulures ; de plus elle était *toujours entre deux ouvertures ressemblant à de larges fenêtres* qui avaient évidemment pour but de mettre la salle en communication avec la galerie du cloître. Peut-être voulait-on, pour les chapitres qui réunissaient, dans certaines circonstances, non-seulement les moines de l'abbaye, mais une partie de ceux des prieurés qui en dépendaient, se ménager le moyen d'étendre jusqu'au préau les siéges des assistants. Ce qu'il y a de certain, c'est que partout j'ai trouvé une disposition semblable, attestant l'intention de mettre la *salle capitulaire* en rapport avec le cloître et le préau. Cette salle était voûtée ; un ou deux rangs de colonnes cylindriques, ou de colonnes groupées, venaient habituellement recevoir la retombée des voûtes : le pourtour était orné de moulures.

La plupart des salles étaient contenues dans les limites du parallélogramme formant le côté Est du cloître, mais quelques-unes aussi débordaient sur lui et formaient, dans le côté Est, une saillie rectangulaire ou absidale (voir le plan, page 26).

La salle capitulaire de l'abbaye de Fontenay (Côte-d'Or) (2e. moitié du XIIe. siècle), dont voici le plan, est rectangulaire ; on y

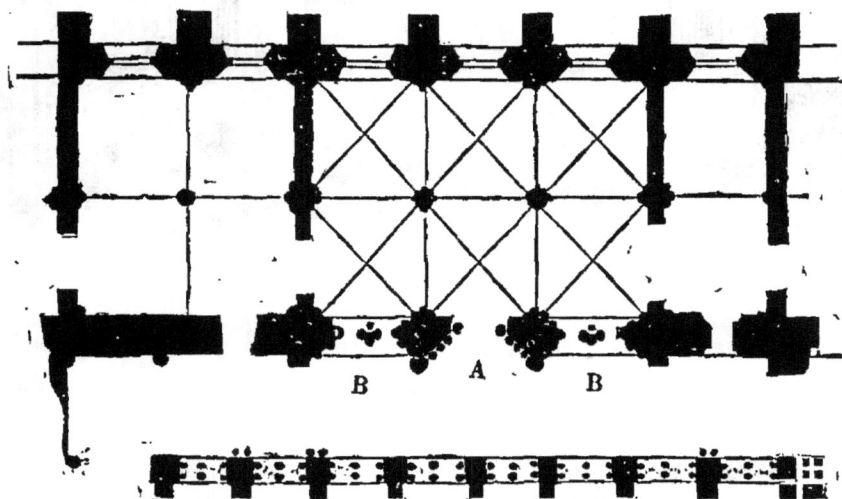

PLAN DE LA SALLE CAPITULAIRE ET D'UN DES COTÉS DU CLOITRE
DE L'ABBAYE DE FONTENAY.

entre, du cloître, par une porte cintrée A, à parois latérales tapissées de colonnettes et accompagnée de deux ouvertures subdivisées en deux parties B B.

Les voûtes de cette salle reposent sur des piliers garnis de colonnes groupées, dont deux sont isolés au centre de la salle et les autres accolés aux murs du pourtour.

VUE INTÉRIEURE DE LA SALLE CAPITULAIRE DE L'ABBAYE DE FONTENAY.

On voit à l'abbaye de St.-Germain d'Auxerre, aujourd'hui occupée par l'hospice, de beaux restes de la salle capitulaire, également du XIIe. siècle et parallèle à la galerie orientale du cloître.

La salle capitulaire de l'abbaye de Silvacane, transformée en écurie, est très-belle, d'un style noble et sévère, d'après M. Rostan qui l'a décrite avec soin; on y pénètre, comme dans toutes les autres, par une porte cintrée flanquée de deux ouvertures; la voûte se divise en six compartiments, comme celle de l'abbaye de Fontenay; elle est supportée, au centre, par deux piliers assez curieux, l'un tordu, l'autre cannelé. La salle reçoit le jour, vers l'Est, par trois fenêtres cintrées.

Le chapitre de l'abbaye de Senanques, à l'Est du cloître, offre une frappante analogie avec celui de Silvacane ; les voûtes en sont cintrées ; les deux piliers qui, au centre, reçoivent les retombées des voûtes sont carrés, décorés d'une colonnette à chaque angle, les chapiteaux ornés de feuilles d'eau. La salle est éclairée par trois fenêtres cintrées, du côté de l'Est, et à l'Ouest par la porte et les ouvertures qui l'accompagnent. Des siéges en pierre, conservés dans leur intégralité, règnent autour des murs (1).

La salle capitulaire du Thorouet (Var), sauf quelques détails d'ornementation, est identique à celles de Silvacane et de Senanques : elle reçoit aussi le jour, du côté de l'Est, par trois fenêtres cintrées ; à l'Ouest, elle communique à la galerie contiguë du cloître par la porte et par des arcades encadrant une triple ouverture, supportées par des colonnettes géminées. La porte est cintrée en-dedans, ogivale en-dehors ; l'archivolte est supportée par deux colonnes engagées. Des siéges taillés dans la pierre rè-gnent autour de la salle (2).

La belle salle ca-pitulaire de Saint-Georges de Bocher-ville près de Rouen, du XIIe. siècle (3), nous offre encore sa porte d'entrée entre deux arcades d'un égal diamètre, sur-montées de trois fe-nêtres de transition.

D'élégantes colon-nes romanes sup-portent les archivol-tes ornées de mou-lures et d'un feston du meilleur effet.

CHAPITEAU ET ARCHIVOLTES DE LA PORTE DU CHAPITRE, A BOCHERVILLE.

(1) Mémoire sur les abbayes du Thorouet, de Silvacane et de Senanques, par M. Rostan, dans le *Bulletin monumental*, t. XVIII.

(2) M. Rostan, *ibid.*, *ibid.*

(3) On ne connaît pas la date précise de l'érection de ce charmant édifice, seulement M. Deville a prouvé qu'il a été élevé sous l'abbé Victor, élu en 1157

La corniche intérieure repose sur des modillons de transition dont la forme s'harmonise parfaitement avec celle de ce feston des archivoltes.

Cette salle capitulaire, orientée à l'Est suivant l'usage, s'appuie contre l'extrémité du transept septentrional de l'église : elle a 17ᵐ.

CORNICHE INTÉRIEURE DU CHAPITRE, A BOURENVILLE.

25 de longueur sur 7ᵐ. 80 de largeur. La corniche qui porte la retombée des voûtes se trouve à 3ᵐ. 30 environ au-dessus du pavé. Les trois fenêtres qui surmontent les ouvertures donnant sur le cloître prenaient la lumière au-dessus du toit de ce dernier.

SALLE CAPITULAIRE DE DADEIX (Dordogne).

M. de Verneilh m'a fait parvenir le dessin ci-dessus de la salle capi-

et mort en 1211. Conséquemment il est à peu près certain qu'il est de la deuxième moitié du XIIᵉ. siècle, comme l'annonce le style architectonique.

tulaire de Badeix, qui était en communication directe avec l'église construite d'après le système des salles de même destination, avec des voûtes d'arête qui retombent au milieu de la salle sur des colonnes cylindriques.

Je la présente ici pour qu'on puisse comparer cette salle d'un simple prieuré avec celles des abbayes riches et considérables.

DORTOIR. — Au XIIe. siècle, le dortoir était presque toujours voisin de la salle capitulaire, soit qu'il s'étendît à côté et sur la même ligne comme à St.-Georges de Bocherville, soit que, comme à Fontenay et dans un très-grand nombre d'abbayes (*Lire , St.-Evroult , Conches, St.-Wandrille , Marmoutiers* près Tours, *La Sauve* (Gironde), *St.-Cyprien* de Poitiers , *St.-Bénigne* de Dijon , *Bocherville, Solignac* près Limoges, *St.-Germain* d'Auxerre, *Fontenay, St.-Benoît-sur-Loire*), il occupât au-dessus des voûtes du chapitre et au-delà, tout ou partie de l'aile orientale des bâtiments claustraux : on comprend effectivement que là devait être le dortoir, quand on considère que cette aile se liait au transept, ce qui rendait plus facile l'accès du chœur pour les offices de nuit. Je ne doute pas que cette considération n'ait à peu près invariablement fait placer le dortoir là où on le voyait dans les abbayes que je viens de citer, et s'il occupe une autre place dans quelques-unes, cela tient probablement aux changements opérés depuis le XVIe. siècle dans la destination des anciens bâtiments ou à la reconstruction de ceux-ci dans les temps modernes.

Dans les abbayes du XIIe. siècle, les dortoirs étaient de vastes pièces percées de fenêtres à plein-cintre.

A *Fontenay*, le dortoir s'appuyait d'un côté sur le transept, et l'autre extrémité, orientée au Sud, offrait un gable percé de fenêtres élégantes. Le dortoir de l'abbaye de Senauques occupe le premier étage au-dessus du cloitre oriental : c'est une vaste salle éclairée par deux roses et des fenêtres romanes ; on y voit une cheminée encore entière, à foyer conique.

A l'abbaye de *Silvacane* , l'ancien dortoir, aujourd'hui divisé par des cloisons, offre une série de fenêtres cintrées.

A l'abbaye du *Thorouet*, le dortoir est aussi au premier étage dans l'aile orientale des bâtiments claustraux; c'est une vaste et belle construction dont les voûtes en berceau sont soutenues par de grands arcs-doubleaux et que divisent aujourd'hui des cloisons en plâtre édifiées par les derniers moines qui, sans respect pour l'art et les traditions de leur ordre, cherchaient avant tout à se loger dans de confortables cel-

Rostan del.

VUE DE L'ÉGLISE ET DES FENÊTRES DU DORTOIR DE SILVACANE AU-DESSUS DE LA SALLE CAPITULAIRE.

lules. Cette salle était éclairée par des fenêtres cintrées.

Rostan del.

VUE DE L'ÉGLISE DU THORONET ET DES FENÊTRES DU DORTOIR (A).

RÉFECTOIRE. Le réfectoire était, dans la plupart des abbayes, attenant au côté du cloître qui était en regard de l'église ; ainsi quand celle-ci était au Nord du préau, le réfectoire était au Sud, et quand elle était au Sud, le réfectoire était au Nord.

La salle du réfectoire n'était pas toujours parallèle à la galerie du cloître ; elle s'ouvrait bien sur celle-ci, mais elle se développait quelquefois en longueur du Nord au Sud, ou du Sud au Nord, suivant la position du préau relativement à l'église.

Le réfectoire de l'abbaye de Savigny (Manche) se développait ainsi

PORTE DU RÉFECTOIRE DE L'ABBAYE DE SAVIGNY.

du Nord au Sud, formant un angle de 90 degrés avec la galerie Sud du cloître, de laquelle on entrait par une magnifique porte à deux baies en

granit dont voici l'esquisse ; et qui m'appartient avec le mur dans lequel
elle se trouve (1).

Cette belle salle, qui offrait un parallélogramme rectangulaire, surmontait des galeries voûtées bien construites qui, vraisemblablement,
servaient de celliers et de magasins pour les provisions du monastère.
Les chapiteaux romans du réfectoire et même ceux de la salle inférieure
étaient fort élégants et très-nettement coupés, malgré la dureté du
granit dont ils étaient faits ; on peut en juger par ceux que j'ai fait
transporter à l'hôtel-de-ville de Mortain, où, j'espère, ils seront conservés.

Le réfectoire de l'abbaye de La Luzerne, arrondissement d'Avranches, existait encore il y a quelques années : c'était une vaste salle de
la fin du XIIᵉ. siècle, surmontée d'une pièce de même grandeur dont
j'ignore la destination ; elles étaient séparées l'une de l'autre par un
plancher et non par des voûtes, de sorte qu'elles n'étaient point ornées
de colonnes.

MAGASINS, SALLES DES HÔTES. — Dans beaucoup d'abbayes, la partie
occidentale des bâtiments claustraux renfermait soit des magasins, soit
l'*hospicium* ou pièces destinées aux hôtes ; ainsi, dans la collection des
vues d'abbayes préparées pour le *Monasticon gallicanum*, la légende
indique dans cette partie tantôt les *cellæ hospitum*, comme à St.-Jean
d'Angely, à l'abbaye de la Sauve (Gironde), à St.-Wandrille (Seine-
Inférieure), à St.-Pierre-sur-Dives (Cavados), St.-Évroult (Orne),
tantôt les greniers à blé *granaria*, ou magasins et caves *cellæ vinariæ
et horrea*, comme à l'abbaye de Lire (Eure), à St.-Bénigne de Dijon,
à Nouaillé près Poitiers, à Cîteaux, à St.-Bosle près de Reims, etc.,
etc., etc. Quelquefois le même bâtiment a reçu deux destinations et
renferme d'un côté les logements des hôtes, de l'autre des magasins :
enfin dans quelques abbayes la légende indique que là était l'infirmerie *infirmaria ;* mais c'était une exception, les logements des in-

(1) J'ai acheté cette magnifique porte avec le terrain qui la supporte, il y a
quelques années, afin de la conserver. Les habitants ne se font pas faute de
prendre des pierres au mur qui encadre la porte, et le peu de surveillance que
je peux exercer à 25 lieues de distance me fait craindre que ce mur ne soit
considérablement détérioré par la suite et que la porte n'en souffre. J'ai fait
pourtant tout ce que j'ai pu pour intéresser les autorités locales à la conservation de ce monument.

firmes, *domus infirmorum*, étaient habituellement en-dehors du carré principal que nous venons d'examiner.

Quand les vues du *Monasticon* qui nous fournissent de si précieux renseignements ont été faites (1), les moines avaient déjà reconstruit leurs bâtiments claustraux dans beaucoup d'abbayes : on avait élevé des édifices à plusieurs étages, et l'on avait quelquefois abandonné l'ancienne destination de chaque corps-de-logis; on avait rapproché ou confondu les salles qui se trouvaient auparavant dans les trois ailes.

Les salles inférieures de l'aile occidentale des bâtiments claustraux étaient habituellement voûtées comme à Ste.-Croix de St.-Lo (XIe.

MAGASINS DU XIe. SIÈCLE, A L'ABBAYE DE SAINT-LO.

siècle), à St.-André-en-Gouffern (fin du XIIe. siècle), et plus particulièrement affectées aux magasins (caves à vin, à cidre, etc., etc., etc., etc.). L'étage supérieur qui n'était pas toujours voûté recevait le blé et les autres céréales.

Il existe de beaux restes de la partie occidentale des bâtiments claus-

---

(1) C'est à la bibliothèque du palais du Luxembourg que j'ai pu examiner à loisir cette collection de gravures. Je prie le savant conservateur de cette bibliothèque, M. Chavin de Mallan, de recevoir ici mes remerciments pour l'obligeance avec laquelle il m'a aidé dans mes recherches.

traux, à Pontigny (Yonne), à La Luzerne (Manche), et dans quelques autres abbayes du XIIe. siècle.

SALLE A L'ABBAYE DE Sᵗ.-ANDRÉ-EN-GOUFFERN (Calvados) (XIIᵉ. SIÈCLE).

CUISINES. — Au XIIᵉ. siècle et aux siècles suivants jusqu'au XVᵉ., les cuisines affectaient, dans beaucoup d'abbayes, la forme ronde, octogone ou carrée; elles étaient toujours à proximité du réfectoire et s'accédaient par la cour intérieure, *area interior abbatiæ*, qui existait ordinairement derrière les bâtiments qui entouraient le cloître et dont le réfectoire faisait partie.

Les anciennes cuisines dont je parle offraient dans leur pourtour plusieurs cheminées ou fourneaux pour la cuisson des mets. Chacune de ces cheminées avait un tuyau en pierre qui sortait de la toiture conique de l'édifice dont le sommet était souvent percé d'une lanterne pour laisser sortir les vapeurs qui devaient se dégager quand on dressait sur la table ou sur le fourneau, que je présume avoir été placés au centre, les plats destinés au repas des moines et des hôtes de la maison.

Voici quelques figures des cuisines qui existaient dans plusieurs abbayes des bords de la Loire. Je les tire pour la plupart de la précieuse et rare collection de vues d'abbayes destinées à la publication d'un *Monasticon gallicanum* à la fin du XVIIe. siècle, et dont j'ai déjà parlé.

Dans toutes ces vues, la légende explicative désigne les cuisines de cette forme comme anciennes, *antiquæ coquinæ*, et comme n'étant plus consacrées à cet usage au XVIIe. siècle.

De grands changements survenus dans le mode de préparer les aliments les avait fait abandonner depuis long-temps, sans doute, quand les dessins ont été faits.

Voici la vieille cuisine de l'abbaye de *Marmoutiers* près de Tours; c'est une espèce de tour qui paraît

CUISINE DE MARMOUTIERS.

totalement construite en pierre et dont le toit porte une assez grande quantité de cheminées cylindriques.

La seconde est la cuisine de l'abbaye de Fontevrault, sur l'origine de laquelle on a débité beaucoup de fables : elle existe toujours, seulement les cheminées ont été supprimées et des modifications ont eu lieu quand on a changé la destination de l'édifice : il ne reste plus que la lanterne centrale. Cette construction est très-intéressante et je regrette de n'avoir à ma disposition qu'un

CUISINE DE FONTEVRAULT.

ancien dessin qui laisse à désirer. M. Parker vient d'en publier un fait avec beaucoup de soin par M. Bouet.

A l'intérieur, l'édifice est divisé en trois étages et passe successivement de la forme octogone au carré et du carré à l'octogone.

Le premier plan est octogone : sur cinq faces sont appliquées des absides semi-circulaires couvertes d'un toit hémisphérique qui a dû être en partie refait, en supposant qu'il y eût primitivement un tuyau de cheminée au sommet de chacun.

La vieille cuisine de l'abbaye de Pontlevoy (Loir-et-Cher) offre plusieurs étages de toits et six cheminées cylindriques sortant du dernier, ce qui porte à croire que les fourneaux étaient au centre et qu'on pouvait circuler tout autour et vaquer dans une galerie circulaire aux préparations qui précédaient la cuisson.

CUISINE DE PONTLEVOY.

La cuisine de l'abbaye de St.-Père de Chartres devait, autant qu'on peut en juger par l'élévation ci-jointe, être disposée à peu près de même. Une cheminée centrale, plus élevée que les autres, occupe la sommité du toit; six autres cheminées l'accompagnent : toutes sont couronnées d'un toit conique comme les clochetons, et la fumée sortait par des ouvertures latérales pratiquées verticalement. Le tout forme deux étages qui paraissent séparés l'un de l'autre par une claire-voie, c'est-à-dire que la

CUISINE DE SAINT-PÈRE DE CHARTRES.

partie supérieure reposait sur des piliers et non sur un mur plein, à en juger par l'esquisse.

Enfin *la cuisine de l'abbaye de St.-Florent de Saumur* paraît complètement ronde, avec un toit conique dont la sommité est percée d'une cheminée ; d'autres cheminées s'élèvent et traversent la pente du toit à différents niveaux.

Quoique ces vues prises à vol d'oiseau ne soient pas des représentations aussi fidèles qu'on le désirerait, elles offrent un grand intérêt et nous donnent évidemment la forme et la disposition des édifices qui, tous, comme on le voit, se rapportent à un système identique. Seulement dans certaines cuisines, les cheminées de-

CUISINE DE SAINT-FLORENT.

vaient être disposées autour de l'édifice et le centre restait libre ; dans d'autres c'était le contraire, elles étaient au centre et le pourtour était vide.

Quant au nombre considérable des tuyaux qui correspondaient probablement à autant de foyers, on se l'explique par des conjectures seulement, car les recherches que j'ai faites ne m'ont pas fait découvrir de textes qui s'appliquent à l'état de l'art culinaire dans les abbayes au XIIe. siècle.

Je suppose donc que, vu le grand nombre de moines qui les peuplaient à cette époque, il fallait un grand nombre de foyers ou de fourneaux, les uns destinés à cuire les aliments dans des chaudières ou vases métalliques d'une grande capacité, les autres destinés à rôtir ou à griller les substances alimentaires ; enfin il ne serait pas invraisemblable que quelques-unes de ces cheminées eussent servi à faire saurir le poisson, dont les moines devaient consommer de grandes quantités et qu'il fallait dessécher par des procédés analogues aux nôtres. Mais ceci est une conjecture qui ne repose sur aucune autorité.

L'administration des cuisines était une charge d'une certaine importance dans les abbayes, à l'abbaye de Bocherville, par exemple : il existe une charte du XIIe. siècle qui concédait le ministère des cuisines de cette abbaye à un certain Samson, fils de Guillaume d'Eu :

« Sachez tous, tant présents qu'à venir, dit cette charte, que
« Victor, abbé de St.-Georges de Bocherville et tout le couvent, ont
« concédé à Samson, fils de Guillaume d'Eu, et à ses héritiers, le
« ministère entier de la cuisine de St.-Georges, avec tous les fiefs et
« appartenances dépendant du ministère de la cuisine, et pour que
« cette concession demeure bonne et stable, nous l'avons corroborée
« de notre sceau (1). »

En Angleterre, il a existé dans quelques abbayes des cuisines semblables à celles que je viens de figurer.

Dès le IXe. siècle, la cuisine occupait dans les abbayes la place
que nous venons d'indiquer aux siècles postérieurs ; elle était à
proximité du réfectoire ; elle offrait aussi la disposition des cuisines
précédentes. C'est ce que prouve le plan de la célèbre abbaye de
St.-Gall, en Suisse, publié par Mabillon dans le t. II des *Annales de
l'ordre de saint Benoît* et tout récemment en Angleterre par M. Willis.

Ce plan, qui remonte au IXe. siècle, est pour l'histoire de l'architecture civile un document de la plus haute importance et que je suis
heureux de recommander à l'attention des archéologues. En effet, si ce
n'est pas celui de l'abbaye elle-même, on s'accorde à le regarder
comme un type datant du IXe. siècle, un projet modèle que l'abbé de
St.-Gall consultait pour la disposition des édifices qu'il faisait construire
à cette époque.

D'après le plan publié par Mabillon dans les *Annales de l'ordre de*

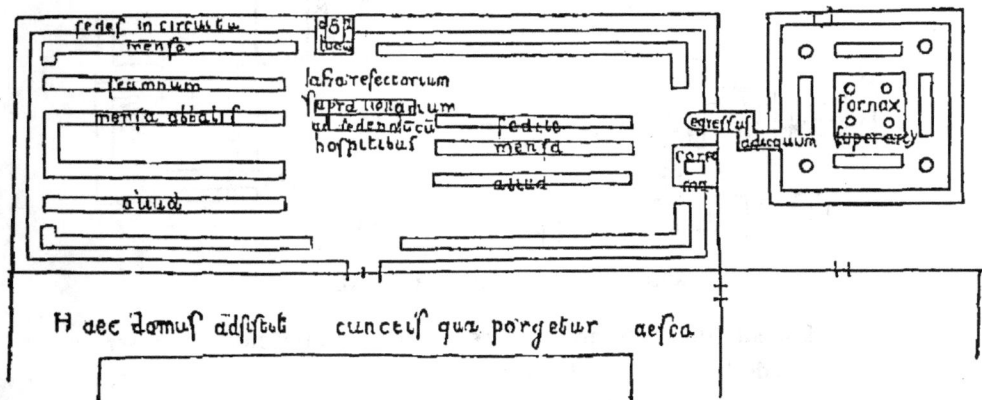

FRAGMENT DU PLAN DE SAINT-GALL.

saint Benoît, la cuisine de St.-Gall était carrée. Au centre existait un

(1) Scialis omnes presentes et futuri quod Victor abbas Sancti Georgii de

fourneau, *fornax super arcus*, dit la légende; des cheminées devaient être disposées autour de la salle : quoique la légende n'en parle pas, la disposition du plan permet de le supposer. Il y a lieu de croire aussi que des tuyaux de cheminée s'élevaient du toit pour recevoir la fumée du fourneau central et au pourtour pour conduire au-dehors celle des cheminées, comme nous le voyons, au XIIe. siècle, dans les cuisines que je viens de figurer.

Ce plan, extrêmement curieux, nous prouve aussi que les hypocaustes étaient encore en usage au IXe. siècle.

Ainsi, en-dehors de la grande pièce située à l'Est du cloître et qui tient la place de la salle capitulaire, existe un foyer que la légende désigne ainsi : FOYER POUR LA CHALEUR, *caminus ad calefaciendum ;* c'est le fourneau de l'hypocauste ; plus loin, vers l'extrémité du bâtiment, est une autre construction qui se détache du même bâtiment et désignée sur le plan par ces mots : *evaporatio fumi.*

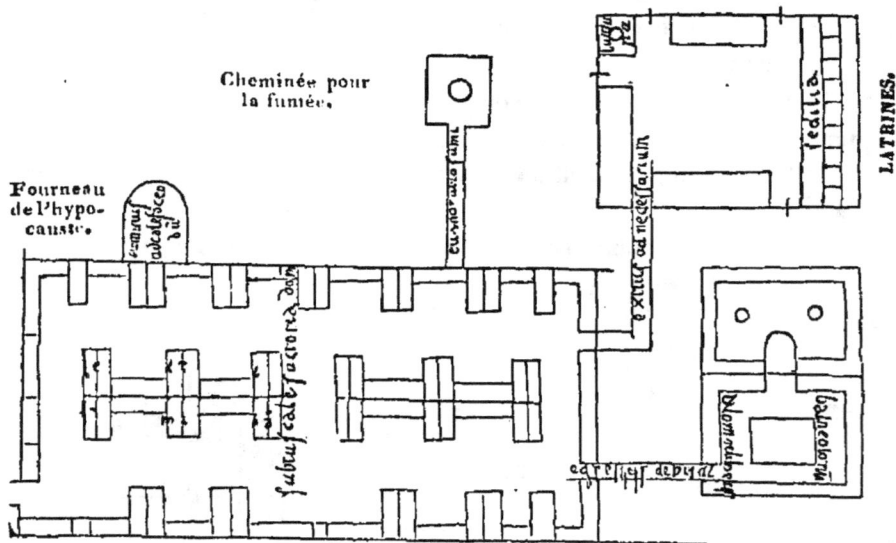

Cheminée pour la fumée.

Fourneau de l'hypocauste.

LATRINES.

FRAGMENT DU PLAN DE SAINT-GALL.

Il est évident que, pour arriver à cette issue, la fumée devait passer sous le pavé de la grande salle, mais pour que toute espèce de doute cesse à cet égard, on lit dans le plan, au milieu de cette pièce, ces

Bolcherivilla, et omnis conventus, concesserunt Sansoni, filio Willelmi de Ango et heredibus suis, totum ministerium suum de coquina Sancti Georgii, cum omnibus feodis et pertinentiis que pertinent ministerium predictæ coquinæ; et quia benè et inconcussè permaneat, sigilli nostri munimine roboravimus.

mots : *Subtus calefactoria*, que l'on peut traduire *au-dessous du pavé les conduits du calorifère.*

Je ne serais nullement surpris que quelques hypocaustes eussent encore existé au XIIe. siècle, mais je n'en ai pas la preuve. Toujours est-il que les cheminées devinrent communes dans le XIe. siècle ; qu'elles se multiplièrent au XIIe., et qu'alors on dut abandonner complètement le système que nous avaient légué les Romains pour le chauffage des maisons.

Dans le plan de St.-Gall, les latrines et la salle des bains forment deux petits bâtiments à l'extrémité du dortoir qui occupe l'aile orientale des bâtiments du cloître (1). Les latrines étaient encore, au XVIIe. siècle, placées de même dans un très-grand nombre d'abbayes, d'après l'examen fait des vues du *Monasticon*. Le plan de St.-Gall, qui, par sa légende détaillée, indique la destination principale de chaque pièce au IXe. siècle, est, je le répète, un document de la plus haute importance.

Mais revenons à la distribution des bâtiments de nos abbayes aux XIe. et XIIe. siècles, telle que nous avons pu la reconnaître par l'étude *des constructions existantes.* Nous avons indiqué la destination des grands bâtiments qui entouraient le cloître, passons maintenant à l'examen des autres parties des établissements monastiques.

On trouvait dans les grandes abbayes :

L'*area interior* ou cour intérieure réservée aux frères et aux domestiques de la maison ;

L'*area communis*, grande cour où les charrettes apportaient les dîmes, les provisions, autour de laquelle se trouvaient les bâtiments de l'exploitation rurale (magasins, écuries, étables, etc.) ;

L'*atrium ecclesiæ*, petite place devant la façade occidentale de l'église et par laquelle le public venait aux offices et entrait dans la nef sans pénétrer dans les cours de l'abbaye ;

La maison de l'abbé, *domus abbatis ;*

Enfin, les jardins, les vergers, clos de murs, etc. , etc.

Ces divisions s'observaient dans un très-grand nombre d'abbayes figurées dans la collection déjà citée.

L'abbaye de St.-Étienne de Caen, qui était fort riche, était une de celles dans laquelle ces grandes divisions étaient le plus complètes.

Nous les trouvons encore fort bien indiquées dans une petite vue de l'abbaye de St.-Calais (Sarthe).

(1) On distingue sur le plan, des sièges *sedilia*, au nombre de neuf, ce qui montre que les latrines du IXe. siècle étaient disposées comme celles du XIXe.

A Porta superior.
B Atrium ecclesiæ.
C Basilica.
D Claustrum.
E Dormitorium.
F Bibliotheca.
G Refectorium.
H Coquina.
I Infirmaria.
K Cellæ hospitum.
L Domus antiquorum
    religiosorum.
M Hortus magnus.
N Anisola flumen.
Q Pistura.
R Equilia.
S Cella janitoris.
T Tectum segetum.

VUE DE L'ABBAYE DE SAINT-CALAIS (Sarthe) en 1675.

L'*area interior*, ou cour intérieure, accédait ordinairement à l'infirmerie, *domus infirmorum*, aux bâtiments des hôtes, quand ils ne faisaient pas partie du carré central, à la cuisine et à ses dépendances, puis aux dépendances du dortoir (latrines), au réfectoire pour les gens de service, à la bibliothèque, etc., etc. C'était en quelque sorte le complément du cloître ou première cour.

L'*area communis* comprenait la grande porte d'entrée, *porta major abbatiæ*, les logements des gens de service, *cellæ officialium*, souvent de vastes greniers, *horrea, granaria*, et quelquefois la grange, *grangia*, des celliers, enfin le prétoire où l'on rendait la justice, *pretorium*, la prison, *carcer publicus*, etc.

La maison de l'abbé s'accédait ordinairement par la grande cour, *area major* ou *communis*, mais elle avait son enceinte particulière et son jardin.

Le moulin, le four, le colombier, le pressoir, se trouvaient souvent un peu à l'écart. D'ailleurs, la position du moulin, s'il y en avait un, était subordonnée à celle du courant d'eau qui le faisait mouvoir.

On conçoit que, suivant leur importance, les établissements monastiques ont offert un développement plus ou moins considérable. Les riches abbayes représentaient un village tout entier, une bourgade ; les petits prieurés ressemblaient à une ferme.

Les prieurés ruraux, qui n'étaient occupés que par trois ou quatre moines, n'avaient souvent qu'une seule cour et pas de cloître.

La maison des religieux se trouvait près de l'église ; les autres constructions étaient disposées autour de la cour. La grange aux dîmes était ordinairement la plus importante de ces constructions. Toutes ces maisons formaient une enceinte autour de la cour, et comme dans les abbayes, on y entrait par deux portes, l'une pour les charrettes, l'autre pour les piétons.

Ainsi, que l'on détache de l'ensemble d'une abbaye la première cour consacrée à l'exploitation rurale, qu'on y annexe une église, et l'on aura l'image du prieuré rural.

Les prieurés étaient effectivement, pour les abbayes, de grandes fermes : si les moines y vaquaient à la prière et aux offices, ils avaient aussi pour mission de faire rentrer les redevances en nature, telles que les dîmes et les autres rentes dues à l'abbaye ; de faire cultiver les terres formant le domaine du prieuré, et d'administrer les revenus de tout genre qui pouvaient appartenir à la maison.

Les granges, les caves, et les autres dépendances de la grande cour offraient-elles quelques caractéres particuliers ?

Le style roman, tel que nous l'avons décrit, se manifeste dans toutes ces constructions. Les granges, les grands magasins, ont été bâtis avec un soin remarquable dans les abbayes du XIIe. siècle, à en juger par le petit nombre d'exemples que nous possédons encore.

Les granges faisaient partie de la cour de la ferme, conséquemment elles étaient toujours en-dehors des bâtiments réguliers conventuels : elles étaient placées de manière à être accessibles de deux côtés, par le pignon et par la façade latérale. Les granges un peu considérables avaient en effet des portes principales dans les pignons et des portes secondaires vers le centre des façades latérales, afin de rendre l'accès plus facile.

Quelques granges moins monumentales n'avaient de portes que sur les côtés, soit une seule au centre, soit une porte à chacune des extrémités du mur latéral. Les portes étaient toujours couvertes d'un porche ou d'un toit en saillie.

Les granges étaient, comme les églises, divisées en trois nefs, la nef

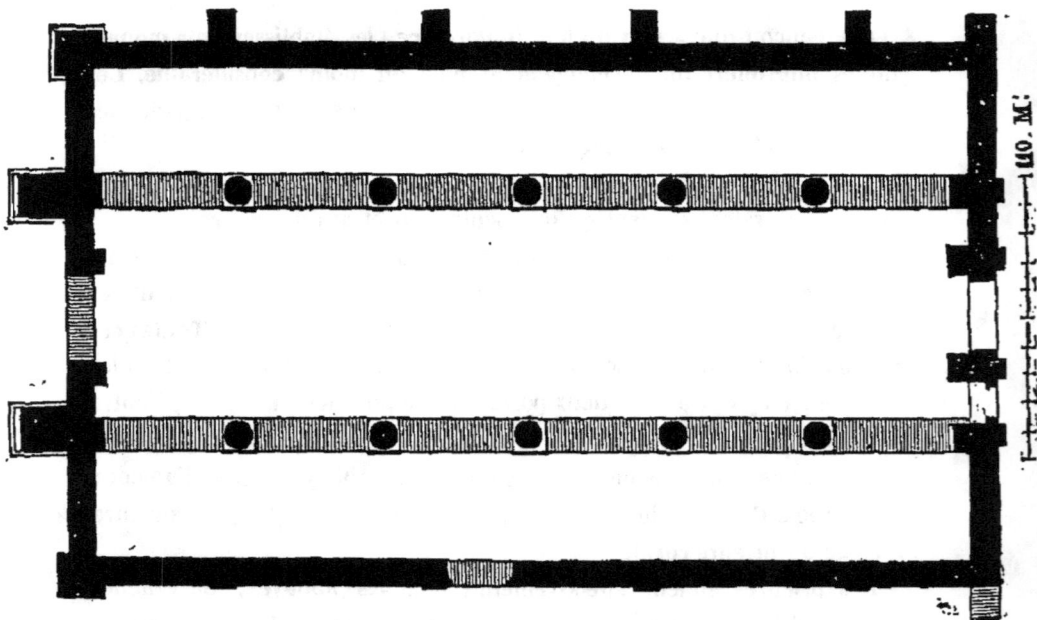

PLAN DE LA GRANGE DE PERRIÈRES.

centrale communiquait avec les ailes latérales par des arcades portées le plus souvent sur des colonnes monocylindriques, comme on le voit par le plan de la grange de Perrières. Le blé était tassé dans le centre et dans un des bas-côtés; l'un des bas-côtés qui souvent correspondait à

deux grandes portes restait libre pour la circulation, quand l'abondance des céréales n'obligeait pas à le remplir. Dans d'autres granges
la circulation se faisait par la nef centrale, et l'on tassait de préférence
le blé dans les bas-côtés. Quant aux façades, elles se ressemblent toutes
et offrent une élévation garnie de contreforts et un grand toit couvrant
la grande nef et les ailes. Jamais on ne trouve de voûtes en pierre.
La lumière ne pénétrait dans ces vastes magasins que par des ouvertures, ordinairement assez étroites, pratiquées dans les deux
gables.

Toutes les granges dîmières n'avaient pas leurs divisions intérieures
en pierre ; les colonnes étaient souvent remplacées par des poteaux en
bois de chêne supportant les charpentes et formant trois nefs.

Les piliers des granges, soit qu'ils fussent en pierre, soit qu'ils fussent
en bois, établissaient des divisions régulières dont on tirait parti pour
ranger ou, si je veux parler ainsi, *classer* les récoltes. Le froment,
l'orge, l'avoine, les pois et autres grains occupaient des travées particulières, ou bien le froment était d'un côté et les petits grains, comme
on les appelle encore (orge, avoine), de l'autre : il y avait aussi
beaucoup d'abbayes qui avaient des granges séparées pour le blé et pour
les autres récoltes.

Voici la coupe longitudinale de la grange dîmière du prieuré de Per-

COUPE LONGITUDINALE DE LA GRANGE DE PERRIÈRES.

rières (Calvados). Elle offre, comme plusieurs autres granges d'abbayes,

une grande nef et des bas-côtés abrités par un énorme toit. Les murs
sont de transition (fin du XIIᵉ. siècle), et les arcades de la grande nef,
au nombre de six de chaque côté, reposent sur des colonnes monocylindriques à chapiteaux ornés de feuilles, dont les bases se rattachent
au socle par des pattes.

M. Victor Petit a dessiné le gable donnant sur la cour; on y voit la
grande porte charretière et la petite porte.

Les charrettes attelées entraient facilement avec leur charge de blé,
et sortaient par l'extrémité opposée, où il existait une porte pareille à
la première.

GRANGE DE PERRIÈRES (XIIᵉ. SIÈCLE).

Cette belle grange, qui pouvait contenir plus de 40,000 gerbes de
blé, a près de 100 pieds de longueur.

Voici l'esquisse d'une des colonnes monocylindriques des arcades intérieures avec son chapiteau de transition garni de feuilles de laurier.

CAVES ET CELLIERS. — Les abbayes qui percevaient des dîmes considérables en vin avaient des magasins ou celliers solidement construits comme les granges, mais moins spacieux et appropriés à leur destination.

Comme les vignobles n'étaient pas toujours près des abbayes, il arrivait que les celliers étaient quelquefois plus ou moins éloignés de celles-ci et à proximité des vignes.

Le cellier de *Vincellottes*, département de l'Yonne, nous montre l'architecture et la disposition de ces magasins.

CHAPITEAU ET COLONNE DE LA GRANGE DE PERRIÈRES.

Lorsque les religieux de l'abbaye de Reigny, département de l'Yonne, devinrent, au XII⁰ siècle, possesseurs des riches vignobles situés dans la paroisse d'Irancy, ils songèrent à construire, près de leurs nouvelles possessions, les bâtiments nécessaires pour la fabrication du vin.

Toutes les pentes du vallon d'Irancy sont couvertes de vignes qui jouissent d'une notable renommée dans la Basse-Bourgogne. Le lieu que les religieux de Reigny choisirent pour le dépôt de leurs vins, fut un terrain bordé par l'Yonne, qui, autrefois plus qu'aujourd'hui, était la grande voie de communication (1).

_____

(1) Les celliers de l'abbaye donnèrent à la localité le nom de *Vini-Cellulæ*, d'où est venu VINCELLOTES, ou Vincelottes, nom du village qui s'est formé peu à peu autour des celliers et le long de la berge qui domine les eaux de l'Yonne.

Ce bâtiment se compose de deux étages dont le premier est voûté et divisé en deux nefs, comme le montre le plan ci-joint : le premier étage

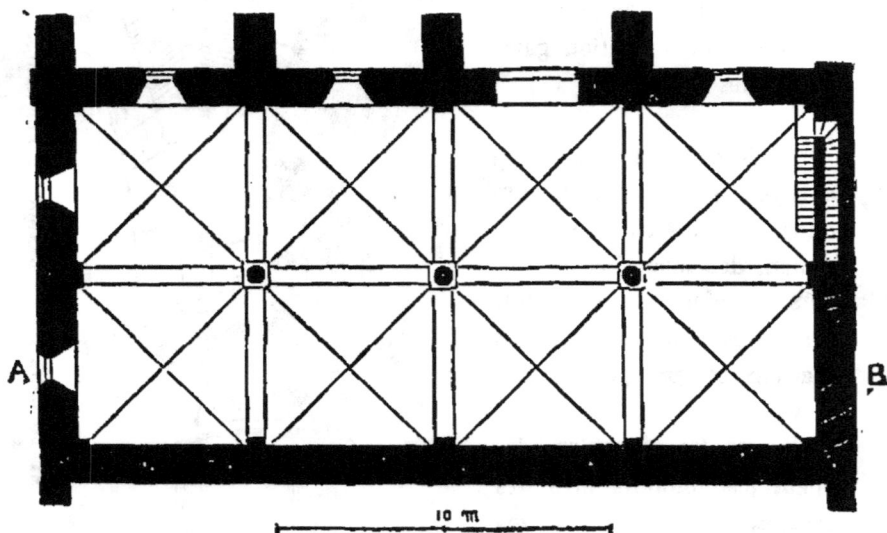

PLAN DU CELLIER DE VINCELOTTES.

est éclairé, d'un côté, par quatre fenêtres cintrées et garni de plusieurs contreforts du même côté.

On ignore si le grand bâtiment, dont nous donnons le dessin, d'après M. Victor Petit, est de la fin du XII⁰. siècle. Quoiqu'il en offre le style, on pourrait aussi y reconnaître le caractère général des constructions élevées au commencement du XIII⁰.

Ce dessin (V. la page 58) représente la façade extérieure donnant sur la rivière, quatre fenêtres cintrées correspondent à quatre travées délimitées par des contreforts saillants ; le côté opposé est à moitié enfoui sous la pente même du terrain. Il en résulte qu'on entre de-plain-pied dans les chambres établies au-dessus de la grande salle voûtée du rez-de-chaussée. Ces chambres servaient de logement aux gardiens et aux vignerons, mais elles n'ont rien conservé de leur caractère primitif.

Le cellier de Vincelottes a perdu, dit M. Victor Petit, une grande partie de sa beauté primitive ; la salle voûtée a été partagée par des murs de refend qui forment des caves particulières ; les anciennes chambres du premier étage, occupées aujourd'hui par plusieurs familles, ont subi de regrettables embellissements. Toutefois, malgré des replâtrages, on peut encore très-facilement rétablir l'état ancien de ce grand cellier. Les gens âgés du village peuvent indiquer avec cer-

V. Petit del.

VUE EXTÉRIEURE DU CELLIER DE VINCELOTTES.

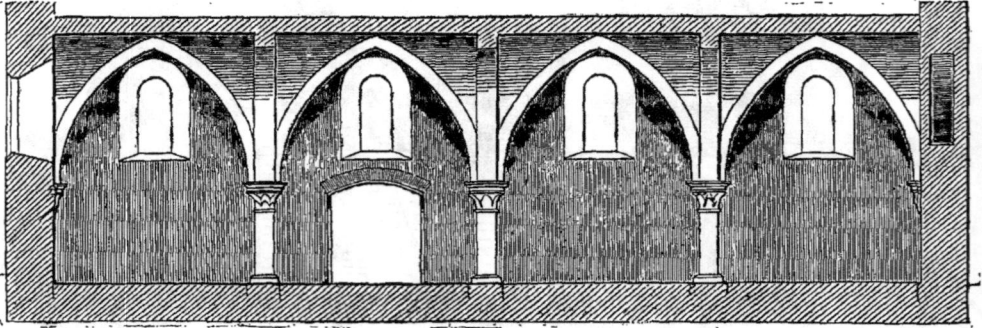

V. Petit del.

COUPE LONGITUDINALE DU CELLIER DE VINCELOTTES JUSQU'A LA HAUTEUR DE LA VOUTE.

litude l'emplacement oc-
cupé autrefois par le
pressoir et les diverses
dépendances qui s'y rat-
tachaient.

Des colonnes mono-
cylindriques , dans le
genre de celles que nous
venons de figurer en par-
lant de la grange du
prieuré de Perrières, re-
çoivent les arceaux des
voûtes entre les deux
nefs (Voir le plan page
57). Les fûts reposent
sur un socle carré taillé
en chamfrein à la partie
supérieure ; les chapi-
teaux sont garnis de
larges feuilles très-ca-
ractéristiques de la fin
du XIIᵉ. siècle.

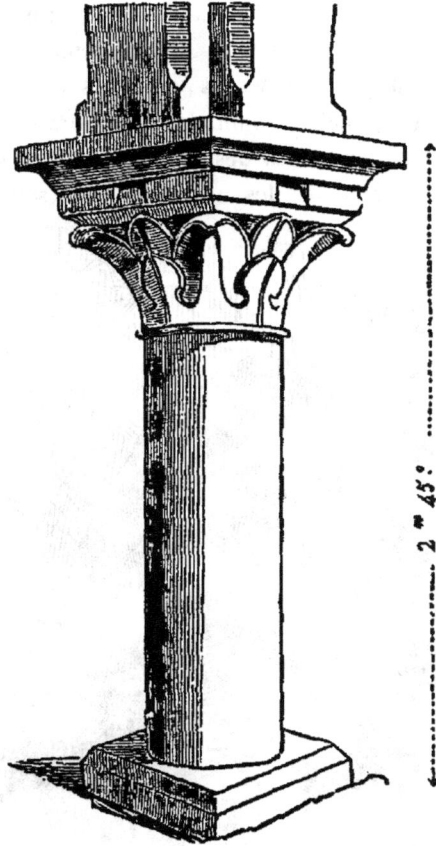

UNE DES COLONNES MONOCYLINDRIQUES DE VINCELOTTES.

2 ᵐ 45ᶜ.

Evêchés.

*Quelle était la disposition des évêchés et des maisons occupées par
les chanoines ?*

Les anciens palais épiscopaux étaient toujours à côté des cathédrales et communiquaient souvent avec celles-ci par le transept comme
les abbayes; soit du côté du Nord (Chartres, Meaux, Bayeux, Laon,
Séez, Le Mans, Angers, Auxerre, etc., etc.), soit du côté du Sud
(Reims, Besançon, Sens, Poitiers, Fréjus, etc., etc.), suivant que
les circonstances de localité avaient déterminé le choix de l'emplacement au Nord ou au Midi.

En général, les habitations des chanoines étaient groupées près de
l'église cathédrale, du côté opposé à celui qu'occupait l'évêché; elles
étaient entourées d'une enceinte dont on fermait les portes chaque soir.

Les chanoines, comme on le sait, étaient dans l'origine des ecclésiastiques qui vivaient en commun et qui résidaient près de la cathédrale

pour aider l'évêque à la desservir; un concile tenu en 816, à Aix-la-Chapelle, fit beaucoup de réglements à leur égard : dans la suite ces ecclésiastiques formèrent un corps à part, et cessèrent de vivre en commun ; mais ils habitaient toujours les abords de la cathédrale.

Les dépendances des anciens évêchés étaient souvent considérables et comprenaient des magasins, des salles voûtées comme celles des

SALLE VOUTÉE DU XIIe. SIÈCLE.

abbayes, des bâtiments pour l'officialité, des prisons, des prétoires, etc., etc., etc.

Les maisons canoniales offraient le même caractère que les maisons privécos de l'époque, seulement elles étaient souvent construites avec plus de soin et sur de belles caves voûtées. Habituellement elles étaient séparées de la cathédrale par un cloître (Arles, Fréjus, Laon, Noyon, Angers, etc., etc.).

Les évêchés ont toujours offert, au XIIe. siècle, une architecture remarquable ; malheureusement ils ont été presque tous reconstruits dans le style moderne ; il y en a bien peu qui offrent des parties du XIIe. siècle ; quelques-uns pourtant méritent l'attention, notamment celui de Beauvais qui est de plusieurs époques ; la partie qui appartient au XIIe. siècle est au fond de la cour, et l'on y voit une tour cylindrique décorée de moulures.

Cette partie romane de l'évêché de Beauvais repose sur des murailles romaines qui faisaient partie de l'enceinte fortifiée de la cité. La tour, dont je présente l'image, était séparée d'une autre tour semblable par un corps-de-logis dans lequel on voit encore des arcades romanes bouchées, mais dont la

TOUR A L'ANCIEN ÉVÊCHÉ DE BEAUVAIS.

partie supérieure a été remaniée.

L'évêché d'Angers conserve encore une belle salle du XIIe. siècle, décorée de fenêtres et d'arcatures romanes, qui vient d'être restaurée avec intelligence et qui repose sur d'autres salles voûtées. Cette belle pièce s'appuye sur le transept Nord de la cathédrale.

A Bayeux, des vestiges d'architecture romane se trouvent encore dans la partie de l'évêché qui, comme à Angers, correspondait au transept Nord de l'église cathédrale.

Il existe dans l'évêché d'Auxerre quelques parties du XIIe. siècle assez remarquables, notamment une belle galerie romane dont voici le dessin. Cette galerie aurait été bâtie par saint Hugues de Montaigu, trentetroisième évêque d'Auxerre, qui occupa ce siége épiscopal depuis l'an 1115 jusqu'en l'an 1136.

L'appareil est d'une grande beauté et d'une régularité presque parfaite.

Nous donnons réunis, le plan, la coupe et l'élévation de cette galerie qui vient d'être sur-

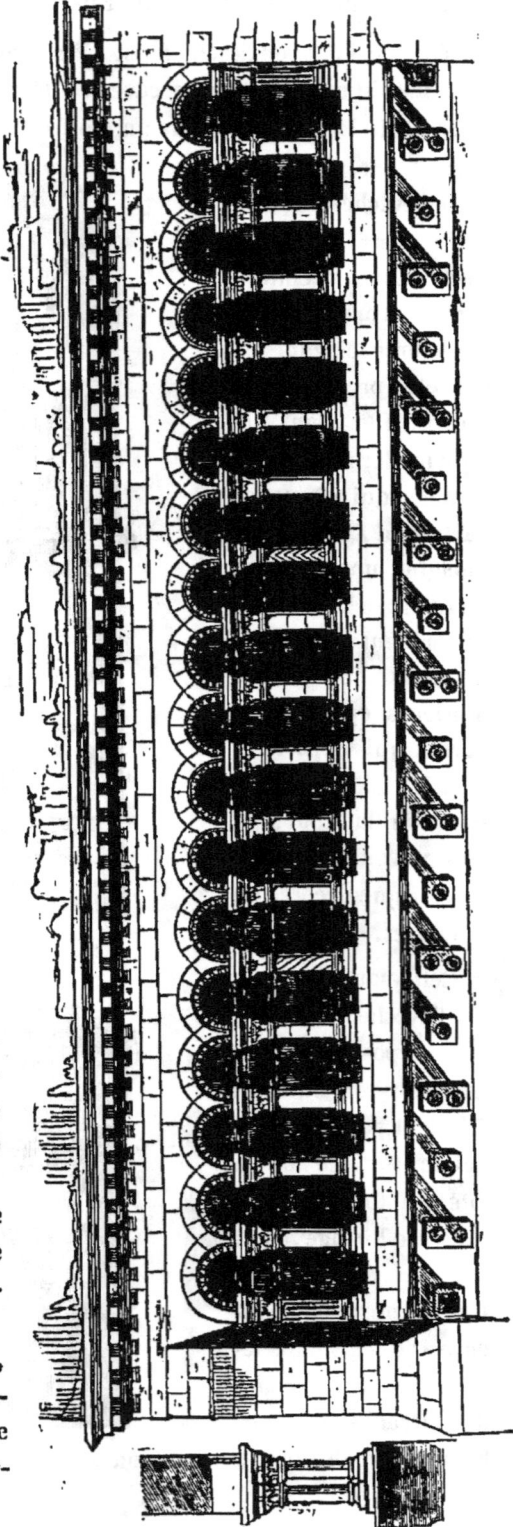

montée d'un bâtiment imitant le style de la fin du XIIIe. siècle. On remarquera que les colonnettes sont alternativement deux et une, comme dans quelques cloîtres du même temps.

Je pourrais citer encore d'autres parties qui, dans quelques évêchés, remontent au XIIe. siècle, mais ce ne sont là que des débris. Il est très-difficile de rétablir le plan des palais épiscopaux du XIIe. siècle : on peut affirmer seulement que les bâtiments qui les composaient étaient disposés autour d'une cour, de manière à former un carré plus ou moins régulier, et que des arcades ou galeries couvertes servaient quelquefois, comme celles des cloîtres, à circuler à couvert et à communiquer d'une pièce à l'autre.

Édifices publics.

HALLES. — Deux sortes de halles me paraissent avoir existé dès le XIIe. siècle ; les premières ressemblaient aux granges des abbayes ; c'étaient de vastes bâtiments en forme de parallélogramme dont la charpente, fort large et très-élevée, couvrait tout l'édifice. Des poteaux en bois, quelquefois des colonnes en pierre divisaient, comme dans les granges, l'intérieur en trois nefs.

Les marchandises exposées en vente, grains, viandes, étoffes, objets d'industries diverses, se groupaient dans les diverses parties qui leur étaient assignées. Ces bâtiments étaient habituellement sur des places, isolés de tous côtés et percés de plusieurs issues pour la circulation.

Les secondes se composaient d'une galerie ou appentis le long d'une enceinte de murailles avec une place au centre ; quelques-unes de ces places étaient fermées comme des cloîtres et l'on y entrait par des portes.

Les plus grands marchés de ce genre réunissaient les deux systèmes, c'est-à-dire qu'ils offraient des hangars adossés à des murs tout autour de la place, et, au centre, des bâtiments couverts comme les halles dont j'ai parlé plus haut.

Henry II avait fait construire des halles dans plusieurs villes de son royaume, mais aucune, que je sache, n'a subsisté jusqu'à nous. D'après la relation que fait Joinville d'une fête qui eut lieu à Saumur, le 24 juin 1241, pendant le séjour de saint Louis dans cette ville, et du banquet royal qui se tint sous des halles construites par Henry II, nous pouvons nous faire une idée de ce monument et de ses dimensions considérables.

« Le roy (dit Joinville) tint cette fête ès halles de Saulmeur et *disoit*
« *l'en* (1) *que le grant roy Henry d'Angleterre* (2) *les avoit faictes*
« *pour les grans festes tenir;* et les hales sont faites à la guise des
« cloistres de ces moines blancs (3). Mès je crois que de trop loing il
« ne soit nuls cloistres si grans. Et vous diray pourquoy il le me semble ;
« car à la paroy du cloistre où le roy mengeoit qui estoit environné
« de chevalliers et de serjans qui tenoient grand espace, mangeoient à
« une table vingt que évêques, que arcevêques. Et encore après les
« évêques, et arcevêques mangeoit en costé cele table la royne Blan-
« che sa mère, au chief du cloistre de cele part là où le roy ne mangeoit
« pas. Et si servoit à la royne le conte de Bouloigne qui puis fut roy
« de Portingal, et le bon comte de Saint-Pol et un alemant de l'aâge
« de dix-huit ans que en disoit que il avoit esté filz de Sainte Elisabeth
« de Thuringe ; dont l'on disoit que la royne Blanche le bésioit au
« front par dévotion, pour ce que elle entandoit que sa mère li avoit
« maintes fois bésié. »

« Au chief du cloistre d'autre part estoient les cuisines, les bouteil-
« leries, les paneteries et les despenses de celi cloistre, qui servoient
« devant le roy et la royne de char (4) de vin et de pain. Et en toutes
« les autres elez (5) et en praël (6) du milieu, mangeoient de cheval-
« liers de si grant foison que je ne scé le nombre ; et dient moult de
« gent que ils n'avoient oncques veu autant de seurcolz et d'autres
« garnimens de drap d'or que il y en ot (7) là, et dient que il y en ot
« bien trois mille chevalliers (8). »

On voit par cette description que les halles du XII°. siècle n'étaient
pas des édifices sans importance ; celles de Saumur prouvaient encore la
magnificence de Henry II et son goût pour les constructions civiles.

Hospices. — Parmi les monuments publics du XII°. siècle, les hospices avaient une assez grande importance dans certaines villes : nous
trouvons encore dans les grandes salles de ces édifices la même disposition
générale que dans les granges et les halles. Le principal corps-de-logis,

(1) *Et disait l'en,* et l'on disait.
(2) Henry II, comte d'Anjou.
(3) Religieux de l'ordre de Citeaux.
(4) *Char,* viande.
(5) *Elez,* ailes.
(6) *Praël,* préau.
(7) *Ot,* avait.
(8) Mémoires de Joinville, chap. XII.

celui qui était destiné aux voyageurs et aux malades, était ordinairement divisé en trois nefs; la nef centrale restait libre, le plus ordinairement, les lits étaient rangés le long des murs dans les bas-côtés.

La façade extérieure, très-simple, offrait pour ornements des arcatures et des fenêtres; les corniches étaient traitées comme celles des églises.

L'ancien Hôtel-Dieu de Caen, détruit en 1827, et dont voici la façade

FAÇADE DE L'ANCIEN HÔTEL-DIEU DE CAEN, DÉTRUITE EN 1827.

occidentale, était un exemple précieux dont je m'applaudis d'avoir

conservé le souvenir. Il datait de la deuxième moitié du XII°. siècle ,
ce qu'attestaient les moulures des archivoltes et le mélange perpétuel
des plein-cintres et des ogives.

La grande salle de l'Hôtel-Dieu de Caen présentait un bâtiment très-
allongé, terminé par deux gables ; celui par lequel on entrait , et qui
bordait une des principales rues de la ville (voir la page 66), avait été
garni , vers le XVI°. siècle , de petites loges en saillie, qui masquaient
une partie du mur , mais on distinguait très-bien deux portes en ogive
garnies de zigzags , et un rang d'arcades, bouchées pour la plupart , et
légèrement aiguës (petites lancettes) qui occupaient la partie moyenne
de l'édifice et qui évidemment remontaient à l'époque de la fondation.
J'ai trouvé , dans les gables des grands édifices civils du XII°. siècle et
du XIII°. , des arcades bouchées de cette forme , disposées de la même
manière.

L'intérieur était voûté et divisé en trois nefs , deux rangs de colonnes
monocylindriques soutenaient, au milieu de la salle , les arceaux et les
arcades des voûtes dans lesquelles la forme de l'ogive était nettement
prononcée, et qui offraient absolument le même système que les voûtes
des églises à la fin du XII°. siècle. Ces deux rangs de colonnes isolées,
qui se prolongeaient parallèlement, divisaient longitudinalement la salle
en trois nefs à peu près égales en largeur (voir la page 68). Des colonnes
groupées trois à trois correspondaient, dans les murs latéraux , aux colonnes cylindriques du centre et recevaient des deux côtés de l'édifice
la retombée des arceaux ; ces colonnes n'avaient pas encore la maigreur
qu'elles prirent au XIII°. siècle, et leurs chapiteaux annonçaient aussi
l'époque de la transition ou la 2°. moitié du XII°.

Les fenêtres qui éclairaient cette vaste salle , étaient allongées et légèrement pointues au sommet : c'étaient des lancettes , mais des lancettes
de la première époque, et qui, ainsi que les colonnes et leurs chapiteaux, tenaient autant du style roman que du style ogival. Deux petites
arcades en ogive accompagnaient ces longues ouvertures ; elles avaient
été pratiquées uniquement pour l'ornement de la salle et comme accompagnement des longues fenêtres qui ne garnissaient pas assez les
murs, car elles étaient fermées et ne recevaient aucune lumière de
l'extérieur.

A l'extrémité du parallélogramme était un autel et un sanctuaire où
l'on faisait l'office le dimanche, de sorte que tous les malades pouvaient
y assister sans quitter leur lit.

Les constructions accessoires de la grande galerie que je viens de dé-

crire (cuisines, magasins, cloître, logement des religieux), étaient
disposées à côté et à l'entour au Nord et au Midi. Le moulin était du

INTÉRIEUR DE LA GRANDE SALLE DE L'ANCIEN HÔTEL-DIEU DE CAEN.

côté du Midi, sur un bras de la rivière d'Orne, qui a été comblé depuis
1827.

Hospice du Mans. —La grande salle de l'ancien hospice qui existait au Mans, entre cette ville et Pontlieue, sert à présent de magasin à fourrages ; elle est comme celle de Caen, divisée longitudinalement par deux rangs parallèles de colonnes supportant la retombée des voûtes,

FAÇADE DE LA GRANDE SALLE DE L'ANCIEN HOSPICE DE PONTLIEUE.

et présente avec elle de nombreux rapports de style. M. Hucher, membre de l'Institut des provinces, au Mans, décrira plus tard ce monument intéressant que l'on ne peut voir dans son entier, que dans le temps où il se trouve dégarni de fourrages.

L'Hospice d'Angers, bâti par Henri II, offre une vaste salle res-

E. Sagot del.   H.MEUNIER

INTÉRIEUR DE LA GRANDE SALLE DE L'HOSPICE D'ANGERS.

semblant beaucoup à celle de l'hôpital de Caen et de l'hospice du Mans;

les arceaux des voûtes retombent de même, et sont également supportés par deux rangs de colonnes cylindriques, qui divisent la salle en trois nefs parallèles. La différence la plus notable peut-être, consiste dans la légèreté des arceaux de la voûte que supportent les colonnes cylindriques plus sveltes elles-mêmes que celles de l'hôpital de Caen, et dans la forme des fenêtres qui sont à plein-cintre à Angers, tandis que déjà l'ogive se dessine à Caen. Au reste, tout est disposé de même, et c'est une chose digne de remarque et toutefois bien naturelle, que l'analogie de plan et de style qui existe entre ces monuments de la même époque, dont la destination était pareille..

Un cloître très-bien conservé précède la grande salle de l'hospice d'Angers ; les arcades à plein-cintre de la galerie qui le compose sont supportées par des colonnes accouplées dont les chapiteaux sont curieux. Elles n'ont pas encore la légèreté qu'elles prirent après l'adoption de l'ogive, mais elles ont perdu la pesanteur qui les caractérise dans le XIe. siècle.

Un grand bâtiment qui sert aujourd'hui de magasin est aussi très-curieux ; les salles qu'on y voit se rapprochent à plusieurs égards de celles des malades : ce sont des échantillons bien rares et bien conservés de l'architecture civile du XIIe. siècle. Elles sont établies sur des caves voûtées ; et leur plan présente un grand parallélogramme divisé en trois parties par deux rangs d'arcades cintrées portées sur des colonnes cylindriques et éclairé par des fenêtres en plein-cintre.

Beaulieu. — Il ne reste plus rien de l'ancien hôpital de Beaulieu, fondé près de Caen, par Henry II, mais le docteur Ducarel a consigné, dans son voyage en Normandie, une note sur les particularités qui l'avaient frappé dans l'examen qu'il fit de cet hospice au siècle dernier.

« Les vestiges qui restent de cet ancien édifice, dit le voyageur « Anglais, m'ont offert cinq cheminées d'une construction fort sin- « gulière, rangées sur une même ligne, à une distance de 20 pieds « les unes des autres ; chacune d'elles forme un cône obtus fermé « par le haut, et surmonté d'une boule, de façon que le seul espace « pratiqué pour le passage de la fumée se fait au travers de petites « ouvertures qui se trouvent dans les côtés. Ces cheminées font partie « d'un bâtiment qui formait autrefois un grand carré avec une cour

« dans le milieu. Des vestiges d'autres cheminées se voient encore
« sur les murs extérieurs, à la même distance d'environ 20 pieds
« les uns des autres ; je n'ai rien vu qui pût m'indiquer si primi-
« tivement chacune de ces six cheminées dépendait d'un appartement
« séparé ; cependant je suis porté à croire que chaque lépreux
« avait une chambre particulière, fermée d'une cloison comme les
« cellules des moines. »

Toutes les léproseries dont on a pu reconnaître les plans étaient
disposées de même, c'est-à-dire que les lépreux habitaient des logements
séparés, disposés autour d'une cour habituellement carrée, dans laquelle étaient aussi une chapelle, un puits et divers bâtiments.

PONTS. — Les ponts anciens disparaissent chaque jour, et depuis 30
ans on en a beaucoup détruit d'extrêmement intéressants. Quelques-
uns, notamment ceux de Tours et de Montbazon-sur-l'Indre sont encore
présents à ma mémoire ; ils offraient une longue série d'arches à plein-
cintre de diamètres inégaux qui s'élevaient vers le centre et s'abaissaient
vers les rives. Quand les rivières étaient un peu larges, les ponts s'appuyaient sur une ou plusieurs îles qui divisaient le courant en plusieurs
bras. Les Romains avaient suivi la même pratique et l'on ne faisait,
au moyen-âge, qu'imiter leurs procédés.

Les piles présentaient, du côté du courant, un épi destiné à resister
au choc des eaux.

Les ponts de Cé, près d'Angers, dont il est difficile de fixer la date,
appartiennent, dit-on, en partie, à la période romane : peut-être
les anciens ponts de Pontlieue, près du Mans, étaient-ils du XIIe
siècle ?

M. Victor Petit, qui a étudié avec soin les anciens ponts de la vallée
de l'Yonne, nous apprend que, d'après une charte de la cathédrale de
Sens de l'année 1181, la construction du pont sur Yonne date de
l'année 1175, sous l'archevêque Hugo de Toucy. Une autre charte de
l'an 1214, donnée par Philippe-Auguste, permet de bâtir deux moulins
sous les arches du même pont, à la condition de laisser libres les trois
arches du milieu. *Ces arches existent encore;* elles rappellent bien le
caractère de l'arcade plein-cintre du XIIe siècle. Mais ce pont étroit,
escarpé et tortueux, fut réparé et agrandi à diverses époques assez ré-
centes, notamment au siècle dernier, pour la construction de deux
grandes arches qui franchissent le bras principal de l'Yonne, dont le
cours est divisé par plusieurs petites îles.

Le pont le plus remarquable que je puisse citer est celui d'Avignon,
dont il ne reste plus qu'une partie ; il faut remarquer la hardiesse des
arches, elles sont formées d'abord de quatre rangs de grandes pierres
symétriques que la taille soutient admirablement ajustées, et qui sont
recouvertes ensuite par d'autres assises : des ouvertures ont été pratiquées dans l'épanouissement des piles pour économiser les matériaux
et détruire la nudité de ces masses. Ce pont, qui, comme les ponts
romains, n'a pas une grande largeur, est du XIIe. siècle (1177), ainsi
que la chapelle de St.-Beneset qui existe encore sur une des piles.

Maisons privées.

Les maisons privées du XIIe. siècle offraient habituellement, comme
celle des siècles suivants, des gables ou pignons sur le bord des rues
comme l'Hôtel-Dieu de Caen ; les fenêtres étaient le plus souvent à
plein-cintre dans les maisons en pierre ; mais elles étaient carrées dans
les maisons de bois qui étaient les plus communes à cette époque.

Les portes à cintres baissés ne sont pas très-rares au XIIe. siècle ;
quelques-unes m'ont offert la coupe de pierre exprimée dans le dessin
suivant.

La maison qui suit existe encore à Chartres ; les fenêtres cintrées, au nombre de trois , sont bordées d'un tore autour duquel serpente un

MAISON DU XIIᵉ. SIÈCLE., A CHARTRES.

galon conduit en spirale; le rez-de-chaussée est également percé de
trois ouvertures , dont deux offrent des arcs de décharge en ogive.

Cluny compte environ douze maisons romanes. Ces maisons à un ou
deux étages, au-dessus d'un rez-de-chaussée, ont beaucoup de rapport

entr'elles ; une des mieux conservées est celle dont je présente le dessin
(page 76), d'après M. l'architecte Desjardins, membre de la Société
française d'archéologie pour la conservation des monuments : elle peut
donner une idée de toutes les autres. A l'intérieur, des remaniements
successifs ont altéré les formes premières, et il est impossible, d'après
ce qui reste, de se faire une idée du logement de nos pères au XII.
siècle. Les chapiteaux présentent presque tous des feuilles rangées de
manière à figurer la palmette antique, ou bien sont ornés de dents
de scie, de frettes ou de billettes, de perles, cordes ou feuillages : et
c'est vraiment une chose remarquable et qui surprend toujours,
que la richesse et l'abondance d'imagination des artistes du XII.
siècle.

Dans l'exemple suivant, la porte gauche est évidemment de l'époque
de la construction, mais le grand arc en ogive à côté paraît une restauration postérieure ; dans le plus grand nombre de ces maisons, du
reste, la partie du rez-de-chaussée n'offre plus rien d'intéressant.

Plusieurs maisons présumées du XII. siècle avaient été décorées
avec recherche dans la ville de Cluny : malheureusement plusieurs
d'entr'elles, et peut-être les plus élégantes, ont disparu depuis 30 ans ;
une de ces dernières était si élégante, au témoignage de tous ceux qui
l'ont vue, que lors de sa destruction on voulut au moins conserver un
spécimen de la belle frise qui la décorait : cette frise, longue de plus de
8 mètres, a été déposée au musée d'antiquités de Cluny, par les soins
de M. Ochier, membre de la Société française d'archéologie ; on y voit,
au-dessous d'une charmante guirlande de feuillages romans et de
raisins, des modillons simulés bordés de perles, au centre desquels
ont été sculptés, en bas-relief, divers animaux et des personnages
(voir la page 77).

Il existe à St.-Gilles, département du Gard, une maison du XII.
siècle ayant plusieurs étages et plusieurs rangs de fenêtres romanes
dans sa façade.

A Cologne, j'ai vu deux maisons qui offrent des caractères analogues.

Limoges renferme encore plusieurs maisons dans le style de transition, qui doivent remonter à la fin du XII. siècle.

Quelques hôtels appartenant à de riches seigneurs ont été garnis de
tourelles, ceints de murs et munis de portes qui affectaient la forme et
la solidité des portes des abbayes.

Desjardins del.

ANCIENNE MAISON ROMANE, A CLUNY.

FRAGMENT DE LA FRISE D'UNE MAISON DU XIIe. SIÈCLE, AU MUSÉE DE CLUNY.

ANTCOR

D'autres avaient de véritables donjons comme cette maison qui existe encore à Metz, et dont la tour carrée appartient au style roman. Les tours carrées ont été aussi, en Italie, l'accessoire des maisons de la haute aristocratie du moyen-âge.

Il est certain qu'au XIIe siècle et dans les siècles suivants, lorsque les parties basses des maisons étaient en pierre et voûtées, ce qui émergeait au-dessus du sol était très-souvent en bois ; et comme les constructions en bois ont duré moins long-temps que les autres, la partie supérieure de ces maisons a été refaite à deux ou trois reprises, tandis que la partie solidement construite en pierre a été conservée et a continué de servir de base aux diverses constructions qui se sont succédé au-dessus. On trouvera donc dans beaucoup de villes des caves romanes sous des maisons moins anciennes. Souvent aussi, comme on n'avait pas

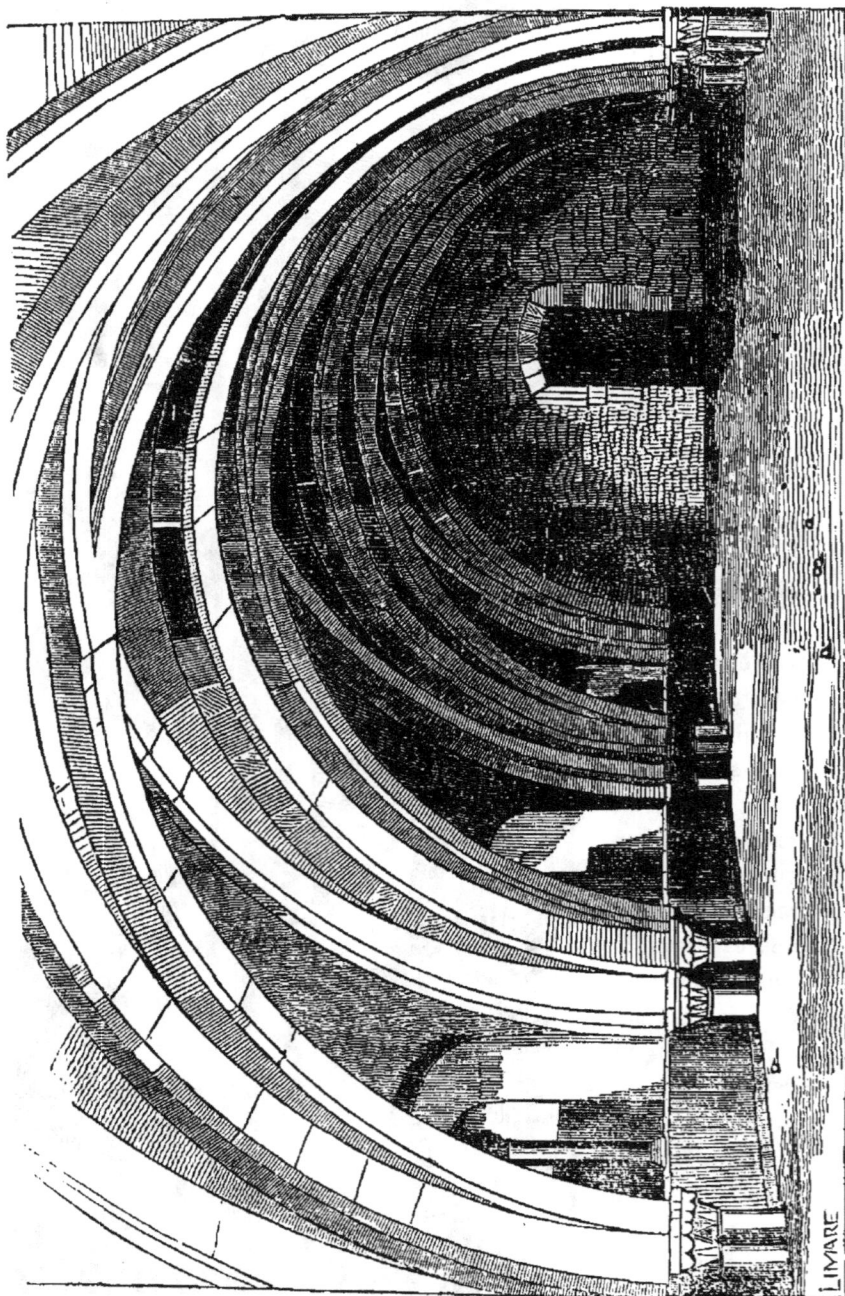

SALLE VOUTÉE DU XIIᵉ SIÈCLE AVEC COURTES COLONNES.

besoin pour ces pièces d'une hauteur bien considérable, et que la courbure de la voûte donnait un espace suffisant, on a supprimé presque complètement le fût de la colonne, et le chapiteau portant la voûte était presque à fleur de terre, comme dans la cave précédente. Ces particularités et quelques autres distinguent les magasins qu'on pratiquait habituellement au XIIᵉ. siècle.

CHAPITRE III.

ARCHITECTURE CIVILE DE LA TROISIÈME ÉPOQUE

(XIIIᵉ. SIÈCLE, 1ʳᵉ. ÉPOQUE DE LA PÉRIODE OGIVALE.)

Quels changements se sont opérés au XIIIᵉ. siècle dans l'architecture civile ?

La substitution de l'ogive au plein-cintre et les transformations opérées dans l'architecture au XIIIᵉ. siècle ont été méthodiquement expliquées dans nos développements sur l'architecture religieuse : nous ne pouvons donc que renvoyer aux détails donnés dans le volume consacré à cette architecture, notamment au chapitre IV.

Quant à l'application des faits généraux à l'architecture civile (monastique, publique ou privée), quelques exemples sont nécessaires : nous allons les présenter.

Architecture monastique.

D'abord, les grands établissements monastiques ont toujours offert, au XIIIᵉ. siècle, la disposition que nous avons précédemment indiquée, mais ils ont été plus splendides que dans le siècle précédent ; le style ogival, appliqué aux voûtes, aux ouvertures, à tous les détails d'ornementation, favorisa les projets de rénovation et d'agrandissement pour tous les locaux monastiques : l'agriculture d'ailleurs avait, comme nous le démontrerons, atteint, dans beaucoup d'abbayes, un degré de perfection remarquable pour l'époque, et il devenait nécessaire de donner plus de place aux produits et de refaire de fond en comble des corps-de-logis devenus insuffisants. Le XIIIᵉ. siècle est donc pour l'architecture civile, comme pour l'architecture religieuse, une grande époque ; je dirai même la plus belle époque. L'examen rapide que je vais faire de quelques édifices de ce siècle me permettra de le démontrer.

Les cloîtres eurent, au XIIIᵉ. siècle, des arcades en ogive portées sur des colonnettes à chapiteaux galbés d'un grande légèreté (le Mont-St.-Michel, un côté du cloître de St.-Trophime d'Arles, etc., etc.) : toutefois le plein-cintre ne fut pas répudié partout, on l'appliqua encore au XIIIᵉ siècle, à quelques arcatures de cloîtres, mais alors les archivoltes n'offrirent que des tores évidés, et les colonnettes avaient des chapiteaux absolument semblables à ceux des colonnes associées aux ogives. M. Sagot a dessiné au prieuré du Val-des-Choux (Haute-Marne), des arcs de cloître assez remarquables dont voici l'esquisse : ce sont

des ouvertures carrées, rétrécies au sommet sans cesser d'être rectangulaires (1), et encadrées dans des arcades ogivales ; chaque travée embrasse deux de ces ouvertures.

(1) Nous avions déjà trouvé à Montiérender (Haute-Marne), dans les arcatures des bas-côtés du chœur, une disposition à peu près semblable ; nous l'avons indiquée dans le 1ᵉʳ. volume de l'*Abécédaire* (3ᵉ. édition), p. 317.

. Les *salles capitulaires*, les *réfectoires*, les *salles des hôtes*, et les autres édifices disposés autour du cloître offrent, au XIIIe. siècle, les ogives lancettes et les plein-cintres caractéristiques de l'époque. A l'intérieur, les arceaux des voûtes reposent sur des colonnes ou sur des consoles engagées dans les murs, et, quand elles ont une portée un peu

SALLES VOUTÉES AVEC COLONNES AU CENTRE.

plus considérable, sur des colonnes monocylindriques qui divisent les pièces en deux nefs comme dans la figure précédente.

Voici (page 83) le chevet extérieur de la salle capitulaire de St.-Pierre-sur-Dives (Calvados) qui se termine rectangulairement et fait saillie sur les bâtiments qui forment le côté oriental du cloître : trois fenêtres, l'une plus élevée que les deux autres, et arrondies au sommet, éclairent cette salle, disposition très-habituelle dans le chevet des églises du XIIIe. siècle.

CHEVET DE LA SALLE CAPITULAIRE DE SAINT-PIERRE-SUR-DIVES.

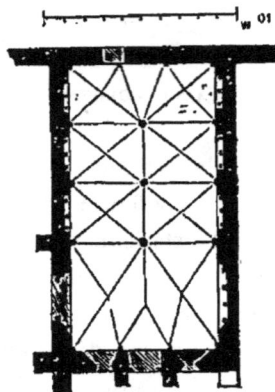

PLAN DE SALLE CAPITULAIRE.

Les greniers qui surmontent les voûtes sont éclairés par trois lancettes fort étroites. L'intérieur est divisé par un rang de colonnes cylindriques

INTÉRIEUR DE LA SALLE CAPITULAIRE DE SAINT-PIERRE-SUR-DIVES.

et les murs décorés de fausses fenêtres à deux baies surmontées d'une rose.

Réfectoire de Bonport. Le réfectoire de Bonport, près de Pont-de-l'Arche (Seine-Inférieure), que l'on croit de la deuxième moitié du XIII⁰ siècle, se développait du Sud au Nord à partir du cloître par lequel on y entrait. Il formait une grande et belle salle éclairée sur les côtés par des fenêtres ogivales à deux baies et au chevet par une large ouverture à quatre baies étroites et en forme de lancettes surmontées de trois petites roses.

Thiollet.   **CHEVET DU RÉFECTOIRE ET CUISINES DE BONPORT.**

Ce réfectoire, dont voici la coupe longitudinale, avait, sur le côté

Thiollet.   **COUPE LONGITUDINALE DU RÉFECTOIRE DE BONPORT.**

Ouest, une tribune à laquelle on montait par un escalier et dans laquelle on faisait des lectures pendant le repas : il était en communication avec les cuisines, placées dans le corps-de-logis voisin (attenant
au mur de l'Ouest et bordant le cloître). Ces cuisines, dont on voit
l'extérieur en A (page 85), ont encore une magnifique cheminée dont
la coupe qui suit montre le profil et la forme.

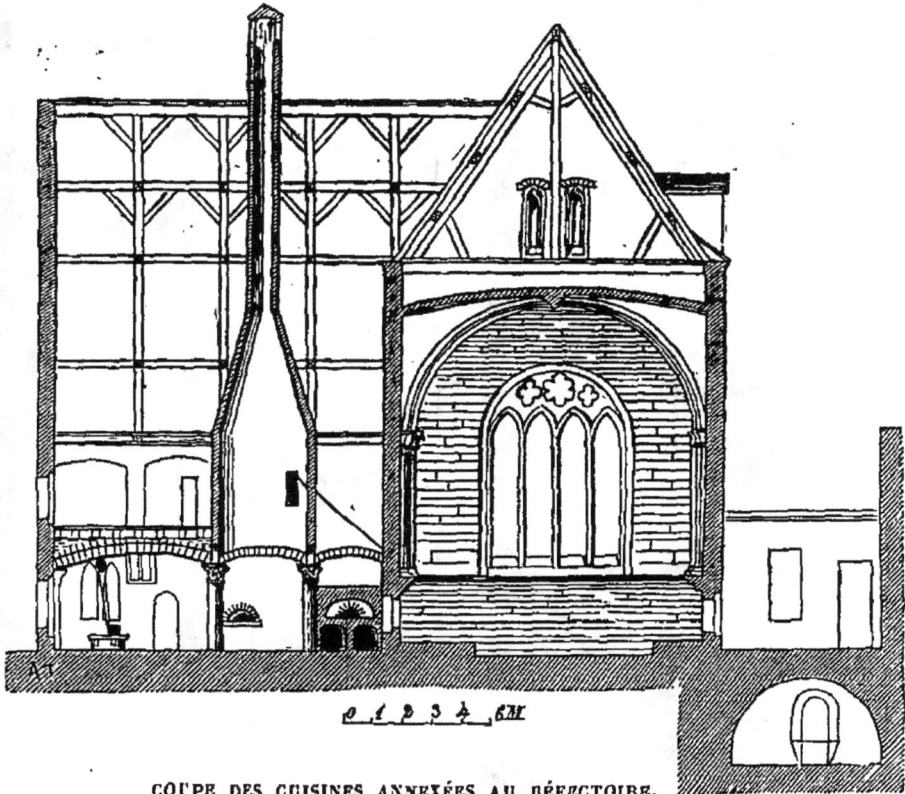

COUPE DES CUISINES ANNEXÉES AU RÉFECTOIRE.

Thiollet.

Enfin le plan que je présente (page 87) montre mieux encore la
disposition du réfectoire de Bonport et sa liaison avec les bâtiments
voisins qui en étaient en quelque sorte les accessoires (1).

(1) Voici, d'après M. Thiollet, quelle était la disposition des pièces indiquées sur ce plan :
B. Escalier descendant du cloître au réfectoire. C. Grande salle servant
de réfectoire. Le milieu C devait être entouré d'un trottoir DD, lequel
était garni de tables et de buffets pour poser et serrer les objets nécessaires au service. La cuisine est formée d'un grand bâtiment carré,
isolé de trois côtés et adossé à la grande salle. Le puits K fournissait de

PLAN D'UNE DES FENÊTRES DU RÉFECTOIRE.

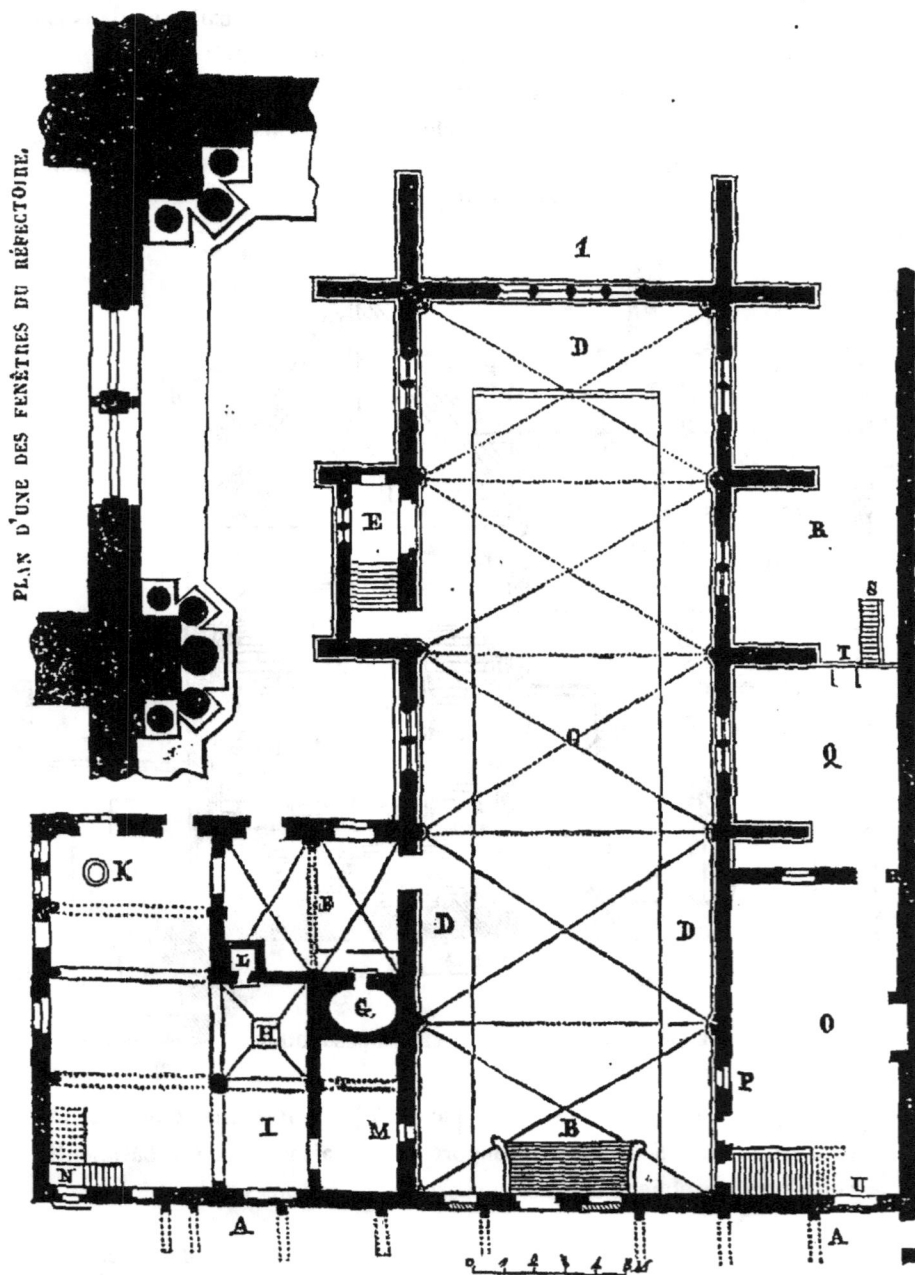

PLAN DU RÉFECTOIRE, DES CUISINES ET DES CONSTRUCTIONS VOISINES, A DONPORT.

l'eau à cette cuisine et à la paneterie F. Dans la cuisine il y avait deux
hottes d'une grande étendue, la principale (H) est celle qui porte le tuyau
de la grande cheminée ; l'espace compris entre H et I était l'âtre du foyer ;
la voûte de la pièce I communiquait dans la hotte H. L'emplacement M

Réfectoire de Beauport. Le réfectoire de Beauport (Côtes-du-Nord) est parallèle à l'église et s'étend de l'Ouest à l'Est. C'est une pièce fort belle d'où l'on jouit d'une vue magnifique. Huit fenêtres, ou plutôt huit arcades à plein-cintre donnant sur le jardin, et au loin sur la mer, s'ouvrent du côté du Nord. Leur archivolte est ornée de moulures qui retombent, dans l'intervalle qui les sépare deux à deux, sur une élégante colonne au chapiteau orné de branches de chêne et de feuillages les plus délicats, tous caractéristiques du XIIIᵉ. siècle et identiques avec ceux que nous trouvons partout à cette époque dans les départements du nord de la France.

Les fenêtres qui font le pendant de celles-ci, au Sud, sont ogivales : leur archivolte est ornée de moulures qui viennent simplement mourir sur les pieds-droits, car il n'existe pas de colonnes de ce côté. Vers le milieu de ce mur méridional, un escalier en pierre conduisait à une espèce de tribune où se plaçait, durant le repas, le moine chargé de faire la lecture. Enfin, dans le pignon Ouest du réfectoire, s'ouvre une grande fenêtre, dont l'arc en plein-cintre retombe sur deux colonnettes et qui est intérieurement subdivisée par deux meneaux en trois ogives aiguës.

Ce beau réfectoire avait été construit, vers l'an 1250, par l'abbé Hervé ; les cuisines se trouvaient dans le voisinage.

Au-dessous du réfectoire est une salle à voûte d'arête en ogive, et divisée par un rang de colonnes courtes et grosses, qui reçoivent en partie les retombées de la voûte, tandis que du côté des murs elles sont portées sur des espèces de chapiteaux sans colonnes, ou plutôt de consoles ornées de larges feuilles enroulées sous les angles de l'abaque. Cette pièce basse et plusieurs autres pièces voisines de même construction, servaient sans doute de magasins et de celliers.

était réservé pour passer les mets dans le réfectoire, au moyen d'une ouverture pratiquée dans le mur. F était la paneterie, pièce très-bien voûtée et d'une élévation double de celle de la cuisine. G. Le four avait en avant une grande hotte dont le tuyau de la cheminée est dévoyé et conduit dans la grande hotte H. La pièce O, de l'autre côté du réfectoire, devait être l'office. P. Passage pour faire les distributions. U. Porte condamnée ; elle donnait entrée aux personnes chargées de l'approvisionnement. Q. Terrasse au-dessus de la cave dont l'entrée est en T. R. Cour. S. Escalier montant sur la terrasse Q.

On entre du cloître dans le réfectoire par une porte à plein-cintre A.

Bouet del.

PORTE DU RÉFECTOIRE DE BEAUPORT PRÈS DE L'ANGLE N.-O. DU CLOÎTRE.

L'archivolte, qui est ornée de moulures toriques, retombe sur des colonnettes, dont les chapiteaux sont ornés de feuillages larges et enroulés
aux angles supérieurs de la corbeille. Dans l'une des faces intérieures
de cette porte, est ménagé un escalier éclairé par deux arcades trilobées, séparées et soutenues par deux petites colonnes (1). Non loin de
cette porte et dans la partie inférieure du bâtiment placé au couchant
du cloître est disposé un vaste banc de pierre, sous trois arcades prises

(1) *Description de l'abbaye de Beauport*, par M. de La Monneraie.

dans l'épaisseur du mur. Le tympan de ces arcades est rempli par des ornements taillés sur plein, tels que de petites arcatures en ogive aiguë, des trèfles, des quatrefeuilles et une rose à huit lobes. (Voir la figure précédente, p. 89).

Je suppose que dans l'origine il y avait là un bassin pour se laver les mains avant de prendre le repas : tout semble l'indiquer dans la disposition de ces trois arcades, et dans beaucoup d'abbayes un *lavatorium* était ainsi placé dans le cloître près de la porte du réfectoire.

Au Nord du réfectoire, sur une direction parallèle, mais à un niveau inférieur, existe une vaste salle très-intéressante dont la voûte en ogive appuie ses arcs-doubleaux sur des consoles placées le long des murs. Deux grandes cheminées existent dans cette pièce, qui porte, je ne sais quoi, le nom de *Salle au duc*. Aurait-elle servi de cuisine ou de logement pour les hôtes? Je n'en sais rien, mais c'est avec le réfectoire et la salle capitulaire l'édifice le plus important de Beauport.

LA MERVEILLE. —Le grand et très-remarquable édifice du XIIIe. siècle que l'on distingue au Mont-St.-Michel sous le nom de la *Merveille*, et qui mérite bien ce nom quand on considère sa hardiesse, son élégance et sa position sur un roc escarpé, présente une muraille ayant plus de 33[m]. de hauteur, flanquée de quinze contreforts et éclairée par trois étages de fenêtres. C'est, dit M. Le Héricher, dans le texte de la *Monographie du Mont-St.-Michel*, publié par MM. Bourdon et Bouet, *un mur d'un essor prodigieux.*

Je ne présente ici qu'une partie du bâtiment de la Merveille, mais ce fragment suffit pour en montrer l'importance.

A l'angle du pignon oriental figuré dans cette esquisse se dresse une tourelle polygonale couronnée d'un toit élancé, qui servait d'escalier.

L'édifice se divise en trois étages.

Le premier renfermant des magasins ou des salles souterraines ;

Le deuxième, qui peut être considéré comme rez-de-chaussée quand on y entrait du cloître et qui renfermait le réfectoire des moines, belle salle voûtée divisée longitudinalement par des colonnes monocylindriques qui forment ainsi deux nefs et supportent la retombée des voûtes (1) ;

_____

(1) Voir les lithographies de M. Bouet dans la *Monographie du Mont-St.-Michel.*

Bouet del.

PARTIE DU BATIMENT DE LA MERVEILLE, AU MONT-SAINT-MICHEL.

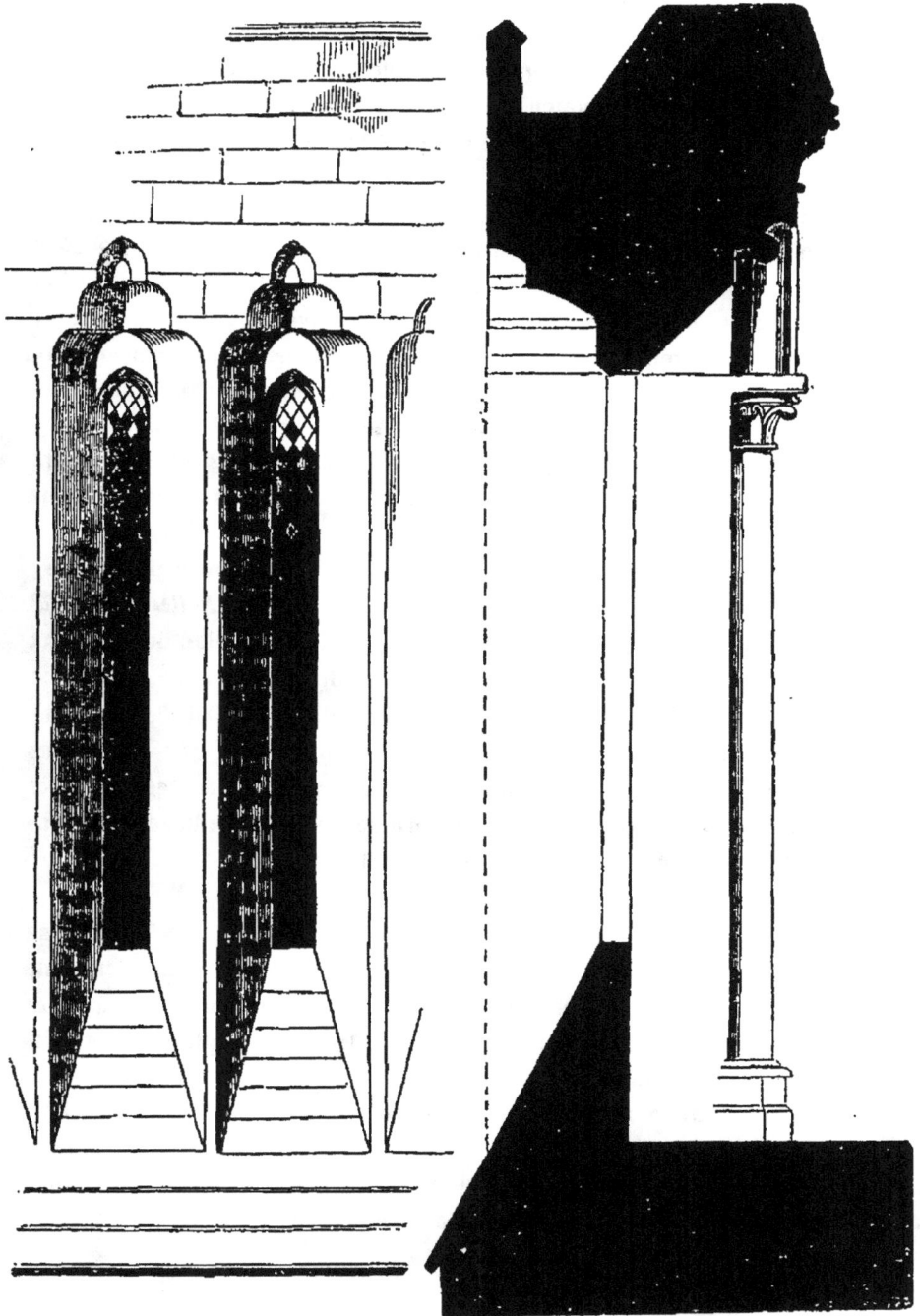

FENÊTRES DE L'ÉTAGE SUPÉRIEUR DE LA MERVEILLE.   PROFIL DES FENÊTRES.

Enfin le troisième étage qui servait de dortoir. Le dessin que j'ai présenté montre que ce bâtiment n'est pas antérieur au XIIIe. siècle. L'examen des détails de l'intérieur (colonnes, chapiteaux, moulures) confirme dans cette opinion, et il me paraît absolument impossible d'admettre, comme on l'a dit, que ce bel édifice ait été construit dans la première moitié du XIIe.

Le dortoir est ici au-dessus du réfectoire, ce qui n'a pas lieu habituellement ailleurs au XIIIe. siècle, mais outre qu'il y a eu quelquefois des exceptions aux règles générales dans la disposition et la destination des pièces, il ne faut pas oublier que l'abbaye du Mont-St.-Michel, assise sur un rocher escarpé, n'a pu se développer conformément aux plans ordinaires : il a fallu, faute d'espace, établir le réfectoire et le dortoir à l'extrémité orientale du cloître où se trouvait habituellement la salle capitulaire, et prolonger parallèlement à l'église, c'est-à-dire de l'Ouest à l'Est, le magnifique bâtiment de la Merveillle que nous venons d'examiner.

Autre bizarrerie résultant encore du peu d'espace laissé par la mer ; le cloître se trouve sur une des salles voûtées nommées *Salles des Chevaliers*, qui peut-être dans l'origine servaient à la réception des hôtes, et qui en tout cas datent, en grande partie, du XIIIe. siècle, comme le cloître et la Merveille. C'est une vaste salle, que j'ai figurée dans l'Atlas du Ve. volume de mon *Cours d'antiquités*, et que trois rangs de colonnes monocylindriques divisent en quatre nefs : ces colonnes sont à bases octogones et à chapiteaux couverts de feuillages assez caractéristiques du milieu du XIIIe. siècle (1).

Cuisines. — Quelques cuisines affectèrent, au XIIIe. siècle, la forme arrondie que nous avons signalée dans les cuisines de Marmoutiers et de Fontevrault, mais il paraît que souvent on s'est contenté d'un bâtiment carré à deux cheminées, comme on en a trouvé dans plusieurs établissements monastiques.

On montre à l'abbaye de Fontenay, dans un bâtiment du XIIIe. siècle (quoiqu'il offre encore à l'extrémité des ouvertures à pleincintre), qui avoisinait le réfectoire et que l'on peut considérer comme une ancienne cuisine, peut-être comme un chauffoir, deux che-

---

(1) Voir le plan et les dessins in-folio publiés par M. Bouet dans la *Monographie du Mont-St.-Michel.*

minées qui s'élèvent au-dessus du toit, formant deux pyramides de

CHEMINÉES JUMELLES A L'ABBAYE DE FONTENAY (Côte-d'Or).

même hauteur, et percées vers le sommet de plusieurs ouvertures latérales.

A l'intérieur des appartements le foyer des cheminées est assez large et le manteau ou hotte toujours élevé s'avance, en forme de toit, pour recevoir la fumée.

Les tuyaux des cheminées sont toujours, au XIIIe. siècle, cylindriques ou octogones. Une belle cheminée que l'on voit à l'abbaye de

Beauport (Côtes-du-Nord), et que je reproduis ici, est octogone et percée d'ouvertures latérales au sommet..

Logement des hôtes et magasins a Vau-clair (Aisne). — Une des plus belles con-structions monastiques qui nous restent est, sans contredit, le grand bâtiment connu à Vauclair, aux environs de Laon, sous la dé-nomination erronée de *granges de Vauclair*. M. le comte de Mérode l'avait signalé depuis long-temps; M. Piette l'avait décrit dans son histoire de l'abbaye de Foigny, dont Vauclair dépendait : plus tard nous avons pu le visiter avec plusieurs membres de la Société française, et M. Victor Petit l'a examiné et dessiné avec tout le soin possible. C'est à lui que nous devons les dessins qui suivent et les notes explicatives que nous allons reproduire pour l'intelligence de ces dessins.

Avant tout, disons-le ; si la magnifique construction que je vais décrire a servi de grenier à blé, on peut affirmer hardiment que ce n'était pas une grange dans l'acception vé-ritable du mot, et que les gerbes n'y ont point été entassées, sauf peut-être dans les derniers temps, lorsque les établissements monastiques étaient en décadence et que la confusion et le désordre s'étaient introduits dans la destina-tion des édifices, aussi bien que dans l'administration morale et ma-térielle des congrégations.

Le bâtiment de Vauclair n'a pu être construit pour resserrer des récoltes en *gerbes*, car les granges étaient toujours en dehors de l'enceinte centrale des maisons conventuelles, tandis que le monument de Vauclair fermait le côté occidental de cette enceinte et bordait le cloître. Je suppose que c'était là que les hôtes étaient reçus au XIIIe. siècle, ou qu'au moins une partie était destinée à cet usage ; les voûtes, si belles, encore peintes, les pavés émaillés, dont il reste encore des traces, nous paraissent mieux convenir à cette

destination qu'à un grenier : toutefois , diverses abbayes ont eu, dans le XIIIᵉ siècle, leurs magasins à blé placés dans le même corps de bâtiment, et il se pourrait qu'il en eût été ainsi à Vauclair, au lieu que les granges, je le répète, étaient toujours en-dehors de l'enceinte claustrale. Nous en aurons encore des preuves en examinant bientôt des granges du XIIIᵉ. siècle.

La façade occidentale de l'édifice de Vauclair étant celle que l'on aperçoit la première, nous allons d'abord la décrire.

Le dessin ci-joint représente cette façade dans tout son développement, abstraction faite d'un corps-de-logis moderne qui est adossé vers le centre de la façade en retour d'équerre, entre les huitième et neuvième contreforts.

Le mur de cette façade est consolidé par quinze contreforts, ayant près de 1 ᵐ. d'épaisseur et de saillie, sur plus de 13 ᵐ. de hauteur.

On remarque, entre les quatrième et cinquième contreforts, une large porte voûtée en arc de cercle et surmontée d'une autre porte plus étroite. A droite et à gauche de ces deux portes, on aper-

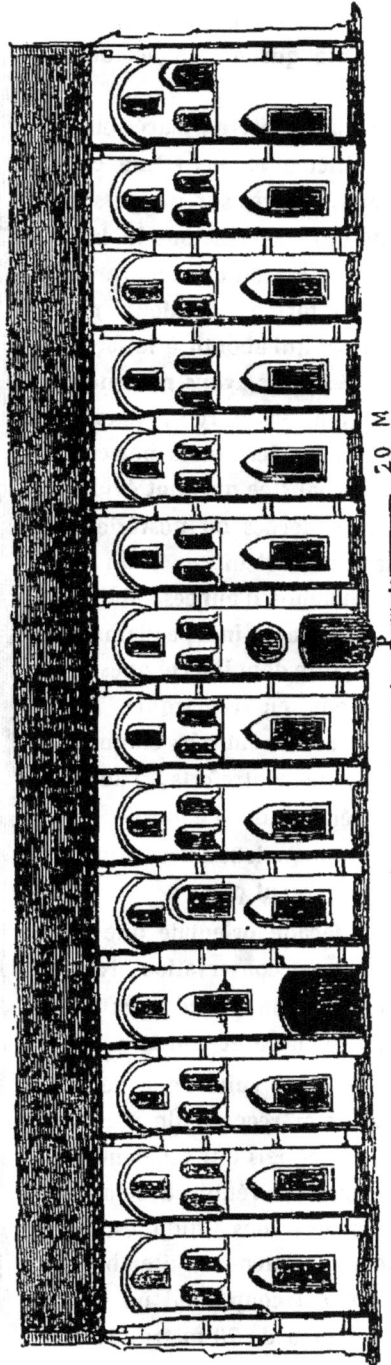

VUE DU GRAND ÉDIFICE DE VAUCLAIR, FAÇADE DE L'OUEST.

20 M

V. Petit del.

çoit deux corbeaux, ou consoles, destinés à supporter une
charpente qui a complètement
disparu.

Une autre porte, placée entre
les huitième et neuvième contreforts, s'ouvre sur un passage
voûté qui traverse tout le bâtiment. Un oculus éclaire ce
passage formé par deux gros
murs, et qui aboutit à la façade
opposée. Nous avons marqué ce
passage de la lettre P. Nous ne
parlons pas des autres portes du
rez-de-chaussée qui sont évidemment modernes ou postérieures
à la date de l'édifice, d'un certain nombre d'années. Mais au
premier étage, indépendamment
de la porte dont il a été question,
on peut en remarquer deux
autres : l'une entre les cinquième
et sixième contreforts, l'autre à
l'extrémité de l'édifice. Elles
communiquaient à des bâtiments
qui n'existent plus.

La façade orientale que voici
est d'une conservation remarquable et la pierre a gardé sa
nuance claire et jaunâtre.

C'est par suite de la démolition assez récente de plusieurs
corps-de-logis qui venaient s'appuyer et se réunir à celui que
nous décrivons, qu'il est possible maintenant d'embrasser
d'un seul coup-d'œil un édifice
qui a plus de 70 mètres de longueur.

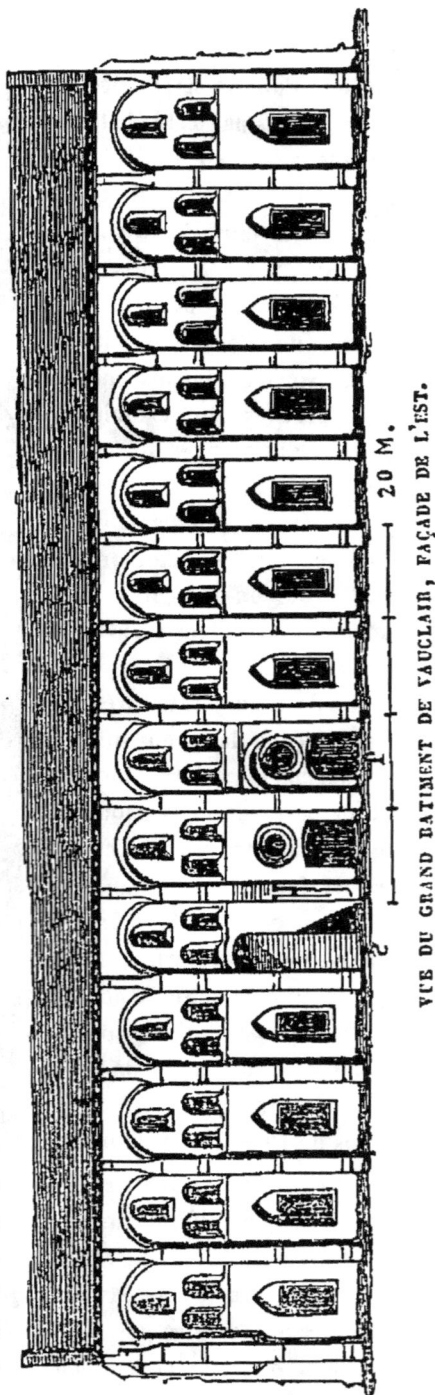

VUE DU GRAND BATIMENT DE VAUCLAIN, FAÇADE DE L'EST.

20 M.

7

Quinze contreforts, tous semblables entr'eux, et que nous avons déjà vus à la façade de l'Ouest, soutiennent celle de l'Est, divisée par cela même en quatorze travées qui correspondent aux distributions intérieures.

Chacune de ces travées présente en apparence une similitude qui disparaît après un examen attentif.

L'écartement qui sépare les contreforts est de 3^m. 85^c. en moyenne ; l'élévation atteint la hauteur de 13^m. 50^c. en moyenne également, car le nivellement du terrain présente quelques inégalités ; enfin le mur est formé de quarante-neuf ou cinquante assises de pierres de taille soigneusement équarries et jointoyées. L'épaisseur de ce mur est d'environ 1^m. : c'est aussi la saillie des contreforts. Les voûtes intérieures ont donc pour point d'appui une muraille ayant 2^m. d'épaisseur. C'est énorme déjà, et cependant les constructeurs n'ont pas jugé cette force de résistance assez considérable ; ils ont inventé un moyen ingénieux pour augmenter cette même force de résistance et qui consiste à charger le sommet de la muraille, dans le sens vertical, d'une voûte ayant ses points d'appui sur la tête des contreforts et agissant dans le sens opposé à la poussée des voûtes intérieures.

On reconnaît bien, dans cette combinaison si simple, si vraie et pleine de bon sens, le génie des constructeurs du moyen-âge. Cette voûte, formée par deux arcs-doubleaux de 25^c. d'épaisseur chacun, ajoute donc à l'épaisseur de la muraille et sur son sommet un poids considérable, puisque cette muraille atteint ainsi la mesure de 1^m. 50^c. , sans compter la saillie de la corniche qui supporte le comble.

Butées aussi fortement, les voûtes intérieures n'ont pas bougé. L'étage du rez-de-chaussée était éclairé par vingt-sept fenêtres carrées, c'est-à-dire ayant leurs quatre angles rectangulaires : elles ont 1^m. 9^c. de large sur 2^m. 45^c. de haut ; leur linteau est formé de claveaux réguliers, encadrés dans une arcade ogivale. Il est bon de remarquer, en passant, que les ouvertures carrées ont été souvent usitées comme à Vauclair dans toutes les constructions civiles du XIIIe. siècle.

Entre les huitième et neuvième contreforts, nous retrouvons l'arc de cercle de la porte du passage déjà signalé. Au-dessus s'ouvre

UNE TRAVÉE DU BATIMENT DE VAUCLAIR.

une fenêtre ronde, surmontée d'une voûte construite pour supporter une sorte de terrasse, se reliant aux bâtiments démolis et dont les traces se reconnaissent à plusieurs places sur la grande muraille.

Dans la travée suivante, on trouve une porte presque semblable, conduisant dans la grande salle A (V. le plan, p. 102), située vers la partie Sud de l'édifice. La salle B, placée dans la partie opposée, est plus grande encore, car elle a sept travées au lieu de six. Enfin, à côté de cette seconde porte, on remarque un escalier en pierre conduisant par vingt-quatre marches au premier étage.

Avant de pénétrer dans ces différentes salles, faisons remarquer que, par une disposition que rien ne saurait expliquer ni motiver, les fenêtres de ce premier étage, disposées trois par trois, ne sont point symétriquement placées. Ainsi, presque toutes les fenêtres placées sous les arcs-doubleaux, sont mises un peu à gauche ou un peu à droite du milieu réel, cette différence varie de 5 à 20 centimètres.

Autre irrégularité, les consoles ou corbeaux de la grande corniche, au nombre de sept, entre chaque tête de contrefort, ne sont pas disposées d'une manière égale entre ces têtes de contrefort.

On vient de voir le dessin des façades; je donne (p. 101) celui des deux grands pignons qui les réunissent. Celui du Nord est merveilleusement conservé : il reproduit tous les caractères de construction que nous avons observés sur la grande façade. — Il en est de même pour le pignon du Sud. Leur élévation, depuis le sol jusqu'à la pointe du grand comble peut être évaluée à 23m. 70 ou 75c. Le contrefort central n'a que 1m. 58c. de moins; son épaisseur est de 1m. 20c.

C'est par la grande porte P, ouverte dans la façade de l'Ouest, qu'on pénétrait dans cette salle: une seconde porte F, située dans l'angle près du passage central, établissait une communication avec l'autre côté de la façade et aussi l'autre salle A. (Voir le plan, p. 102).

Cette salle B a 33m. de long sur 13 de largeur; elle est divisée dans son milieu par six colonnes et deux consoles, ce qui fait dix travées et deux nefs parfaitement bien voûtées. L'autre salle n'a que six travées et elle ne le cède en rien, comme beauté de construction, à la salle voisine; toutefois l'appareil des nervures n'est pas le même : ici elles sont carrément taillées dans leur profil, tandis que partout ailleurs elles sont arrondies.

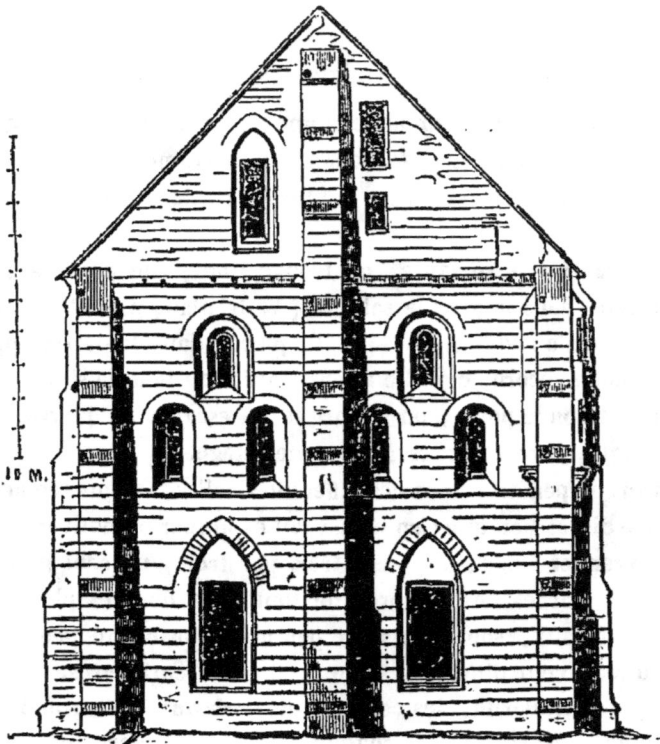

PIGNON DU NORD.

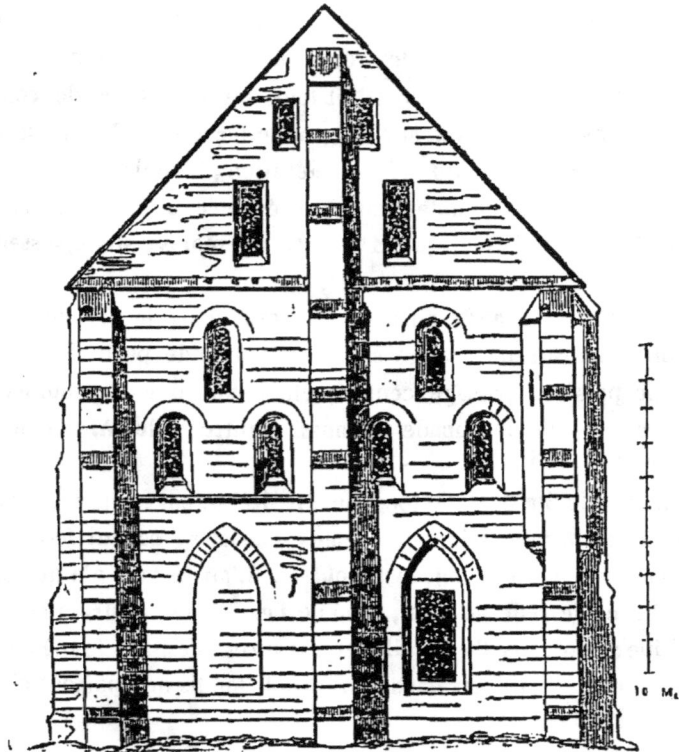

PIGNON DU SUD.

VUE DES PIGNONS NORD ET SUD DU BATIMENT DE VAUCLAIR.

10 M.

10 M.

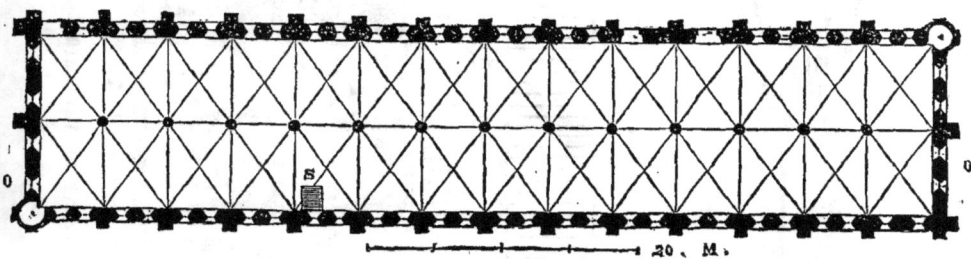

PLAN DU BATIMENT DE VAUCLAIR. 1ᵉʳ. ÉTAGE.

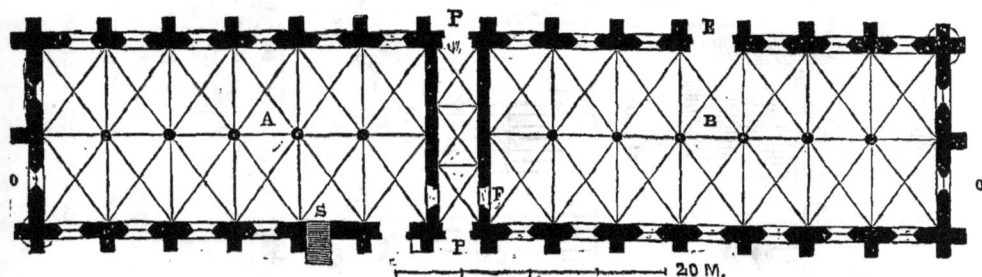

PLAN DES GRANDES SALLES DU REZ-DE-CHAUSSÉE.

M

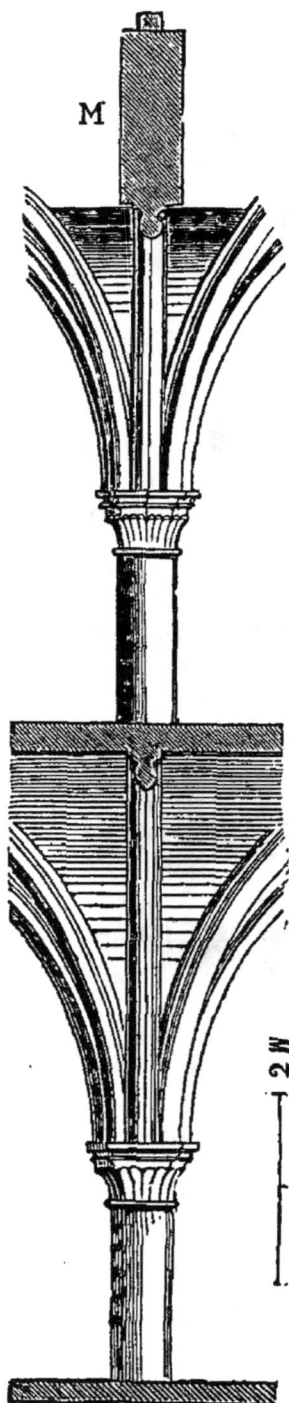

ÉLÉVATION DES PILIERS INTÉRIEURS.

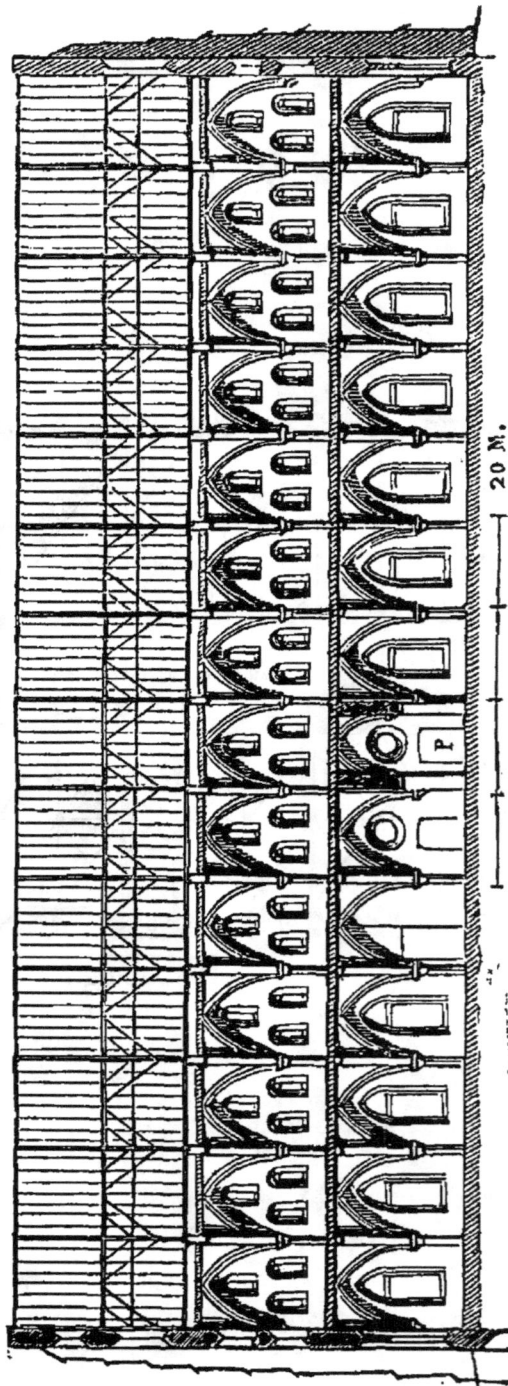

2 M

COUPE GÉNÉRALE DU BATIMENT DE VAUCLAIR.

20 M.

P

Les chapiteaux sont tous d'un seul morceau, corbeille et tailloir : j'en présente le dessin le plus généralement reproduit. Les autres se

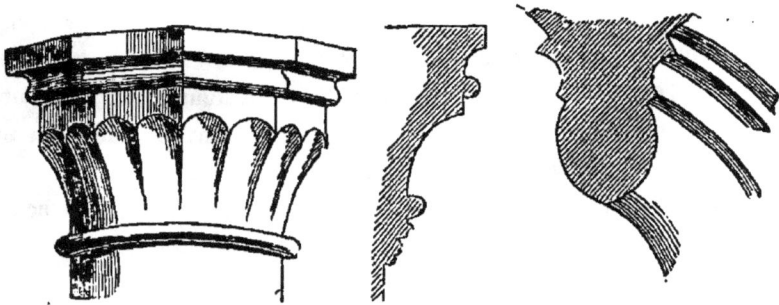

rapprochent des chapiteaux à feuilles plates et à crosses du XIIIe. siècle. Leur diamètre inférieur est de près de 70e. pour les colonnes du rez-de-chaussée, et de 65e. ou même 60 pour celles du premier étage.

La figure (p. 103) montre 1º. le profil et la coupe des voûtes et des colonnes, depuis le terrain jusqu'au comble. Le massif M s'élève pour soutenir le centre de la charpente ; 2º. la coupe générale de l'édifice sur la longueur.

On comprend facilement l'ensemble des deux étages, et on peut reconnaître les distributions grandioses de la salle immense du premier étage. Cette salle, en effet, tient toute la longueur et toute la largeur de l'édifice : elle a 66m. 20e. de longueur sur 12m. 40e. de largeur, et est divisée en deux nefs par treize colonnes formant quinze travées égales entr'elles.

Cette magnifique salle est éclairée par cinquante-deux fenêtres. C'est par l'escalier SS qu'on y arrivait. Les rares communications établies avec les bâtiments qui n'existent plus, sont indiquées par les portes reproduites dans nos dessins.

La figure que voici montre la coupe des deux étages, par le travers.

Bien que les voûtes du rez-de-chaussée et celles du premier étage semblent être identiques, on re-

marque pourtant plus de finesse dans ces dernières. Enfin, le sol qui, au rez-de-chaussée, n'est simplement, quant à présent du moins, qu'en terre battue, est formé au premier étage par des carreaux de terre cuite, de différentes formes et dimensions. A diverses époques, de notables parties de cet immense carrelage furent remaniées, et c'est à cette circonstance tout accidentelle de restauration, que l'on doit la disparition presque entière du carrelage émaillé, dont on ne retrouve plus que des fragments çà et là.

Ces carreaux témoignent de la richesse apportée à l'ornementation décorative de l'édifice, pour la salle du premier étage.

Salle des Gardes à St.-Etienne de Caen. — La salle dite *des Gardes* à l'abbaye de St.-Etienne de Caen, dont on ne connaît pas la destination primitive, mais qui, comme la Salle-au-Duc à l'abbaye de Beauport et certaines pièces qui dans d'autres abbayes ne font pas partie de l'entourage immédiat du cloître, quoiqu'elles se distinguent par leur magnificence, est encore à citer pour faire connaître l'état de l'architecture au XIIIᵉ. siècle.

La salle des Gardes était, il y a 40 ans, un grand bâtiment dépendant de l'abbaye de St.-Etienne de Caen. Ce bâtiment, dont Ducarel nous a conservé un dessin très-imparfait, a été malheureusement défiguré pour y établir les classes du collége royal, sous l'administration de M. Caffarelly, préfet du Calvados; mais il existe encore. L'ignoble mutilation que ce préfet a autorisée, montre à quels actes de vandalisme des fonctionnaires, d'ailleurs honorables, peuvent se laisser entraîner, et combien les amis des arts doivent surveiller les travaux ordonnés par l'administration, afin de s'opposer, lorsqu'il en est temps encore, à la destruction des édifices les plus précieux. Le bâtiment dont je parle est en forme de carré très-allongé, terminé par deux gables au Nord et au Sud, et divisé en deux étages. Aux angles se trouvaient quatre tourillons servant d'escaliers, et, vers le milieu du grand côté orienté à l'Est, une tour ou corps carré, flanquée de contreforts, couronnée par un toit à quatre pans et renfermant un escalier; c'était une des entrées principales, qui se trouvait ainsi placée dans une pièce en saillie.

Un grand nombre de fenêtres élégantes éclairaient le rez-de-chaussée et le premier étage. La grande salle du premier, que l'on appelait la *Salle des Gardes*, servait de magasin à blé, lorsque le docteur Ducarel la visita en 1752; mais en 1684 elle renfermait la bibliothèque, d'après la légende jointe à la grande vue dont j'ai déjà parlé.

Personne n'ayant pris la peine de décrire cette belle salle avant la mutilation faite sous M. Caffarelly, nous sommes heureux de trouver dans *Voyage de Ducarel* quelques détails bien incomplets, il est vrai, mais qui ne manquent pas d'intérêt.

Parmi les salles qui subsistent encore à l'abbaye de St.-Etienne, dit le docteur Ducarel, « on peut regarder comme la plus intéressante « celle qui est désignée sous le nom de *grande Chambre des Gardes.* « Sa longueur est de 160 pieds et sa largeur de 90. A chaque extrémité « de cette salle sont des rosaces garnies de vitraux peints, du travail le « plus soigné. On voit du côté du Nord deux cheminées bien con- « servées, ainsi qu'un banc de pierre à l'entour de la salle. Le plancher « est pavé de briques de six pouces carré, vernissées, dont les huit « rangées qui s'étendent de l'Est à l'Ouest, sont chargées de divers « écussons. L'intervalle entre chaque rang de ces briques est pavé « d'autres briques ornées de rosaces, et le milieu représente une espèce « de labyrinthe d'environ 10 pieds de diamètre... Le reste du pavé est « formé de divers carreaux formant des échiquiers.

« En sortant de cette salle on entre à gauche dans une autre plus « petite, nommée la chambre des Barons, de 24 pieds de large sur 27 « de long, pavée de la même espèce de briques, mais avec cette diffé- « rence qu'au lieu d'armoiries elles représentent des figures de cerfs, « et de chiens de chasse. Les murs de cette salle paraissent avoir été « décorés de peintures... »

Sous ces salles il y en a d'autres, dont les voûtes sont supportées par de belles colonnes, et qui servaient à coucher les personnes d'un rang inférieur.

Cette description peut donner l'idée des plus belles salles de la fin du XIIIe. siècle.

Peinture murale. — La peinture murale décorait les murs inté- rieurs des pièces ; j'en citerai un seul exemple que je tire du prieuré de St.-Gabriel. Cette décoration polychrôme, qui peut donner une idée de la plupart de celles qui existaient au XIIIe. siècle, consis- tait en des cintres entrelacés, peints en vert et en brun sur fond blan- châtre. Au-dessus de cette galerie, des compartiments d'appareil sont peints en rouge ; des feuillages et des rinceaux complétaient la dé- coration.

PEINTURES MURALES DU XIIIᵉ. SIÈCLE, A SAINT-GABRIEL (Calvados).

Constructions placées en-dehors des cloîtres. — Si du cloître, des abbayes et des bâtiments réguliers nous passons aux cours voisines, nous y trouverons des constructions aussi importantes que celles que nous venons d'examiner.

On voit encore à l'abbaye de Barbery un bâtiment qui se divise en deux grandes salles, l'une plus basse que l'autre, à cause de la déclivité du sol, et qui était divisé en deux étages par une voûte re-

posant, comme partout ailleurs, au centre de l'édifice, sur des colonnes monocylindriques. Ce bâtiment qui faisait partie de la grande cour *area major* et se trouvait conséquemment en dehors de l'enceinte conventuelle (1), est éclairé par de longues lancettes à deux baies ; je ne sais quelle était sa destination première.

A l'abbaye de St.-Jean, de Laon, il existait, au XVIIe. siècle, dans la grande cour *area communis*, de magnifiques constructions du XVIIIe. siècle dont je présente une esquisse d'après la gravure du *Monasticon ;* elles avaient trois étages. Le premier, au rez-de-chaussée, et que je suppose avoir servi de cave et de magasins ; les deux autres, qui renfermaient le blé et les autres grains appartenant à l'abbaye. La légende indique le bâtiment tout entier sous la dénomination de greniers , *horrea.*

Des contreforts correspondant aux arceaux des voûtes divisaient régulièrement les murs à l'extérieur ; deux fenêtres étaient comprises entre chaque contrefort dans les étages supérieurs ; à l'étage inférieur il n'y avait qu'une ouverture entre chaque contrefort.

Ce bel édifice était attenant, d'un côté, à la porte d'entrée de l'abbaye et faisait partie de la première cour *area major.* La porte se trouvait placée dans un pavillon carré, flanqué de tourelles en en-

(1) Voir le t. II de ma *Statistique monumentale du Calvados,* p. 226.

ANCIENS BATIMENTS DE L'ABBAYE DE SAINT-JEAN DE LAON (grande cour).

corbellement. On remarque une tourelle semblable sur un bâtiment qui fait retour d'équerre à l'extrémité opposée de la cour, et ces tourelles se retrouvent dans un grand nombre d'édifices du XIIIᵉ. siècle de cette partie de la France.

Les écuries et les bâtiments ruraux qui enclosaient les grandes cours, en dehors des lieux réguliers, étaient toujours construits d'après le même système, des voûtes ogivales reposant sur les murs latéraux et sur des colonnes centrales, comme à l'abbaye de Fontenay-sur-Orne, à Bretteville-le-Rabet, ancienne maison des Templiers, et dans toutes les localités où j'ai vu des bâtiments en pierre considérables destinés à l'exploitation rurale.

PORTES D'ENTRÉE DES ABBAYES. — Toutes les anciennes maisons religieuses avaient des entrées à peu près semblables, au XIIIᵉ. siècle, et composées comme à St.-Jean de Laon, d'un pavillon ou d'un mur dans lequel s'ouvraient deux portes de grandeur inégale, l'une pour les piétons, l'autre pour les charrettes.

ENTRÉE DE L'ABBAYE DE LONGUES.

Telle est l'entrée de l'abbaye de Longues, près Bayeux, et celles de plusieurs prieurés ou manoirs d'abbayes. A l'abbaye d'Ardennes, près de Caen, on entre dans la première cour par deux portes, l'une cintrée et assez large pour les charrettes ; l'autre à ogive et beaucoup moins grande, pour les gens de pied ; la corniche est garnie de dents de scie.

L'entrée du prieuré de St.-Gabriel consiste en une grande et une petite porte : la grande porte offre un arc surbaissé et des colonnettes du XIIe. siècle; la petite a été refaite extérieurement. Les passages auxquels ces portes accèdent sont surmontés d'un appartement.

ENTRÉE DU PRIEURÉ DE SAINT-GABRIEL.

L'entrée du prieuré de St.-Vigor, près Bayeux, se compose de deux portes, une pour les charrettes et une pour les piétons. La première est en arc surbaissé; la seconde est cintrée. Elles sont encadrées dans des contreforts qui s'élèvent jusqu'au toit.

ENTRÉE DU PRIEURÉ DE SAINT-VIGOR.

Au-dessus de ces deux portes règne un rang d'arcatures trilobées, et, plus haut, une frise composée d'une ligne de quatrefeuilles creusés dans la pierre. Deux fenêtres carrées occupent la partie supérieure du mur : le dessous des portes est voûté.

L'entrée de l'abbaye d'Ardennes, près de Caen, présente deux portes : l'une cintrée, assez large, pour les charrettes ; l'autre en ogive et beaucoup moins grande pour les piétons, surmontées d'un appartement comme à St.-Gabriel et à St.-Vigor.

On entrait aussi dans la première cour de l'abbaye de St.-Etienne de Caen par deux portes voûtées à peu près semblables à celles que l'on voit encore à St.-Vigor, et dans diverses maisons religieuses anciennes.

Je pourrais citer cinquante autres entrées d'abbayes ou de prieurés offrant la même disposition dans diverses contrées de la France.

La porte d'entrée du manoir ou ferme de Meslay, près de Tours, qui appartenait à la riche abbaye de Marmoutiers, est, je crois, la plus élégante de toutes : elle a été étudiée et dessinée avec soin par M. l'architecte A. Verdier, et se compose d'une grande porte cintrée à plusieurs voussoirs, surmontée d'un grand appartement éclairé par trois fenêtres.

La fenêtre centrale, qui répond au centre de la porte, se compose de deux baies ogivales encadrées sous une ogive plus grande ; les deux autres sont étroites et rectangulaires. Le tout est surmonté d'un pignon aigu dont le centre est orné d'une rose sculptée et surmonté d'un fleuron pédiculé d'une extrême élégance. Une cheminée à tuyau cylindrique existe dans la salle surmontant la porte. Cette construction date de la première moitié du XIIIe. siècle (de 1211 à 1222).

L'entrée du prieuré de Penmarch (dans le Finistère) dont je donne l'esquisse à la page suivante, pourrait aussi remonter au XIIIe. siècle : quoique la plupart des ouvertures aient été refaites ou élargies, la cheminée cylindrique et la disposition générale paraissent appartenir à cette époque (1).

Le prétoire où l'on rendait la justice, et les prisons étaient ordinairement près de la porte d'entrée des abbayes : le prétoire se trouvait

---

(1) V. la Note adressée sur ce prieuré à la Société française d'archéologie par M. Du Chatellier, membre de l'Institut des provinces.

ENTRÉE DU PRIEURÉ DE PENMARCH.

quelquefois dans l'appartement qui surmontait la porte (St.-Benoit-sur-Loire, St.-Pierre-sur-Dives, St.-Pierre de Rebais, près de Meaux).

Dans cette dernière abbaye, le tribunal, les prisons et le logement du portier étaient placés dans un corps-de-logis flanqué de tourelles, dont je présente une vue d'après d'anciennes gravures.

PRÉTOIRE, PRISONS ET LOGIS DU PORTIER A L'ABBAYE DE REBAIS, PRÈS MEAUX.

Dans d'autres abbayes on jugeait dans l'appartement qui surmontait la porte ; mais les prisons en étaient séparées : au prieuré de St.-Gabriel (Calvados), qui dépendait de Fécamp, et où il y avait haute-justice, la prison était dans une espèce de donjon carré que j'ai décrit dans ma

Statistique monumentale de l'arrondissement de Caen, et que je reproduis ici.

LA PRISON DU PRIEURÉ DE SAINT-GABRIEL.

GRANGES. — Les granges ont acquis au XIIIe. siècle des dimensions énormes qui prouvent combien était prospère l'agriculture à cette époque.

La grange de l'abbaye d'Ardennes est une des plus importantes que j'aie visitées; elle a près de 150 pieds de longueur : on pouvait y loger plus de 80,000 gerbes de blé. L'abbaye d'Ardennes est en effet placée au milieu d'une plaine dont les principaux produits devaient consister en céréales, soit qu'elles provinssent des dîmes, soit qu'elles fussent le produit des cultures de l'abbaye.

Cette belle grange se compose de trois nefs séparées par deux rangs d'arcades, portées sur des colonnes ogivales et au nombre de neuf. Deux grandes portes existent aux extrémités, et les charrettes pouvaient, comme à Périères, entrer par une porte, parcourir la nef centrale et ressortir par l'autre porte. Les deux façades, ou

PLAN DE LA GRANGE DE L'ABBAYE D'ARDENNES.

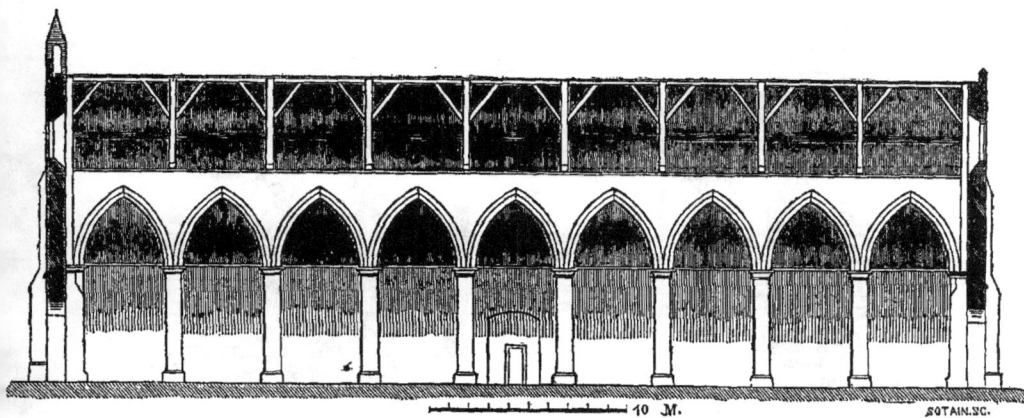

COUPE LONGITUDINALE DE LA GRANGE D'ARDENNES.

gables, sont garnis de contreforts et éclairées par deux fenêtres ; voici l'esquisse de la façade méridionale.

UN DES PIGNONS DE LA GRANGE D'ARDENNES.

Dans la grange d'Ardennes, dans celle de St.-Vigor, et dans d'autres granges de divers âges observées dans le département de l'Eure par Mme. Philippe-Lemaître (1), les deux ailes qui accompagnent la nef centrale sont inégales en largeur et en hauteur.

Le côté le plus étroit ne correspondait à aucune porte (V. les façades d'Ardennes et de St.-Vigor); on y accédait seulement par la nef centrale, et quand celle-ci était pleine, les charrettes entraient dans le bas-côté le plus large; nous voyons que la porte centrale avait été bouchée à Ardennes, et que, dans le siècle dernier, on entrait par la porte correspondant au bas-côté le plus large. Ce sont des particularités qu'il est bon de noter, que l'on peut constater aussi dans les granges du

(1) V. le Bulletin monumental, t. XV, p. 193 et suivantes.

Bec et de Marbeuf (Eure) (1); elles tiennent à des causes qui pourraient s'expliquer de plusieurs manières; mais il est évident qu'en élevant le mur latéral et rétrécissant le bas-côté dont il for-

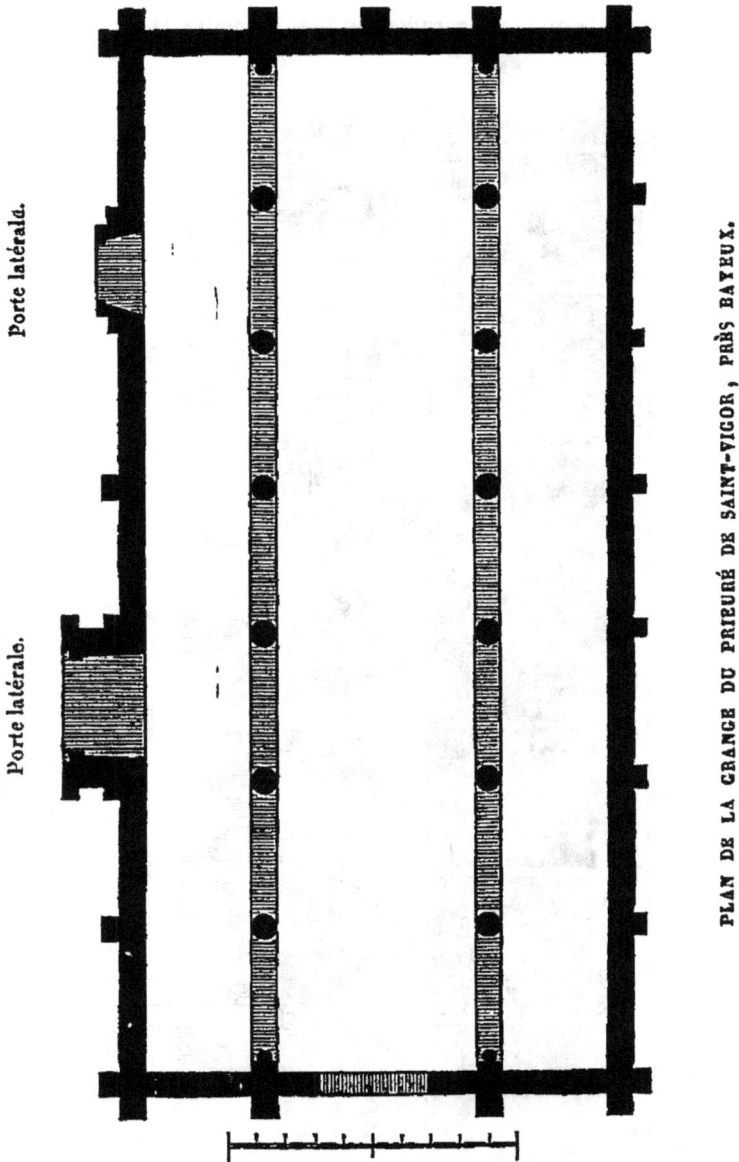

PLAN DE LA GRANGE DU PRIEURÉ DE SAINT-VIGOR, PRÈS BAYEUX.

Porte latérale.

Porte latérale.

mait la clôture, on retrouvait en hauteur l'espace économisé en

(1) V. dans le t. XV du *Bulletin monumental* la planche annexée au mémoire de Mme. Philippe-Lemaître.

largeur et qu'il n'y avait nul besoin de trois issues parallèles, ni même de deux, pour le service des granges, même les plus vastes.

La grange du prieuré de St.-Vigor, près Bayeux, est un diminutif de celle d'Ardennes; mais elle est disposée de même et à peu près du même temps; elle n'a que sept arcades au lieu de neuf; la façade qui s'ouvre

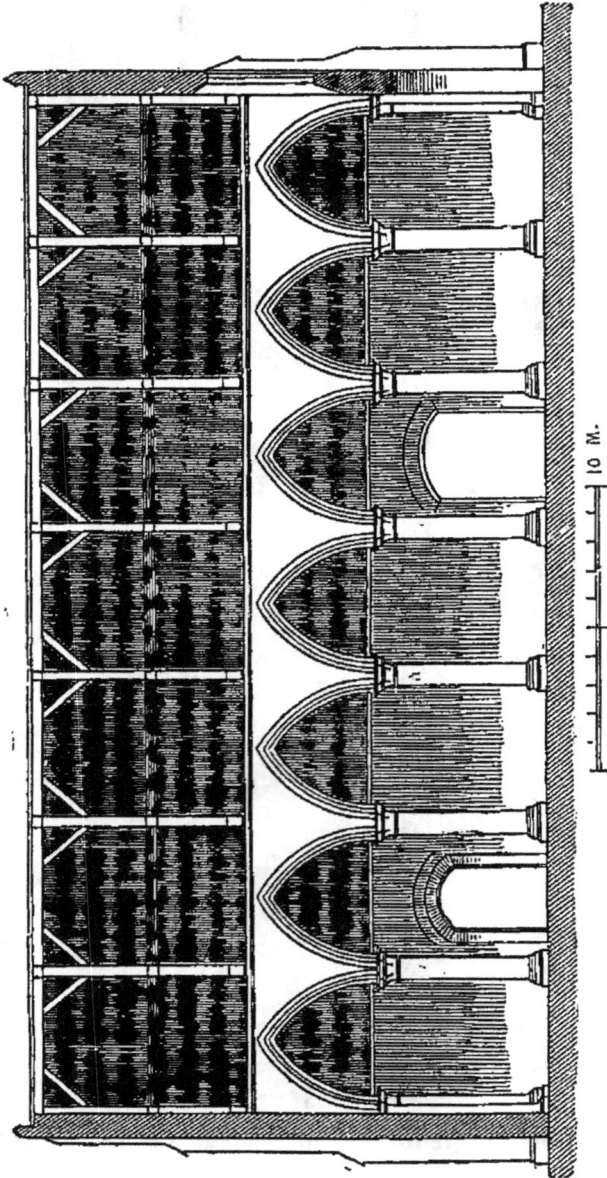

COUPE LONGITUDINALE DE LA GRANGE DE SAINT-VIGOR.

V. Petit del.

dans la cour est percée d'une grande porte charretière et de deux fenêtres. Deux autres portes existent dans le mur latéral exposé au Midi : une de ces ouvertures était assez vaste pour donner passage aux charrettes.

FAÇADE DE LA GRANGE DE SAINT-VIGOR.

Grange de Maubuisson. — La grange de l'abbaye de Maubuisson, près de Pontoise, peut être comparée, pour son importance, à celle de l'abbaye d'Ardennes, que nous venons de figurer (p. 118). Elle se composait aussi de trois nefs, séparées par deux rangs de colonnes monocylindriques à chapiteaux sculptés.

De grandes arcades ogivales bordent la nef centrale, comme à Ardennes ; il y en a dix à Maubuisson, une de plus que dans la grange d'Ardennes.

La grange du manoir de Meslay, dont nous avons cité la belle porte, est une des plus remarquables de celles que nous puissions citer. Elle est d'une grande largeur, divisée en plusieurs nefs, et d'une longueur qui dépasse 60 mètres sur 25 de largeur.

La porte principale est cintrée, comme celle de l'entrée du manoir ; quoique beaucoup moins élevée et très-écrasée à cause de sa grande largeur, la façade présente des ouvertures dont la disposition rappelle celles qui existent dans le bâtiment de l'entrée.

Mᵐᵉ. Philippe-Lemaître, membre de la Société française d'archéologie, a décrit, dans le XVᵉ. volume du *Bulletin monumental*, plusieurs granges dîmières du département de l'Eure qui offrent des proportions considérables et la même disposition que les précédentes ; si elles ne présentent pas les mêmes caractères d'ancienneté, ce qui tient peut-être aux matériaux employés, il y a lieu de penser que quelques-unes de ces granges, dont cinq appartenaient à la célèbre abbaye du Bec, remontent en partie au XIIIᵉ. siècle.

J'ai dit que, dans plusieurs des granges signalées par Mᵐᵉ. Philippe-Lemaître, les bas-côtés ne sont pas égaux en largeur, et que, par suite de cette disposition, le toit descend plus bas d'un côté que de l'autre. La figure suivante fera mieux comprendre encore cette irrégularité.

BATIMENTS INDUSTRIELS. — Les bâtiments industriels des abbayes méritent une sérieuse attention ; mais, outre qu'on a très-peu de documents encore sur les industries exercées dans les maisons religieuses, je connais à peine quelques constructions existantes auxquelles on puisse attribuer une pareille destination. Nous savons pourtant qu'il en a existé ; mais à quelle époque pourrait-on faire remonter leur origine ? voilà la question.

Dans une grande vue de l'abbaye de Citeaux et de ses dépendances, qui fait partie de la curieuse collection du *Monasticon*, on voit que l'abbaye renfermait de grandes tanneries sur le bord d'un ruisseau qui passait dans l'enceinte de ce monastère, et que, près du bâtiment désigné comme tannerie dans la légende du plan, en était un autre où l'on préparait les écorces, probablement le moulin à tan. Le plan du

_____

(1) Pour se faire une idée juste de cette construction, on peut consulter les dessins qu'en a publiés M. A. Verdier.

couvent dont je parle n'est pas très-ancien, puisque la plupart des vues de cette collection ne sont que du XVIIe. siècle; mais le bâtiment paraît d'un âge assez reculé, autant qu'on peut en juger par l'exécution des figures.

Certaines abbayes avaient des briqueteries permanentes, des hangars pour façonner et sécher la tuile, et des fourneaux pour la cuire.

Je ne sais quelle était primitivement la destination d'un grand bâtiment du XIIIe. siècle que j'ai visité à l'abbaye de Fontenay (Côte-d'Or), et dont M. Sagot m'a procuré un dessin d'autant plus précieux qu'il présente, à l'extérieur, l'édifice tel qu'il était il y a 20 ans, avant que M. Seguin l'eût fait exhausser. Cet édifice, dont voici la vue extérieure, du côté de la grande cour dont il fermait un des côtés, se composait, au rez-de-chaussée, de quatre pièces de grandeurs inégales et voûtées en pierre, avec colonnes cylindriques au centre des appartements, excepté dans la pièce que l'on voit

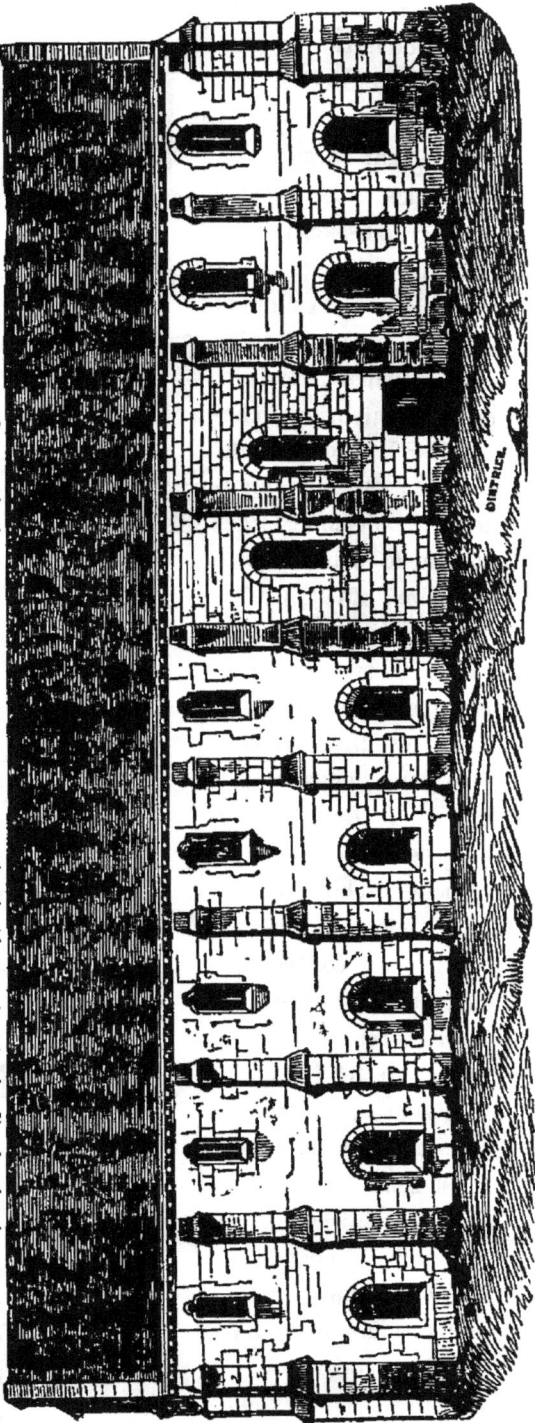

BATIMENT DU XIIIe. SIÈCLE, A L'ABBAYE DE FONTENAY.

vers le centre (V. le point F sur le plan). Cet appartement avait une voûte
conique percée au centre d'une ouverture circulaire, comme celles des anciennes cuisines , et évidemment destinée à laisser passer la fumée : deux grandes cheminées jumelles adossées à la muraille *e e* , expliquent l'utilité de cette espèce de ventilateur. Mais à quoi servaient ces cheminées? Y avait-il là une cuisine ; ou bien était-ce une ancienne forge, comme le pense le propriétaire, M. Seguin , correspondant de l'Institut? Il est difficile de trancher la question, sans avoir étudié les lieux plus long-temps que je n'ai pu le faire. M. Seguin pense que les moines avaient établi là une grosse forge dont la chute d'eau voisine pouvait faire mouvoir le marteau et les soufflets. Mais, au XIIIe. siècle, il n'y avait nulle part encore, je crois, d'établissements semblables pour la fabrication du fer: nous ne voyons paraître ces établissements permanents qu'au XVe. Je pencherais donc à admettre , si ces che-

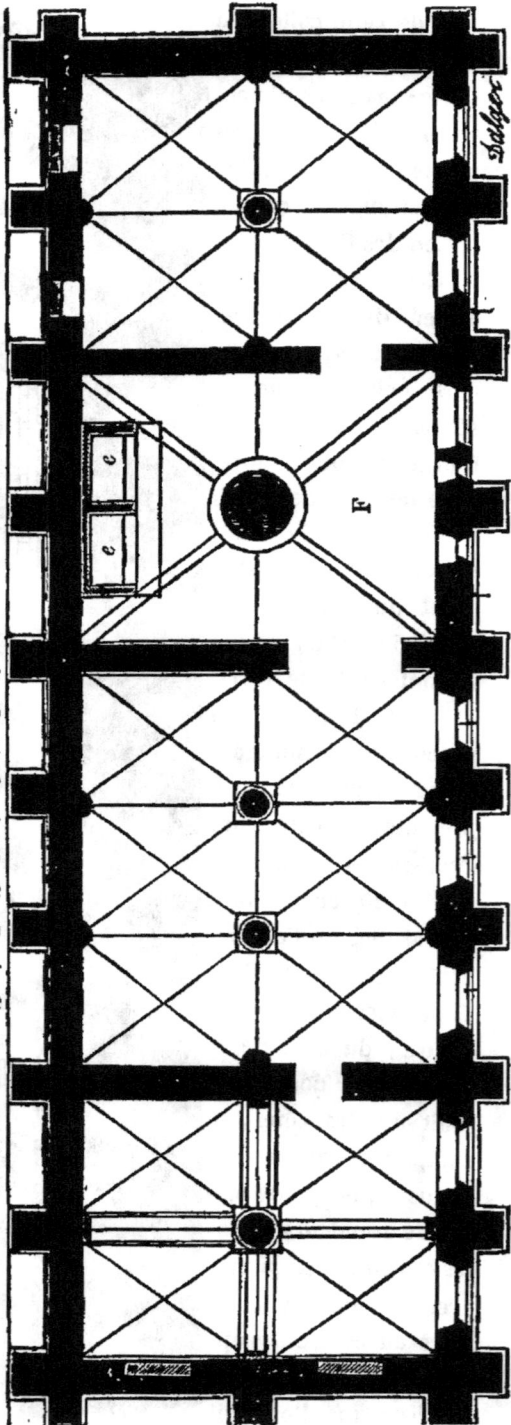

PLAN D'UNE DES CONSTRUCTIONS ANCIENNES DE L'ABBAYE DE FONTENAY.

minées ont été destinées au travail du fer ; qu'on se bornait à le
forger et à en fabriquer des outils ou autres objets soit pour l'abbaye,
soit pour la contrée voisine.

On pourrait bien aussi voir dans cet appartement à cheminées jumelles d'anciennes cuisines, ou mieux encore une buanderie : l'ouverture centrale de la voûte aurait laissé sortir les vapeurs de la cuve
établie au centre de la pièce, et la lessive aurait été chauffée dans la

UNE DES EXTRÉMITÉS DU BATIMENT DE FONTENAY.

COUPE DU BATIMENT DE FONTENAY.

cheminée, comme on le fait encore à présent : le voisinage de la ri-

vière, où un lavoir était, dit-on, établi dans les derniers temps, donnerait à cette conjecture une certaine probabilité. Les appartements
voisins auraient, dans cette hypothèse, contenu le linge avant et après
l'opération et l'étage supérieur, qui n'était pas voûté, aurait contenu
le séchoir.

Le moulin à blé des moines devait se trouver dans le même bâtiment,
dont les fondations sont établies sur le bord d'un ruisseau d'une certaine puissance motrice : c'est donc, je crois, un bâtiment industriel
dont je suis heureux de représenter le plan et une vue d'ensemble. Tout
annonce dans cette construction la première moitié du XIIIᵉ. siècle.

Les établissements monastiques étaient, comme on le voit, admirablement disposés non-seulement pour la vie commune, mais aussi pour
l'exploitation des terres. Un de nos plus savants manufacturiers, M.
Seguin, membre de l'Institut (Académie des sciences), me disait, en
me montrant l'abbaye de Fontenay (Côte-d'Or) qu'il occupe : « Dans
« tous mes travaux d'amélioration j'ai suivi les traces des anciens moines,
« et j'ai souvent trouvé qu'ils avaient fait eux-mêmes ce que, par
« l'étude approfondie des lieux, j'ai été porté à exécuter. Tout avait
« été disposé par eux, le plus judicieusement possible, et la rectification
« que nous faisons en ce moment du chemin que vous avez parcouru
« pour venir chez moi, n'est que le rétablissement de ce chemin tel
« qu'il était du temps des anciens moines et dont, à une certaine
« époque on s'était écarté plutôt que de réparer la route. »

Ce que me disait l'observateur éminent que je viens de citer est
conforme à ce que d'autres ont observé ailleurs ; combien de fois n'ai-
je pas moi-même admiré la disposition si bien entendue des bâtiments
de nos abbayes, leur grandeur, non seulement au point vue de
l'art et de la vie religieuse, mais aussi au point de vue de l'agriculture ! Nos abbayes n'étaient pas seulement des couvents où, comme
le croit la multitude, on ne s'occupait que de la récitation des
psaumes. Après la prière venait le travail ; c'étaient de grandes fermes
modèles, quelquefois de grandes fabriques.

L'étude de l'architecture monastique est donc d'un intérêt immense. Là seulement nous voyons l'architecture appliquée aux grandes
agglomérations d'hommes vivant en commun, l'architecture appliquée
aux grandes exploitations agricoles.

On a pourtant, il faut le dire, bien peu étudié ces précieux restes
d'un passé qui s'éloigne ; chaque jour ils disparaissent, et depuis vingt

années que j'ai réclamé instamment la conservation de ces ruines, combien d'impitoyables spéculateurs n'en ont-ils pas détruit, sans s'arrêter, pour en vendre les pierres !

« Les moines ont créé les jardins potagers et perfectionné l'horticul-
« ture, dit M. Chavin de Mallan : ils avaient d'excellents légumes et de
« beaux vergers ; les arbres n'y étaient point mélangés au hasard, mais
« classés par espèce au Nord et au Midi, selon leur origine et leur na-
« ture. Quand une colonie sortait d'une abbaye, elle emportait avec
« elle des semences et des plantes de toutes sortes ; ainsi en partant de
« Morimond pour fonder *Ald camp*, près de Cologne, les moines em-
« portèrent le pommier de Reinette grise, que d'autres cénobites trans-
« portèrent de là en Thuringe, en Saxe, tandis que d'autres moines
« apportaient en Lorraine et en Champagne les espèces d'Allemagne.
« Du jardin du couvent, cette espèce nouvelle entrait dans celui du
« village voisin, et les climats échangeaient leurs productions par l'in-
« termédiaire des moines que nous pouvons appeler les courtiers agri-
« coles du moyen-âge. On lit avec étonnement, dans les Annales de
« Cîteaux, les travaux agricoles des religieux dans les enclos des mo-
« nastères.

« Les bois et les bruyères, fort étendus, fournissaient le moyen
« d'élever du bétail, presque sans frais, aux établissements qui avaient
« droit de pâture dans les forêts et même aux paysans usagers de
« ce parcours. Les abbayes avaient aussi, dans les forêts, le droit
« au gland et à la faîne pour les pourceaux (*jus ad glandem et fa-*
« *ginam*). Le porc est la moitié de la vie des classes agricoles. Les
« moines avaient compris toute l'importance de l'élevage des pourceaux
« dans l'intérêt des pauvres. Les us de Cîteaux permettaient d'avoir
« pour les pourceaux des écuries à 2 ou 3 lieues des granges et même
« plus loin. L'abbaye de Morimond (Haute-Marne) avait vingt por-
« cheries disséminées dans les forêts du Bassigny, et chacune contenait
« près de 300 porcs (1). »

Les abbayes, qui possédaient presque toutes des droits d'usage fort étendus, élevaient aussi une grande quantité de chevaux, de bêtes bovines, de moutons : il suffit de lire quelques chartes pour s'en convaincre ! Diverses abbayes entretenaient des étalons de choix pour la reproduction de l'espèce chevaline, et souvent un palefroy

---

(1) Chavin de Mallan, membre de l'Institut des provinces, *Mémoires sur l'agriculture dans les abbayes*, lu au Congrès des délégués des Sociétés savantes.

provenant de leurs écuries formait une partie du prix des concessions de terre. De pareils présents étaient faits habituellement par les moines lorsque les donateurs, ou leurs fils, confirmaient de précédentes donations.

J'ai cité ailleurs les abbayes de Troarn, d'Ardennes et de Fontenay près de Caen, comme possédant, au XIIIe. siècle, des haras considérables; elles n'étaient pas moins riches en bétail de toute espèce (vaches porcs, moutons), et elles avaient cela de commun avec nombre d'autres abbayes ou prieurés.

On attribue encore aujourd'hui aux moines de St.-Hubert (Ardennes) la race ardennoise de chevaux qui a des qualités particulières. Il n'est pas douteux que, dans chaque contrée, les abbayes étaient des fermes-modèles où l'on perfectionnait les races les meilleures, en même temps que l'on y cultivait les meilleures espèces de plantes et de céréales.

Les viviers, pour la multiplication du poisson, étaient encore une des principales sources de production dans plusieurs abbayes ; ainsi, à Morimond (Haute-Marne), les moines, en formant des étangs, avaient admirablement mesuré la pente nécessaire, l'imperméabilité des couches inférieures, le volume d'eau, le groupement des bassins, la masse des chaussées, le niveau nécessaire à la salubrité.

Enfin quelques abbayes réunissaient les travaux industriels au travaux agricoles : on y voyait, par exemple, des frères brasseurs (*brassarii*), des frères huiliers (*olearii*), des frères corroyeurs (*corriarii*), des frères foulons (*fullones*), des tisserands, des cordonniers, des maréchaux, des charpentiers, etc. Chaque série avait son frère inspecteur ou contre-maître, et à la tête de tous ces travailleurs était un père directeur ou patron qui distribuait la besogne : d'après les recherches de M. Chavin de Mallan, il existait très-anciennement, dans l'abbaye de St.-Florent de Saumur, une manufacture ou les moines tissaient des tapisseries ornées de fleurs et de figures d'animaux. Cette manufacture devint très-florissante, et, en 1133, l'abbé de St.-Florent, Mathieu de Loudun, y fit exécuter une tenture complète pour son église. Dans le chœur, c'était les vingt-quatre vieillards de l'*Apocalypse*; dans la nef, des chasses et des bêtes fauves (Mabillon, 115).

J'ai déjà fait comprendre comment les bâtiments consacrés à l'exploitation se distinguent, dans les abbayes, de ceux réservés à la vie intérieure des religieux; la vue que voici du prieuré de St.-Vigor

VUE DU PRIEURÉ DE SAINT-VIGOR AU COMMENCEMENT DU XVIIIe. SIÈCLE.

1. Grande porte du prieuré. 2. Eglise de la paroisse. 3. Basilique du prieuré avec sa nef ruinée. 4. Salle capitulaire. 6. Grande salle *(area maxima)*. 7. Bibliothèque. 8. Dortoir. 9. Réfectoire. 10. Logements des hôtes. 11. Infirmeries. 12. Cour intérieure. 13. Ecuries. 14. Pressoir. 16. La grange. 18. Charteries et magasins.

près Bayeux, tel qu'il existait au XVII°. et au XVIII°. siècle, montre d'autant mieux la disposition des bâtiments claustraux relativement aux bâtiments ruraux, que ces derniers (12, 13, 14, 15, 16) sont du XIII°. siècle, au lieu que les deux cloîtres et les édifices habités par les moines étaient modernes.

Les riches seigneurs rivalisaient avec les moines pour faire progresser l'agriculture, témoin Henry de Tilly, seigneur de Fontaine-Henry, qui, par son testament (pièce infiniment curieuse) donnait, avec beaucoup d'autres choses, à l'abbaye d'Ardennes, où il fut enterré, son haras, ses bœufs, ses brebis, ses chèvres de Séville et son palefroy. . . . . . *dedit etiam abbatiæ de Ardena Haracium et boves et oves et capras de Sevilla...... et palefridum suum* (1).

Partout les riches seigneurs faisaient aux abbayes des largesses qui prouvent l'importance de leurs productions chevalines (2) ; mais ils ne négligeaient pas les autres productions.

Marin Onfroy, seigneur de St.-Laurent-sur-Mer, entre Bayeux et Isigny, enrichissait, vers le même temps, la Normandie d'une espèce de pommes à cidre qui a conservé son nom (le *Marin-Onfroy*) et qui

(1) Voir le fragment de ce curieux document publié dans le tome I°r. de ma *Statistique monumentale du Calvados*, p. 360.

(2) Ainsi, vers 1070, Gérold donna à l'abbaye de Saint-Amand la dîme de ses juments de Roumare ; vers 1082, Gautier et Raoul Dastin accordèrent aux moines de la Couture, le même droit sur les juments qu'ils pouvaient avoir tant à Vezins, dans l'Avranchin, que dans toute autre localité de la Normandie. En 1086, Roger enrichit l'abbaye de Saint-Wandrille de la dîme de ses haras de la forêt de Brotonne. Henri I°r. confirma à Saint-Georges de Bocherville la dîme des juments de Raoul, chambellan de son père. Avant que Raoul, fils d'Anserede, aumônât aux moines de Saint-Wandrille la dîme de Beaunai, ceux de Saint-Evroul y prenaient la dîme des juments. Les Taisson enrichirent de la dîme de leur haras l'abbaye de Fontenay. Le prieuré de Saint-Fromond reçut de Robert du Hommet la dîme de ses poulains ; les moines de Saint-Sever, la dîme des juments de Hugues, comte de Chester ; l'abbaye du Val, en 1124, la dîme des juments normandes de Goscelin de la Pommeraie. Vers 1155, Guillaume le Moine donne à des religieux de Montebourg la dîme des poulains de ses cavales sauvages, appartenant au manoir de Néville en Cotentin. Parmi les biens que Robert Bertrand, à la fin du XII°. siècle, confirma au prieuré de Beaumont-en-Auge, on remarque la dîme de ses juments et de ses poulains, et, dans sa grande charte pour l'abbaye de Saint-Evroul, le comte de Leicester parle du haras de Montchauvet (*Etudes sur la condition de la classe agricole et l'état de l'agriculture en Normandie, au moyen-âge*, par M. Léopold Delisle).

a le mérite d'être excellente cuite et de se garder plus long-temps que
les autres (1).

Ce goût des riches seigneurs pour l'agriculture nous conduit à conclure que les cours annexées à leurs châteaux étaient entourées d'écuries,
de magasins, d'étables et d'autres bâtiments. C'est ce que prouvent le
petit nombre de constructions rurales du XIIIᵉ. siècle, qui subsistent
encore dans quelques manoirs.

Dans le manoir d'Ouilly, près Falaise, nous trouvons l'édifice suivant

MANOIR D'OUILLY, PRÈS FALAISE.

qui, à l'intérieur comme à l'extérieur, offre les mêmes caractères que
les constructions monastiques précédemment examinées. La cour du
manoir baronnial de Douvres, appartenant aux évêques de Bayeux,
renferme un bâtiment de la même dimension et du même style, et la
porte d'entrée offre, comme celle d'une abbaye, deux ouvertures : une
pour les charrettes, l'autre pour les gens à pied.

(1) Recherches de M. De La Rue.

UNE DES CONSTRUCTIONS DU MANOIR BARONNIAL DE DOUVRES.

Fouet del.

PORTE DU MANOIR BARONNIAL DE DOUVRES.

Évêchés.

Les palais épiscopaux, disposés au XIIIe. siècle comme ils l'étaient au siècle précédent (V. p. 60 et suivantes), ont profité des progrès de l'architecture, et leurs ouvertures affectent les formes consacrées à cette époque.

L'évêché de Laon nous offre des parties très-remarquables du XIIIe. siècle.

Pour pénétrer dans l'intérieur de la cour, on passait sous une grande et une petite portes en ogive, ouvertes dans des murs épais et surmontés de tourelles en encorbellement qui ont été abattues en 1750. Au-dessus de ces portes régnait une large galerie couverte. On y parvenait de la cour par un escalier en pierres placé près de la grand'porte, et elle communiquait avec l'intérieur de la cathédrale par une ouverture que l'on remarque au-dessus de la chapelle actuelle de la Vierge (1).

Les autres bâtiments formaient une vaste équerre dont l'un des côtés faisait face au rempart. C'est de ce côté que s'élève la grande salle de l'évêché, construite par l'évêque Garnier, en 1242. Cette salle, aujourd'hui divisée en plusieurs appartements qui servent aux audiences du tribunal, n'avait pas autrefois moins de 100 pieds de long sur 33 de large. Sa façade extérieure est très-remarquable : elle est divisée en deux parties par trois tourelles, dont deux, celles des extrémités, renfermaient des escaliers en hélice. Chaque partie de cette façade est percée de trois fenêtres dans le style ogival de la première époque. Celles-ci sont encadrées de colonnettes, et leur arc est décoré d'un cordon chargé de sculptures. La façade intérieure de cette même salle est supportée par une galerie formée de colonnes courtes et d'arcades ogivales basses. Les socles de ces colonnes sont tantôt carrés, tantôt octogones, nus ou chargés d'ornements d'un bon style. La forme des chapiteaux varie également, et ils sont couverts d'ornements généralement empruntés au règne végétal. Au-dessus s'ouvre une série de grandes fenêtres ogivales, et le bâtiment est surmonté d'un toit aigu supporté aux extrémités par deux pignons, dont les rampants sont ornés de feuilles croisées, selon le goût du temps.

Ainsi la cour de l'évêché était à peu près carrée.

(1) *Histoire de la ville de Laon,* par M. Melleville.

PARTIE EXTÉRIEURE DE L'ÉVÊCHÉ DE LAON.

V. Petit del.

PIGNON DE L'ÉVÊCHÉ D'AUXERRE,
Bâti, de 1250 à 1260, par Guy de Mello.

Évêché d'Auxerre. — L'évêché d'Auxerre, aujourd'hui l'hôtel de la préfecture de l'Yonne, conserve encore des parties intéressantes remontant au XIII°. siècle, notamment un pignon complet bâti, de 1250 à 1260, par l'évêque Guy de Mello.

Evêché de Meaux. — L'évêché de Meaux était du XIII°. siècle, mais il a été reconstruit à diverses époques ; on y voit pourtant, tout près de l'abside de la cathédrale et près d'une des portes par lesquelles on entrait dans l'enceinte, un remarquable édifice du XIII°. siècle que j'ai fait graver d'après les dessins de M. Sagot.

C'est un bâtiment carré-long, aux quatre angles duquel se détachent des tours à toits coniques sur des tourelles cylindriques en encorbellement comme celles de l'évêché de Laon , et qui attire les regards par sa forme régulière.

Les quatre tours qui flanquent les angles du bâtiment, son plan parfaitement symétrique, lui donnent un caractère de noblesse qui me font croire que c'étaient les bâtiments de l'officialité : on y a rendu la justice, au nom de l'évêque, peu de temps avant la Révolution de 89.

Quatre étages occupent la hauteur de l'édifice.

Le premier étage, en contre-bas, se compose d'une magnifique salle fort élevée, dont les voûtes en ogives se divisent sur la longueur en cinq travées, partagées par quatre colonnes cylindriques qui reçoivent au centre les arceaux des voûtes et divisent l'espace en deux nefs ou galeries. Cette salle souterraine, qui a toujours dû être destinée à renfermer des provisions , recevait le jour par des ouvertures carrées que l'on distingue à 1 mètre environ au-dessus du sol de la rue.

La même ordonnance se répète au rez-de-chaussée; mais la belle salle qu'on y voit s'accédait par une large porte, pratiquée au centre de la façade tournée vers la cour.

Le second étage, auquel on accède par cet escalier, n'est pas voûté ; un plancher droit, en bois de chêne, vient reposer sur des colonnes monocylindriques, au nombre de quatre comme dans les deux étages inférieurs ; ainsi les divisions sont toujours les mêmes, seulement il n'y a pas de voûtes en pierre.

Le dernier étage sous les combles, moins élevé que les autres, avait beaucoup moins d'importance.

L'édifice, dont nous venons de parcourir les diverses parties, montre l'observation de tous les principes de construction usités au XIII°. siècle ; des contreforts opposés symétriques font équilibre à la poussée des voûtes partout où elles viennent peser sur les murs, et les colonnes des trois étages portent perpendiculairement les unes sur les autres.

La vue que voici a été prise du côté de la rue qui passe derrière

ANCIEN BÂTIMENT DU XIII⁰. SIÈCLE, PRÈS LA CATHÉDRALE DE MEAUX, DU CÔTÉ DE LA RUE.

l'abside de la cathédrale et se dirige vers la promenade ; celle qui suit

BATIMENT DE L'ÉVÊCHÉ DE MEAUX, DU CÔTÉ DE LA COUR.

est prise du côté opposé, c'est-à-dire de l'intérieur de la cour épiscopale ; elle offre un intérêt particulier, à cause de l'escalier, du XIIIe.
siècle, par lequel on accédait au premier étage ; cet escalier est porté
sur deux voûtes inégales en quart de cercle, très-hardies et très-
élégantes ; sous la plus élevée de ces voûtes, qui correspondait au milieu de l'édifice, s'ouvre la grande porte du rez-de-chaussée, voûtée
en arc surbaissé et qui se trouve ainsi immédiatement au-dessous de
la porte du premier étage. On voit que tout est symétrique et régulier
dans ce charmant édifice : il nous rappelle par son ensemble et ses
tourelles celui de l'abbaye de Rebaix, figuré page 115, et qui renfermait le prétoire et les prisons de cette abbaye. La destination
de ces deux édifices était donc la même, si mes conjectures sont
fondées.

Les palais épiscopaux durent, au XIIIe. siècle, prendre des développements considérables, et l'habitation de l'évêque dut se mettre
en rapport avec les magnifiques cathédrales qui l'avoisinaient : le palais
épiscopal embrasse dans ses dépendances les locaux devenus nécessaires par l'accroissement de la puissance temporelle et des richesses
de l'évêché.

La chapelle particulière des évêques et des archevêques prit, au
XIIIe. siècle, une certaine importance monumentale, ainsi que le
montre celle de l'archevêché de Reims.

Les maisons canoniales, groupées, comme nous l'avons dit, autour
de l'église cathédrale, furent, en grande partie, bâties ou reconstruites au XIIIe. et établies sur de belles caves voûtées qui se sont
conservées jusqu'à nos jours, même quand les maisons qui les surmontaient ont été refaites ; c'est ainsi qu'on en trouve dans beaucoup
de villes épiscopales, notamment à Lisieux, à Avranches, à Chartres,
à Beauvais, etc., etc., etc.

Édifices publics.

HALLES. — Les halles du XIIIe. siècle offrent la même disposition
que celles du XIIe. (V. la p. 64). Voici le pignon de la grande halle
de St.-Pierre-sur-Dives qui ressemble à une vaste grange et n'en diffère
que par une largeur plus considérable.

Trois portes ogivales correspondent aux trois nefs abritées par le

ENTRÉE DES HALLES DE SAINT-PIERRE-SUR-DIVES.

même toit ; deux fenêtres tréflées au sommet surmontent la porte centrale, par laquelle pouvaient entrer des charrettes chargées de marchandises ; deux contreforts indiquent la largeur de la nef centrale et divisent
celle façade en trois travées : cette halle est d'une très-grande dimension et sert non-seulement pour le blé, mais pour l'étalage des marchandises de toute espèce, les jours de foires et de marchés. Mais on
ne peut faire remonter au XIIIe. siècle que la partie reproduite dans
l'esquisse précédente, des réparations considérables ayant été faites à
diverses époques dans les autres parties. Cette halle est sur une place
où les moines de St.-Pierre percevaient des droits et avaient aussi des
hangars pour les bouchers.

La halle de Cheux, située au milieu du bourg de ce nom, dans le Calvados, et qui appartenait aux moines de l'abbaye de St.-Etienne de Caen, peut aussi dater du XIIIe. siècle : c'est un bâtiment moins grand, mais disposé comme celui de St.-Pierre et garni de contreforts. J'en connais d'autres à peu près semblables.

GRANDES SALLES DES PALAIS ET DES HÔPITAUX. — Au XIIIe. siècle, les salles des hôpitaux et des palais offraient beaucoup de ressemblance avec celles du XIIe. que j'ai décrites sommairement pages 67 et suivantes.

Salle des États à Blois.—La grande salle des États de Blois, dont la construction remonte au XIIIe. siècle, offre aussi deux nefs séparées par un rang de piliers supportant des arcades.

Salle de l'hospice de Bayeux.—Nous avions, il y a quelques années, un exemple remarquable de ce genre d'édifices dans la grande salle de l'hospice de Bayeux, qui avait été reconstruite par Robert des Ablèges, évêque de cette ville, vers 1210.

Elle était voûtée comme celle de l'hospice de Caen, et à peu près de même forme, quoique beaucoup moins grande. Le bâtiment qui la renfermait, se terminait aussi par un gable élevé, du côté de la rue ; je regrette de n'avoir pas dessiné ce monument, dont il n'existe, je crois, aucune esquisse : il a été reconstruit en 1823.

Salle de l'hospice de Chartres. — A Chartres, la salle de l'Hôtel-Dieu, près de la cathédrale, dite *salle des fiévreux,* offre les mêmes dispositions que celles dont je viens de parler ; elle est divisée longitudinalement par des colonnes, et au bout de la salle, vers l'Est, il y avait un autel où l'on disait la messe pour les malades : elle remonte évidemment au XIIIe. siècle.

Salles de l'hospice des vieillards à Gand. — MM. Serrure et Voisin, membres de l'Académie de Bruxelles, m'ont fait voir à Gand un bâtiment dépendant de l'hospice des vieillards, dont ils fixent la date vers 1230. Le gable de cet édifice présente des arcades, des rosaces et différents compartiments en briques incrustées, qui dessinent des figures à peu près semblables à celles qui ornent les grandes fenêtres ogives.

Salle de l'hospice de Tonnerre. — La grande salle de l'hospice de Tonnerre est terminée par une chapelle qui servait autrefois aux malades : cette salle, d'une largeur considérable, est éclairée par des

fenêtres en lancettes, et les corniches extérieures ont encore des modillons bourguignons de transition dont les dents de scie, du XIIIᵉ.
siècle, peuvent être considérées comme l'équivalent ou comme le relatif
synchronique. Cette salle date de la fin du XIIIᵉ. siècle, car la fondatrice,
Marguerite de Bourgogne, belle-sœur de saint Louis, mourut en 1298.

Les lits des malades étaient rangés sur deux files le long des murs ;
il restait au centre une nef ou une grande allée vide.

Jamais il n'y a eu de voûte en pierre, mais bien un lambris cintré en
bois, avec des poutres détachées traversant d'un mur à l'autre et qui
portent des ferrements verticaux, suivant le système que nous voyons
dans beaucoup d'anciennes salles et souvent dans nos églises rurales.
M. Le Maître, membre de la Société française pour la conservation des
monuments, a constaté que les chevrons, d'un seul morceau, ont 62
pieds de longueur ; il croit que ces boiseries datent de la construction de
l'hospice, ce qui n'aurait rien d'impossible, cependant je les crois plutôt
du XVᵉ. siècle. Le pavé de l'édifice a été exhaussé de 1 mètre, je ne
sais à quelle époque, ce qui modifie les proportions de cette salle et
lui fait perdre une partie de son élégance, en diminuant de 1 mètre la
hauteur des murs.

BEFFROIS ET HÔTELS-DE-VILLE. — C'est assez généralement au règne de
Louis VI, que l'on fait remonter les premières chartes de communes
accordées aux villes de France ; il est cependant probable qu'avant cette
époque, quelques villes jouissaient par l'usage, sinon par concession,
d'un gouvernement municipal (1).

Noyon, St.-Quentin, Laon et Amiens, paraissent avoir été les
premières qui reçurent leur émancipation des mains du prince. Sous
Louis VII et surtout sous Philippe-Auguste, les principales villes qui
faisaient partie des domaines de la couronne, furent successivement
admises à jouir des mêmes privilèges. Cet exemple fut suivi par les
barons, de sorte qu'à la fin du XIIIᵉ. siècle, l'établissement des communes était devenu général en France (2) ; alors les villes eurent un
sceau particulier, une cloche pour assembler les bourgeois, et une
tour ou beffroi. Ce beffroi renfermait la cloche pour convoquer les
bourgeois (3) ; il servait d'observatoire pour veiller à la sûreté de la
ville, et quelquefois de prison.

(1) Hallam, l'*Europe au moyen-âge*, t. 1ᵉʳ.
(2) Id., *Ibid.*, p. 352.
(3) Les cloches étaient un attribut du beffroi et des communes. Lors de

Il représentait en quelque sorte, pour la commune, le donjon de l'habitation féodale des barons.

Le beffroi étant un des attributs des communes, la suppression d'une commune entraînait la suppression de son beffroi; ainsi nous voyons Henry, roi des Romains, ordonner, en 1226, d'ôter la grande cloche et de démolir le beffroi de la ville de Cambray, à laquelle il avait retiré le titre de commune pour punir les habitants de leur rébellion (1).

En 1331, les ordonnances par lesquelles Philippe VI règle l'administration de la ville de Laon dont il avait supprimé la commune, portent : *que les cloches qui sont de la commune jadis de Laon, les deux qui sont à la tour que l'on suelt dire le beffroi soient appliquées à notre profit, et défendons que ladite tour ne soit jamais appelée beffroi* (2).

Les hôtels-de-ville furent assez ordinairement, au XIIIe. siècle et au XIVe., établis sur les portes de ville. La cloche du beffroi se trouvait elle-même dans une tour construite à cet effet au-dessus des voûtes du portail, ou dans une des deux tours qui flanquaient cette entrée : il nous reste très-peu de beffrois de cette époque.

Hôtel-de-ville et beffroi de Bordeaux. On voit encore quelques parties de celui de Bordeaux qui fut construit en 1246. Il fait corps avec les murs d'enceinte; mais on ne doit rapporter au XIIIe. siècle que les parties basses de cette espèce de tour, à peu près jusqu'au cadran de l'horloge; la partie supérieure paraît du XVe., peut-être même du XVIe. siècle.

Hôtel-de-ville et beffroi de Caen. La ville de Caen fut affranchie par Jean-sans-Terre, le 17 juin 1203; l'hôtel-de-ville et le beffroi furent établis sur le pont St.-Pierre et s'appelèrent *le Chastelet* (3). La reconstruction de cette tour eut lieu au XIVe. siècle, et depuis long-temps elle n'existe plus.

Hôtel-de-ville d'Ypres. — L'hôtel-de-ville d'Ypres est, je crois, le plus complet que je puisse citer dans le Nord. J'en donne le dessin.

l'institution de la commune de Compiègne, le roi donna des lettres particulières pour autoriser les habitants à sonner les cloches du beffroi, en cas de meurtre ou d'incendie. (*Voir les ordonnances des rois de France*, t. II, p. 79.)

(1) Definiendo quod campana seu campanæ et campanile, quod *Bierefrois* dicitur, et communia quam pacem nominant, vel quocumque alio nomine pallietur in eadem civitate tollantur et destruantur. (*Miræus, oper., Diplom., nova collectio*, t. IV, cap. xlii, p. 540.)

(2) *Ordonnances des rois de France*, t. II, p. 79.

(3) L'abbé De La Rue, *Essais historiques sur la ville de Caen*, t. I, p. 127.

HÔTEL-DE-VILLE ET BEFFROI DE LA VILLE D'YPRES,
Commencé vers 1200, mais terminé seulement en 1304.

Quoiqu'il n'ait été terminé que dans le XIVe. siècle, la plus grande partie pourtant appartient au XIIIe.

PONTS. — Il est à regretter que l'on n'ait pas assez étudié les anciens ponts qui existent sur beaucoup de nos rivières, car un certain nombre remontent au XIIIe. siècle, sinon dans leur entier au moins en partie : M. F. de Verneilh a fait sur ce sujet un mémoire curieux que nous sommes heureux de signaler, et dans lequel il cite plusieurs ponts qui doivent remonter à ce siècle dans le Limousin et le Périgord. Nous avons visité avec M. Des Moulins un de ces ponts, celui de St.-Junien-sur-la-Vienne, et j'en ai vu dans diverses parties de la France qui, malgré des caractères un peu indécis, paraissent devoir être reportés jusqu'au XIIIe. siècle. M. Victor Petit en a signalé, de son côté, plusieurs dans l'Yonne et dans d'autres départements du centre. Celui de Cahors, avec ses trois tours de défense sur lesquelles nous reviendrons en parlant de l'architecture militaire, est encore un pont du XIIIe. siècle. Si l'on cherchait bien, on arriverait à former un catalogue assez considérable de ponts anciens, et j'engage d'autant plus vivement les explorateurs à traiter ce sujet encore neuf, que les ingénieurs des ponts-et-chaussées ont déclaré la guerre la plus acharnée à ces beaux restes, et qu'ils veulent à tout prix substituer à ces mo-

PONT DE CAHORS.

numents indestructibles, des ponts à piles mesquines et sans élégance portant le plus souvent des tabliers en charpente, au lieu de voûtes en pierre.

Les ponts du XIIIe. siècle présentent de belles arcades en ogive ; la partie saillante des piles opposée au cours des eaux eut quelquefois dans son plan la forme d'une ogive, au lieu d'être en forme de triangle comme au siècle suivant : plusieurs arches de pont sont admirablement appareillées.

Le magnifique pont qui met la ville de Pont-de-l'Arche en communication avec la rive droite de la Seine est un des plus imposants et des mieux conservés qui existent : je le rapporte au XIIIe. siècle (il est probablement du temps de Philippe-Auguste) ; il se compose de vingt-quatre arches en arc surbaissé pour la plupart, et séparées par des piles triangulaires du côté du courant pour diviser l'eau et résister à son impulsion, rectangulaires du côté opposé. En attendant que la date de la construction de ce pont soit connue , j'en présente l'esquisse d'après le dessin de M. Victor Petit : la première ligne montre les treize premières arches à partir de la ville ; la seconde ligne, le reste du pont : les figures de la troisième ligne donnent le profil et les coupes du pont sur la largeur. Nous reviendrons sur ce pont et sur le rôle important qu'il a joué dans la défense de la ville, quand nous parlerons de l'architecture militaire.

Des discussions nombreuses se sont élevées sur la date du pont de Pont-de-l'Arche, de ce que le pont avait d'abord été établi par Charles-le-Chauve, quelques personnes, notamment M. Bonnin , d'Evreux,

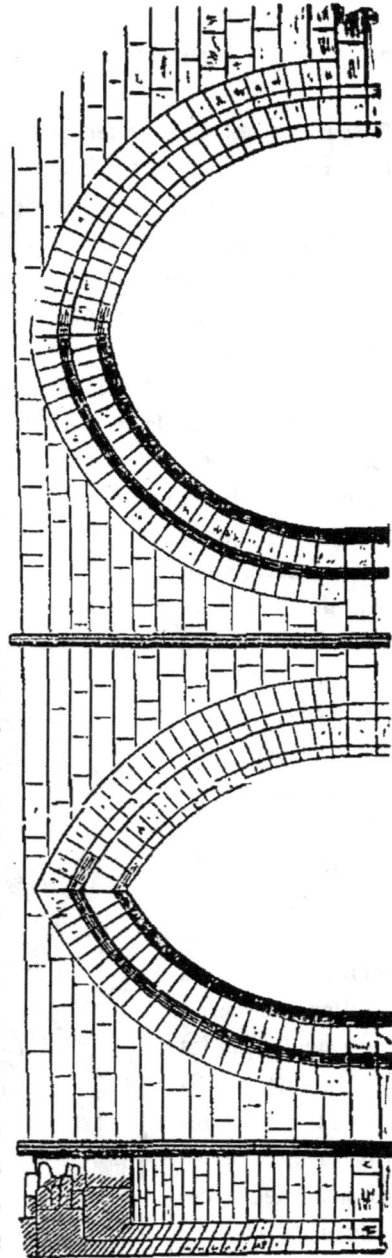

Centre du pont.

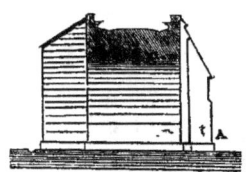

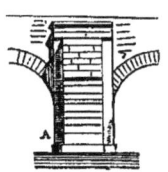

V. Petit del.

VUE ET DÉTAILS DU GRAND PONT DE PONT-DE-L'ARCHE SUR LA SEINE.

ont cru que le pont actuel pouvait être le même; mais je pense qu'il est impossible, en considérant l'appareil, de le faire remonter au-delà du commencement du XIIIᵉ. siècle ou de la fin du XIIᵉ. Je ne parle pas de certaines arches refaites et des réparations d'une date beaucoup moins ancienne, qui se distinguent des autres au premier coup-d'œil, mais seulement des parties principales et de l'ensemble du pont (1).

Les documents historiques apprennent qu'en 1204 Jean-sans-Terre ordonna la destruction des fortifications de Pont-de-l'Arche, parce que Philippe-Auguste se rendait maître de toutes les places fortes de la Normandie, et qu'en 1418, Henri V s'empara de la ville, après un siége de quinze jours. Or, le pont faisant partie des fortifications aurait été détruit par Jean-sans-Terre, puis rebâti dans le courant du XIIIᵉ. siècle; les arches ogivales seraient du XVᵉ. siècle et correspondraient à des brèches faites pendant le siége de 1418.

Souvent, au XIIIᵉ. siècle, on établissait des moulins à blé sur les ponts et l'on mettait à profit la compression du courant pour en faire mouvoir les meules. Le pont de Pont-de-l'Arche porte plusieurs moulins établis de la sorte.

Maisons privées.

Les constructions privées étaient de deux espèces, aux XIIIᵉ. et XIVᵉ. siècles, les unes en bois, les autres en pierre.

Les maisons de bois, infiniment plus nombreuses que les maisons de pierre, n'offraient de murs en pierre que dans les parties basses et beaucoup étaient construites entièrement en bois : voici comment elles étaient établies :

On plaçait d'abord de grosses poutres qui s'élevaient perpendiculairement jusqu'à une assez grande hauteur; puis on remplissait les intervalles par des murs de pierre, de mortier ou de plâtre, entre-

(1) Au moment où nous réimprimons ce volume de notre *Abécédaire*, nous apprenons que le pont de Pont-de-l'Arche, dont les ingénieurs des ponts-et-chaussées avaient, un an avant, démoli huit arches, vient d'être emporté par le courant : ainsi un de nos plus curieux monuments a disparu !!! C'est une perte irréparable au point de vue archéologique. Toutes les piles reposent sur des pilotis que quelques affouillements ont permis de reconnaître : plusieurs amateurs se proposent d'acheter des échantillons de ces pieux séculaires, afin d'en faire faire des meubles qui seraient des témoignages de la longue durée des bois sous l'eau.

MAISON DU XIII°. SIÈCLE, A CLUNY.

coupés de traverses horizontales et plus souvent diagonales qui s'em-
boîtaient dans les pièces principales.

J'ai figuré dans mon *Cours d'antiquités*, pl. LXXXIV, plusieurs
maisons ou fragments de maisons du XIII°. siècle.

Cluny nous a présenté plusieurs maisons en pierre du XIII°. et
du XIV°. siècle. Vis-à-vis de l'église Notre-Dame, on en voit une qui
doit dater de la première moitié du XIII°., ainsi que l'annoncent
les chapiteaux à crochets et les tailloirs carrés de ses colonnes : les
fenêtres du premier étage sont conservées et offrent six baies rectangulaires, surmontées d'une arcature à trois lobes (V. la planche, p. 150) ;
les arcades trilobées reposent alternativement sur des colonnes groupées
par trois et sur une colonne isolée, et l'on pourrait décomposer les six
baies en trois fenêtres à deux baies, ce que fera comprendre l'esquisse
ci-jointe. C'est toujours le premier étage qui a été le mieux traité et le
plus éclairé ; le deuxième étage et le rez-de-chaussée sont bien moins
intéressants.

La maison suivante (p. 152) a encore été dessinée à Cluny ; on y
voit à peu près la même disposition que dans la précédente pour les
fenêtres du premier étage ; du reste les maisons de Cluny présentent
à peu près la même disposition. Toutes avaient un rez-de-chaussée,
espèce de boutique ou de magasin, puis à côté une porte et un escalier droit pour monter au premier étage : j'ai trouvé cette disposition
partout.

La petite ville de St.-Antonin (Aveyron) renferme quelques maisons du XIII°. siècle. M. Bouet les a dessinées et plusieurs ont été déjà
publiées. La maison du comte Raimond, à Corde (Tarn), est du XIII°.
siècle. Le *Voyage pittoresque dans l'ancienne France* en a donné
une vue.

M. le baron Chaudruc de Crazannes cite, dans la petite ville de
Martel en Quercy, une maison intéressante qui doit être du XIII°.
siècle ou du XIV°. On rapporte, il est vrai, que Henry au *court-
mantel*, fils de Henry II, y mourut le 11 juin 1185 ; mais le dessin
qu'on m'a procuré de cette maison, annonce une date postérieure et
vraisemblablement elle a remplacé celle dont parle la tradition.

Une partie des fenêtres de cette construction qu'on nomme *maison
anglaise*, sont ornées de grandes rosaces ; d'autres fenêtres qui se
terminent en ogives sont divisées en trois compartiments par des
colonnettes ; elles sont placées entre deux cordons parallèles de feuilles
de vigne.

MAISON DU XIIIᵉ. SIÈCLE, A CLUNY.

Il e iste encore à Figeac plusieurs maisons qui se font remarquer par les mêmes formes architectoniques et les mêmes ornements. La principale est celle de *Baleine* vendue par Édouard III, roi d'Angleterre, l'année de sa mort (1377), aux consuls de Figeac. Les ouvertures en ogive, ornées de rosaces et de trèfles, ont absolument la forme de celles des églises (1).

Il se trouvait aussi dans les villes quelques maisons garnies de tourelles, et qui probablement appartenaient à des familles nobles. La ville de Gand qui, dès le XIIe. siècle, avait beaucoup de ces maisons fortifiées, ainsi que le prouve un décret fulminé en 1179, par l'archevêque de Reims (2), renferme quelques maisons de ce genre que MM. Serrure et Voisin rapportent au XIIIe. siècle ou au XIVe. Ces deux archéologues distingués m'ont fait voir, sur la place du Marché, deux de ces maisons qui conservent encore leur ancienne physionomie malgré les fenêtres nouvelles qu'on y a faites.

Une maison mieux conservée et qui sert de caserne pour les pompiers de la ville, paraît du XIIIe. siècle; elle offre un grand corps-de-logis ayant en application sur une de ses façades et à peu de distance des angles, deux tourelles cylindriques très-effilées, qui s'élèvent jusqu'au toit. De hautes fenêtres, en forme de lancettes, surmontées d'un rang de petites ouvertures carrées, éclairent l'édifice du côté de la rivière qui en baigne les fondations. Plusieurs autres maisons de Gand, élevées au XIIIe. siècle, offraient à peu près les mêmes caractères d'après les observations de M. Serrure.

Dans quelques maisons anciennes du midi de la France, on voit, près des ouvertures des différents étages, des tiges en fer terminées par des anneaux dont on a donné plusieurs explications. Quant à moi, jusqu'à preuve contraire, je suppose que ces anneaux avaient pour but d'écarter et de soutenir les toiles que l'on suspendait devant les fenêtres à l'extérieur des maisons pour se garantir du soleil. Ces anneaux qui maintenaient les toiles à une certaine distance des murs, permettaient de voir dans les rues tout ce qui s'y passait.

Provins, l'ancienne résidence des comtes de Brie, renferme encore aujourd'hui un grand nombre de maisons du XIIIe. siècle. La plupart offrent de belles caves voûtées en ogive; leurs fenêtres, leurs portes, la

(1) Renseignements communiqués par M. le baron de Crazannes.
(2) *Arces domorum quæ cum turribus æquipollere videbantur.* Voir *Recherches sur la statistique ancienne de la Belgique*, par M. le baron de Reiffenberg.

disposition intérieure et extérieure montrent parfaitement ce qu'étaient les maisons de ville au XIII°. siècle. Elles ont été décrites par M. Bourquelot, par M. Verdier et par plusieurs autres. J'en ai parlé moi-même, il y a vingt ans, dans le *Bulletin monumental*.

Celle qui est connue sous la dénomination de *grange aux dîmes*, se compose d'un étage et d'un rez-de-chaussée au-dessus de magnifiques caves voûtées et portées sur des colonnes. L'entrée principale est cintrée ; les autres ont des ouvertures rectangulaires. Les fenêtres du premier étage, au nombre de six, sont toutes de même grandeur, composées chacune de deux baies rectangulaires séparées par une colonnette.

M. le comte d'Héricourt croit que quelques parties d'une maison située sur la grande place d'Arras datent du XIII°. siècle ; les parties supérieures ne doivent pas être d'une date aussi reculée. Celles qui peuvent être du XIII°. sont le rez-de-chaussée, précédé d'arcades ogivales ou porches reposant sur des colonnes monocylindriques, et les fenêtres en lancettes du premier étage (V. la page 155).

Des bâtiments privés sur la date desquels on ne peut conserver aucun doute sont les caves qui nous ont été montrées dans un autre quartier de la même ville ; elles sont belles, les voûtes en sont garnies d'arceaux, qui reposent sur des colonnes avec chapiteaux ; elles m'ont paru de la deuxième moitié du XIII°. siècle et sont une preuve de l'importance qu'offrait, à cette époque, le rez-de-chaussée de certaines maisons.

A Arras comme à Limoges, comme à Provins, comme à Lisieux, comme dans presque toutes les villes qui étaient fondées sur un terrain sec, on a pratiqué des caves considérables sous les maisons, et j'ai déjà dit combien il était naturel de chercher du logement en *contrebas*, quand les villes, entourées de murs et de fossés, ne pouvaient accroître leur périmètre qu'avec de grandes difficultés et des frais considérables : il fallait alors pour se loger creuser sous terre et entasser les étages, afin de gagner sur la profondeur et la hauteur ce qu'on ne pouvait trouver en largeur.

Porches. — Les galeries couvertes appelées porches sont une des dispositions, assez habituelles, des maisons qui bordaient les rues les plus fréquentées des villes et des bourgades. La circulation s'y faisait à couvert ; on pouvait même quelquefois y étaler des marchandises, et, pour tous, en temps de pluie, rien n'était plus commode que les porches du moyen-âge. Aujourd'hui, c'est à peine si on en rencontre quelques-uns dans nos vieilles villes, et depuis un demi-siècle que l'usage des parapluies est devenu tout-à-fait populaire, on les a détruits partout pour donner plus de jour au rez-de-chaussée des maisons qui en étaient pourvues.

Ch. Givelet del.

MAISON DU XIIIe. SIÈCLE, A ARRAS.

Tantôt les porches étaient portés sur des poteaux de chêne, tantôt sur des colonnes en pierre; les porches des maisons en bois ont duré

moins long-temps que ceux des maisons de pierre, et ceux que je
rapporte au XIIIe. siècle ne sont aucuns en bois.

Le spécimen suivant offre un exemple d'une maison du XIIIe. siècle

Bouet del.

PORCHES DU XIIIe. SIÈCLE AVEC COLONNES EN PIERRE.

portée sur des colonnes monocylindriques en granite ; elle donnera très-bien l'idée de ce qu'étaient les galeries couvertes de l'époque et de leur effet le long des rues.

Il existe encore quelques-unes de ces galeries couvertes dans la grande rue de Dol (Ille-et-Vilaine), et j'ai dessiné une des colonnes de support; elle m'a paru d'autant plus intéressante qu'elle porte un chapiteau très-caractéristique du XIII°. siècle, et vers le milieu un cercle en relief comme on en sculptait à la même époque sur les fûts des colonnettes dans les églises.

On voit des porches du XIII°. siècle dans plusieurs villes du midi de la France.

J'en ai vu également dans différentes villes de

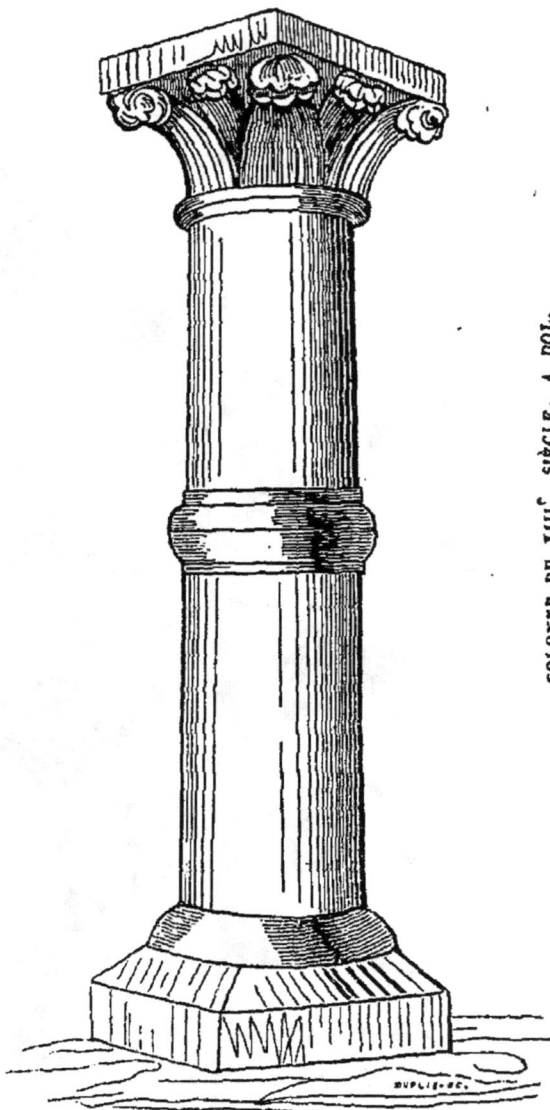

COLONNE DU XIII°. SIÈCLE, A DOL.

l'Italie : à Bologne, il existe des porches dont beaucoup de colonnes m'ont paru anciennes et remontent peut-être au XIII°. siècle, quoique les maisons qu'elles supportent aient été reconstruites presque en entier. Il y a dans la petite ville d'Arauna, sur le bord du lac Majeur, des porches à colonnes évidemment du XIII°. siècle.

Indépendamment des moulures, l'ornementation intérieure des

maisons du XIIIe. siècle consistait en peintures murales, boiseries, quelquefois en tentures dans les maisons les plus riches. Les carre-

lages en terre cuite émaillée formaient souvent les pavés des appartements.

Dans le Nord, la façade des maisons de ville imitait jusqu'à un certain point celle des églises et se ter-minait par un fron-ton triangulaire; dans le Midi on n'avait pas les mêmes motifs pour donner aux toits une si grande déclivité, et le couronnement était souvent horizontal avec un toit beaucoup moins incliné.

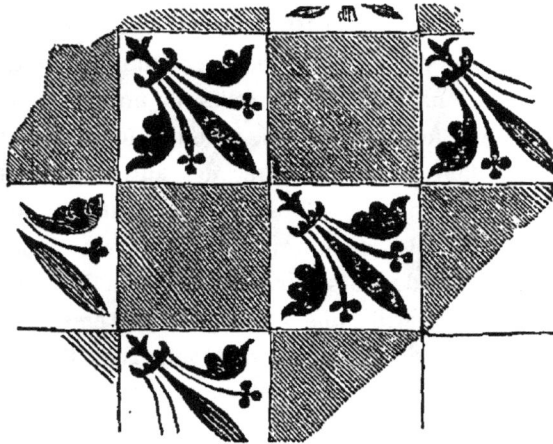

La disposition des rues est chose à examiner dans les anciennes villes : le plus souvent les rues sont étroites et disposées de manière à former des lignes courbes ou mal alignées qui se dirigent vers l'église, le marché, le palais, le château, et les autres édifices publics. Le marché remplace le *forum* des villes romaines et c'était là aussi, et dans le voisinage, que se trouvaient le plus habituellement les porches dont je parlais et dont on pourrait faire remonter l'origine première au temps de l'Empire, puisque les places publiques étaient souvent garnies de portiques à cette époque.

Au XIIIe. siècle, on fit partout des tentatives pour embellir les villes; celles qui furent établies à cette époque, offrirent une régularité qui a frappé M. de Verneilh-Puirasseau; les notes judicieuses de ce savant méritent l'attention des observateurs.

Bastides. — On désigne, dit-il, *sous le nom de bastides* en Guyenne et en Languedoc, un genre de monuments qui n'existe guère dans les autres parties de la France. Ce sont des villes neuves bâties généralement dans la seconde moitié du XIIIe. siècle et dont le plan s'est conservé sans modifications depuis cette époque. Quelques bastides, comme Libourne et Villeneuve-sur-Lot, ont acquis une certaine importance et contiennent aujourd'hui dix à quinze mille habitants. Mais, à cause de leur prospérité, elles gardent peu de maisons anciennes, c'est dans des localités plus

ignorées, à Montpazier, par exemple, qu'il convient d'étudier de préférence le type des bastides. Montpazier est une petite ville de deux
mille habitants, fondée en 1286, par Jean de Grailly pour le roi
d'Angleterre, Édouard Ier. ; elle est située à l'extrémité méridionale du
département de la Dordogne, et comme dans cette zône qui délimitait
les possessions anglaises et celles de nos rois, les bastides des deux
nations sont fort nombreuses, celle de Montpazier, venue la dernière ou
peu s'en faut, a pu s'inspirer des autres, auxquelles elle se montre
vraiment supérieure. — C'est la plus authentique et la plus parfaite,
à ce qu'il semble, de toutes ces villes neuves du XIIIe. siècle.

Quatre grandes rues se croisant à angle droit, et laissant entre elles,
au centre de la ville une place publique entourée d'arcades : voilà le
trait le plus saillant du plan de Montpazier ; il est à remarquer que ces
arcades ne se trouvent point en arrière des rues, et qu'au contraire

PARTIE D'UNE RUE COUVERTE A MONTPAZIER.

elle les couvrent transversalement dans toute leur largeur. Les voitures
passent donc, comme les piétons, sous les maisons et tout le carré de la

place forme une promenade plantée d'arbres. Ce système de *rues couvertes* si singulier , mais si commode à beaucoup d'égards, se rencontre dans la plupart des bastides ; non-seulement elles s'imitaient l'une l'autre, mais elles étaient conçues, on peut le dire, sur un seul et même type, essayé d'abord timidement, puis successivement perfectionné, puis invariable en quelque sorte.

Ainsi, ce n'est pas seulement par ses rues couvertes que la bastide de Montpazier ressemble aux autres, c'est encore par la dimension des quatre grandes rues larges de 24 pieds , exactement comme une route départementale. Cette mesure se retrouve constamment et on sait en effet qu'elle était formellement stipulée dans la charte de fondation de Mont-Ségur. Quelquefois pourtant, quand la bastide paraissait devoir prendre de grands développements, on portait la largeur des quatre rues-maîtresses à 30 pieds ou 5 toises, comme à Libourne ou à S^te.-Foy. Les emplacements avaient aussi une largeur et une longueur déterminées. A Montpazier c'est 24 pieds sur 72 et , comme les maisons avaient leur pignon sur la rue, elles sont séparées latéralement par des ruelles larges à peine de 1 pied par où s'écoulaient les eaux pluviales ; d'autres ruelles larges d'une toise courent entre les rues en arrière des maisons, de façon à ce qu'il n'y ait pas 1 pouce de terrain perdu.

Il importait au moyen-âge de serrer les maisons le plus possible pour avoir moins de remparts à défendre. D'ailleurs les bastides n'étaient nullement des villes de guerre et n'ont même été enceintes de murs que long-temps après leur fondation, en général aux frais des habitants.

Dans tous les temps les villes neuves ont été fondées sur des plans réguliers, mais jamais sans doute la régularité n'a été portée aussi loin que dans ces bastides du XIIIᵉ. siècle et particulièrement à Montpazier.

M. Jouannet, qui avait remarqué le premier la régularité de quelques bastides du Sud-Ouest, les croyait exclusivement anglaises. Il en est beaucoup que l'on doit à des princes français et ce sont justement les plus anciennes. La ville d'Aigues-Mortes, œuvre de saint Louis, offre encore peu de symétrie dans son plan ; mais les bastides agenaises d'Alphonse de Poitiers ont évidemment servi de modèle à celles d'Édouard Iᵉʳ.

Le nombre des bastides n'étonne pas moins que leur forme et la régularité de leur plan : rien que dans deux arrondissements de la Dordogne elles sont au nombre de dix, françaises dans celui de Sarlat, anglaises dans celui de Bergerac ; dans la Guienne et dans une petite portion du Languedoc on en compterait au moins cinquante. — Ce qui les a tant multipliées, c'est sûrement le besoin ressenti par des princes étrangers (Alphonse de Poitiers, comme Edouard Ier.) de s'établir solidement dans des possessions nouvelles, en les civilisant et en les affranchissant ; mais ce qui a rendu possibles toutes ces bastides, c'est la prospérité du pays; dans d'autres régions de la France, où les circonstances étaient presque les mêmes, on a fait au contraire fort peu de bastides ou on n'en a pas fait du tout. En Angleterre, où il serait si intéressant d'en trouver, on n'en a encore signalé nulle part ; dans tous les cas, elles ne semblent pas avoir été assez nombreuses pour qu'un type uniforme se formât et fût adopté pour tous les plans.

Le système d'administration suivi dans le sud-ouest de la France ne s'est pas généralisé, et partout ailleurs à peu près, au lieu de discipliner la foule des maisons neuves, on leur a permis de se grouper en désordre autour des anciens centres de population.

Ce fait ainsi restreint n'en est pas moins le plus considérable que puisse révéler l'étude de l'architecture civile du moyen-âge : c'est un côté aussi curieux qu'imprévu de l'art français (1).

(1) Note communiquée par M. de Verneilh. Voir, pour les détails, les *Ann. arch.*, vol. IV, p. 161 ;—vol. VI, p. 171 ;—vol. X, p. 270 ;—vol. XI, p. 335 ;—vol. XII, p. 24.

CHAPITRE IV.

ARCHITECTURE CIVILE DE LA QUATRIÈME ÉPOQUE

(XIVe. SIÈCLE).

Quel fut au XIVe. siècle l'état de l'architecture civile?

Jusqu'à la fin du XIVe. siècle, les caractères de l'architecture civile ont peu différé de ce qu'ils étaient à la fin du XIIIe., ce dont on pourra se convaincre par le fragment, que voici, d'un édifice de la

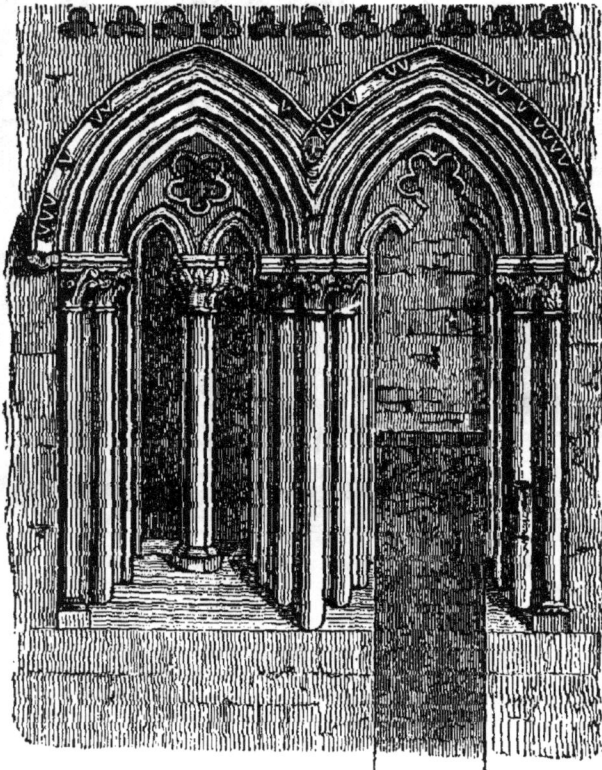

première moitié du XIVe. siècle et par celui qui va suivre et qui appartient à une abbaye du département de la Côte-d'Or.

Dans la seconde moitié du XIVe. siècle, les modifications que j'ai indiquées pour l'architecture religieuse se manifestèrent également dans l'architecture civile ; mais le XIVe. siècle, où des guerres et des calamités de différents genres pesèrent long-temps sur la France, ne fut pas, à beaucoup près, aussi fécond que le XIIIe. en monuments remarquables.

E. S. got del.

ANCIENNES CONSTRUCTIONS DE L'ABBAYE DE BÈZE (Côte-d'Or).

Nous aurons bien peu de chose à dire de l'architecture monastique.

V. Petit del

2 M.

ARC DE CLOITRE DU XIVᵉ. SIÈCLE.

Les arcs de cloître se divisèrent quelquefois en plusieurs baies dans

ARC DU CLOITRE DE SAINT-JEAN-DES-VIGNES.

la seconde moitié du XIVᵉ. siècle : celui de St.-Jean-des-Vignes, à

Soissons, est un bel exemple
de cette modification, conforme d'ailleurs à celle que
subissaient en même temps
les fenêtres des églises.

La vue suivante d'un des
quatre côtés du cloître St.-
Jean montre l'effet général
des arcades à plusieurs baies.
Quoique le style rayonnant des
arcs et les chapiteaux à deux
bouquets de feuillages rattachent ce beau cloître au XIVe.
siècle, je dois dire que les contreforts triangulaires qui séparent les travées, les animaux
qui en garnissent le sommet,
et quelques détails, portent à
croire qu'une restauration importante a été faite au XVe.
Ainsi l'architecture de ce cloître participe du style rayonnant et du style qui l'a suivi.

Nous avions, il y a 20 ans,
attribué au commencement du
XIVe. siècle les beaux arcs du
cloître de Noyon, qui se composent, comme les précédents,
de deux arcatures géminées
surmontées d'une rose à six
lobes et réunies sous une plus
grande arcade ayant aussi une
rose à six lobes au sommet.

Mais les recherches de M.
Vitet dans sa monographie
de la cathédrale de Noyon,
fixent la date de ce cloître ou
du moins celle de sa restauration après un incendie qui
eut lieu en 1293.

UN DES CÔTÉS DU CLOÎTRE DE SAINT-JEAN-DES-VIGNES, A SOISSONS.

V. Petit del.

Toutefois, M. Vitet convient que, s'il conserve sous beaucoup d'aspects le cachet du XIVe. siècle, la largeur des baies et le dessin rayonnant qui les surmonte offrent des formes un peu compliquées, qui pourraient le faire classer dans les monuments du XIVe. siècle : je crois donc devoir le mentionner.

Fenêtres. — C'est au XIVe. siècle que je trouve les grandes fenêtres carrées à croisées de pierre, qui devinrent si communes au XVe. siècle et au XVIe.

FENÊTRES DU XIVe. SIÈCLE A L'ÉVÊCHÉ DE BEAUVAIS.

Le spécimen que voici est tiré de la partie de l'évêché de Beauvais, qui remonte au XIVe. siècle et dont la date a été déterminée d'une manière certaine par M. l'abbé Barraud. On voit que, dans ces belles fenêtres, des colonnettes tapissent les montants et forment deux étages superposés.

Les dents de scie, les modillons et les autres ornements de l'entablement, usités au XIIIe. siècle, ne cessèrent tout-à-fait d'être en usage que dans la deuxième moitié du XIVe. qu'ils furent remplacés par des guirlandes de feuillages.

Les cheminées conservèrent leur forme élégante; et quand elles ne furent pas couvertes d'une pyramide, elles ressemblèrent, comme celles-ci, à une colonne cylindrique ou octogone, quelquefois ornée au sommet de quatre-feuilles, de trèfles, ou d'autres moulures.

CHEMINÉES DU XIVe. SIÈCLE.

SALLES DES HÔTES. — L'abbaye de Cluny nous offre un magnifique spécimen du XIVe. siècle dans ce qui subsiste encore d'un bâtiment improprement appelé *Palais du pape Gélase*, et qui doit avoir été consacré à la réception des hôtes. Dans l'étage supérieur les fenêtres se composent de deux baies trilobées au sommet, surmontées d'une rose à trois lobes et réunies sous une arcade ogivale.

L'étage inférieur présente des arcs brisés fort singuliers.

Sagot del.

CONSTRUCTION DU XIVᵉ. SIÈCLE, A L'ABBAYE DE CLUNY.

L'effet général de ce qui reste de cette construction est de nature à nous faire vivement regretter la destruction qui en eut lieu quand on reconstruisit les autres bâtiments de l'abbaye dans le style moderne.

Cuisines. — Avant la reconstruction de l'abbaye de St.-Etienne de Caen, aux XVIIe. et XVIIIe. siècles, le réfectoire qui, suivant l'usage consacré, se trouvait parallèle à l'église et entre le cloître et la seconde cour, paraissait du XIVe. siècle; près de lui se trouvaient des cuisines dont nous devons à Ducarel le dessin que voici.

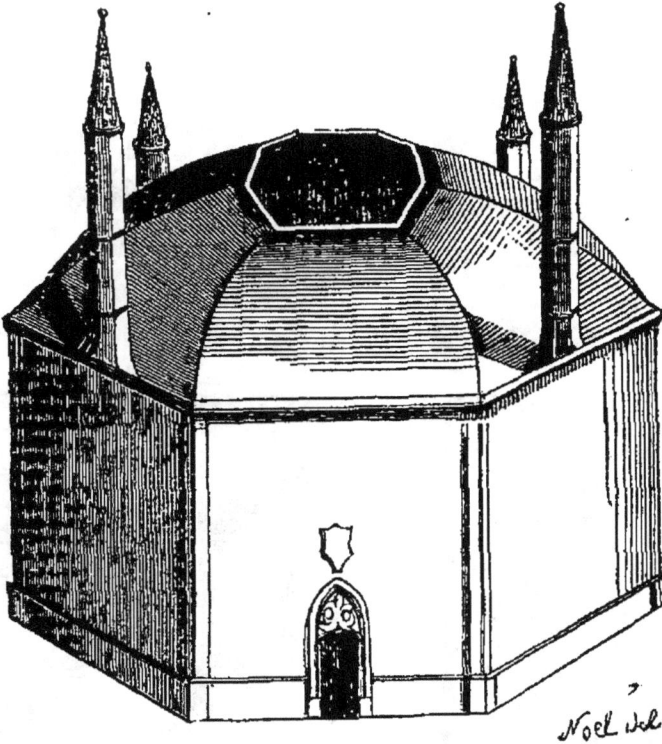

ANCIENNES CUISINES DE SAINT-ÉTIENNE, D'APRÈS LE DESSIN DE DUCAREL.

« Peu de temps avant mon arrivée, dit le voyageur anglais (1756), il y
« avait dans l'enceinte de l'abbaye un vaste bâtiment octogone en forme
« de coupole aux quatre angles duquel s'élevaient quatre colonnes
« servant de cheminées, qui étaient terminées par une pyramide aiguë,
« percée d'une multitude de trous, pour donner passage à la fumée. Ce
« bâtiment recevait le jour d'une seule ouverture octogone, pratiquée
« au sommet de la voûte. Les moines avaient fait un bûcher de cet
« édifice en le désignant sous le nom de *cuisine de Guillaume-le-*
« *Conquérant.* » Le dessin qu'en a donné Ducarel avait été fait peu de

temps avant la destruction de l'édifice par un architecte de Caen. Quoique ce dessin ne paraisse pas très-exact et qu'il ait moins d'élévation qu'il ne devait en avoir en réalité, j'ai lieu de penser qu'il appartenait au XIVe. siècle.

Pavages. — Les pavés en terre cuite émaillée ont été partout en usage au XIVe. siècle; on croit que celui de la salle du Chapitre de Bayeux est de la première moitié de ce siècle, époque à laquelle des travaux considérables furent faits à cette belle pièce, construite premièrement au XIIIe. Ce carrelage, déjà décrit par M. Bourdon, se compose de huit bandes de largeur inégale, séparées par des bordures de quatre-feuilles ou de

BRIQUES ÉMAILLÉES DU XIVe. SIÈCLE DANS LA SALLE DU CHAPITRE DE BAYEUX.

fleurs de lis. Au milieu de la salle est un curieux labyrinthe ou chemin de Jérusalem, que nous nous contentons de reproduire en petit, M. G. Villers l'ayant donné sur une plus grande échelle dans le Compterendu de la XIIe. session du Congrès archéologique de France.

On voit que ce beau pavé présente beaucoup d'analogie avec celui

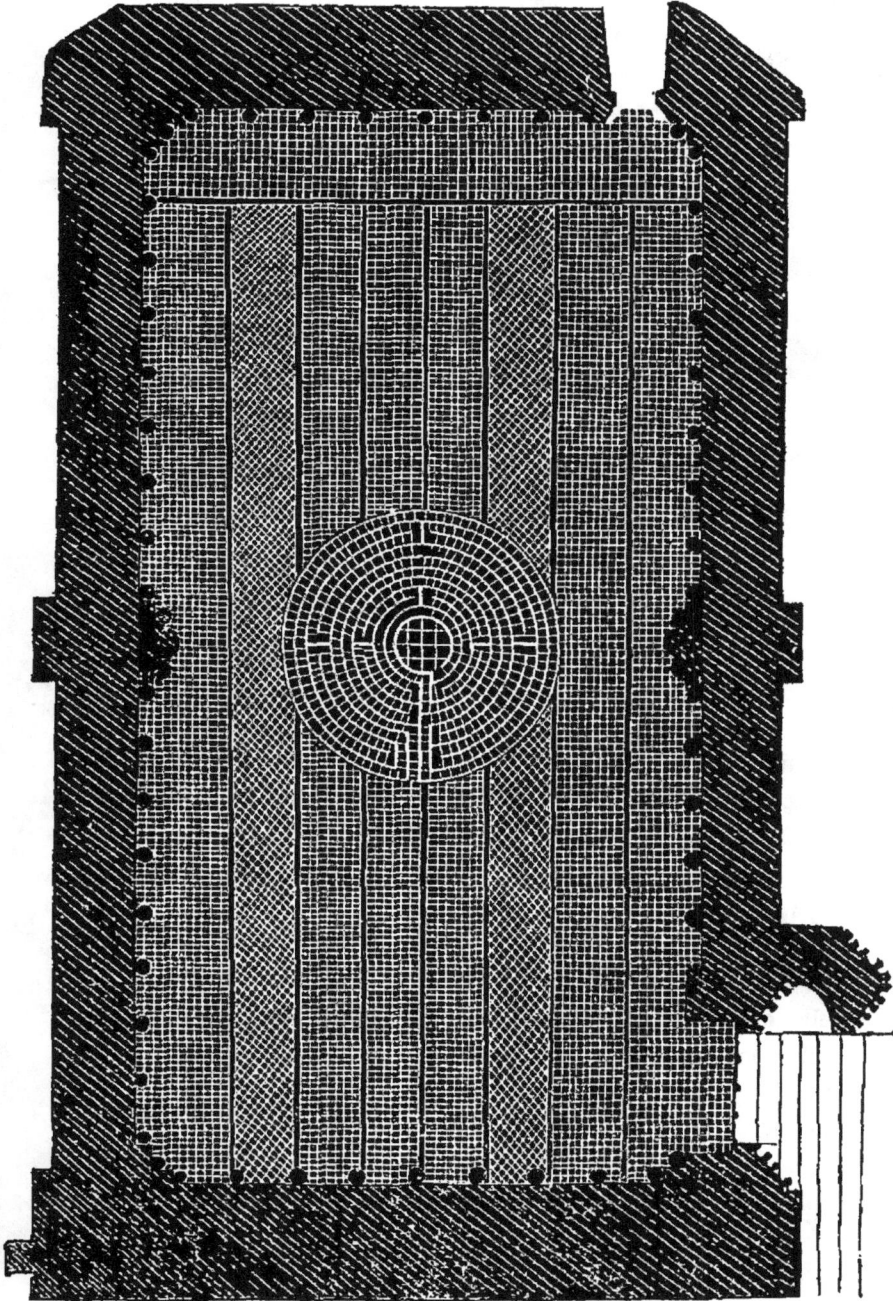

qui existait dans la salle des Gardes de l'abbaye de St.-Etienne : tous deux avaient au centre un labyrinthe.

A l'extrémité de la salle s'élevait une marche de 1 mètre de large environ, dont la contre-marche, haute de 18 centimètres, était formée de 54 briques émaillées représentant divers animaux et une chasse; elles étaient parfaitement conservées en raison de leur position verticale.

BRIQUES ÉMAILLÉES DU CHAPITRE DE BAYEUX.

DISPOSITIONS GÉNÉRALES DES ABBAYES. — Les bâtiments de la riche abbaye de Marmoutiers, près de Tours, avaient été, en grande partie, reconstruits lorsque la vue en fut faite pour la collection du *Monasticum*. L'église et le réfectoire qui se trouvait tout près des cuisines, figurées page 59, paraissait alors du XIV°. siècle; tout y était disposé selon l'usage consacré, comme on pourra s'en convaincre par la vue suivante que j'ai tirée de la collection du *Monasticum*, car les constructions modernes n'ont fait que remplacer celles qui existaient au XIV°.

On trouvait encore dans la vue de l'abbaye de St.-Omer, telle qu'elle existait au XVIII°. siècle, une preuve de la constance des distributions consacrées. Une partie des bâtiments dataient du XIV°. siècle. On y voyait deux cloîtres comme à Marmoutiers; mais au lieu d'êtres accolés dans la direction du Sud, ils se succédaient de l'Ouest à l'Est.

Enfin, les dispositions que nous avons indiquées au XIII°. siècle subsistent au XIV°. pour les salles capitulaires et les autres lieux de réunion.

Le couvent des Jacobins, à Toulouse, date, en grande partie, de ce siècle. On y voit deux constructions civiles très-intéressantes, la

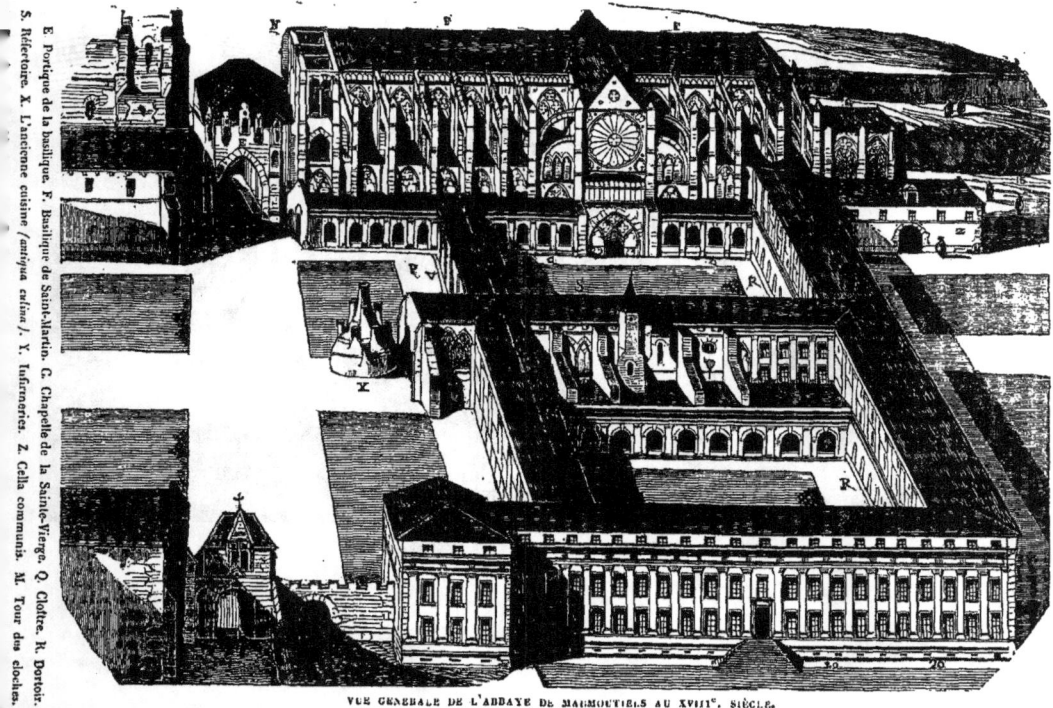

VUE GÉNÉRALE DE L'ABBAYE DE MARMOUTIERS AU XVIII° SIÈCLE.

E Portique de la basilique. F. Basilique de Saint-Martin. G. Chapelle de la Sainte-Vierge. Q. Cloître. R. Dortoir. S. Réfectoire. X. L'ancienne cuisine (antiqua culina). Y. Infirmeries. Z. Cella communis. M. Tour des cloches.

SALLE CAPITULAIRE DES JACOBINS, A TOULOUSE.

salle capitulaire et ses annexes, d'une élégance qu'on ne se lasse pas
d'admirer (V. la page 175) et encore couvertes de riches peintures,
de blasons, de légendes, puis le réfectoire, construction plus sévère et
plus vaste, que l'on prend à tort pour une chapelle.

Portes d'abbayes. —Je présente deux entrées d'abbayes du XIVᵉ. siècle,
la première avec deux portes jumelles d'inégale grandeur, dans le genre

ENTRÉE DE LA GRANDE COUR DE L'ABBAYE DU PLESSIS.

de celles que j'ai citées au XIIIᵉ. siècle ; la seconde avec une seule porte
très-large et plus monumentale que la précédente. Ce dernier exemple
prouve qu'au XIVᵉ. siècle on s'est affranchi quelquefois de l'usage
consacré, d'établir une porte pour les gens à pied près de la porte
principale.

Cependant les deux portes se rencontrent le plus ordinairement au XIVe. siècle et au XVe.

PORTE DE L'ABBAYE DE TROARN.

Fortifications. —Au XIVe. siècle, beaucoup d'abbayes se fortifièrent en établissant autour de leur enceinte une puissante ceinture de murailles. L'abbaye de St.-Étienne de Caen, celle de St.-Germain d'Auxerre et beaucoup d'autres montrent encore des débris de ces murs du XIVe. siècle. Quelques abbayes eurent en même temps un fort ou une espèce de donjon. A l'abbaye de Condat, en Auvergne, une énorme tour, placée sur un monticule au-dessus du monastère, devait la protéger et servir de refuge aux moines; il y en avait autant à l'abbaye de Montpeyroux (1).

Plusieurs de nos abbayes normandes avaient des forts commandés

(1) Branche, *L'Auvergne au moyen-âge.*

12

par un capitaine. Le fort de l'abbaye de S^te.-Barbe-en-Auge (Calvados) avait pour capitaine, au XIVe. siècle, un Bonenfant, seigneur du Breuil et de Magny-le-Freule, paroisses voisines.

Dans d'anciens dessins qui représentent l'abbaye de S^te.-Trinité de Caen, on voit, entre l'église et la porte d'entrée, une tour carrée assez élevée qui ne peut être qu'une espèce de donjon.

Les différents ordres monastiques n'avaient-ils pas adopté des dispositions particulières ?

En général, les établissements monastiques de différents ordres affectaient les mêmes dispositions ; mais il est possible que quelques usages particuliers fussent observés dans les détails : nous ne pouvons constater rigoureusement ces faits, s'ils ont existé, dans l'état de ruines où se trouvent la plupart des constructions monastiques.

Un seul ordre, *celui des Chartreux*, a, par suite de la vie intérieure de ses religieux, considérablement modifié la disposition des édifices. On sait, en effet, que les Chartreux vivaient isolés dans des cellules dont chacune avait un jardin, au lieu d'être réunis autour du cloître, près de l'église.

Il fallut un plus grand espace pour disposer des logements séparés, et un large préau avec un second cloître devint nécessaire.

Saint Bruno, fondateur des Chartreux, jeta, en 1086, les fondements de cet ordre à la grande Chartreuse, près de Grenoble, où saint Hugues, évêque de cette ville, lui avait concédé des terres incultes au milieu des montagnes.

« Bruno et ses compagnons, dit Eliot dans son *Histoire des ordres* « *religieux*, bâtirent aussitôt un oratoire et des cellules fort basses et « fort pauvres, à une distance médiocre l'une de l'autre. Ils se logè-« rent deux à deux dans chaque cellule, comme ils croyaient qu'en « avaient usé les anciens solitaires de l'Egypte. » Tels furent les commencements de cet ordre qui a pris son nom de cette solitude de Chartreuse. En 1137, il n'y avait encore que trois Chartreuses ; mais un siècle plus tard il y en eut cinquante-six, et dans la suite on en compta en France jusqu'à soixante-quinze.

Toutes les cellules des religieux étaient autour d'un grand cloître et à une distance égale les unes des autres. Il y avait dans chacune toutes les choses nécessaires à un homme qui renonce au monde : chambre à cheminée, chambre à coucher, cabinet pour étudier, réfectoire, grenier et un petit jardin.

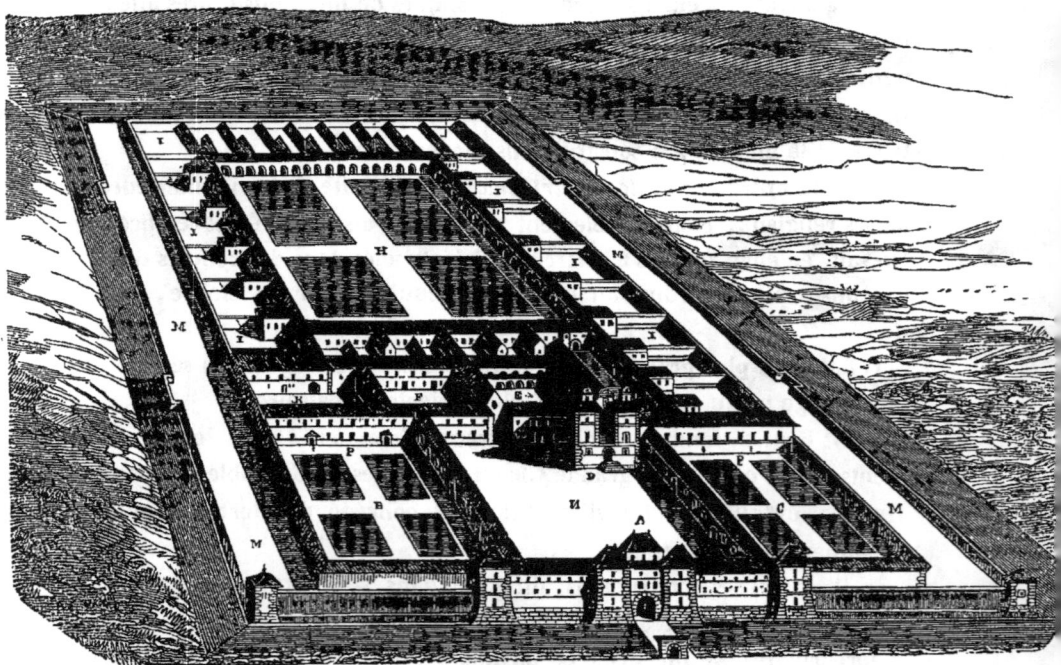

VUE GÉNÉRALE D'UNE ABBAYE DE CHARTREUX.

Indépendamment d'un grand cloître autour duquel étaient rangées les cellules, on trouvait dans les couvents de Chartreux, comme dans les autres maisons religieuses, un petit cloître près de l'église où les Chartreux s'assemblaient en colloque, les veilles des fêtes, pour lire et répéter les leçons qu'on devait dire à Matines ; malheureusement il est très-dificile d'indiquer à quelle époque cette disposition régulière des cellules autour d'un grand cloître, et celle des autres bâtiments, fut consacrée. Tous les établissements de Chartreux que j'ai visités appartiennent à la période moderne : la vue précédente, que je tire du *Monasticon*, présente une Chartreuse très-complète, mais d'architecture moderne.

On y voit la grande porte A, la première cour, *area communis* N, l'église B, près de laquelle est le petit cloître E, le grand cloître et son vaste préau H, autour duquel sont rangées les cellules I I, chacune avec un jardin particulier : puis des jardins potagers F F, et dans le pourtour des terrasses MM.

Je suppose que, dès le XIIIe. et le XIVe. siècle, les couvents de Chartreux avaient adopté le plan régulier que nous leur voyons plus tard. M. Bouet a trouvé un grand cloître du XVe. siècle dans la Chartreuse de Villefranche de Rouergue.

Evêchés.

Au XIVe. siècle comme au XIIIe., les évêchés présentaient un diminutif des monastères et une enceinte à peu près carrée, souvent divisée en deux cours. L'évêché de Sens conserve encore des bâtiments curieux du XIVe. siècle : ce sont ceux qui bordent la place, au Midi et à côté de la cathédrale : ils servaient, dit-on, à l'officialité.

L'extérieur imposant de l'édifice montre des ouvertures ogivales subdivisées en deux baies avec une rose dans le style rayonnant, et une magnifique fenêtre très-large que M. Victor Petit a dessinée.

La grande salle capitulaire de Bayeux, dont nous avons donné le pavé (p. 172), fermait aussi l'évêché du côté de l'Ouest, et comme elle a reçu des modifications au XIVe. siècle, nous ne pouvons dire quelle était primitivement sa destination. L'évêché de Bayeux avait une première et une seconde cour. Les grandes fenêtres rectangulaires qui s'ouvrent sous des voûtes surbaissées dans la grande cour actuelle

10 M.

DARDELᵗ

Victor Petit del.

PARTIE DE L'OFFICIALITÉ, A L'ARCHEVÊCHÉ DE SENS.
(Grande fenêtre.)

m'ont paru se rapporter au XIV°. siècle, ou tout au plus aux dernières années du XIII°.; les corniches qui existent encore au-dessus de ces

Bouet del.

PARTIE DE L'ANCIEN ÉVÊCHÉ DE BAYEUX.

fenêtres, la première porte et la cheminée qui surmonte le toit, peuvent aussi caractériser la première moitié du XIV°. siècle.

Edifices publics.

Les *hospices* , les *halles* , les *hôtels-de-ville* et les autres bâtiments
d'utilité publique n'ont différé de ceux de même destination du XIII⁰.
siècle que par la forme de leurs ouvertures et la nature des moulures.

Les *hospices* se composaient toujours d'une ou plusieurs grandes
salles, pour les malades, de la maison conventuelle des frères, et souvent d'une église. Ces bâtiments étaient disposés autour d'une première
cour, mais il y avait souvent une seconde cour pour les dépendances
de l'établissement.

L'hospice de Nuremberg offre des corps de bâtiments parallèles avec
des cours au milieu, et sous lesquels passe un bras de la rivière, que
l'on a détaché du courant principal. Les salles de cet hospice ne
m'ont pas paru remonter au-delà du XIV⁰. siècle.

HOSPICE DE NUREMBERG.

L'hôpital de Nuremberg se trouve à proximité du pont, qui met en
communication la partie Nord de la ville avec la partie Sud.

Nous ne parlerons pas des léproseries, parce que c'étaient plutôt une
réunion de loges ou de cellules au milieu desquelles était une cour et

une chapelle dédiée à saint Lazare, qu'un hôtel-Dieu; il ne reste, le plus souvent, des nombreuses maladreries du XIIIᵉ. et du XIVᵉ. siècle, que des chapelles peu considérables et sans intérêt architectonique.

M. Garnier, de Dijon, a publié, dans le XXIIᵉ. volume du *Bulletin monumental*, un très-bon mémoire sur les léproseries.

HÔTEL-DE-VILLE DE BRUNSWICK. — Des documents établissent que l'hôtel-de-ville de Brunswick existait dès le XIIIᵉ. siècle; mais il n'y a que les parties basses, notamment les galeries inférieures, qui puissent remonter aussi loin.

Les galeries supérieures paraissent du XIVᵉ. siècle; on croit que le pignon orienté à l'Est, qui vient en retour d'équerre donner sur la rue et que nous voyons de face dans le dessin (p. 185), ne date que de la fin du XIVᵉ. (de 1393 à 1396).

Quant aux statues en pierre et aux diverses parties de l'ornementation, elles n'ont été faites qu'au XVᵉ., et la décoration de l'édifice ne fut terminée qu'à la fin de ce siècle.

La brillante façade qui se développe sur deux lignes formant un angle de 90 degrés, fait face au Levant et au Midi. Le rez-de-chaussée, ou galerie inférieure, est éclairé et mis en communication avec la place voisine au moyen d'arcades ogivales robustes et qui, comme celles des galeries que nous trouvons au bout de certaines places des anciennes villes du midi de la France, notamment à Montpazier, reposent immédiatement sur le sol sans être exhaussées par des pilastres. La galerie qui surmonte ce rez-de-chaussée de l'hôtel-de-ville est très-élégante. Éclairée par de magnifiques fenêtres dont chacune s'élève au-dessus du larmier du grand toit, couronnée par un fronton triangulaire à crochets de proportions harmonieuses, cette galerie mérite une attention toute spéciale, à cause de l'excellent effet qu'elle produit et de l'intérêt qu'elle donne tout d'abord à l'édifice pour l'homme le plus indifférent aux beautés architectoniques.

On a eu l'heureuse idée de faire porter les meneaux qui divisent les fenêtres et supportent les rosaces et broderies de la partie supérieure, sur un grand meneau circulaire qui divise ainsi en deux étages la hauteur de la fenêtre; à ce moyen, rien n'arrête la vue de ceux qui se promènent dans la galerie et qui veulent regarder sur la place en s'appuyant sur la rampe en quatre-feuilles qui garnit le corridor. Des statues tapissent les piliers qui divisent les *arcades-fenêtres* de la ga-

E. Sagot del.   Dardelet sculp.

VUE DE L'HÔTEL-DE-VILLE DE BRUNSWICK.

lerie. Ces statues sont du XV⁰. siècle, comme je l'ai dit, et représentent des personnages de la famille des Guelfes.

On comprend, par ce peu de mots et par la figure que je présente, combien l'hôtel-de-ville de Brunswick est important pour l'histoire des édifices municipaux.

PONTS. — Les ponts du XIV⁰. siècle ne diffèrent pas sensiblement de ceux du siècle précédent.

FONTAINES. — *Quelle était, au XIV⁰. siècle, la forme des fontaines publiques ?*

Nous n'avons rien dit des fontaines publiques au XII⁰. et au XIII⁰. siècles, parce que nous n'avions pas à citer d'exemples existants. Un des types les plus simples et les plus habituels a été, à toutes les époques, un réservoir muré recevant les eaux de la source, protégée par une espèce de portique ou de galerie voûtée.

L'arc qui donne accès au réservoir de la fontaine dut être à plein-cintre ; et, au XII⁰. siècle, l'archivolte en fut quelquefois ornée de moulures, ainsi qu'il résulte des renseignements qui ont été recueillis.

Nous pouvons citer les deux fontaines du XIV⁰. siècle qui existent à 1 kilomètre de l'abbaye de Fontaine-Daniel (Mayenne).

FONTAINES DE L'ABBAYE DE FONTAINE-DANIEL (Mayenne).

Ces deux fontaines sont voûtées en ogive, les murs sont revêtus en pierre de taille, le réservoir est carré, et l'on peut y entrer par une ouverture ou porte.

Une des figures précédentes montre la disposition intérieure d'une de ces fontaines , par suite de la suppression idéale du mur qui entoure et surmonte la porte. De ces deux réservoirs, situés à quelques pas l'un de l'autre, l'eau se rendait à l'abbaye dans des tuyaux en terre cuite.

Après ces édifices, que j'appellerai *fontaines-grottes*, on peut citer les fontaines à grands réservoirs octogones ou ronds isolés sur les places ou dans les carrefours.

La plupart de ces réservoirs avaient au centre un piédestal ou une vasque d'où l'eau sortait pour venir se répandre dans le réservoir.

J'ai vu , à Limoges, de magnifiques vasques en granit, qui m'ont paru appartenir au XIVᵉ. siècle.

ENTREPÔTS , MAGASINS. — Il existe encore en Hollande, en Belgique, et dans plusieurs villes de l'Allemagne, etc. , etc. , des édifices dont les toits très-élevés renferment plusieurs étages. Chaque étage est éclairé par un rang de lucarnes, de sorte qu'en comptant les rangs de ces ouvertures, on peut savoir ce qu'il y a d'étages sous le toit. Tous ces édifices étaient bâtis sur un plan à peu près identique.

M. E. Ramé, de Rennes, a décrit dernièrement dans le *Bulletin monumental* un édifice très-intéressant de ce genre qui existe à Constance , sur le bord du lac.

L'entrepôt de Constance (Kaufhaus) consiste , comme plusieurs autres , en un vaste bâtiment ayant la forme d'un parallélogramme divisé en trois nefs par deux files de piliers. Sa longueur est de 54ᵐ. sur une largeur de 24. Il offre également plusieurs étages établis dans la hauteur du toit et éclairés par une série de lucarnes. Ces étages supérieurs , à Constance, ne sont qu'au nombre de trois; mais comme il existe , entre les murs en pierres et la nais-

sance du toit, un quatrième étage établi au moyen de hourds en
bois, nous rencontrons au total six étages, en y comprenant le rez-
de-chaussée et le premier étage construits en maçonnerie.

« L'entrepôt de Constance, dit M. Ramé, était établi au bord
même du lac, et les flots devaient en battre le pied avant la création
d'un quai qui m'a semblé tout moderne. De ce côté, l'édifice présente une énorme façade, percée à chaque étage de huit fenêtres
fort espacées ; celles du rez-de-chaussée, divisées par un meneau
unique, et celles de l'étage supérieur par un meneau en forme de
croix (V. la page 189). La construction est grossière, et les pierres
d'appareil ne sont employées qu'aux encadrements des ouvertures,
aux angles et contreforts angulaires, dont les assises sont taillées en
bossages, comme dans presque toutes les constructions civiles et militaires de l'Allemagne, aux XIVe. et XVe. siècles. Mais ce qui donne un
caractère fort original à cette façade, c'est la présence, au-dessus de ces
deux étages en maçonnerie, d'un étage en planches aussi haut que l'un
d'eux, formant de véritables hourds en saillie sur les murs de l'édifice,
et découpé, à sa base, en petits arcs trilobés fort élégants. Aux deux
angles se trouvent en outre deux constructions placées en diagonale et
fort saillantes, que M. Viollet-Leduc a désignées sous le nom de *bretesches*. Comme on ne remarque ces bretesches qu'aux angles de l'entrepôt donnant sur le lac, on peut supposer qu'elles étaient établies dans
le but de faire monter directement aux étages supérieurs certaines marchandises, amenées à Constance par bateaux. Elles auraient pu aussi,
en cas d'attaque, reprendre le rôle qui leur était assigné dans l'architecture militaire et servir en guise de machicoulis ; mais il ne paraît
pas que, pour ce bâtiment, élevé dans un but exclusivement com-
mercial, les constructeurs se soient beaucoup préoccupés du soin de la
défense.

« Les deux extrémités de l'entrepôt, au Nord et au Sud, se terminent
par deux façades semblables. Nous donnons (p. 190) la principale,
celle qui porte la date de la construction, MCCCLXXXVIII, au-dessous
de l'écusson de la ville de Constance, qui est d'argent à la croix de sable
au chef de gueules. Le dessin fait comprendre l'ordonnance fort simple
de cette façade. De trois portes ogivales dont elle est percée, au rez-de-
chaussée, deux ouvrent dans les salles basses de l'entrepôt, et la troisième,
celle de gauche, donne accès à l'escalier qui conduit au premier étage.
Les battants de ces portes, qui ont conservé leurs ferrures du temps,
sont peints aux couleurs et chargés des écussons de la ville ; les volets

ÉLÉVATION DE L'ENTREPÔT, DU CÔTÉ DU LAC.

des hourds sont pareillement décorés de bandes ondées rouges et blanches.

FAÇADE DE L'ENTREPÔT.

« L'intérieur de l'entrepôt, continue M. Ramé, forme une salle unique, occupée maintenant, au rez-de-chaussée, par la douane badoise; au premier étage, par le marché aux toiles. L'aspect du local convient mieux au caractère d'une halle qu'à la majesté d'un concile œcuménique. Sous ces modestes lambris, retentit cependant la voix éloquente de notre Jean Gerson, qui exerça une si puissante influence sur les déterminations du concile de Constance. Le plafond, en sapin, est supporté par quatorze poteaux de chêne octogones avec chapiteau et base cubiques, reposant sur un dé de pierre. Rien de plus simple et de plus économique que cette construction ; il était difficile d'exécuter à moins de frais un bâtiment aussi considérable, surtout dans un pays où le bois fut toujours si abondant. Mais quelle que fût son importance commer-

Ramé del.

D. rüelet sculp.

VUE INTÉRIEURE DE L'ENTREPÔT DE CONSTANCE.

Rame del.

DÉTAILS DE LA CONSTRUCTION DE L'ENTREPÔT.

ciale , la ville de Constance ne devait pas consacrer des sommes bien considérables à l'établissement de son entrepôt ; le gouvernement n'était pas aux mains de la portion commerçante des habitants , mais entre celles d'une aristocratie héréditaire et peu nombreuse, ne dérogeant jamais jusqu'au négoce, et irrévocablement fermée à la plèbe qui s'enrichissait par le trafic; jalouse, par conséquent, de l'influence qu'une source de richesses toujours renaissante donnait à ces derniers, avec lesquels il fallut cependant compter un jour et partager l'exercice de la souveraineté locale. »

Constructions privées.

Les grandes constructions privées de la campagne avaient, comme auparavant, au XIVᵉ. siècle, deux portes; telle est l'élégante entrée de l'ancien manoir situé près de l'église d'Etréham (Calvados).

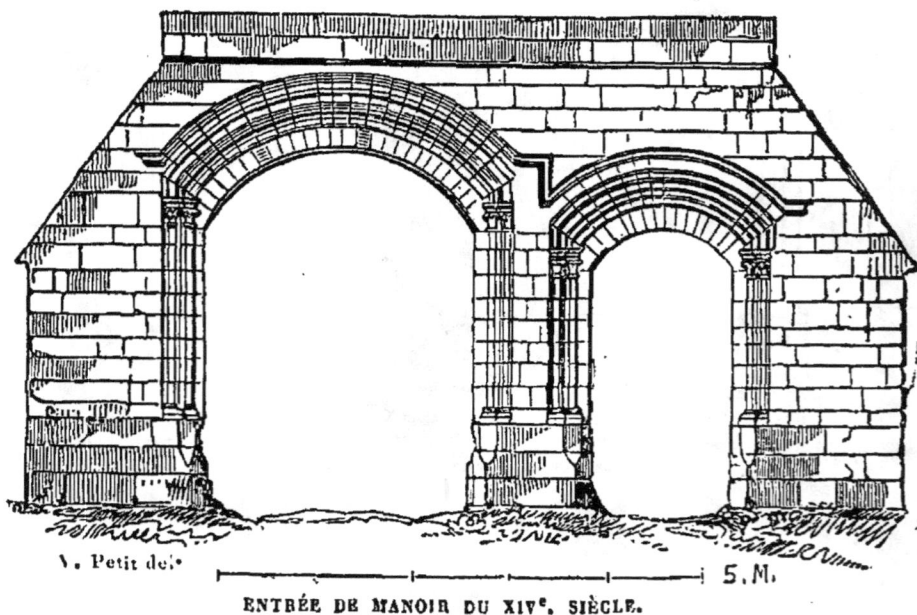

ENTRÉE DE MANOIR DU XIVᵉ. SIÈCLE.

Plusieurs exploitations rurales du XIVᵉ. siècle m'ont offert des murs de clôture solidement construits et régulièrement garnis de contreforts à l'extérieur : une de ces habitations existe à Ver (Calvados), où elle est connue sous la dénomination de *la Jurée* (1).

A part l'ornementation, les constructions urbaines n'offrirent rien qui les distinguât essentiellement de celles du XIIIᵉ. siècle.

(1) Voir le tome IIIᵉ. de ma *Statistique monumentale du Calvados*, art. Ver.

CHAPITRE V.

ARCHITECTURE CIVILE DE LA CINQUIÈME ÉPOQUE

(XVᵉ. SIÈCLE.)

Nous arrivons à une époque dont les constructions civiles subsistent encore en grand nombre. Malgré la quantité prodigieuse de maisons abattues et reconstruites depuis 20 ans dans toutes les villes, malgré l'activité qu'on a mise à élargir les rues, à défigurer et moderniser les anciennes constructions, celles même qui, en raison de leur élégance et de leur richesse, auraient dû trouver grâce devant des hommes qui se piquent d'avoir du goût, il nous reste encore bon nombre de maisons curieuses et passablement conservées. Mais il est temps, très-grand temps de les étudier et de les dessiner; car il est certain qu'avant peu d'années toutes auront disparu et le nombre des destructions qui s'opèrent chaque jour ne permet pas de fixer à une époque bien éloignée le temps où nos villes seront complètement renouvelées.

Les caractères de l'architecture civile du XVᵉ. siècle sont, quant aux moulures d'ornement, les mêmes que ceux de l'architecture religieuse exposés dans la 4ᵉ. partie de mon Cours, chap. XI, p. 292, 293, 294, et dans le 1ᵉʳ. volume de l'*Abécédaire d'archéologie*, chap. V.

Architecture monastique.

Au XVᵉ. siècle, l'architecture civile monastique se plie au goût du temps et l'on adopte dans les arcades des cloîtres, dans les fenêtres ogivales, les formes contournées que nous avons signalées dans l'architecture religieuse : les voûtes se couvrent d'ornements prismatiques, les escaliers, conduits en spirale avec une extrême élégance, se terminent quelquefois à l'extrémité supérieure par une voûte dont les arceaux se ramifient pour former une sorte de large parasol ou une tête de palmier.

Les fenêtres carrées avec croisées de pierre se multiplient dans les étages supérieurs ; du reste , on observe la même disposition qu'auparavant pour les diverses parties des abbayes et des prieurés.

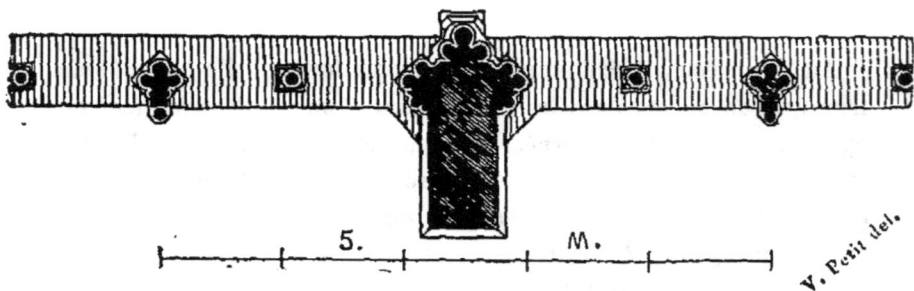

5.   M.

V. Petit del.

FRAGMENT D'UN CLOITRE DE LA FIN DU XVᵉ. SIÈCLE.

La porte d'entrée est toujours dans un pavillon et surmontée d'un appartement ; telle nous apparaît encore l'entrée du prieuré de Torteval

ENTRÉE DU PRIEURÉ DE TORTEVAL.

qui dépendait de l'abbaye de St.-Etienne de Caen, et qui avait été construite à la fin du XVe. siècle par Ch. de Martigny, évêque de Castres, auquel on devait aussi, dans cette abbaye, le palais abbatial détruit il y a peu d'années.

Cette entrée du prieuré de Torteval est monumentale ; les hermines et les fleurs de lis couvrent les murs et le fronton dont les rampants sont garnis de feuilles frisées (V. la page 197).

Bien que l'on eût renoncé précédemment, pour les abbayes et les grandes habitations, aux cuisines à foyers multiples, telles que nous les avons vues au XIIe. et au XIIIe. siècle (p. 45-46), on en rencontre pourtant encore exceptionnellement qui doivent avoir été

Bouet del.

DÉTAILS DE L'ENTRÉE DU PRIEURÉ DE TORTEVAL.

construites au XVᵉ., telles sont celles de l'abbaye de Glastombury
en Angleterre, dont voici l'élévation, la coupe et le plan, d'après les

ÉLÉVATION DE LA CUISINE DE L'ABBAYE DE GLASTOMBURY.

dessins publiés dans l'ouvrage de M. Pugin, traduit et nouvellement
édité par M. Le Roy, de Liége. Les quatre cheminées étaient placées

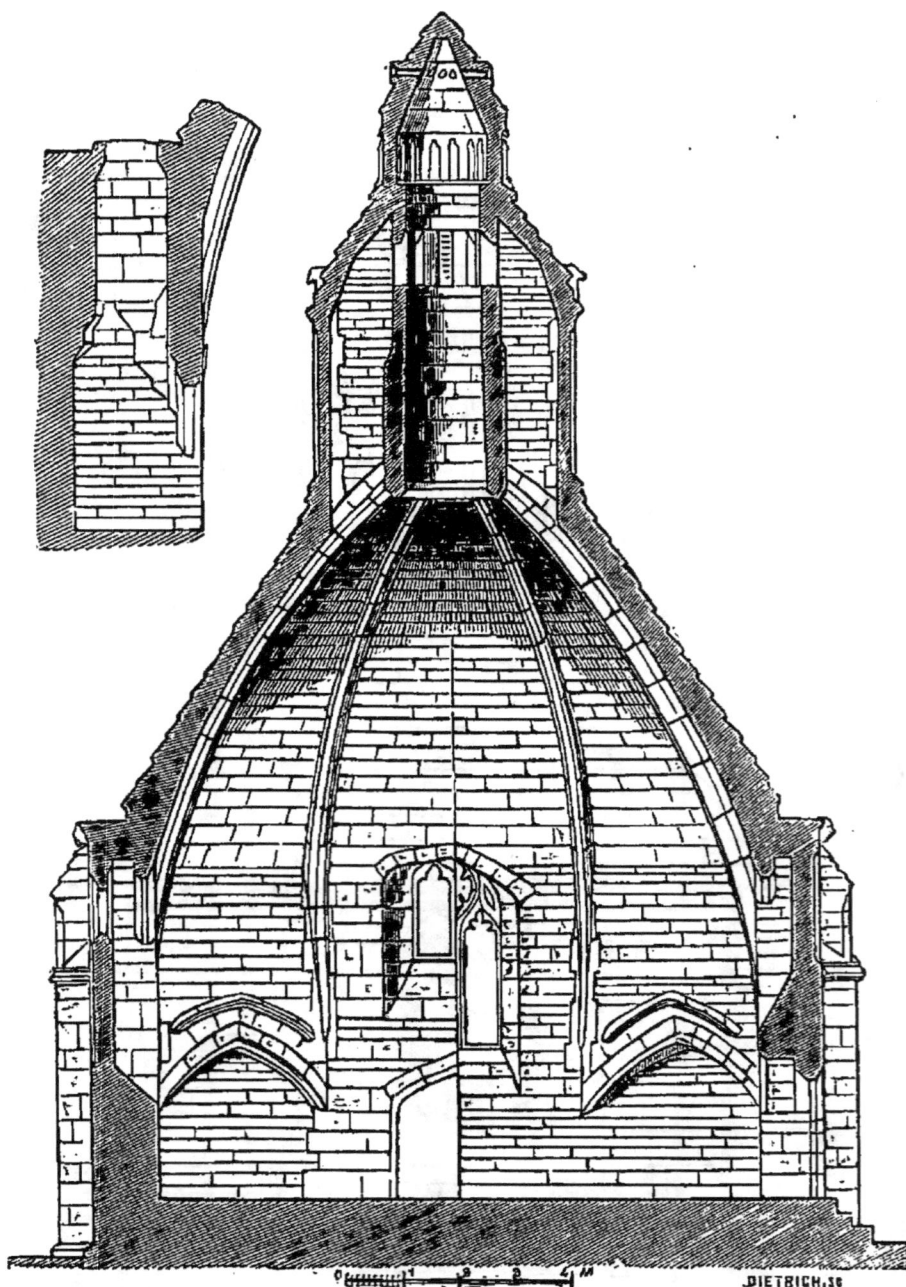

COUPE DE LA CUISINE DE GLASTOMBURY.

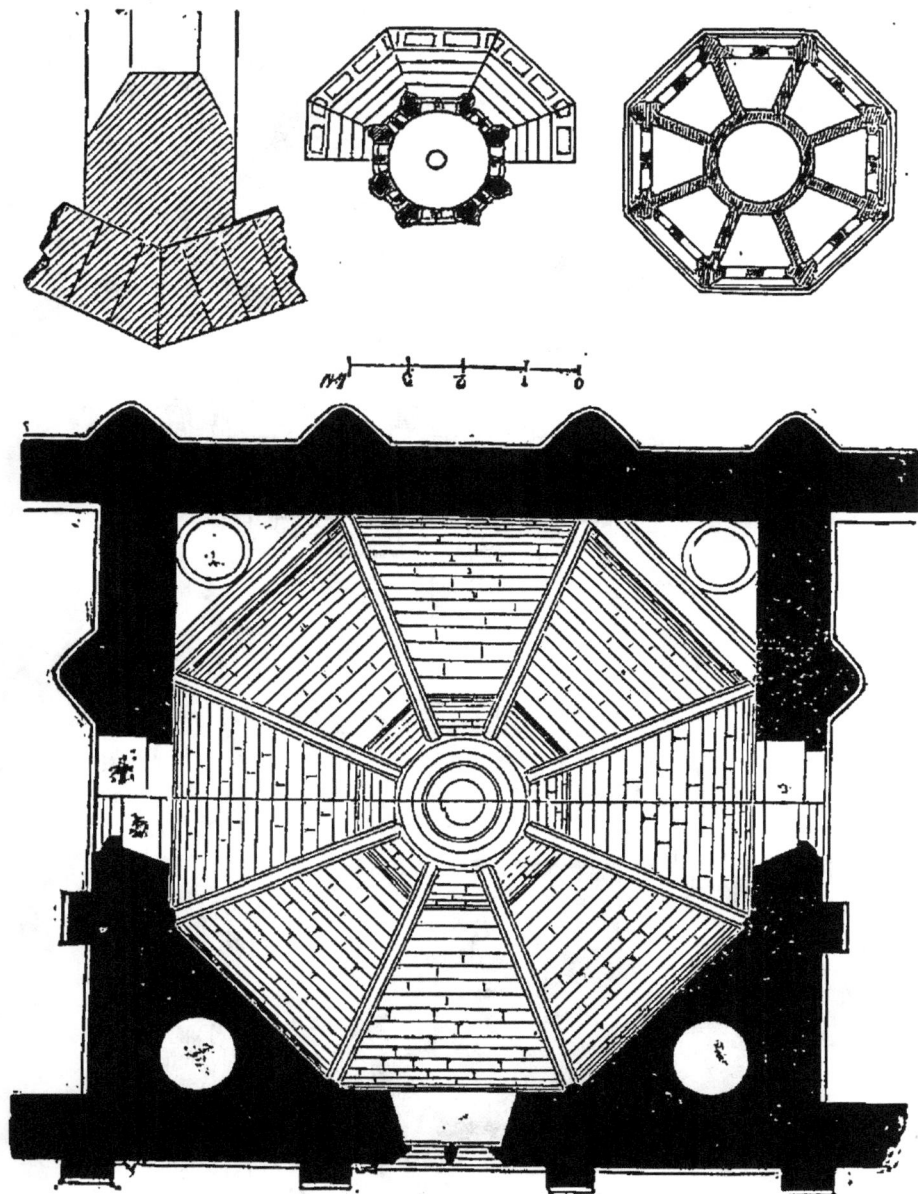

PLAN DE LA CUISINE DE GLASTOMBURY.

aux angles du bâtiment qui, au moyen de pendentifs, prenait la
forme octogone à la partie supérieure et se terminait par une élégante lanterne.

Le logis abbatial, bâti à l'abbaye de St.-Etienne de Caen, en 1490,

LOGIS DE L'ABBÉ CH. DE MARTIGNY, A L'ABBAYE DE SAINT-ÉTIENNE DE CAEN, AU MOMENT OU IL FUT DÉMOLI.

par l'abbé Ch. de Martigny, évêque de Castres, a été détruit il y a

peu d'années ; mais un dessin de M. Bouet et les notes publiées par
M. Bordeaux, dans le *Bulletin monumental*, en ont conservé le souvenir. C'était un bâtiment allongé ayant deux façades. Celle du Nord
était la moins remarquable. Elle était percée, primitivement, au
premier, de six fenêtres divisées par une croix de pierre avec gorges
et tablettes d'appui, ornées de feuillages : une cimaise ou corniche
régnait au-dessus avec retombées jusqu'au croisillon, de chaque côté
des fenêtres. Des écussons et des figures grimaçantes faisaient cary-
tides à l'extrémité de ces retombées, le rez-de-chaussée était fort
simple.

L'autre façade offrait d'abord des entrées pour des souterrains voûtés
en arc de cloître faisant rez-de-chaussée, au Midi, soutenu par quatre
pilastres ou contreforts. — Au premier étage qui, au Nord, se trouvait
le rez-de-chaussée, il y avait cinq petites croisées sans croisillons, avec
gorges et tores dans le style de l'époque. Au-dessus, quatre grandes
croisées, répétition de celles de l'autre façade, formaient le second étage
(premier du côté du Nord).

Ce second étage se terminait, du côté de l'Ouest, par une fenêtre
ogivale fermée depuis long-temps, et qui, sans doute, avait été celle
d'un oratoire.

Les feuillages étaient bien fouillés et différents sous l'appui de chaque
fenêtre. Des fruits divers, des insectes, ornaient ces guirlandes.

L'édifice avait 18 mètres de longueur ; il était pavé de briques
émaillées.

Vers la fin du XVe. siècle, les abbés voulurent se séparer de plus en
plus des autres moines, et ce fut vers cette époque, et plus tard au
XVIe., qu'on vit s'élever de nouveaux logis, de somptueuses demeures,
dont les dépendances (écuries, jardins, etc. , etc.) étaient séparées de
celles de l'abbaye et formaient en quelque sorte une enceinte particulière dans l'enceinte générale du couvent.

Edifices publics.

PONTS. — Au XIVe. siècle, on avait souvent adopté pour les ponts
l'arc surbaissé. Au XVe. siècle, on préféra souvent cet arc à l'arc
ogival que nous trouvons cependant employé dans plusieurs ponts,
notamment dans celui qui existe sur l'Orne, au Pont-d'Ouilly. Des
contreforts triangulaires partagent les piles ; l'arche centrale est la
plus élevée, les autres s'abaissent en approchant des deux rives.

Bouet del.

VUE DU PONT D'OUILLY (Côté du Sud).

HÔTELS-DE-VILLE. —Aux XIIIᵉ. et XIVᵉ. siècles, sauf dans quelques villes riches, comme celle d'Ypres en Belgique, etc., etc., etc., on s'était contenté, pour les hôtels-de-ville, de quelques appartements placés près du beffroi, au-dessus des portes de la ville ou dans les tours voisines; ces hôtels offraient bien plus l'apparence d'une forteresse que celle d'un bâtiment civil. Au XVᵉ. siècle, et même dès le XIVᵉ. et la fin du XIIIᵉ., on comprit que des édifices plus convenables devaient être consacrés aux affaires de la commune; de tous côtés, vers le milieu du XVᵉ. siècle, on éleva de nouveaux hôtels-de-ville dans le style le plus brillant de l'époque.

Louis XI, dont la politique tendait à affaiblir de plus en plus la puissance des grands feudataires, érigea un grand nombre de nouvelles communes dans la seconde moitié du XVᵉ. siècle, et toutes les villes rivalisèrent entr'elles dans l'édification de leurs palais communaux dont plusieurs subsistent encore presqu'entiers, et offrent une série d'édifices extrêmement intéressante à observer.

Le beffroi devint alors une tour élégante et légère, ornée de découpures comme celles des églises. Les villes employaient quelquefois des sommes considérables pour construire et orner leur beffroi, afin qu'aperçu de plus loin, il donnât une grande idée de leur puissance.

Saint-Quentin. — L'hôtel-de-ville de Saint-Quentin présente une façade très-élégante, couronnée par trois frontons triangulaires et par une petite tour centrale faisant l'office de beffroi. Neuf fenêtres en ogive, couronnées d'un bouquet et d'une guirlande de feuilles frisées et séparées les unes des autres par des pinacles garnis de crochets, appliqués sur le mur, éclairent les salles du premier étage. Au rez-de-chaussée, règne une galerie couverte, à 7 arcades ornées comme les fenêtres et d'un effet très-agréable. La tour du beffroi est évidemment postérieure au bâtiment qui la supporte et que je crois du XVᵉ. siècle; elle doit être de 100 ans au moins plus récente et peut-être moins ancienne encore.

Douai. — L'hôtel-de-ville de Douai, de la deuxième moitié du XVᵉ. siècle (1), est plus remarquable par son beffroi que par l'étendue ou l'élévation de ses bâtiments. La façade principale offre, au rez-de-chaussée, trois portes ornées de feuillages frisés, dont une, celle du centre, est plus grande que les deux autres.

_____

(1) Cet hôtel a remplacé celui qui fut brûlé en 1470 et doit conséquemment être postérieur à cette date.

Au second ordre sont neuf fenêtres, en ogive ornées des mêmes feuillages que les portes.

L'attique qu'on remarque au-dessus de l'entablement ne remonte pas, je crois, au-delà du règne de Louis XIV.

Le beffroi placé de ce côté ressemble à une tour d'église; il se termine par une aiguille très-élégante en bois garni de plomb, ornée de plusieurs rangs superposés de frontons tréflés, la plupart surmontés de girouettes; quatre tourillons circulaires et en encorbellement occupent les quatre angles de la tour à la base de cette aiguille, et leur toit conique porte quatre petites lucarnes, également couronnées de girouettes.

Mons en Belgique. — Le charmant hôtel-de-ville de Mons, commencé vers 1440, est composé de deux ordres; il offre des feuillages frisés et des moulures prismatiques de la plus belle conservation. Au premier étage sont dix fenêtres semblables à celles de l'hôtel-de-ville de Douai et surmontées comme elles d'un panache, formé de trois belles feuilles frisées.

Trois portes s'ouvrent au centre de l'édifice; six fenêtres semblables à celles du premier étage sont distribuées en nombre égal des deux côtés de ces trois portes.

Il n'y a pas de beffroi : le toit de l'édifice est surmonté d'un petit dôme en bois qui renferme le timbre de l'horloge.

Bruxelles. — Aucun des édifices que je viens de citer ne peut se comparer à l'hôtel-de-ville de Bruxelles dont l'élévation et l'étendue sont beaucoup plus considérables.

La construction de l'hôtel-de-ville de Bruxelles fut commencée en 1401, et achevée 41 ans après. La charmante tour du beffroi qui surmonte l'édifice est de forme octogone à partir du faîte de la toiture (1) : elle est d'une hardiesse et d'une élégance admirables, entièrement percée à jour.

La façade de cet hôtel que j'ai reproduite dans mon *Cours*, pl. LXXXV, offre d'abord une galerie de dix-sept arcades en ogive, supportant une espèce de balcon de la même profondeur que la galerie.

(1) Cette tour a été réparée en 1589, 1608, 1617, 1750 et 1825. — Comme elle n'est pas précisément au milieu de l'édifice, on a supposé que la partie de la façade placée au-delà du beffroi est un ouvrage postérieur au reste et que cette belle pyramide était au bout de l'édifice primitif qui aurait été allongé. M. Schayes a donné toutes les dates de l'hôtel-de-ville de Bruxelles dans son important travail sur l'architecture ogivale en Belgique.

Cette belle façade est percée de quarante fenêtres, disposées sur deux rangs ; les fenêtres de l'ordre supérieur sont les plus élevées et les plus élégantes. Sur l'entablement qui les surmonte s'élève une balustrade à hauteur d'appui formant le couronnement supérieur. Enfin, la charpente du toit est couverte en ardoise et percée d'environ quatre-vingts lucarnes qui produisent le meilleur effet en dissimulant la nudité de cette partie de l'édifice.

Gand. — Je regrette de n'avoir pas un bon dessin de l'hôtel-de-ville de Gand ; la partie ancienne de cet édifice fut commencée en 1481, et si elle eût été terminée d'après le premier plan que j'ai vu aux archives de la Régence, le monument eût été l'un des plus beaux de ce genre, élevés en Europe. Tel que nous le voyons, cet hôtel offre un étage de moins qu'il ne devait avoir d'après le plan primitif; la façade qui occupe une étendue assez considérable le long de la rue *Haute-Porte* est néanmoins du plus bel effet.

La profusion des moulures et d'ornements qui couvrent les murs de l'édifice, annonce bien la dernière époque du style ogival (1). Les fenêtres sont terminées en trèfle.

La partie la moins ancienne de l'hôtel qui donne sur le marché au beurre, fut commencée en 1600 et finie 18 ans après.

Louvain. — Le plus gracieux de tous les hôtels-de-ville de Belgique est, je crois, celui de Louvain ; on en a publié tant de lithographies que tout le monde le connaît.

Trente fenêtres, disposées sur trois rangs et éclairant trois étages, occupent la belle façade de cet édifice qui est, en outre, chargée d'une multitude de moulures, de feuillages, de niches, de pinacles et de personnages en bas-relief ; une rampe de pierre forme la corniche, et le toit fort élevé est percé, comme à Bruxelles, d'un grand nombre de lucarnes. Les deux petits côtés ou gables qui terminent ce bel édifice, sont ornés de neufs fenêtres dont trois correspondent à chaque étage. Les charmantes tourelles qui se trouvent aux angles et au milieu du fronton, méritent d'être remarquées ; les renflements ou espèces de balcons qu'on y voit à différentes hauteurs, produisent le meilleur effet. D'après M. le baron de Reiffenberg, l'hôtel-de-ville de Louvain, commencé en 1448, fut entièrement terminé vers 1563.

Évreux. — La partie supérieure du beffroi d'Évreux se compose

(1) On y travaillait encore en 1516. Jean Stassens, l'architecte, mourut en 1527 : il eut pour successeur Juste Pollet qui fit détruire une partie de l'ouvrage de son prédécesseur. Ainsi l'hôtel-de-ville n'est, pour la majeure partie, que du XVIe. siècle.

d'une tour cylindrique, couronnée par une pyramide en bois revêtu de plomb, découpée à jour, et de la plus grande légèreté.

Louis XI octroya à Évreux le droit d'avoir un maire, six échevins et un procureur choisi par les bourgeois parmi leurs pairs, pour connaître tous les différends qui concernaient les intérêts de la ville. Il est probable que la tour du beffroi fut élevée à cette époque ; si la partie basse de cette tour est plus ancienne, l'élégante pyramide à jour qui couronne l'édifice ne peut être rapportée au-delà de la seconde moitié du XV⁰. siècle ; peut-être est-elle l'ouvrage des artistes qui firent la pyramide centrale de la cathédrale, également à jour et en bois revêtu de plomb.

Saumur. — L'hôtel-de-ville de Saumur est aussi, je crois, du temps de Louis XI ou d'une époque qui n'en est pas fort éloignée.

C'est un petit édifice assez original, surmonté d'un toit fort élevé au haut duquel est une tourelle pour l'horloge.

Le bâtiment devait être carré, et aux angles existent des tourelles en encorbellement couvertes d'un toit en pain de sucre qui a été dans l'origine surmonté d'une girouette.

Comme cet hôtel se liait aux murs qui fermaient la ville sur le bord de la Loire, on n'y a pratiqué que peu d'ouvertures, et peut-être ne sont-elles pas du temps de la construction.

Les machicoulis qu'on y voit encore, sont ornés de trèfles et d'une forme qu'on ne trouve pas avant la deuxième moitié du XV⁰. siècle.

Hanovre. — L'hôtel-de-ville d'Hanovre offre un exemple très-remarquable dans ses deux principaux pignons existant encore, et dans les lucarnes qui garnissent le toit (V. la page 208), d'une disposition particulière usitée en Allemagne au XV⁰. siècle. Des contreforts triangulaires divisent la surface en plusieurs travées dans lesquelles des fenêtres ogivales forment plusieurs étages superposés. Toutes les moulures de cet édifice sont exécutées avec des briques, et des personnages en bas-relief qu'on distingue dans des espèces de cadres, au-dessus des arcatures des lucarnes, entre les contreforts de celles-ci, sont eux-mêmes faits de briques superposées et probablement sculptées comme les pierres. Je suis porté à croire qu'il en est de même de certaines moulures.

Ceci prouve une fois de plus combien, dans tous les pays qui ont eu pour matériaux principaux la terre cuite, on a su en tirer parti : ce qu'on voit à Hanovre peut être comparé avec ce que nous offre l'Italie, et dont j'ai parlé dans des rapports insérés dans le *Bulletin monumental.*

Je pourrais citer bien d'autres hôtels-de-ville que j'ai explorés à diverses époques, notamment le beffroi d'Orléans, du XV⁰. siècle, et l'hôtel qui l'avoisine, terminé dans le XVI⁰. siècle ; l'hôtel-de-ville de Com-

PARTIE DE L'HÔTEL-DE-VILLE DE HANOVRE.

piègne à peu près du même temps ; celui de Noyon qui m'a paru, au moins en partie, du XVe. siècle ou du commencement du XVIe., etc., etc.

Une partie des halles de Bruges est aussi du XVe. siècle; la tour de l'horloge qui les surmonte n'a été construite qu'en 1502.

Enfin, le beffroi .de Béthune, dont je donne une esquisse, parce qu'elle montre une des formes consacrées pour ce genre de pyramide, doit avoir été construit au commencement du XVe. siècle ou dans les dernières années du XIVe. Cet édifice se compose d'une tour carrée, flanquée, aux angles, d'échauguettes ou tourillons hexagones, en encorbellement, et d'une tourelle de même forme où se trouve un escalier à vis ; le tout surmonté d'une campanille en bois et ardoise, d'une forme aussi pittoresque qu'élégante, qui doit être postérieure à la tour de pierre (1).

BEFFROI DE BÉTHUNE.

DARDELET

(1) V. M. le comte Achmet d'Héricourt, *Note sur le beffroi de Béthune.* Arras, 1851.

Il est bon d'observer les timbres qui se trouvent dans les beffrois :
quelques-uns sont anciens ; celui d'Arras est très-intéressant par sa
forme évasée ; il porte l'inscription suivante qui atteste qu'il fut fondu
en 1434 :

LAN : M : CCCC : E : XXX : IIII JE : FULS FAIS

Sur deux écussons qui accompagnent l'inscription, on distingue
un griffon passant chargé d'un petit écu indéchiffrable.

Disons, en terminant, que beaucoup de communes n'avaient ni
hôtel-de-ville ni beffroi ; le beffroi, pour elles, était la tour ou une
des tours de l'église, et c'était aussi dans l'église que se tenaient les
assemblées municipales.

HOSPICES. — *Quelle fut la disposition des hospices au XVᵉ. siècle ?*

Dans les salles d'hospices nous retrouvons, au XVᵉ. siècle et au
XVIᵉ., la disposition que j'ai signalée dans la grande salle de l'hospice de Tonnerre : cette disposition est la même aussi dans les hôpitaux de cette époque, en Flandre, ainsi que le faisait remarquer
M. le comte de Mérode dans une séance tenue à Châlons en 1846 (1).
Mais je me borne à citer un des plus beaux monuments connus de ce
genre, l'hospice de la ville de Beaune, fondé en 1442. Quand je visitai,
pour la première fois, cette magnifique construction avec ses épis couronnant toutes les lucarnes, avec ses galeries et ses colonnes, j'en fus
vraiment émerveillé, et quand je l'ai revu, dix ans après, le plaisir
que j'ai éprouvé n'a pas été moins vif. Depuis mon dernier voyage,
M. Verdier, architecte, a fait de l'hospice de Beaune l'objet d'une
publication accompagnée de très-bonnes planches, auxquelles je renvoie
ceux qui ne pourront aller visiter le monument lui-même.

M. Jules Paulet, de la Société française d'archéologie, et M. J. Bard
avaient, il y a long-temps, signalé ce monument aux archéologues.

L'aile du Midi et celle de l'Est sont précédées, jusqu'à la hauteur
du toit, d'une galerie à deux étages : le premier étage de cette galerie
qui rappelle les cloîtres des abbayes correspondant aux ouvertures du
rez-de-chaussée ; le second accédant aux pièces supérieures et formant
une sorte de balcon que j'ai trouvé dans un très-grand nombre de
maisons de bois du XVᵉ. et du XVIᵉ. siècle, et dont la rampe est revêtue d'ardoises.

(1) Congrès archéologique de France, *Compte-rendu des séances tenues à
Châlons-sur-Saône*, p. 347.

Le grand toit qui recouvre cette espèce d'attique est interrompu par de grandes lucarnes symétriquement disposées à deux niveaux, dont la disposition, dit M. Verdier, concourt à donner à toute cette partie l'air d'une décoration orientale. Les pignons trilobés de ces baies, à deux ou trois et même quatre ouvertures, sont faits d'une charpente artistement agencée; de ces espèces de frontons ouvragés s'élèvent autant de girouettes à tiges de fer, revêtues des plus délicats ornements

FRAGMENT DE L'AILE MÉRIDIONALE DE L'HOSPICE DE BEAUNE.

de plomb. Sur les faîtages court une crête légère du même métal (1).

L'aile du Nord qui borde la rue renferme la grande salle des malades. Que l'on se représente, dit M. Verdier, un spacieux et magnifique vaisseau, une nef d'église avec son sanctuaire, les tableaux transparents de ses verrières, sa voûte carénée, ses entraits, ses lambris peints d'ornements simples et fortement accentués, sa grande ogive absidale, ses dalles tumulaires, ses trois hôtels à l'Orient, son

(1) *Description de l'hospice de Beaune*, par M. Verdier, p. 3.

jubé, ses stalles en forme de loges évidées à jour, puis ses deux rangs de lits à ciel. Voilà le tableau qu'offrait aux regards dans l'origine, cette magnifique salle.

Malheureusement elle a subi plus d'une altération, et nous avons, avec tous les hommes de goût, déploré l'établissement du plafond qui dérobe à la vue la voûte en bardeaux peints, voûte soutenue par treize appuis de faîtage de plus de 22 pieds de hauteur et par un pareil nombre d'entraits de plus de 40 pieds de portée, d'un mur à l'autre de la salle.

Il est impossible, sans les avoir vus, de se faire une complète idée de l'effet des bâtiments de l'hospice de Beaune. Le plan que voici (1) fera

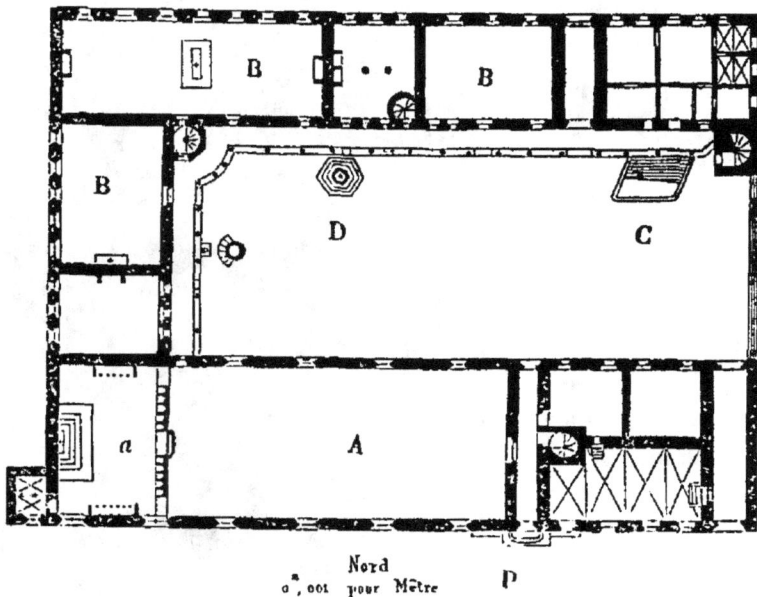

PLAN DE L'HÔPITAL DE BEAUNE.

comprendre la disposition et l'ensemble des salles. Dans la cour est un puits dont l'armature en fer dessine une gracieuse couronne portée sur trois tiges en fer, et surmontée de trois rampants ornés de découpures et dessinant un toit conique en se réunissant.

La porte de l'hospice, vers la rue (P), est surmontée d'un gracieux

(1) A. Grande salle des malades avec la chapelle à l'extrémité a. BB. Autres salles précédées des colonnes et de la galerie figurée p. 118. C. Lavoir. D. Puits. P. Entrée principale.

pendentif, espèce de baldaquin, portant, au sommet, sur des pédicules, les statuettes de la Vierge, de saint Jean-Baptiste et de saint Antoine.

Hospice de Milan. — Le plus bel hospice que je connaisse du XV°. siècle est celui de Milan, fondé en 1456 : il présente la forme d'un carré ; la façade, qui est de la deuxième moitié du XV°., est magnifique ; les fenêtres en sont richement ornées de feuillages moulés en terre cuite, et l'on voit sur les murs des niches, des statues de saints, etc., etc. Des galeries supportées par des colonnes existent à l'intérieur, autour de la cour ; mais la plus grande partie des bâtiments intérieurs n'ont été élevés que dans le XVII°. siècle, et la grande aile de la façade, qui est la plus riche et la plus élégante, remonte seule au XV°. siècle.

ENTREPÔTS ET MAGASINS. — Les entrepôts continuent, au XV°. siècle, d'offrir des constructions imposantes et fort élevées. Je citerai pour exemple celui de Nuremberg. La porte principale de ces vastes magasins est élégante ; le tympan porte des écussons avec la date de la construc-

PORTE DE L'ENTREPÔT, A NUREMBERG.

tion, 1498. Le premier corps de bâtiment, auquel cette porte donne accès sur la rue, est le plus élevé ; il est divisé, jusqu'au toit, en trois étages, et en quatre étages en y comprenant les belles caves voûtées ; le toit lui-même renferme six étages ou galeries superposées les unes aux autres. Comme dans tous les édifices civils du moyen-âge, les étages sont symétriques, et les colonnes, soit en pierre, soit en bois, s'élèvent, superposées les unes aux autres, d'étage en étage, jusqu'au sommet du toit. L'entrepôt de Nuremberg est divisé longitudinalement

VUE EXTÉRIEURE D'UNE PARTIE DE L'ENTREPÔT, A NUREMBERG.

en trois nefs ou galeries par des colonnes ou des poteaux ; mais, dans les parties supérieures, il n'y a qu'une seule galerie, à cause du rétrécissement résultant de l'inclinaison du toit. Le premier étage ou rez-de-chaussée a des piliers carrés portant la voûte.

FONTAINES.—Les fontaines à vasques n'étaient pas rares au XVe. siècle. Le piédestal d'où l'eau tombait dans le réservoir affectait des formes assez variées ; on en faisait quelquefois en métal. Une fontaine en plomb ou autre composition métallique orne la place de Brunswick. Sa forme rappelle celle de certains reliquaires ou fonts baptismaux du temps ; ce sont des vasques superposées et d'un petit diamètre dominées par une pyramide.

Parmi les fontaines à simple réservoir ouvert, on peut citer celle de Cully (Calvados), dont la source arrive par deux ouvertures cintrées, au-dessus desquelles on remarque une petite niche tréflée : le réservoir, à ciel ouvert, est encaissé de trois côtés par des murs qui ont conservé leurs tablages primitifs. De ce réservoir, l'eau se déverse à l'extérieur par deux canaux qui correspondent à chacune des ouvertures cintrées qui paraissent abriter les sources principales fort abondantes et d'une grande limpidité.

VUE DE LA FONTAINE DE CULLY (Calvados).

MANOIRS, PALAIS ET HÔTELS. — Les manoirs qui, avec l'habitation du maître, embrassaient tout ce qui était nécessaire pour une exploitation agricole, ont offert, aussi bien que plusieurs hôtels dans les villes, une importance tout aussi grande que les édifices publics.

Le palais de Jacques Cœur, à Bourges, est un des monuments civils les plus somptueux de la seconde moitié du XVe. siècle : gravé et lithographié à diverses époques, il se trouve dans toutes les collections, et il me suffit de le citer pour en rappeler l'image à la mémoire de tous.

Tout le monde aussi connaît l'histoire de Jacques Cœur : son hôtel, commencé en 1443, fut terminé dix ans après. On dit qu'une partie des murailles romaines fut exploitée pour fournir des matériaux à cette belle construction. La façade est composée d'un pavillon et de deux ailes ; on y voit, au premier étage, sept fenêtres carrées et garnies de rampes découpées à jour, dans lesquelles sont alternativement sculptés des coquilles et des cœurs, armes parlantes du propriétaire. Sur la porte, au niveau des fenêtres, se voit une espèce de dais et de balcon en encorbellement, dans lequel était placée la statue équestre de Charles VII. Ce genre d'ornement était assez ordinaire au XVe. siècle et au commencement du XVIe., pour les monuments civils du premier ordre, tels que les palais : ainsi nous le voyons au palais de Blois, dans la façade qui a été bâtie par Louis XII ; je l'ai vu également dans le vaste palais des ducs de Lorraine, à Nancy, qui remonte à peu près à la même époque. Une autre niche correspondait à la précédente, dans la cour de l'hôtel de Jacques Cœur, et renfermait la statue équestre du propriétaire.

Dans la même cour, des bas-reliefs placés au-dessus des portes, offrent des scènes en rapport avec la destination des pièces auxquelles elles communiquent. Toutes les moulures sont, du reste, du meilleur goût et d'une délicatesse exquise, les planches assez bonnes, qui ont été publiées à diverses reprises, peuvent être consultées par ceux qui voudraient se rendre compte de l'ornementation de cet édifice ; une description serait d'ailleurs bien insuffisante pour en donner une idée.

La chapelle sert aujourd'hui de lieu de dépôt pour les archives de la Cour d'appel. Elle se trouve au premier étage, au-dessus de la porte d'entrée. Les voûtes en sont peintes à fresque, et représentent des anges

TOUR DU PALAIS DE JACQUES CŒUR.

d'une expression très-remarquable, tenant à la main des rouleaux sur lesquels sont des légendes tirées des livres saints.

On voit encore à l'hôtel de Jacques Cœur la grande et la petite porte que nous avons trouvées, depuis le XIIe. siècle, aux abbayes, aux manoirs, aux palais et aux hôtels.

L'entrée de l'ancien hôtel de Sens, à Paris, montre ces deux portes avec tympans couverts de moulures, accompagnées de contreforts et de pinacles en application. On les trouve aussi à l'hôtel de Cluny et dans un très-grand nombre d'hôtels.

Dans les hôtels et les manoirs construits en pierre, l'escalier se plaçait alors très-fréquemment dans une tourelle formant saillie sur la façade de l'édifice. Cette tourelle à pans coupés (V. la figure suivante) était très-souvent couverte d'un toit à double égout, et, pour établir le toit on revenait à la forme carrée, au moyen de deux pendentifs. Les rampants du toit étaient garnis de crochets.

Cependant bien des tours d'escalier conservaient leur forme jusqu'au toit, comme la belle tour du palais de Jacques Cœur, figurée p. 216.

A l'ancien manoir de Cui (V. p. 218), près d'Argentan, la tour d'escalier était couronnée par des frontons aigus garnis de crosses, correspondant à chacune des faces de la tour. M. Bouet a reconnu que l'appartement situé au haut de la tour, sous le toit, était une chapelle. Il

TOUR D'ESCALIER A PENDENTIFS.

paraît que les oratoires ont quelquefois été placés de la sorte au haut des escaliers. M. Lambert en a cité plusieurs exemples dans les maisons de chanoines, qui avoisinaient la cathédrale de Bayeux.

TOUR-ESCALIER DU MANOIR DE CUI (Orne).

Nous trouvons dans ce qui reste du manoir de Longbuisson, près

F. Bordeaux del.

MANOIR DE LONGBUISSON.

d'Évreux, une tour-escalier de la fin du XVᵉ. siècle, dans laquelle s'ouvre une belle porte flanquée de contreforts à pinacles en application et surmontée d'un fronton à crochets ou crosses contournées, couronné d'un très-beau pinacle. Des fenêtres à croisées, dont quelques-unes ont leurs baies surmontées d'une accolade, une petite porte avec un couronnement de même forme, donnent encore de l'intérêt à ce fragment ; mais la tourelle a perdu sa tête : on en a démoli une partie à une époque ancienne déjà, ce que prouvent les restes d'une tourelle en encorbellement que l'on distingue au point de jonction de la tour avec le bâtiment voisin.

Cuisines. — Nous trouvons au XVᵉ. siècle, dans les anciennes cuisines du palais des ducs de Bourgogne, à Dijon, des dispositions de cheminées qui rappellent celles des cuisines de diverses abbayes aux siècles précédents, dont j'ai fait mention (pages 46, 47 et 48).

L'appartement est carré, le centre est de même forme et voûté ; les voûtes portent sur des colonnes et sur les manteaux de trois cheminées jumelles, très-vastes, établies sur trois côtés du carré (D C). Dans l'angle K, on voit le potager ou fourneau ; dans l'angle cor-

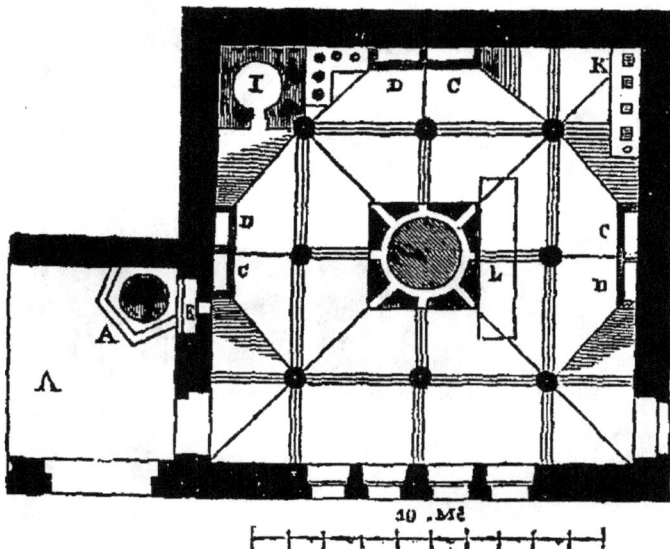

PLAN DES CUISINES DU PALAIS DE DIJON.

respondant I, un four ; et, entre ce four et la cheminée, un second potager dont les trous sont disposés en équerre.

Au centre était une table revêtue de carreaux de terre cuite (L qui servait, dit la légende de l'ancien plan que j'ai consulté, *à déposer les soupes et ragoûts sur du feu de charbon, dont les vapeurs s'exhalaient par un trou qui commence au-dessus de la voûte et monte jusqu'au dessus du toit, où le tuyau est ouvert par les côtés et couvert par-dessus pour garantir de la pluie.*

Cette cheminée centrale, très-bien exprimée sur le plan, sera mieux

10 Mᵉ

COUPE DES CUISINES DE DIJON.

comprise encore par la coupe ci-jointe qui montre, non-seulement ce conduit central XX, mais celui d'une des trois cheminées adossées aux murs VV, puis une des trois cheminées jumelles M N et la disposition de la voûte centrale.

On voit que cette disposition devait se rapprocher beaucoup de celle des cuisines de l'abbaye de St.-Étienne, figurée p. 170.

Mais c'est le seul exemple que je connaisse en France du XVe. siècle,

E. Segot del.

EXTÉRIEUR DES CUISINES.

et l'importance de la maison des ducs de Bourgogne motivait sans doute ce grand nombre de foyers. Ces trois cheminées en représentent six, puisqu'elles sont accouplées sous le même conduit : on pouvait disposer un grand nombre de marmites, de bouilloires, de broches, devant les six feux de ces larges cheminées.

Maisons diverses. -- La jolie maison de pierre qu'on voit à St.-Pierre, sur le bord de la Dive, et qui doit être de la fin du XVe. siècle, dépendait de l'abbaye des Bénédictins; on croit qu'elle a servi de prétoire pour la justice de l'abbaye. La tourelle octogone qui garnit un des angles renferme un oratoire très-élégant. Les poutres des planchers des grands appartements sont sculptées dans le goût de l'époque.

Dardelet sculp.

Banet del.

MAISON DE PIERRE A SAINT-PIERRE-SUR-DIVE.

Comme on le voit, les maisons de pierre du XVe. siècle nous offrent absolument les mêmes détails d'ornement que les autres édifices du même temps. Les chardons rampants, les feuilles de choux frisés et autres moulures semblables, ornaient les portes en ogives et quelquefois les corniches ; des panneaux tapissaient certaines parties des murailles.

Les fenêtres, presque toujours carrées et subdivisées par des croix de pierre, avaient pour encadrement plusieurs rangs de nervures prismatiques; un cordon portant sur des caryatides leur servait de couronnement. Quelques-unes aussi, en forme d'accolade par le haut, étaient garnies de feuillages frisés, mais elles se rencontrent plus rarement.

Les fenêtres des combles ou lucarnes étaient couronnées de frontons pyramidaux extrêmement légers et parfois accompagnés de contreforts ou d'arcs-boutants festonnés et de pinacles couverts de crochets et de ciselures.

Au XVe. siècle, les maisons de bois étaient infiniment plus nombreuses que les maisons de pierre.

Les maisons de bois étalèrent, à partir de la seconde moitié du XVe. siècle, un luxe de ciselures et d'ornements qu'elles n'avaient pas offert précédemment. Leur disposition, quant au reste, fut peu différente de ce qu'elle était au XIVe.

Dans celles qui nous restent, les étages s'avancent assez souvent en saillie l'un sur l'autre, et les parties rentrantes qui règnent sur la largeur du bâtiment, sont ornées de moulures. Les maisons qui suivent montrent cette saillie progressive des étages les uns sur les autres; dans les villes populeuses, on voyait souvent deux étages au-dessus du rez-de-chaussée, et un troisième étage sous le toit qui était éclairé par de grandes lucarnes. La plupart des maisons bourgeoises avaient un pignon sur la rue; cette disposition était moins fréquente dans les hôtels ou demeures des personnes les plus riches.

Les maisons étaient assez souvent décorées de petites statues de saints placées dans des niches, le long des principales pièces de bois s'élevant verticalement et formant la charpente de l'édifice, quelquefois dans les trumeaux des fenêtres. Les simples traverses destinées à maintenir le remplissage de plâtre ou de chaux qui formait le milieu des murs étaient assez souvent ciselées.

Dans quelques maisons, on incrustait dans ce remplis des plaques de terre cuite vernissée de diverses couleurs (jaune, noir, rouge, etc.), qui donnaient à ces édifices en bois, aujourd'hui si sombres pour la plupart, un brillant que nous pouvons nous figurer, en nous reportant à ce que je disais des pavés de même espèce qui décoraient les salles des abbayes, des manoirs et des édifices publics.

MAISON DU POIDS ROYAL, A SAINT-LO. (Construite en 1494.)

Bouet del.   Godard sculp.

MAISON DE BOIS, A MORLAIX. (Présumée du XVe. siècle.)

BOUTIQUE 15

Bouet del.

MAISON DE BOIS, A HONFLEUR. (Présumée de la fin du XVe. siècle.)

A l'intérieur des cours, des galeries ou corridors ouverts accédaient

aux différents étages. Le mouvement et les reliefs de ces galeries produisent l'effet le meilleur et le plus pittoresque. Des arcades garnissent le rez-de-chaussée, quelquefois tout autour des cours, souvent sur un ou deux côtés seulement.

Enseignes et sculptures emblématiques. Dans les maisons en bois c'était souvent sur les poteaux corniers qu'on sculptait les figures emblématiques qui pouvaient servir d'enseigne ; ainsi à Saint-Julien-du-Sault, département de l'Yonne, on voit sur la place une maison qui, au XVe. siècle, était une hôtellerie et qui porte des sculptures annonçant cette destination : ainsi, à l'encoignure du Nord, une figure en cul-de-lampe, à face joviale, tenant un broc et un verre qu'elle semble offrir, annonce que là on pouvait boire à loisir. Au-dessus, dans une double niche, on voit saint Jean avec l'agneau et le vêtement de poil de chameau, puis saint Jacques de Compostelle avec le bourdon et le chapeau de pélerin, allusion évidente aux voyages et aux voyageurs.

A l'autre encoignure paraît sainte Barbe avec un livre, une tour et une palme de martyre, et, au-dessus, un fou en cul-de-lampe : la présence de cette dernière figure équivaut à l'inscription : *Ici on s'amuse.*

SCULPTURES SUR UNE MAISON DE BOIS A SAINT-JULIEN-DU-SAULT (Yonne).

Les sculptures de l'hôtellerie de St.-Julien-du-Sault valaient bien nos inscriptions modernes : *Ici on loge à pied ; à cheval : bon vin, bon logis :* elles valaient mieux que nos enseignes modernes peintes à l'huile sur une plaque de fer-blanc.

Je me hâte d'ajouter que les enseignes saillantes portées en avant sur des branches de fer plus ou moins ouvragées ont eu, dès la fin du XVe. siècle, une certaine importance. Une des plus anciennes qui nous restent est, je crois, la croix de fer qui servait d'enseigne à la maison de ce nom, près de l'hôtel-de-ville de St.-Quentin ; il n'y a que très-peu d'années qu'elle était encore à sa place. Cette croix ancrée, dans le style

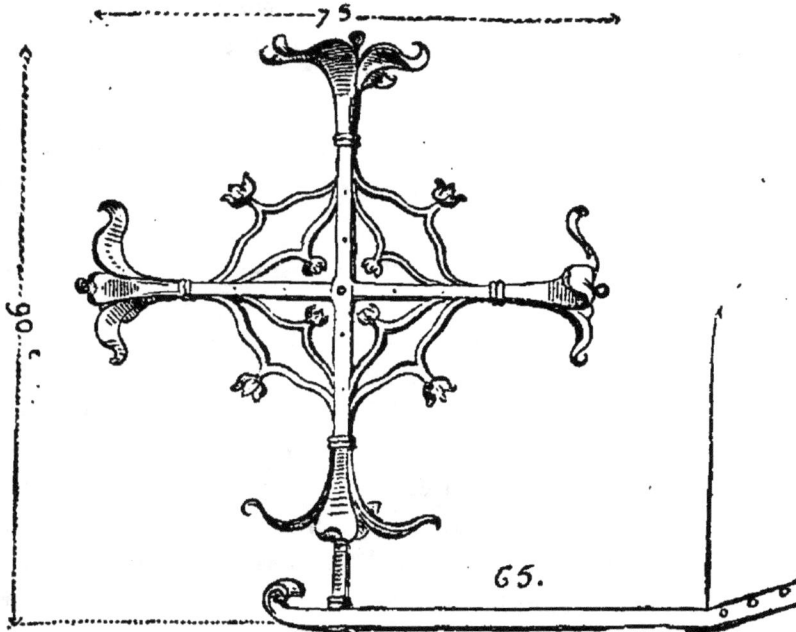

LA CROIX DE FER DE SAINT-QUENTIN.

flamboyant, a été dessinée par M. Gomart, et je me suis empressé de la faire graver d'après son dessin.

CHAPITRE VI.

XVIe. SIÈCLE.

Quelle fut, au XVIe. siècle, l'histoire de l'architecture civile ?

L'architecture civile a suivi les mêmes phases que l'architecture religieuse. Le style ogival prismatique et le style dit de la Renaissance ont été simultanément en usage, au XVIe. siècle.

Les bâtiments claustraux n'ont pas différé, au commencement du XVIe. siècle de ceux du XVe., et jusqu'à la fin du siècle on a, le plus souvent, préféré le style ogival au style de la Renaissance, pour les reconstructions ou les additions.

Quelques abbayes pourtant ont adopté le dernier style, mais elles étaient en fort petit nombre. Le XVI°. siècle n'était pas celui des grandes constructions religieuses ; la Réforme devait porter de graves atteintes à leur prospérité. Nous n'avons donc rien de particulier à dire de l'architecture monastique au XVI°. siècle : elle offre d'ailleurs dans ce qui nous reste de cette époque, le style et la délicatesse de sculpture qui caractérise les derniers temps du règne de l'ogive et celui de la première renaissance.

Il en fut de même de l'architecture épiscopale et de celle des palais, des grands manoirs, des édifices publics et des maisons privées qui furent construits en grand nombre au XVI°. siècle.

STYLE DE LA RENAISSANCE.

J'ai donné, dans le premier volume de l'*Abécédaire*, chap. V, des notions sommaires sur les caractères du style de la Renaissance, et je ne reviendrai pas sur ces détails. On se rappellera que les premiers essais de ce style, dont la multiplicité des ordres était un des principaux caractères, apparurent en France sous Louis XII qui monta sur le trône en 1498, ou plutôt sous son ministre, le cardinal d'Amboise. Ce style fit un grand pas sous François I°r., dans les parties ajoutées au château de Blois et dans le château de Chambord. L'architecte Philibert de Lorme et le sculpteur Germain Pilon, sous le règne de Henri II, paraissent l'avoir élevé à la perfection en commençant la cour du Louvre. A partir de cette époque, dit M. Hope, il continua à fleurir avec plus ou moins de bonheur, jusqu'à ce que, sous Louis XIV, Perrault, dans la façade du Louvre, suivît l'exemple qu'avait donné Michel-Ange, et abandonnât la multiplicité des ordres et les minuties de la période précédente, pour ne déployer qu'un seul ordre sur une plus grande échelle et dans un style plus hardi.

J'ai constaté, dans mes voyages en Allemagne, que le style de la Renaissance s'y est montré plus tard qu'en France.

En Angleterre, ce style n'obtint une vogue réelle que beaucoup plus tard encore. Wolsey, le vaniteux ministre de Henri VIII, et la reine Elisabeth, pendant son long règne, conservèrent toujours dans leurs palais et leurs *villas* le style gothique, à l'époque même où Jean Goujon égalait presque l'antique, dans les ornements de la cour du Louvre. Ce ne fut qu'après le couronnement de Jacques I°r., en 1608, que parurent à Oxford les premiers essais du style de la Renaissance dans les cinq ordre empilés, en quelque sorte, l'un sur l'autre au portail de l'Université (1).

J'ai constaté par moi-même les faits attestés par M. Hope, le style perpendiculaire et le style Tudor ont régné en Angleterre durant tout le XVIᵉ. siècle. C'est aussi à ce style qu'on est revenu de nos jours, en Angleterre, pour les constructions modernes qu'on y a faites en grande quantité, à l'imitation des anciens monuments.

Je vais me borner à présenter quelques types de constructions civiles du XVIᵉ. siècle appartenant à l'un et à l'autre des deux styles qui ont régné en France, à cette époque.

L'ancien évêché de Noyon, bâti par Charles de Hangest, au commencement du XVIᵉ. siècle, présente des fenêtres carrées à croisées de pierre, dont les angles sont surmontés de pinacles en application sur la muraille; une belle lucarne, dont le fronton est orné de dessins flamboyants, et une tourelle cylindrique à toit conique, en encorbellement. C'est surtout à la fin du XVᵉ. et dans le XVIᵉ. siècle que ces tourelles suspendues et comme soudées aux murs ont été fréquemment construites.

Le Palais-de-Justice de Rouen environne, de trois côtés, une cour en forme de parallélogramme allongé. L'édifice appelé salle des Procureurs fut élevé, six ans avant le palais, pour servir de salle commune aux marchands de la ville et aux étrangers. Il présente, aux deux extrémités, des pignons ornés à leurs angles de tourelles ou campanilles. A l'intérieur, on remarque une vaste salle élevée sur un rez-de-chaussée, longue de 160 pieds, large de 50.

Au midi et en retour d'équerre on construisit, vers 1500, le magnifique palais où devait siéger l'Échiquier devenu le Parlement.

Cette façade s'étend sur une longueur de 200 pieds, et est décorée de tout ce que l'architecture de ce temps-là présente de plus délicat et de plus riche. Les piliers angulaires, les trumeaux chargés de dais, de statues et de clochetons, et qui s'élèvent depuis la base jusqu'au faîte, les ornements multipliés qui entourent les fenêtres, ceux qui accompagnent et surmontent celles du toit, la charmante série d'arcades qui règne en forme de galerie sur toute la longueur de l'entablement, enfin l'élégante tourelle octogone qui occupe le milieu et divise la façade en deux parties égales, sont de la plus grande beauté et d'un excellent goût, malgré certaine bizarrerie qui régnait dans le style de cette époque.

(1) V. M. Hope, *Histoire de l'architecture.*

PARTIE DE L'ANCIEN ÉVÊCHÉ DE NOYON.

E. Sagot del.

Dardelet sculp.

PARTIE DU PALAIS-DE-JUSTICE DE ROUEN.

Je donne dans la figure précédente un côté de cette belle façade qui peut rivaliser avec les monuments du même genre dont la Belgique est si fière (1). L'aile droite vient d'être reconstruite, dans le style primitif, sous la direction de M. Grégoire, architecte, et maintenant le monument est complet.

L'hôtel-de-ville d'Oudenarde est aussi du XVIᵉ. siècle : les recherches de M. Van der Meersch, consignées dans le tome VI de l'intéressant recueil publié sous le titre de *Messager des sciences et des arts*, nous apprennent que la première pierre de cet élégant édifice fut posée en 1527 et qu'il fut achevé en 1529 ou 1530, sauf quelques décorations.

L'esquisse que je donne d'une partie de la façade et du gable montre l'ordonnance de ce palais.

La façade principale domine la place publique. Au-dessus du rez-de-chaussée bordé d'un portique d'arcades à ogives, retombant sur des colonnes cylindriques et portant une plate-forme, s'élèvent deux étages de fenêtres ogivales séparées par des niches couronnées de dais ; les archivoltes du portique et celles des fenêtres sont entourées d'une guirlande de feuilles rampantes qui se terminent par un panache : le second rang de fenêtres est surmonté, à la hauteur du toit, d'une balustrade à découpures flamboyantes. Le toit, très-élevé, est percé de nombreuses lucarnes et de deux grandes fenêtres ornées de pinacles ; une crête tréflée en couronne l'arrête. Du centre de la façade surgit en avant-corps une tour, ou beffroi, de 40 mètres d'élévation, carrée jusqu'aux deux tiers de sa hauteur, octogone aux deux étages supérieurs et terminée, comme celle d'Arras, par un simulacre de couronne impériale (2).

Les façades latérales offrent, au-dessus du rez-de-chaussée, la même ordonnance que la façade antérieure ; elles se terminent par des galbes ou pignons cantonnés de pinacles ou de clochetons, comme le montre mon dessin.

M. Schayes fait judicieusement remarquer que la forme générale et le système d'ornementation de l'hôtel-de-ville de Louvain se retrouvent dans celui d'Oudenarde.

(1) M. Ed. Frère, *Guide du voyageur en Normandie.*
(2) M. Schayes, *Hist. de l'architecture en Belgique.*

· Sagot del.   Dardelet sculp.

PARTIE DE L'HÔTEL-DE-VILLE D'OUDENARDE.

Palais de Blois. En 1498, le bon roi Louis XII, dit Jean d'Auton, *fit refaire son château de Bloye tout de neuf, tant somptueux que paraissait une œuvre de roi.* Nous trouvons effectivement, dans la façade de l'édifice, donnant sur la place, tous les caractères qui distinguent les constructions civiles de la fin du XVe. siècle.

La porte d'entrée est surmontée d'une niche ou dais dont les ornements sont de la plus grande finesse et sous lequel était placée la statue de Louis XII (1) ; cette entrée ne se trouve pas au milieu du bâtiment, irrégularité qui se reproduit fréquemment dans les édifices, même les plus remarquables de cette époque. A l'intérieur, le corps-de-logis offre une charmante galerie ou portique, soutenue par des colonnes prismatiques couvertes de nervures saillantes qui se croisent de manière à former des losanges : ornement assez ordinaire sur les colonnes des plus beaux édifices du règne de Louis XII, et que l'on remarquait aussi au palais du Cardinal d'Amboise, à Gaillon ; chacun de ces losanges servait d'encadrement à une fleur de lis que l'on a fait disparaître pendant la Révolution.

Le côté Nord du château, que l'on trouve à droite de la cour, est l'ouvrage de François Ier. L'architecture en est bien différente et dans le style de la Renaissance. On monte aux appartements qui occupent ce corps-de-logis par deux tours octogones en saillie chargées d'ornements. Le grand corps-de-logis qui se présente à l'Ouest, a été élevé par Gaston, duc d'Orléans, qui voulait, dit-on, reconstruire le château tout entier dans le même style d'architecture ; ce style n'est autre que celui qui régna sous Louis XIII et sous Louis XIV : c'est le style moderne de l'époque.

La place publique, qui précède le palais, en était autrefois la cour extérieure ou l'avant-cour, et elle était entourée de fossés. On y voyait, au XVe. siècle, des maisons occupées par les seigneurs attachés à la Cour, ce qui rappelle la disposition adoptée dès le temps de Charlemagne pour les logements des personnes revêtues de quelque dignité, et qui étaient placés autour du palais de l'Empereur.

Le palais de Blois vient d'être restauré avec beaucoup de goût dans le style du temps : les pavés, les planchers, les toitures et les moulures ont été rétablis conformément au style du XVIe. siècle.

(1) La chambre à coucher de Louis XII se trouve près de l'angle gauche de la façade ; la fenêtre de cette chambre est reconnaissable par la balustrade en pierre qui la distingue des autres. —M. de La Saussaye vient de publier une monographie du château de Blois, que doivent lire tous ceux qui visiteront ce monument.

Hôtel du Bourgtheroulde, à Rouen. — L'hôtel du Bourgtheroulde fut commencé, vers la fin du XVe. siècle, par un riche seigneur nommé Guillaume Le Roux, et terminé par son fils, abbé d'Aumale et du Val-Richer.

La partie qui est sur la place paraît la plus ancienne. Il est facile de reconnaître l'architecture du siècle de Louis XII dans le bâtiment qui occupe le fond de la cour. Ce bâtiment est terminé par de grandes lucarnes et surchargé d'ornements dans le goût de ceux du Palais-de-Justice. — A l'un des angles de la cour, on voit une tour octogone décorée à chaque étage de bas-reliefs fort curieux qui ont été gravés par M. Langlois, et expliqués dans l'ouvrage de M. de La Quérière. L'hôtel de Bourgtheroulde a été aussi gravé avec une grande exactitude dans l'ouvrage de M. Pugin.

Du côté gauche de la cour règne une charmante galerie, évidemment postérieure, et du temps de François Ier; le soubassement de cet élégant édifice offre une suite de bas-reliefs, retraçant la célèbre entrevue de Henri VIII et de François Ier.

Au-dessus des arcades règne une autre série de bas-reliefs également remarquables, dont le sujet est le triomphe de la foi, d'après M. de Jolimont.

Hôtel-de-Ville à Colmar. — La partie de l'hôtel-de-ville de Colmar, figurée page suivante (239), montre une disposition de fenêtres très-commune en Allemagne, non-seulement au XVIe. siècle, mais au XVIIe. et au XVIIIe. Ce sont des ouvertures rectangulaires séparées seulement par un étroit linteau de pierre et formant ainsi une sorte de galerie vitrée. On trouve beaucoup de fenêtres de cette espèce en Belgique, à Trèves, à Francfort, à Genève, et dans toutes les anciennes villes allemandes. Au XVIe. et au XVIIe. siècles, on voit dans les mêmes contrées les rampants des gables taillés en escaliers ou gradins, ou bien en forme d'S, et de larges doucines.

Hôtel de la Bourse, ancien hôtel d'Écoville, à Caen. — L'ancien hôtel-de-ville de Caen, qui renferme aujourd'hui le Tribunal de commerce et la Bourse, fut construit en 1538, par Nicolas de Valois, seigneur d'Écoville, et des sculpteurs italiens furent chargés de diriger les travaux. On y voit trois corps-de-logis disposés autour d'une cour carrée.

Le côté qui fait face à la place, est décoré d'ordres composés fort à la mode au XVIe. siècle; la porte d'entrée, à plein-cintre, était autrefois surmontée d'un bas-relief. Les deux autres côtés de l'édifice ayant été dessinés et décrits par M. de Jolimont, nous allons laisser parler cet

PARTIE DE L'HÔTEL-DE-VILLE DE COLMAR.

habile observateur avec lequel nous avons eu l'avantage d'étudier les monuments de Caen et de Bayeux.

« Le bâtiment placé au fond de la cour, dit-il, est divisé en trois pavillons d'ordre corinthien. Celui du milieu est surmonté d'un toit fort élevé et d'une fenêtre en lucarne, richement décorée d'arcades, de colonnes et d'entablements dans le goût du temps; à droite de ce pavillon, on trouve l'entrée principale sous un péristyle ouvert, formée de deux arcades, qui conduit à un escalier construit en spirale, couronné à l'extérieur de deux lanternes à jour, qui dominent l'édifice de la manière la plus pittoresque, et rappellent à quelques égards les charmants détails du château de Chambord (1). »

« Le 3e. corps-de-logis qui forme le côté droit de la cour, et vient se réunir en retour d'équerre au premier bâtiment, est remarquable par la beauté de ses sculptures et des ornements qui enrichissent les trumeaux des fenêtres; la partie inférieure de ces trumeaux offre deux niches, dans lesquelles sont placées deux statues d'un bon style et de forte proportion, représentant David tenant la tête de Goliath, et l'intrépide Judith avec la tête d'Holopherne. Dans la partie supérieure, des écussons armoriés sont soutenus par des nymphes et des génies et surmontés de trophées ingénieusement ajustés; le tout enrichi de lucarnes pyramidales terminées par des vases. »

On voit encore, sur le reste des murs, des médaillons et des têtes en relief de personnages historiques ou fabuleux (2). »

Hôtel de Duval de Mondrainville, à Caen. —Il existe à Caen, à l'extrémité de la cour de la Monnaie (3), un charmant hôtel qui paraîtrait avoir été construit par les mêmes artistes que le précédent et qui appartenait à Duval de Mondrainville, riche négociant du XVIe. siècle; on y voit des colonnes très-élégantes, et l'escalier est aussi couronné d'une lanterne à jour.

Si ce n'est son haut toit d'ardoise qui rappelle si bien l'époque de François Ier. dans nos pays du Nord, dit M. R. Bordeaux, cette construction semblerait apportée d'Italie. C'est une de ces loges, comme on en trouve à Florence et à Sienne ; c'est encore quelque chose de calqué sur les arcs-de-triomphe antiques. Trois grandes arcades, celle du

---

(1) Dans les XIIIe. et XIVe. siècles, on couronnait les escaliers par des clochetons très-élancés. Au XVIe. siècle, on substitua à ces clochetons des lanternes ou petits dômes à jour (voir la planche suivante).

(2) De Jolimont, *Description des monuments de Caen*, Paris, 1825.

(3) L'imprimerie de M. Delos est établie dans cette maison.

PARTIE DE L'HÔTEL DE DUVAL DE MONDRAINVILLE.

du milieu, plus vaste que ses sœurs, séparées par quatre colonnes d'ordre composite, forment le rez-de-chaussée primitif, subdivisé à une époque postérieure par un plancher faisant entresol. La façade se complète au-dessus de ces trois arcades par un attique percé de petites fenêtres jumelles. On monte à cet attique et à l'entresol, par un escalier en vis, dans une tourelle carrée faisant retour d'équerre à cette façade : une lanterne en dôme couronne cet escalier. Enfin le milieu du monument est terminé par une riche lucarne.

Les dés du piédestal des colonnes présentent, sur leur face principale, des bas-reliefs dégradés par le temps, mais où s'aperçoivent les quatre cavaliers du chap. vi de l'Apocalypse. Sous le soubassement d'une arcade entre les colonnes, on distingue les restes d'un bas-relief à fond de paysage.

Les corps de métiers possédaient des édifices qui servaient à leurs réunions, où se traitaient les affaires relatives à la corporation et dans lesquels on conservait les archives. Une grande quantité de ces édifices furent bâtis ou refaits au XVIe. siècle et au XVIIe. La maison des bateliers à Gand, bâtie en 1532, est un des types les plus remarquables de ce genre d'édifices. A Schelestad, la maison dite de Sainte-Barbe, et que je suppose (car je n'ai pas eu le temps de faire des recherches à ce sujet) avoir appartenu à la corporation des artilleurs, présente une disposition analogue.

La maison des drapiers de la grande place d'Anvers, celle des arbalétriers à Bruges, et celle des poissonniers à Malines, offrent des dispositions analogues et présentent, à tous leurs étages, des fenêtres très-rapprochées.

La bourse d'Anvers, reconstruite en 1531, consiste en une cour quadrangulaire de 51 mètres 1/2 sur 40, autour de laquelle règne un portique, large de 6 mètres, à voûtes surbaissées formées de trente-huit colonnes cylindriques en pierre, très-sveltes, à bases octogones et à fûts couverts de sculptures (1). Ce portique, surmonté d'un étage très-simple, ressemble tout-à-fait à un cloître.

Les maisons du XVIe. siècle abondent encore dans beaucoup de villes. La grande place de Trèves, dont M. Bouet a fait, il y a quelques années, une très-jolie vue, montre encore plusieurs maisons de ce style.

_____

(1) Schayes, *Histoire de l'architecture en Belgique.*

VUE DE LA GRANDE PLACE DE TRÈVES.

Dans le XVI⁰. siècle, on a construit en France et en Angleterre un certain nombre de maisons mi-parties de brique et de pierre de taille : telle est la maison suivante qui existe à Neufchâtel (Seine-Infé-

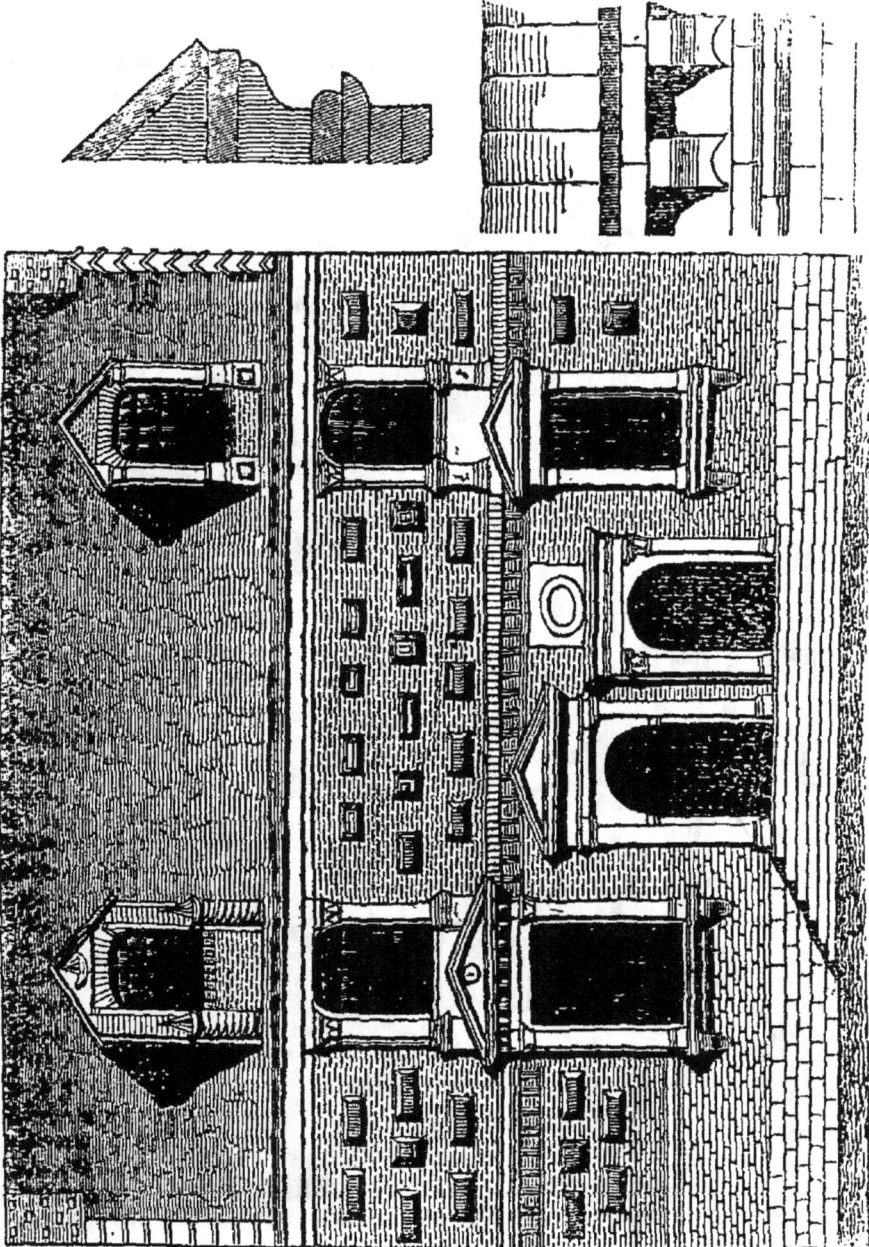

MAISON MI-PARTIE DE BRIQUES ET DE PIERRE, A NEUFCHATEL (Seine-Inférieure).

rieure). Nous verrons aussi la brique et la pierre de taille employées avec beaucoup de succès dans le sièc'e suivant, sous Louis XIII et Louis XIV.

Les hôtels en pierre avec galeries ou portiques sont encore nombreux dans nos villes, et s'il était nécessaire, j'en pourrais décrire une centaine; depuis quelques années les artistes se sont épris des monuments de la renaissance et ils ont dessiné beaucoup de maisons de cette époque.

Les maisons en bois ont, au XVIᵉ. siècle, comme dans les siècles précédents, un caractère particulier.

Pour abréger les explications, nous en présentons plusieurs : toutes ces maisons remontent au XVIᵉ. siècle, les unes au commencement ou au milieu, et les autres à la fin.

MAISONS A TROYES (Aube).

MAISON A SENS AVEC ESCALIER ET BALCONS EN BOIS.

MAISON DE BOIS A SAINT-QUENTIN, DITE MAISON DE L'ANGE,
Décrite par M. Gomart dans le *Bulletin monumental.*

Voici l'esquisse d'une maison à porches qui se trouve à Bernay, au coin de la rue de l'Humanité.

MAISON DU XVI°. SIÈCLE, A BERNAY.

On voit à Mâcon une maison de bois extrêmement remarquable; les poteaux corniers sont ornés de colonnes taillées dans le bois; des guirlandes de feuillages couvrent les traverses formant, aux divers étages, les supports des planchers; des animaux et des personnages animent toute cette composition architectonique infiniment gracieuse. Je regrette de ne pouvoir présenter qu'une portion d'un de ces angles de cette maison.

On peut signaler, entre beaucoup d'autres, les maisons de bois nᵒˢ. 52 et 54 rue St.-Pierre, à Caen; diverses maisons à Dijon visitées par la Société française d'archéologie pour la conservation des monuments; la curieuse maison en bois de la rue des Fèvres à Lisieux, dont les esquisses ont été publiées par MM. Challamel et de Formeville.

On voit beaucoup d'autres maisons intéressantes à Toulouse, à Alby, à Clermont, à Paray-le-Monial, à Besançon, à Troyes, à Angers, à Gisors, à Bayeux, et dans presque toutes nos anciennes villes, mais chaque jour elles disparaissent.

Les maisons de Caen ont presque toutes été lithographiées dans un grand format, par M. Bouet; celles d'Orléans ont été publiées par MM. Vaudoyer et Ch. Pensée, et décrites par M. Vergnaud-Romagnésy et M. de Buzonnières.

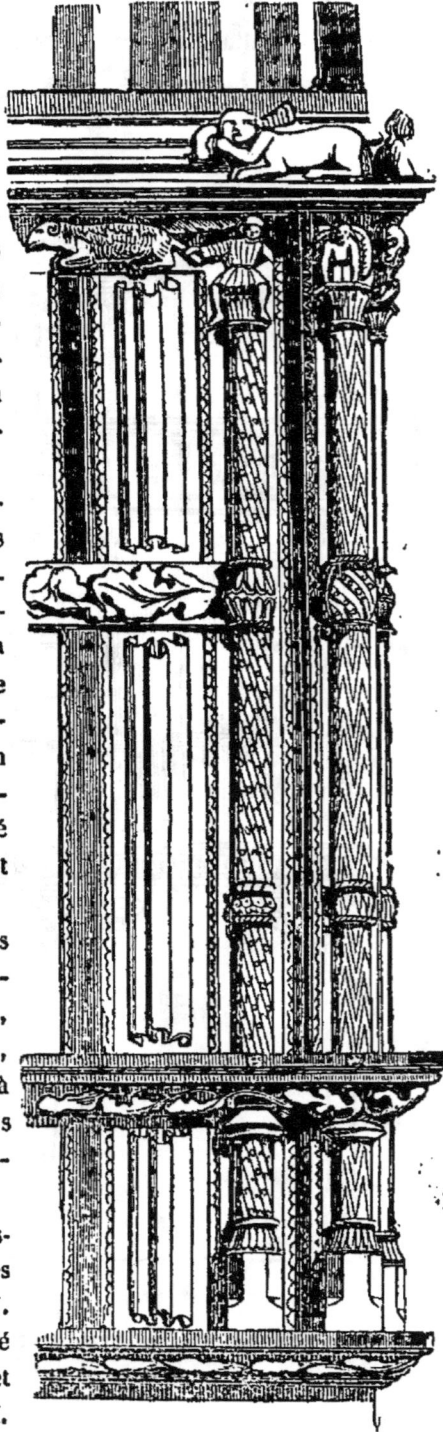

Quelle était, au XVIe. siècle, la forme des grandes exploitations rurales ?

Le XVIe. siècle nous a légué beaucoup de manoirs qui appartiennent plutôt à l'architecture civile qu'à l'architecture militaire, puisqu'ils réunissent tout ce qui dépendait d'une riche exploitation rurale ; il est vrai que des fossés pleins d'eau les entourent souvent, qu'ils tiennent, en quelque sorte, le milieu entre les châteaux proprement dits et les fermes. Aussi me faudra-t-il revenir sur cette classe d'édifices mixtes en parlant de l'architecture militaire des châteaux du XVIe. siècle. Je vais en présenter seulement deux ou trois exemples.

Dans ces manoirs, où l'on s'occupait d'agriculture, les divers bâtiments d'exploitation entourent une cour tantôt carrée, tantôt de forme irrégulière. Des remises, des écuries, des granges, des celliers, des étables, puis l'habitation du maître, forment la ceinture de maisons disposées autour de la cour : quelquefois il y avait aussi une chapelle. Habituellement le colombier est un bâtiment détaché des autres, soit à l'extrémité de la cour, soit au centre, quelquefois en dehors de l'enceinte. C'est, le plus ordinairement dans le nord de la France, et dans l'ouest, une tour ronde avec un toit conique surmonté d'un épi, ou un bâtiment octogone. Dans l'un et l'autre cas, c'est toujours un édifice d'une certaine élégance. Le toit pyramidal rachète la lourdeur de la tour circulaire ou octogone.

Le colombier était l'accessoire des terres seigneuriales, c'est pourquoi on mit un certain amour-propre à le construire dans de grandes proportions.

Nous avons aussi quelques colombiers carrés que l'on désigne, je ne sais pourquoi, plus particulièrement sous la dénomination de *fuies*. Je crois que, dans le midi de la France, les colombiers du XVIe. siècle ont été le plus souvent de cette forme ; ils n'avaient pas la même élégance que ceux du Nord.

La ferme du Coin, à Mesnil-Mauger (Calvados), est remarquable par la grande porte abritée sous un toit, et par les divers bâtiments en bois qui la composent. Le colombier, construit en pierre, occupe un des angles de la cour qui est à peu près carrée.

Cette ferme, très-intéressante parce qu'elle n'a subi presqu'aucune réparation et qu'elle se trouve à peu près dans son état primitif, est entourée d'un fossé plein d'eau qui pouvait la mettre à l'abri des voleurs.

La ferme qui suit est aussi en grande partie, construite en bois. Les bâtiments sont disposés de même, et l'habitation du maître, près de la principale entrée composée d'une grande et d'une petite porte, est reconnaissable par ses grandes lucarnes et sa tourelle d'escalier, ses deux étages, la plupart des autres bâtiments n'en ayant qu'un seul.

FERME DE CARAPVILLE PRÈS DE TOUQUES (Calvados).

Bonet del.

Le colombier de forme carrée est au milieu de la cour.

Dans le manoir de la Pipardière, près de Livarot, le toit s'avance

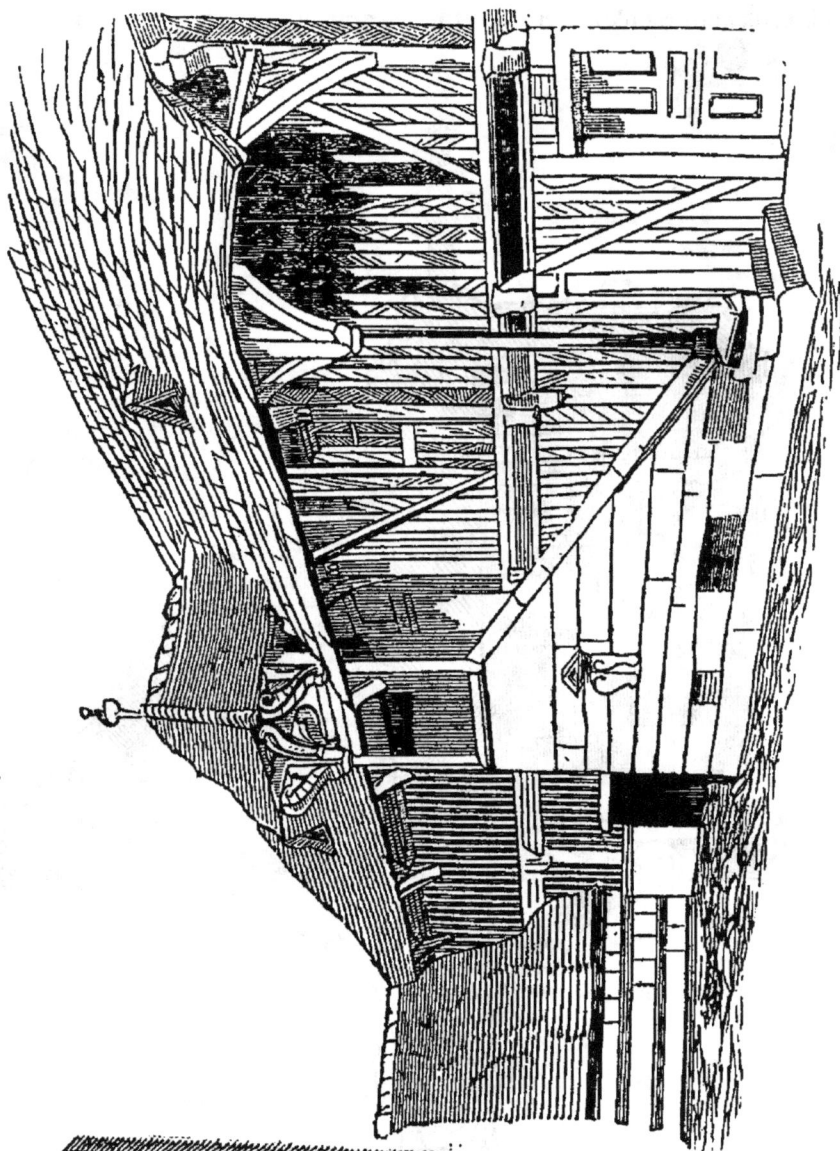

MANOIR DE LA PIPARDIÈRE.

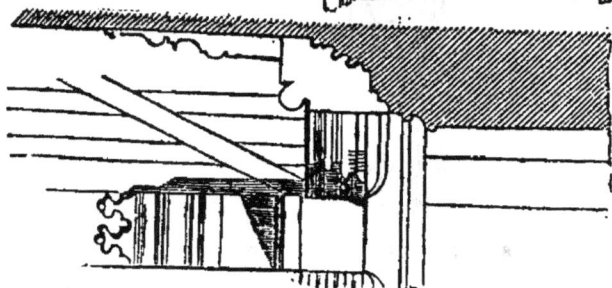

Douet del.

de manière à couvrir l'escalier qui montoit au premier étage : ce

toit est soutenu par des consoles et des colonnes en bois. Cet édicule
ou baldaquin est d'un bon effet et d'une grande légèreté.

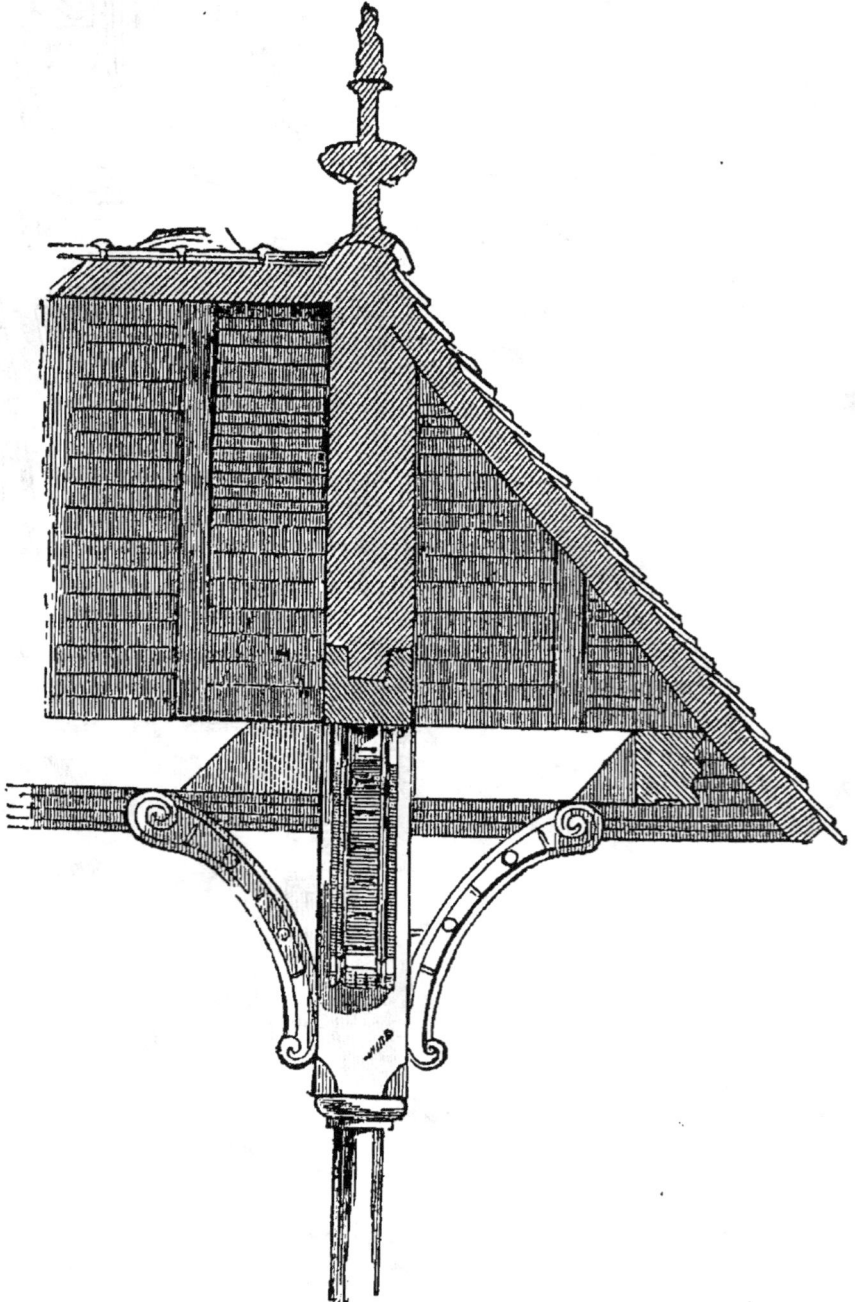

INTÉRIEUR DES CHARPENTES DE LA PIPARDIÈRE.

J'en donne le détail dans la coupe précédente qui montre l'intérieur
des supports du baldaquin et une partie de la charpente.

La tuile, posée de champ, avait été employée à garnir les intervalles des pièces de bois dans les murs de la maison qui se trouve en arrière de l'escalier ; la figure suivante montre la disposition de ces tuiles entre les poteaux : les mêmes combinaisons se rencontrent dans beaucoup de maisons en bois du XVIe. siècle.

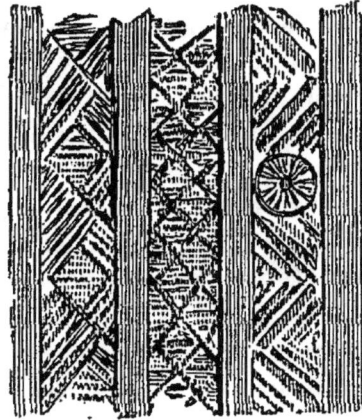

On a su tirer, au XVIe. siècle, un très-grand parti des pièces en terre cuite dans les constructions civiles : la céramique prit alors des développements dont on n'a pas assez recherché les causes. Les briques émaillées employées avec profusion pour le pavage des appartements, servirent aussi, à cette époque, à revêtir extérieurement quelques maisons en bois, et c'est à partir du XVIe. siècle surtout, que la brique fut employée concurremment avec la pierre dans la maçonnerie.

On voit, par ce qui précède, que la disposition de nos fermes actuelles n'a pas beaucoup changé : sauf le colombier, elles offrent encore à peu près le même ensemble de bâtiments. Il est vrai que la plupart n'ont pas été renouvelées entièrement et qu'elles datent le plus souvent du XVIIe. siècle.

Quelle est, au XVIe. siècle, la forme des épis et des crêtes ?

Les épis et les crêtes des toits sont des accessoires assez importants des maisons de la renaissance.

Les crêtes et les épis avaient été long-temps, avant le XVIe. siècle, l'ornement obligé des toits des édifices publics et des grandes maisons: nous avons vu, page 214, que l'hospice de Beaune en a de magnifiques qui ont été réparés avec beaucoup de goût et d'intelligence ; il y en avait jusque sur les lucarnes des palais du XVe. siècle; on connaît aussi la forme des crêtes et des épis des XIIe., XIIIe., et XIVe.

il en existe deux du XIIIe. siècle, en terre cuite, dans la ville de Troyes, qui ont été décrits dans le *Bulletin monumental ;* mais il n'est pas

moins vrai de dire qu'il en reste aujourd'hui bien peu d'antérieurs au XVIe. Ce siècle, au contraire, fournit une quantité assez considérable, dans certaines contrées, d'épis en fer, en plomb et en poterie émaillée.

On a, je crois, employé exceptionnellement la poterie avant le XVIe. siècle, pour faire des épis : tous ceux que j'ai vus du XVe. sont, comme le suivant, formés de barres de fer revêtues en plomb figurant des tiges et des feuillages et des bouquets sur le haut des toits pyramidaux de nos maisons et de nos châteaux; c'est encore le système qui dominait au XVIe. siècle dans la plupart des contrées de la France. Ainsi le magnifique épi que l'on voit à Bourges sur une tourelle en encorbellement de l'hôtel de la gendarmerie (ancien hôtel de Cujas), le plus beau peut-être de tous ceux que j'ai rencontrés, présente une magnifique gerbe dont les tiges inclinées se terminent par des fleurs d'artichauts. — Je pourrais en citer plusieurs autres du XVIe. siècle et du commencement du XVIIe., qui, quoique moins volumineux et moins élégants, sont également en fer, ou en fer revêtu de plomb.

Dans le cours du XVIe. siècle, on imita, pour les épis, les formes de la renaissance : les épis reproduisaient, en partie, au moins, l'image de ces candélabres à renflements que nous trouvons au sommet des contreforts, ou exécutés en méplat sur les pilastres de la même époque.

Il était naturel que les architectes missent en harmonie toutes les parties de leurs édifices.

Les épis de Quilly publiés dans ma *Statistique monumentale du Calvados*, tome second, et que je reproduis à la page suivante, montrent comment on a traité, au XVIe. siècle, les épis en fer revêtus de plomb.

Ces formes, une fois adoptées, on les traduisit en terre cuite dans certaines contrées de la France. Pour preuve de cette assertion, je vais

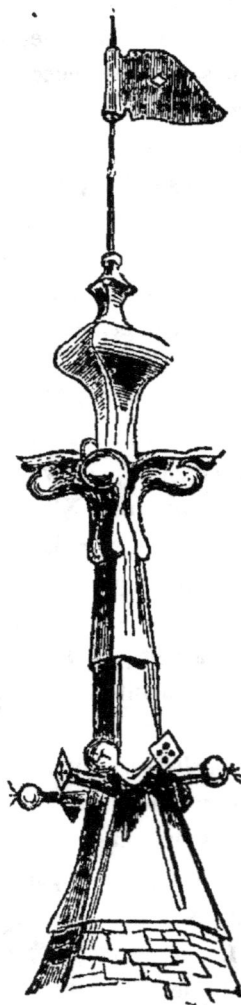

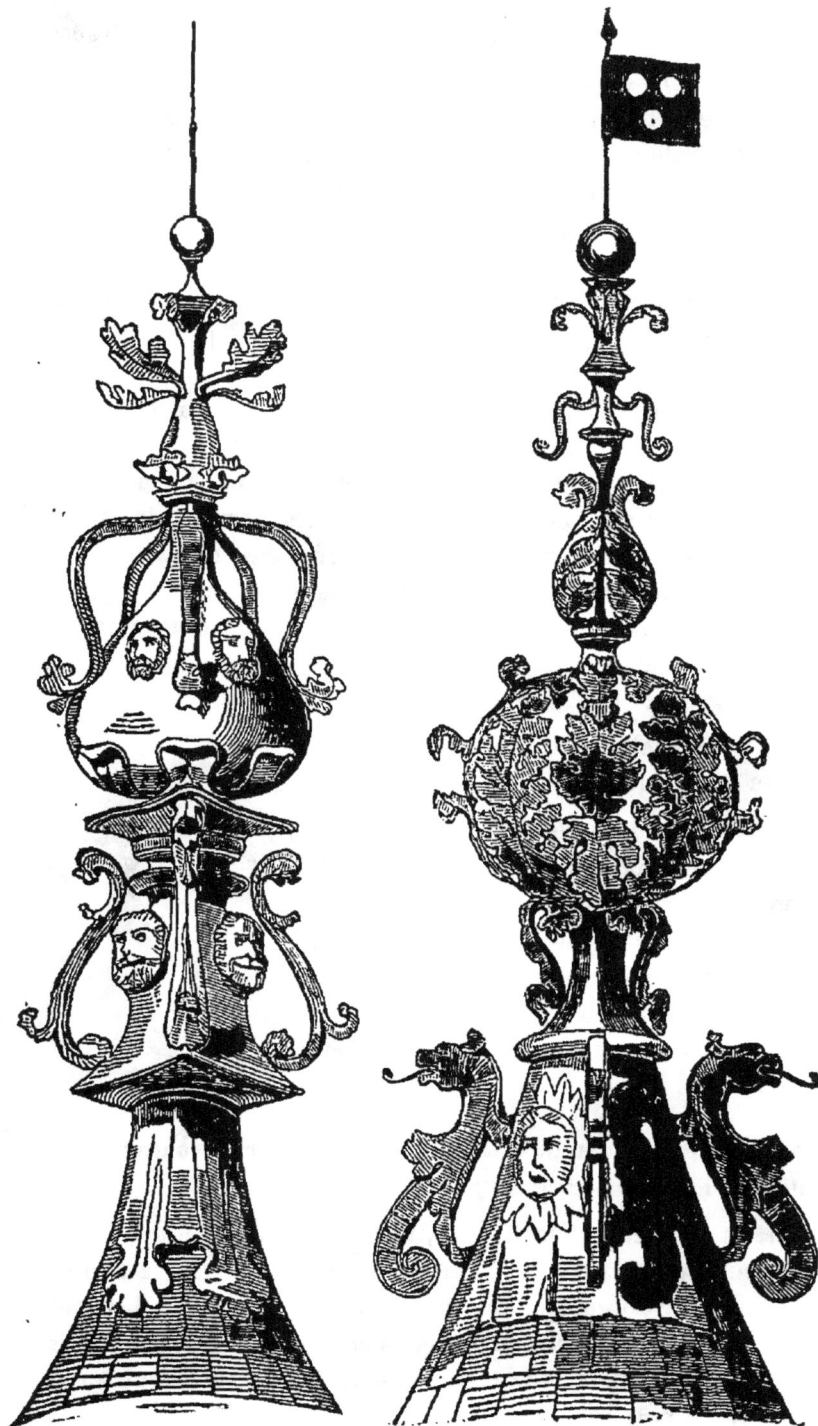

ÉPIS EN PLOMB DU XVIᵉ. SIÈCLE, A QUILLY.

présenter l'un des épis du manoir de la Vigagnerie, à Pontfol (Calvados) (V. la page 258).

Le bleu, le vert, le blanc et le jaune sont les couleurs dominantes de la couverte métallique qui a conservé tout son éclat après deux ou trois siècles : tout porte à croire, en effet, que cet épi date de la fin du XVI°. siècle : le manoir sur lequel il se trouvait paraissait de cette date ; il a été remplacé par le château moderne qu'a fait construire, il y a quelques années, M. Goupil; mais il reste encore la chapelle qui se liait au manoir.

Deux épis, semblables à celui que je présente, occupaient les ex-trémités du toit de ce manoir. M. Goupil, forcé de les démonter, puisqu'il détruisait l'édifice dont ils formaient le couronnement, les a fait déposer sur des tablettes : là, on peut les examiner de près et voir comment les pièces creuses, posées les unes au-dessus des autres et maintenues au centre par une longue tige de fer, formaient l'élégant assemblage dont le dessin (p. 258) offre l'image parfaitement exacte.

Un épi semblable (Voir la figure ci-jointe) se trouve sur un colombier dessiné par M. Bouet, près de Livarot ; il se termine également par un pélican, et tout porte à croire qu'il est sorti de la même fabrique.

Le musée d'antiquités de Nevers renferme un ma-gnifique épi en faïence qui mériterait d'être publié. Il couronnait autrefois une maison du XVI°. siècle, située dans le quartier de la cathédrale. M. de La Querrière a signalé, dans un grand nombre de villes, d'autres épis intéressants : on peut consulter son livre qui renferme, sur ce sujet, des indications assez étendues.

J'ai trouvé, vers la fin du XVI°. siècle, dans plusieurs contrées, des épis plus ou moins intéressants.

Les crêtes ont été, comme les épis, faites en métal ou en terre cuite vers la fin du XV°. siècle. Les crêtes en terre cuite faisaient corps avec la tuile convexe qui couronnait le toit; on y voyait des hommes à cheval ou à pied, des animaux ou de simples dentelures : je connais encore quelques exemples de ces crêtes, mais elles deviennent chaque jour plus rares (V. la page 259).

17

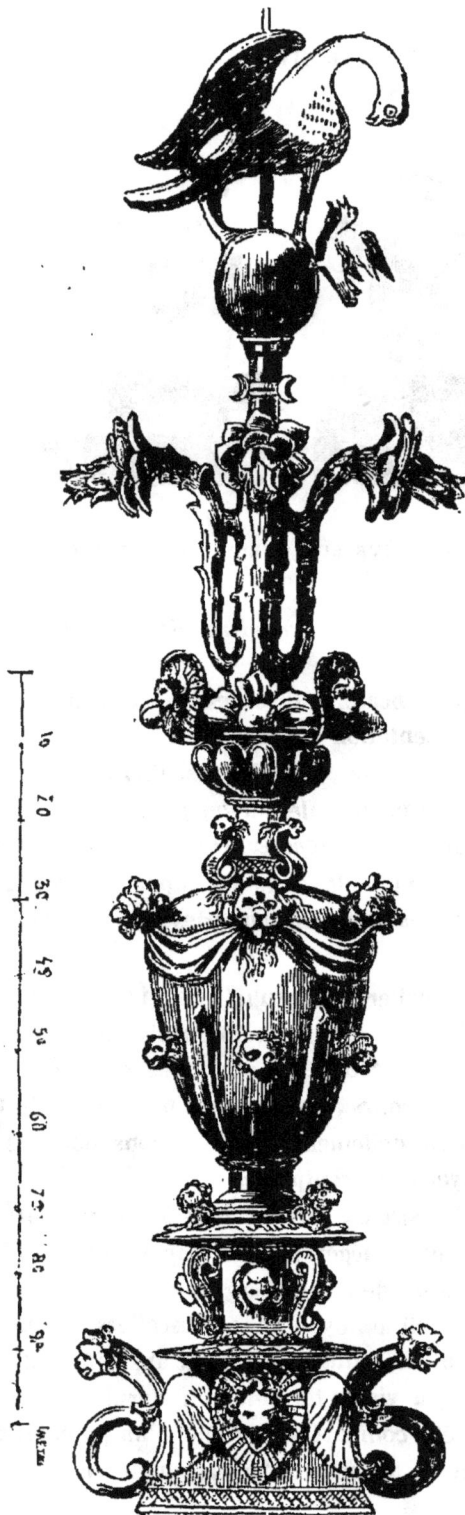

ÉPI DU XVIᵉ SIÈCLE, EN TERRE CUITE ÉMAILLÉE, A LA VIGAGNERIE (Calvados).

CRÊTE EN TERRE CUITE SUR UNE MAISON DE TROYES (Aube).

Qu'y a-t-il à remarquer à l'intérieur des constructions du XVIe. siècle ?

L'intérieur des plus beaux édifices est souvent d'une simplicité qui contraste avec l'ornementation de l'extérieur : ce qui, en général, mérite le plus d'attention, ce sont les *escaliers*, les *cheminées*, les voûtes en bois, de forme ogivale ou en plein-cintre, qui recouvrent les charpentes de quelques grandes salles ; les caissons en style Renaissance qui ornent les plafonds dans les appartements moins vastes, enfin les revêtements des murs, les boiseries, les volets et les portes.

Escaliers. — Les escaliers, soit qu'ils montent en spirale, soit qu'ils suivent des lignes droites, sont souvent garnis de rampes en pierre, ou en bois, habilement découpées ; quand ils se trouvent à l'extérieur des maisons, dans les cours, ils accèdent non-seulement aux appartements, mais aussi habituellement à des balcons dont les rampes sont très-élégantes et couvertes de sculptures.

On a fait, au XVIe. siècle, des escaliers à vis qui sont de véritables prodiges d'élégance et de légèreté. L'exemple qui suit (V. p. 260), que je tire d'une maison de Nuremberg, montre avec quelle hardiesse les architectes ont établi le noyau de ces escaliers tournants qui montent jusqu'au sommet de l'édifice, accédant aux différents étages : très-souvent le noyau de la vis se termine, au dernier étage, par des ramifications qui ont été comparées à la tête d'un palmier. L'escalier de l'hôtel qui renferme le musée, à Angers, nous en offre un exemple (V. la page 264).

ESCALIER DU XVIᵉ SIÈCLE, A NUREMBERG.

L'ESCALIER DU MUSÉE D'ANGERS.

Cheminées. — La cheminée suivante est bien simple, telle qu'on en voyait partout au XVe. siècle et telle qu'on en fit souvent encore au commencement du XVIe. C'est la forme qui avait été adoptée dès le XIIe. siècle, et nous n'avons pas à nous y arrêter ; mais plus tard, quand le style de la Renaissance eut pénétré, le manteau des cheminées se couvrit de sculptures, de médaillons, et souvent elles furent peintes et dorées.

Une des plus belles cheminées de la Renaissance dont je puisse présenter le dessin est celle du manoir de Campigny, près Bayeux, couverte de moulures extrêmement fines, de rinceaux, de médaillons dont les reliefs sont rehaussés par des dorures et des peintures. Cette belle cheminée a été, comme par miracle, garantie de toute espèce de détériorations. Je l'ai décrite, avec la maison seigneuriale dont elle fait partie,

dans le tome III de la *Statistique monumentale du Calvados*. Il me
suffit d'en offrir ici un dessin : j'ai reproduit, sur la seconde planche,
le développement des corniches, les moulures de l'architrave et des

V. Petit del.

CHEMINÉE DE LA RENAISSANCE, A CAMPIGNY.

rinceaux, au centre desquels se trouve un médaillon soutenu par deux

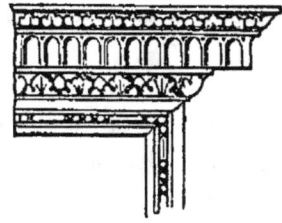

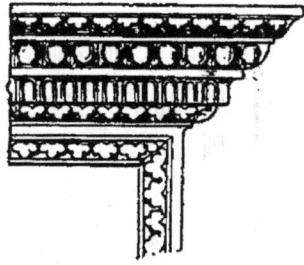

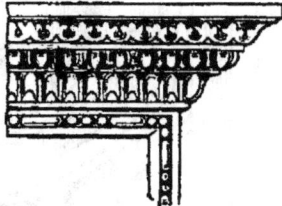

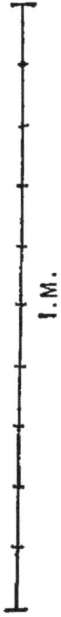

I.M.

CH. DIETRICH sc.

V. Petit del.

DÉTAILS DE LA CHEMINÉE DE CAMPIGNY.

amours. On voit, par cet exemple, que le style de la Renaissance ne se
prête pas moins à la décoration intérieure qu'à la décoration extérieure.

Boiseries.—Les portes en chêne se couvrent d'arabesques ou d'autres
moulures , aussi bien que les volets et les revêtements des murs

UN VOLET DU XVIᵉ. SIÈCLE.

dont les panneaux sont quelquefois d'une grande richesse. Les
formes anciennes persistent parfois jusqu'au milieu du XVIᵉ. siècle ;
les panneaux, et les meubles en bois, portaient assez souvent une
sorte de draperie , tombant en plis droits , qui avait été en usage dès
le XVᵉ.

Les plafonds à caissons étaient rares, on les voyait seulement
dans les appartements de luxe. La plupart des salles avaient des
poutres saillantes et des solives équarries pour supporter les planchers
supérieurs. Quelquefois on les peignait , souvent on se contentait de
la couleur naturelle du bois. On peut voir des planchers à poutres et
à solives dans presque toutes les salles du château de Blois , et les peintures qu'on y a rétablies montrent comment on les décorait au XVIᵉ.
siècle.

Charpentes et lambris. — Les lambris cintrés ou en ogive que nous
trouvons dans quelques grandes salles et que les architectes. anglais
ont eu le bon esprit de rétablir ou de conserver dans leurs anciens
monuments, demandent quelques explications. Les lambris qui se
trouvent assez souvent dans nos églises commencent à devenir rares
dans nos anciennes constructions civiles de France, cependant il en
existe d'assez intéressants encore qui, je le crains bien, finiront aussi
par être détruits.

Le XVIe. siècle nous montre peut-être les plus belles charpentes
en bois qui subsistent à présent, tant en France qu'en Angleterre :
nous citerons, entr'autres, celle de la grande salle des Pas-Perdus du
Palais-de-Justice de Rouen.

Celle de la grande salle de l'Hôtel-Dieu de Tonnerre est probablement aussi du commencement du XVIe. siècle, et ce n'est pas une des
moins hardies qui restent en France. On voit des voûtes semblables
à Bâle, dans les salles qui entourent le cloître et dans beaucoup de
grandes pièces dépendantes des anciennes abbayes et des édifices publics ou privés ; mais, chaque année, ces voûtes en bois deviennent
plus rares, on les supprime ou on leur substitue des voûtes en plâtre ;
nous réunissons notre voix à celle de M. Bordeaux pour réclamer leur
conservation.

Les anciens architectes, dit M. Raymond Bordeaux dans les remarquables articles qu'il a publiés dans le *Bulletin monumental* (1), comprenaient mieux que nous ce qui faisait l'harmonie de leurs créations ;
ils ne craignaient pas d'employer les voûtes en charpentes dans les
édifices de premier ordre où leur légèreté, leur sonorité et leur am-
pleur leur assuraient une juste préférence.

Les voûtes en bois qui appartiennent à l'époque ogivale ont pour
pièces principales, d'abord des poutres horizontales, placées sur le sens
de l'épaisseur des murs et qu'on nomme *sablières*, ou *plates-formes*,
puis des *arbalétriers* cintrés ou en ogive dont l'écartement est maintenu
par des poutres horizontales et transversales appelées *entraits* ou *tirants,*
Un poteau vertical, assemblé sur le milieu de l'entrait et qui se nomme
poinçon ou *chandelle*, supporte la poutre *faîtière* et soutient les *arbalétriers* à leur partie supérieure. Ces *maîtresses-pièces* font en même

(1) Principes d'archéologie pratique appliqués à l'entretien, la décoration
et l'ameublement artistique des églises, dans le t. XVII du *Bulletin monumental.*

temps partie de la toiture proprement dite. La voûte, qui cache les chevrons et les parties secondaires de la charpente, est composée de douves de merrain. Ces douves forment une voûte en berceau ogival. Elles dissimulent les *arbalétriers* en laissant visible le côté des *sablières* ou *plates-formes*, les *entraits* tout entiers et les *poinçons*. Mais les grosses pièces, exposées ainsi à la vue, n'ont point été laissées sans ornements. Les poinçons ont pris l'aspect de colonnettes, les entraits se sont couverts de sculptures variées, les sablières chargées de moulures deviennent des corniches souvent très-ornées. Quelquefois le bout des pièces de bois secondaires, destinées à relier les sablières aux madriers de la charpente extérieure, forment de place en place des modillons ornés de sculptures : ces pièces accessoires se nomment des *sabots* ou *blochets*. Enfin, sur la ligne la plus élevée des voûtes de cette espèce, des rosaces découpées, des écussons, des enjolivements divers se trouvent supendus.

Les entraits ou grandes poutres qui traversent d'un mur à l'autre et portent le poinçon ou support central, sont souvent, près des sa-

POINÇON OU CHANDELLE.

blières, sculptés, de manière à représenter une tête de requin armée de dents qui reçoit l'extrémité de la poutre et semble vouloir la dévorer. Depuis la fin du XVᵉ. siècle jusqu'au milieu du XVIᵉ., et même plus tard, j'ai trouvé ce genre d'ornement reproduit sur un grand nombre d'entraits ou de tirants de voûtes en bois; on le voit notamment dans ceux de la jolie maison de la fin du XVᵉ. siècle, figurée page 227.

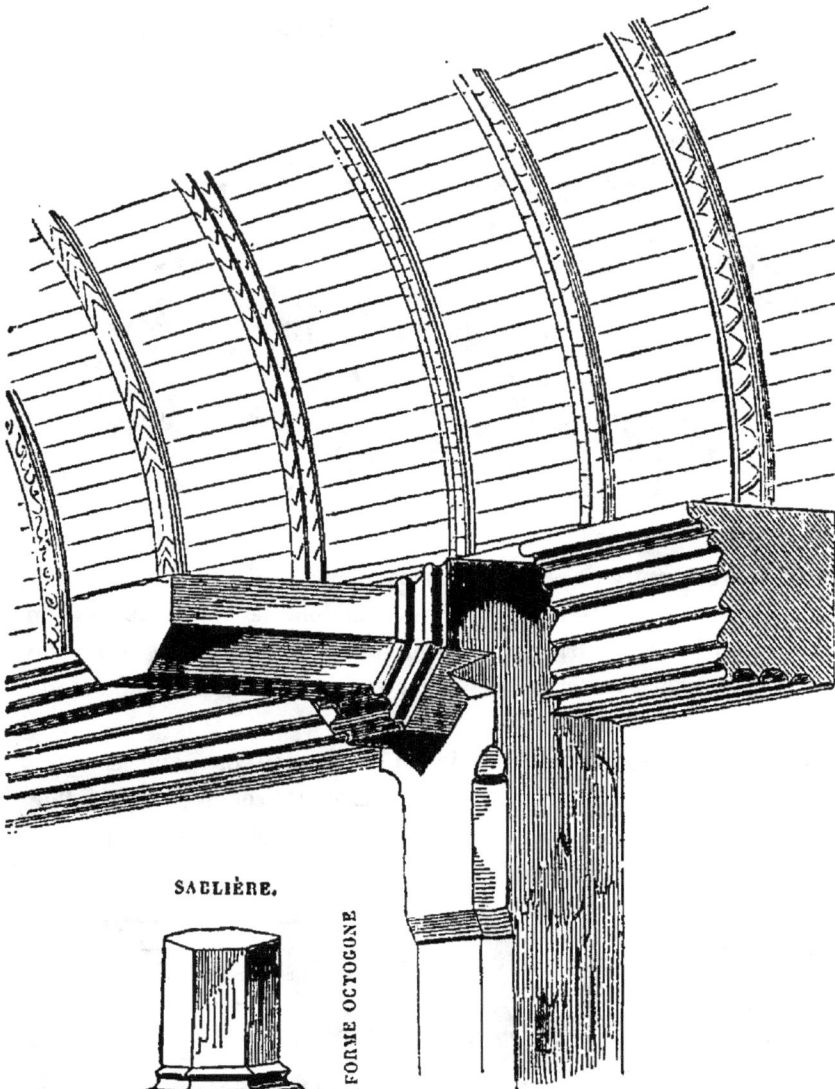

FRAGMENT D'UNE VOUTE EN BOIS, DE FORME CINTRÉE.

SABLIÈRE.

POINÇON DE FORME OCTOGONE.

TIRANT.

Les entraits portaient toujours quelques moulures à leur point de jonction avec les sablières , comme on le voit dans la figure suivante :

cette figure montre , aussi bien que la précédente , l'assemblage des douves ou pièces tapissant la charpente , et dont les lignes de jonction sont recouvertes de tringles divisant la voûte en bandes verticales espacées symétriquement.   Ces tringles sont souvent sculptées ou peintes.

M. Bordeaux a remarqué , et je l'ai vu de mon côté , que les ornements ont été tracés sur le merrain non peint des voûtes , à l'aide d'un emporte-pièce en tôle découpée ou en cuir percé à jour , et qu'ils

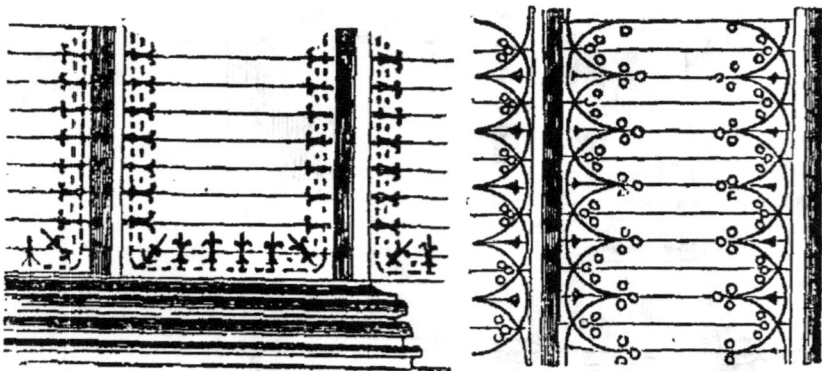

produisent sur le bois un effet assez ressemblant aux figures que les relieurs exécutent sur les couvertures des livres.

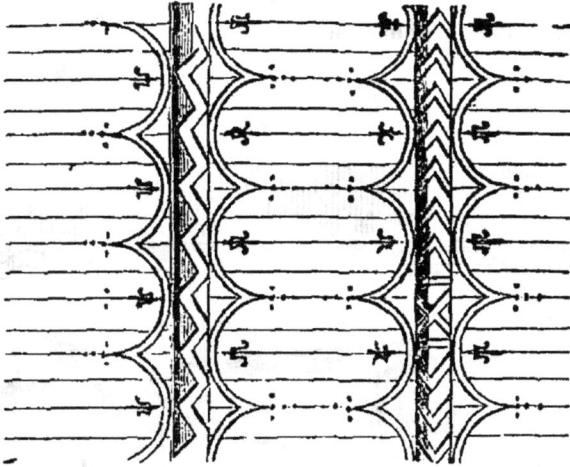

Grillages. — Souvent les fenêtres des maisons du XVIᵉ. siècle sont garnies de grillages en fer qui ne sont pas sans intérêt, ni sans élégance. M. Parker leur a donné le nom d'étançons dans son *Glossaire d'architecture.* M. R. Bordeaux, qui recommande avec raison de les conserver, en a figuré plusieurs qui se retrouvent à l'extérieur de

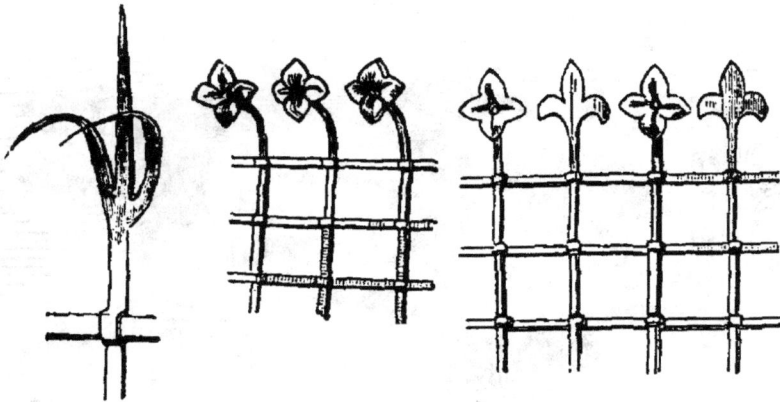

quelques maisons anciennes, surtout dans les manoirs, dans les habitations isolées où les fenêtres basses devaient être défendues par des grillages contre les tentatives des voleurs.

Ferrure et serrurerie. — La ferrure et la serrurerie atteignirent, au XVIᵉ. siècle, un haut degré de perfection. Les clefs, les serrures, les heurtoirs ou marteaux de porte; les poignées sont quelquefois, à cette époque, des pièces très-élégantes et couvertes de ciselures. Les marteaux ou heurtoirs sont tantôt en forme d'S, tantôt droits, en forme de poire très-allongée.

Quelques-uns portent des personnages : tel est celui qui existe à Troyes et dont nous donnons une figure.

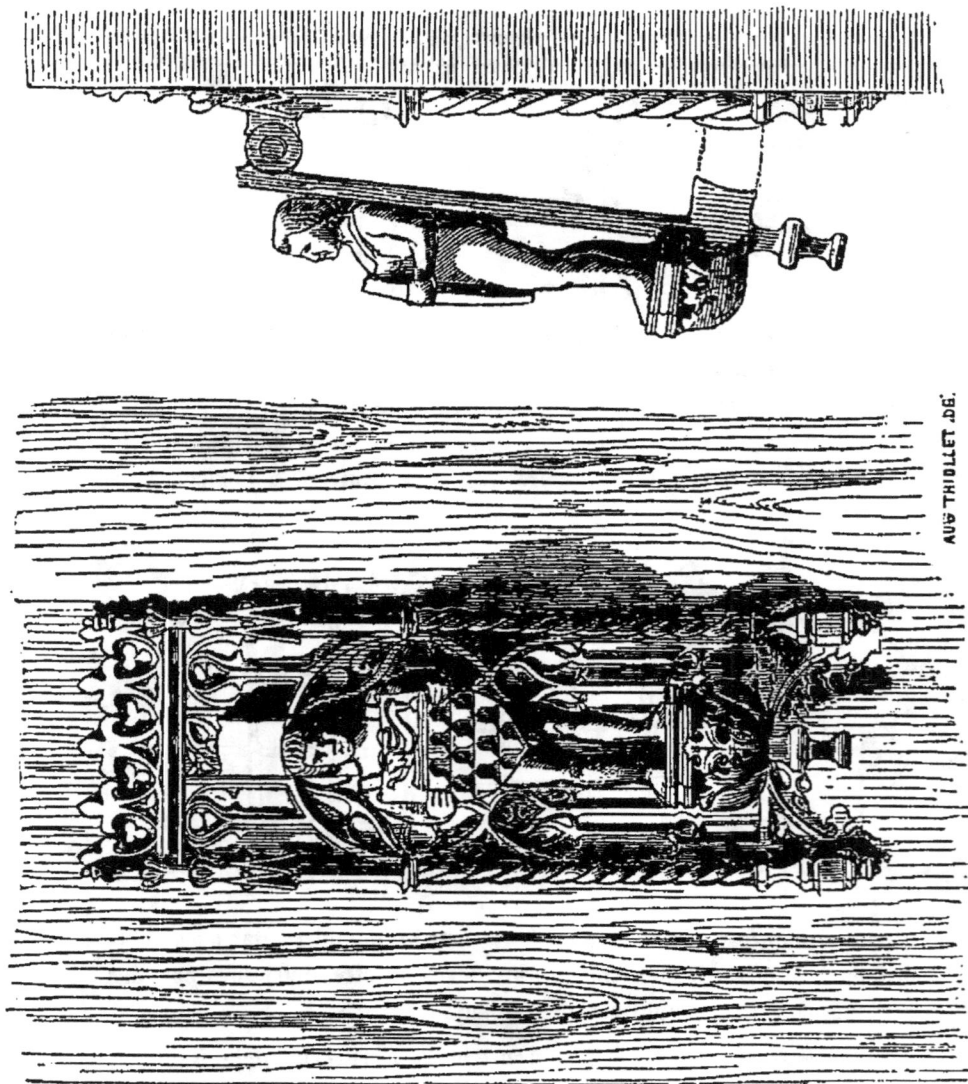

MARTEAU DE PORTE , A TROYES (Aube), VU DE FACE ET DE PROFIL.

AUG THIOLLET .DEL.

Plus habituellement , la plaque qui portait le marteau était ornée de détails empruntés à l'architecture.

Vitrage. — Les fenêtres se partageaient en forme de croix, comme elles l'avaient fait au XVe. siècle. Chacun des panneaux s'ouvrait en dedans ; quelques fenêtres se divisaient en six panneaux.

Les fenêtres les plus étroites ne présentaient qu'une baie divisée horizontalement en deux panneaux, comme la suivante.

FENÊTRE DE LA RENAISSANCE, A DEUX PANNEAUX.

On voyait quelquefois, au milieu des vitres en petit plomb, comme celles des églises, les armoiries du propriétaire, en couleur ; de petits sujets, tantôt religieux, tantôt historiques, peints en grisaille ou en

apprêt avec beaucoup de finesse. Ce mode de vitrage fut employé
jusqu'au temps de Louis XIV.

ARMOIRIES PEINTES SUR LES PANNEAUX A PETITS PLOMBS D'UNE FENÊTRE
DU XVIᵉ. SIÈCLE.

Il y aurait beaucoup à dire sur l'ameublement et la décoration intérieure des appartements. Les tapisseries formaient, au XVIᵉ. siècle,
les plus riches tentures des salons et des appartements de réception ;
il nous en reste encore quelques-unes, et M. Jubinal, dans sa belle
publication sur l'histoire des tapisseries, en a donné de beaux spécimens que l'on peut voir dans toutes les bibliothèques où se trouve
son ouvrage. Celles qui existent à Auxerre méritent d'être citées.

Dans beaucoup de maisons, on peignait sur les murailles des sujets
analogues à ceux des tapisseries. Ainsi j'ai cité, dans ma *Statistique
monumentale du Calvados* (1), une maison dont les murs étaient
couverts de peintures représentant des danses de bergers et de bergères.
Des phylactères reproduisaient dans ces peintures, comme dans les tapisseries, les dialogues que le peintre attribuait à ses personnages.
Ces inscriptions qui aidaient à l'intelligence des tableaux et vivifiaient
les personnages en les faisant parler, ajoutaient beaucoup, il faut en
convenir, à l'intérêt du sujet.

Puits.—Dès le XVᵉ. siècle et long-temps avant, les puits avaient été
l'objet de l'attention des architectes, et quelquefois ils en avaient fait de

(1) T. Iᵉʳ., p. 45.

petits monuments. Au XVIe. siècle, les puits furent en général plus élégants encore que par le passé : engagée dans l'épaisseur des murs, la margelle était souvent surmontée d'une espèce de coquille sculptée dans le mur d'où sortait la tige en fer qui supportait la poulie et la corde, destinées à monter le sceau. Souvent aussi le puits était isolé, et une élégante armature en fer, portée sur la margelle, formait le support auquel pendait la poulie.

Le puits que voici n'a pas l'élégance des précédents ; il n'offre d'intéressant que les piliers carrés, à chapiteaux composites, supportant le vaste toit sous lequel il s'abrite.

La ville de Troyes renferme plusieurs puits publics dont les ar-
matures en fer, extrêmement élégantes, paraissent de la fin du XVIᵉ.
siècle, et dont voici deux spécimens.

PUITS A TROYES.

PUITS A TROYES.

Fontaines publiques.—Plusieurs fontaines du XVIᵉ. siècle sont d'une
grande élégance ; je me propose d'en publier, dans le *Bulletin monumental*, quelques-unes des plus riches.

Il nous en reste encore beaucoup de simples dans le genre de celle
qui suit, offrant un obélisque plus ou moins orné, d'où sortent plusieurs jets d'eau.

I-BREVAL.

Pernot de.

FONTAINE DE LA FIN DU XVIᵉ. SIÈCLE.

Quant aux fontaines-grottes ou à réservoir voûté, elles montrent, au

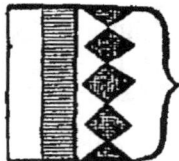

FONTAINE JOUBERT, A POITIERS.

XVIᵉ. siècle, la même disposition que dans les siècles précédents, c'est-à-dire qu'elles offraient une cavité voûtée en ogive et couverte d'un toit en pierre comme celle qui précède (page 277).

Moulins. — Les moulins se rattachent à l'architecture civile rurale des campagnes, et je voudrais en dire un mot. D'après M. Léopold Delisle, les mentions de moulins à vent commencent à paraître, dans les textes normands, à la fin du XIIᵉ. siècle, et y deviennent assez communes dans le cours du suivant : rien ne s'oppose à ce que l'on admette que les Croisés rapportèrent de l'Orient l'idée de ces moulins.

On connaît trop les moulins à vent pour qu'il soit nécessaire de les décrire; il y en a de construits entièrement en bois, d'autres dont la partie basse, de forme cylindrique, est en pierre et la partie plus

MOULIN A VENT, PRÈS D'AURAY (Morbihan).

large, qui renferme les meules, en bois. D'autres enfin sont tout-à-fait en pierre, et le mécanisme du moulin qui, comme on le sait, est mobile et peut se tourner selon la direction du vent, est protégé par une tour en pierre.

Les moulins à vent les plus intéressants que j'aie remarqués ne datent que du XVIᵉ. siècle, tel est celui qu'on voit en sortant d'Auray, sur la route de Lorient, et dont la forme n'est pas dépourvue d'élégance.

Les moulins à eau, dont l'usage a de beaucoup précédé en France celui des moulins à vent, ont aussi nécessité des constructions plus vastes et plus durables, et quoique l'impétuosité des eaux ait été une cause continuelle de destruction, on en connaît dont quelques pans de murs datent du XIVᵉ. siècle et peut-être du XIIIᵉ. (1).

Dans les généralités qui précèdent, je ne fais qu'ébaucher un sujet très-fécond, mais ce que j'ai dit suffit pour fixer les idées sur l'architecture civile au XVIᵉ. siècle.

On a vu, par les quelques exemples présentés, que le style ogival et le style dit *de la Renaissance* ont été pendant la 1ʳᵉ. moitié du XVIᵉ. siècle, employés simultanément pour les constructions civiles : le style ogival ne fut abandonné pour celles-ci que dans la 2ᵉ. moitié du XVIᵉ.

Au XVIᵉ. siècle, on a construit encore une prodigieuse quantité de maisons en bois, quoiqu'on ait commencé à mettre la pierre en œuvre plus fréquemment qu'auparavant. Les constructions en bois ont même été très-ordinaires encore au XVIIᵉ. siècle, surtout dans certaines villes.

Beaucoup de maisons qui s'élevèrent dans le cours du XVIᵉ. siècle furent construites avec le système d'ornementation qui régnait au XVᵉ., et elles se distinguent difficilement des maisons plus anciennes. Pour les constructions civiles, comme pour les autres, il y a eu, au XVIᵉ. siècle, lutte entre l'ancien système et celui que l'on avait renouvelé de l'architecture grecque et romaine.

En Allemagne, en Belgique et en Angleterre, le style ogival s'est maintenu beaucoup plus long-temps, et jusqu'au XVIIIᵉ. siècle, dans les constructions publiques et privées.

Aspect des villes au XVIᵉ. siècle. — Au XVIᵉ. siècle, et ceci s'applique aussi au siècle précédent, nos villes offraient des rues étroites, courbes, dont les ouvertures correspondaient rarement les unes aux autres ; les

_____

(1) A Ticheville (Orne) on remarque des arcatures ogivales dans les murs du moulin qui, je crois, dépendait, dans l'origine, du prieuré de cette paroisse.

A la Trappe (Orne), à Cluny et dans d'autres abbayes, les moulins ont des parties anciennes : d'autres m'ont présenté des parties du XVᵉ. siècle et du XVIᵉ.

maisons, avec leurs pignons aigus, formaient des lignes festonnées d'une teinte sombre, relevées, à de rares intervalles, par des constructions en pierre blanche ; un grand nombre de rues avaient aussi des porches ou galeries au moyen desquels on pouvait marcher à couvert, mais qui rendaient fort sombres les appartements du rez-de-chaussée.

Avec les vieilles maisons qui nous restent dans plusieurs quartiers, il est facile de se faire une idée de nos rues des XVe. et XVIe. siècles.

A l'extérieur, et vues d'une position élevée, les villes du moyen-âge avaient quelque chose de plus satisfaisant.

De tous côtés des tours d'églises, de chapelles, de murailles militaires et jusqu'aux clochetons couronnant les escaliers et les cheminées des maisons, présentaient une forêt de pyramides auxquelles venaient se marier les pignons aigus des maisons. Ce tableau offrait le coup-d'œil le plus animé et le plus pittoresque ; on peut en juger par beaucoup de vignettes de manuscrits du XVe. siècle, représentant les villes de cette époque.

Tel était, au XVIe. siècle, l'état des villes, il ne changea qu'au XVIIe. siècle que l'on commença à élargir les rues, à détruire les fortifications pour faire des promenades, et que les maisons en pierre ou en brique prévalurent décidément sur les maisons en bois.

Ajoutons que beaucoup de villes n'étaient pas encore régulièrement pavées ; que les rues étaient pleines de fange ; que le chaume couvrait encore les maisons du peuple, et que la plus grande malpropreté régnait dans beaucoup de quartiers (1).

Les rues étaient fort étroites ; quelques-unes n'avaient que 10 pieds de largeur ; les plus grandes n'avaient guères plus du double.

Les ouvriers de même profession étaient dans la même rue ; ainsi on connaît, dans beaucoup de villes, la rue aux *Fèvres*, celles des *Pelletiers*, des *Tonneliers*, etc. , etc.

Les places peu spacieuses étaient souvent entourées de porches.

L'établissement des lanternes ne date, pour les grandes villes, que de la fin du XVIIe. siècle et du XVIIIe. pour d'autres.

Le soir, les personnages notables se faisaient précéder, dans les rues, d'un domestique portant une torche de résine. Quelques hôtels, notamment celui que j'habite à Caen, avaient sous leurs portes, fixé à la muraille, un grand éteignoir en fer pour éteindre les torches en entrant (2).

(1) Ce ne fut qu'au XVIIe. siècle qu'un service régulier fut établi pour nettoyer les rues de Paris ; on peut de là conclure que les villes de province ne prirent des mesures analogues que quelques temps après.

(2) Les lanternes dites reverbères et à huile ne datent que du siècle dernier,

A quelles causes peut-on attribuer l'abandon du style ogival pour l'architecture dite de la Renaissance ?

L'abandon du style ogival, long-temps admiré, ce retour vers l'ancienne architecture si opposée de formes au système précédent, est un des phénomènes les plus extraordinaires de la versatilité de l'esprit humain, de cette mobilité qui a produit, à diverses époques, des volte-faces soudaines que les générations suivantes ont quelque peine à s'expliquer.

Il est évident que les causes indiquées dans mon *Cours d'antiquités*, et dans le volume de l'*Abécédaire* consacré à l'architecture religieuse, notamment *la réaction opérée en faveur de la littérature et des beaux-arts des anciens*, d'abord en Italie, puis en France, ont beaucoup contribué à produire cette grande révolution artistique; cependant on peut l'expliquer aussi par beaucoup d'autres causes.

Quelques-uns ont pensé que les formes de l'architecture antique (le cintre, le carré et les lignes horizontales) se prêtaient mieux à la distribution des maisons et des palais, ce qui put influer puissamment dans l'esprit des architectes sur la préférence qu'ils lui donnèrent.

M. Hope trouve les causes principales de l'abandon du style ogival dans le progrès de l'industrie, des richesses et des connaissances parmi les laïques. Cette émancipation des laïques produisit, d'après lui, le besoin de nouvelles constructions plus nombreuses et plus variées qu'auparavant et qui ne pouvaient plus avoir le caractère religieux dans lequel excellaient les architectes de l'Église. Elle fit sentir plus vivement le désir de secouer le joug de l'influence sacerdotale dans le plan et l'exécution de ces bâtiments, même à une époque antérieure à la Réforme.

« A coup sûr, ajoute M. Hope, on n'a point fait de progrès en
« revenant aux formes anciennes, on a rétrogradé : si l'on avait pro-
« gressé, on n'aurait point renoncé à toutes ces dispositions adaptées
« aux habitudes sociales et religieuses, qui étaient nées et avaient
« grandi avec elles; on n'aurait pas abandonné toutes ces hardiesses
« ingénieuses dont les anciens ne s'abstenaient que parce qu'ils ne les
« connaissaient pas, car s'ils les eussent connues, ils eussent volontiers
« renoncé pour elles à une foule de formes que la Renaissance s'avisa

1768 pour Paris, 1769 pour Rouen (de La Querrière, ouvrage cité). Il y eut encore à Rouen, après cette époque, des lanternes éclairées par des chandelles de suif.

« de raviver. En un mot, on n'eût point adopté les modes qui, loin
« d'être des résultats et des symptômes de progrès, n'étaient, du moins
« à mon sens, qu'une rétrogradation vers l'ignorance et la barbarie ;
« on n'eût pas fait une halte dans la poursuite des beautés essentielles
« du style antique, pour ne *produire qu'un vrai salmigondis d'an-*
« *ciennes formes dépouillées tout à la fois de la perfection mécanique*
« *du style ogival et de la grâce rationnelle de l'antique.* »

Je l'ai déjà dit ailleurs, M. Hope a été trop sévère pour l'architecture
de la Renaissance, et s'il y a, comme je le crois, beaucoup de vrai
dans ses opinions en ce sens qu'en revenant à un style abandonné,
on a fait un pas en arrière, cependant il ne faut pas aller jusqu'à nier
la grâce du style de la Renaissance et son aptitude à se plier à la distribution des habitations telles que la civilisation moderne les a faites.

Quelle que soit la valeur de ces opinions, il est certain que les architectes, qui adoptèrent le style de la Renaissance, étaient plus à l'aise
quand ils bâtissaient des maisons et des palais, que quand ils construisaient des églises, et j'ai déjà dit que les productions de la Renaissance
ont été civiles plutôt que religieuses.

CHAPITRE VII.

ARCHITECTURE MODERNE.

(XVIIe. SIÈCLE.)

Le style du XVIe. siècle se reproduisit souvent pendant le XVIIe.
A cette époque, on vit encore fréquemment les maisons de pierre ayant
sur la rue un pignon triangulaire, avec des fenêtres divisées en quatre
parties par des croisées de pierre et des escaliers en saillie formant
une espèce de tour.

Mais les édifices affectèrent un style beaucoup plus lourd que sous
François Ier., Henri II et ses successeurs. On vit paraître, sous Henri IV,
les frontons brisés, les cartouches pesants, des colonnes à renflements,
des modillons sous les corniches, etc. On trouve bon nombre d'exemples
de cette architecture dans les édifices, publics ou privés, construits
depuis Henri IV jusqu'à Louis XIV.

Les sentences et les inscriptions qui avaient été souvent gravées sur les maisons du XVI°. siècle, ne sont pas moins fréquentes sur celles du commencement du XVII°.

Telle est cette sentence dont on a fait, de nos jours, la légende d'un cachet.

FAY BIEN ET LAISSE DIRE.

C'est même sur des maisons du XVII°. siècle que j'ai trouvé le plus grand nombre de ces *inscriptions sentencieuses* dans certaines contrées.

Dans l'est de la France, en Allemagne et en Belgique, le XVII°. siècle a fourni encore une quantité considérable de ces maisons à hauts pignons et à rampants étagés, échancrés en forme d'S, qui existaient dans le XVI°. Le pignon suivant que je donne pour exemple date de 1620 environ.

MAISON EN PIERRE AVEC PIGNON A RAMPANTS ÉTAGÉS.

La maison qui suit, qui est une des plus belles de Brunswick, présente la même disposition des rampants ; elle est en outre décorée de

statues et d'une magnificence peu commune. Elle porte la date 1590 ;
mais son ordonnance et son style annoncent plutôt le XVIIe. siècle, et
probablement elle n'a été terminée que plusieurs années après la
date indiquée.

MAISON A BRUNSWICK, PORTANT LA DATE 1590.

Les fenêtres-lucarnes du XVIIe. siècle présentent une variété de
formes dont j'essaie de donner une idée par les figures qui suivent.

FENÊTRES ET LUCARNES DU XVIIe. SIÈCLE.

Dans certaines villes de commerce, à Amsterdam, par exemple, les pignons des maisons donnant sur les rues sont percés de fenêtres accédant aux greniers ou magasins ; une poutre destinée à porter une poulie, sort de l'extrémité supérieure des frontons.

Les nombreux pignons variés qui festonnent les rues d'Amsterdam, donnent à cette ville une physionomie originale et mouvementée très-remarquable.

Escaliers. — Au XVIIe. siècle, les escaliers s'élargirent excessivement dans les maisons importantes ; ils offraient des paliers spacieux, mais leurs membrures étaient fort épaisses et leurs ornements d'une grande pesanteur. Les balustres, présentant des poires carrées, aplaties, portaient une lourde rampe sur laquelle était un large porte-main. Les premières balustres, après un repos et un tournant, étaient divisées par des poteaux carrés avec des moulures, et couronnés, tantôt par une espèce de boule, tantôt par une pomme quadrangulaire.

Peller'sche-Haus, à Nuremberg. — Les grands hôtels offraient du reste, au XVIIe. siècle, la même disposition générale qu'au XVIe. : je citerai, pour le prouver, le bel hôtel appelé Peller'sche-Haus, à

PELLER'SCHE-HAUS, A NUREMBERG.

Nuremberg (V. la page 287), lequel commence à la fin du XVIe. siècle et n'a été fini qu'en 1606.

Au XVIIe. siècle , quelques maisons portent des dates figurées par les chevilles en fer qui maintiennent des tirants établis pour la plus grande solidité des murs.

J'ai trouvé quelques dates indiquées de la même manière dans la seconde moitié du XVIe. siècle , mais c'est au XVIIe. qu'elles m'ont paru le plus communes en France, en Belgique et en Allemagne.

Le cuir doré ou basané était , à la fin du XVIe. siècle, mais surtout au XVIIe. , employé comme tenture dans les maisons riches , concurremment avec les tapisseries ; il n'en reste plus que des débris, encore est-ce le plus souvent dans quelques châteaux, et surtout dans les musées, qu'on peut les rencontrer.

M. de La Querrière cite, à Rouen, une maison qui avait une magnifique tenture en cuir doré, sur laquelle on voyait des personnages de l'histoire romaine, comme on les trouve sur les tapisseries , sur les émaux , etc. , etc. Mais, comme le fait remarquer cet habile explorateur des maisons de Rouen, les personnages ont dû être très-rarement peints sur le cuir. On y voit , le plus souvent , des ramages et autres dessins.

Les panneaux de cuir étaient formés de plusieurs morceaux cousus ou collés les uns aux autres.

Les pièces de cuir offraient des dessins en relief que l'on obtenait au moyen de la pression et d'une planche en creux ; on se servait aussi de fers à peu près comme le font les relieurs de livres.

Les cuirs dorés étaient employés non-seulement pour les tentures , mais aussi pour certains meubles.

Je passe rapidement sur ces détails.

J'ai figuré (p. 289 et 290) une maison que je crois du commencement du XVIIe. siècle, ou même des dernières années du XVIe. ; elle montre le style lourd de cette époque. On ne voit plus les croisées de pierre et les vitres en petits plombs ; elles ont été remplacées par des châssis en bois ; les lucarnes ont conservé leurs formes premières et montrent leurs montants évasés en forme d'S et leurs frontons arrondis ou triangulaires, formes qui , dès les dernières années du XVIe. siècle, ont été souvent employées simultanément et alternativement; les cheminées quadrangulaires sont couronnées de frontons.

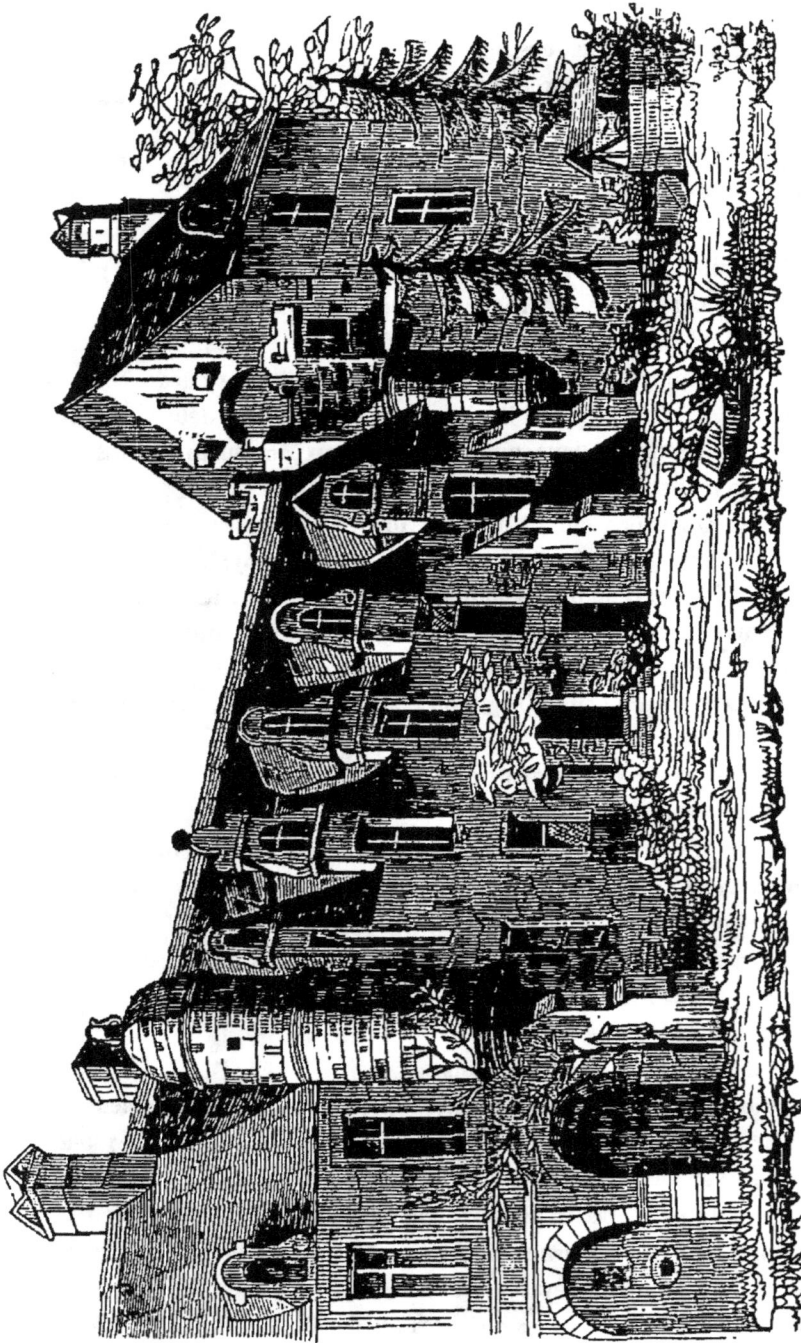

MAISON DU COMMENCEMENT DU XVIIe. SIÈCLE.

DUPUIS. S

La porte suivante offre un exemple de l'appareil en bossage, employé

PORTE DU XVIIe. SIÈCLE.

CH.DIETRICH

fréquemment au commencement du XVIIᵉ. siècle, et des frontons qui
couronnent alors les portes de certains hôtels ou manoirs : cette entrée
imite la disposition des arcs de triomphe antiques.

L'hôtel de la Caillerie, à Bayeux, remarquable par sa belle porte
et le pavillon à toit élevé qui l'accompagne, est encore un bon exemple
à citer de l'architecture privée du XVIIᵉ. siècle; il porte la date 1647.

VUE DU MANOIR DE LA CAILLERIE, CONSTRUIT EN 1647.

La maison qui suit (p. 292) est un moulin à eau. La façade élégante
annoncerait bien plutôt un petit château qu'une usine à blé. Il porte la
date 1664. Ses deux portes symétriques, l'encadrement à pilastres et le
fronton coupé à plusieurs frises superposées qui occupent le centre,
caractérisent parfois une date un peu plus ancienne, quoique ce style

se perpétue dans quelques monuments jusqu'au commencement du XVIIIe. siècle.

LE BEAU MOULIN, A TRÉVIÈRES, PORTANT LA DATE 1664.

Le magnifique château de Coulommiers (Seine-et-Marne), palais dont il ne reste plus que quelques débris, mais dont on possède de bons dessins, avait été commencé en 1613 (1) ; il se composait, comme les grands palais du temps, de pavillons principaux reliés par des galeries.

Tous les pleins des murs étaient revêtus de briques; les pilastres, les corniches, l'entablement, les cadres des fenêtres, alternativement en arcs surbaissés et couronnés d'un fronton triangulaire, étaient en pierre de taille; à l'extérieur, les entre-colonnements du premier étage présentaient des niches, et ceux du second, deux caryatides. La corniche était couronnée de piédestaux portant des vases en pierre, et des lucarnes en œil-de-bœuf correspondaient aux fenêtres. Je présente

(1) Voir, dans le t. XIX du *Bulletin monumental*, la description du château de Coulommiers, par M. A. Dauvergne, membre de la Société française d'archéologie.

UNE PARTIE DU CHATEAU DE COULOMMIERS, COMMENCÉ EN 1613.

(p. 293) une partie du château de Coulommiers ; elle montre une
ordonnance que l'on retrouve, avec quelques différences, au palais du
Luxembourg, à Paris, et dans plusieurs autres palais ou grands châteaux
de la première moitié du XVIIᵉ. siècle.

Il nous reste encore beaucoup de maisons du temps de Louis XIII
et de Louis XIV, mais je n'ai pas besoin d'en présenter d'autres exemples.

Michel-Ange fut le premier qui remit en usage le principe d'un ordre
unique, embrassant tout l'ensemble des édifices, au lieu des petits ordres
accumulés l'un sur l'autre et occupant chacun un seul étage, comme
dans le style de la Renaissance.

En France, vers le XVIIᵉ. siècle , on cessa aussi de superposer les
petits ordres pour adopter un seul ordre colossal, à l'imitation de Michel-
Ange. Un grand nombre de monuments nous montrent le parti qu'on en
a tiré. Mais ce système, qui a été continué jusqu'à nous, convient
surtout aux grands édifices ou aux monuments publics.

Halles. — Les halles ont quelquefois, au XVIIᵉ. siècle, affecté la
forme suivante (V. la page 295) , qui montre encore la disposition des
marchés couverts du moyen-âge. Ainsi , on remarque trois entrées
principales dans la façade, répétées dans le mur postérieur ; deux autres
entrées existent ordinairement dans les murs latéraux.

Un vaste toit couvre la nef principale et les bas-côtés ; c'est la disposition que nous trouvons, dès le XIIᵉ. siècle, dans les granges dîmières
et les marchés couverts.

On voyait, dans la halle aux viandes de Caen (figurée p. 295), deux
grandes fenêtres carrées entre la porte centrale et les deux portes latérales ; j'ignore si elles existaient dès l'origine : je le supposerais, parce
que j'en ai remarqué de pareilles dans une halle des bords de la Loire,
qui paraît du même temps que celle de Caen.

Trois fenêtres, disposées 1 et 2 , remplissaient le triangle du pignon :
les deux premières étaient couronnées d'un fronton ; la troisième, en
arc surbaissé, portait une inscription.

HALLE AUX VIANDES A CAEN, DÉMOLIE EN 1856.

XVIII\. SIÈCLE.

Les monuments du XVIII\. siècle sont assez nombreux dans toutes les villes pour qu'il soit inutile de les décrire : j'ai déjà dit, dans l'*Abécédaire d'archéologie* (partie religieuse), ce que devint l'architecture vers la fin du règne de Louis XIV, et l'on sait, surtout aujourd'hui qu'il est redevenu à la mode, en quoi consiste le style qui domina sous le règne de son successeur.

M. Hope, qui traite le style de la Renaissance avec tant de sévérité, n'est pas plus indulgent pour les formes qui caractérisent le style dominant au XVIII\. siècle pour l'architecture , l'ameublement et tous les objets d'art : le passage de son *Histoire de l'architecture* dans lequel il exprime son opinion sur cette époque est assez piquant pour que je le reproduise textuellement :

« Tous les arts sur lesquels le goût peut exercer une influence bonne ou « mauvaise, dit-il, le bois, la pierre, les métaux, la porcelaine, le verre, « le tissu même des diverses étoffes que l'homme emploie pour se meubler « ou se vêtir ; l'architecture, la sculpture, la peinture, la ciselure , « l'orfévrerie ; la broderie , le tissage ; le temple et le tombeau ; l'in-« térieur et l'extérieur des maisons ; les voitures et les vaisseaux ; les « murs, les plafonds et les planchers ; la quincaillerie et la papeterie ; « l'autel et le buffet ; la chaise, la table , la cheminée, le chandelier , « le lustre, le cadre des tableaux ; le surplis du prêtre, le falbala de la « grande dame , les manchettes en dentelle du marquis ; le calice et la « tabatière, la tasse et la soucoupe, la bague et le bracelet ; tout, en un « mot, fut envahi par cette manie. Non-seulement on abandonna ces « imitations exactes et fidèles des êtres animés ou inanimés, des pro-« ductions de la nature ou de l'art, que les arabesques conservent « encore et qui satisfont également les yeux et l'esprit, mais on renonça « même à toute régularité, à toute forme, à toute surface nettement « définie, à tout ce qui était bien décidément rond ou carré, uni ou « saillant, droit ou angulaire ; et l'on substitua à tout cela je ne sais « quelle ligne irrégulière, vague, complexe, qui n'était ni positivement « continue, ni positivement brisée ; je ne sais quel lourd entortillage , « quels plaqués insignifiants. Grâce à la facilité de l'exécution, au peu « d'habileté, de goût et d'imagination qu'elle exigeait, cette contagion « se répandit avec une extrême rapidité ; et, comme un cancer corrosif,

« elle eut bientôt rongé toutes les moulures, dévoré toutes les surfaces,
« et fait disparaître de partout la simplicité, la variété, l'unité, les
« contrastes et la symétrie.

« Ce goût, comme tous ceux dont l'Italie avait été le berceau, passa
« d'abord en France. Il trouva grâce devant Louis XIV affaibli par
« l'âge, et dont la jeunesse avait vu de meilleurs jours. Sa faveur
« s'accrut sous le Régent, et il orna le piédestal de la statue qui repré-
« sentait Louis XV, à son accession au trône, coiffé d'une énorme
« perruque poudrée, à boucles flottantes, vêtu d'un habit à basques
« carrées, les souliers à hauts talons, la larme à l'œil, le nez en l'air
« et le poing sur la hanche. De la France, il parcourut, comme un feu
« follet, tout le continent, passa la Manche, et débarqua sur les côtes
« d'Angleterre. »

A la fin du XVIIIe. siècle, et au commencement du XIXe., l'architecture, plus pure de formes, fut néanmoins d'une pauvreté remarquable.

Aujourd'hui nous n'avons pas de style proprement dit, ou plutôt
nous avons un peu de tous les styles : la Renaissance, le style Louis XV,
le style grec, le romain, sont, avec leurs intermédiaires, mis en
œuvre par nos architectes. Le style ogival a même été dernièrement
employé à Lyon, et ailleurs, pour des maisons considérables dans des
rues très-commerçantes.

Cette variété, qui annonce une certaine fermentation artistique et
une époque transitionnelle pour l'art, ne me paraît pas fâcheuse comme
à beaucoup d'artistes qui s'en désolent ; il faut de la liberté : on finira
par adopter le système qui convient le mieux quand on aura essayé de
tous. On ne peut nier, d'ailleurs, que l'architecture ne soit en grand progrès, depuis quelques années.

ARCHITECTURE MILITAIRE

DU MOYEN-AGE.

CHAPITRE Ier.

Qu'est-ce que l'architecture militaire ?

C'est l'architecture qui a servi à la défense, telle que les murailles des villes, les citadelles, les châteaux-forts, etc., etc.

L'histoire de cette architecture est-elle bien connue ?

Le Ve. volume de mon *Cours d'antiquités* est le premier ouvrage qui ait donné un précis de cette histoire en France : on peut regarder comme incontestables les faits qui y sont rapportés ; mais ces documents devront être complétés par de nouvelles observations.

Les anciens châteaux ont été soumis à beaucoup de changements et de vicissitudes ; souvent ils sont l'ouvrage de plusieurs générations, et présentent un mélange de constructions dont il serait impossible de débrouiller les dates. La plupart ont été rasés ou démantelés ; les autres sont complètement dénaturés par des distributions nouvelles, à l'intérieur ; par des ouvertures, des additions et des mutilations, à l'extérieur. Les anciens châteaux demeurés intacts ne se trouvent assez souvent aujourd'hui que dans des lieux stériles, au milieu des bois, ou sur des éminences escarpées, que l'homme s'est hâté d'abandonner lorsque la civilisation lui a permis de vivre avec sécurité dans des demeures moins sévères et plus commodes.

Ajoutons que les monuments militaires n'offrent guère que des masses de maçonnerie, souvent sans ornements et sans sculptures qui puissent montrer le goût dominant à l'époque où ils furent élevés.

Quelles sont les coupes principales à établir dans la chronologie des monuments militaires ?

On peut les diviser en cinq classes, non compris les monuments militaires de construction romaine :

1°. LES FORTERESSES CONSTRUITES DEPUIS LE Ve. SIÈCLE JUSQU'AU XIe. EXCLUSIVEMENT.

2°. LES CHATEAUX-FORTS DU XIe. ET DU XIIe. SIÈCLES.

3°. CEUX DU XIIIe. SIÈCLE.

4°. CEUX DU XIVe. SIÈCLE ET DU XVe.

5°. CEUX DE LA FIN DU XVe. SIÈCLE ET DU XVIe.

Quelle était la disposition des murs de guerre sous les Romains ?

Les fortifications romaines se composaient, comme je l'ai dit dans l'*Abécédaire d'archéologie* (ère gallo-romaine), de murailles solidement construites, flanquées de tours saillantes plus ou moins engagées dans la muraille et généralement placées à portée de trait les unes des autres, de sorte que les assiégeants pouvaient être pris en flanc des deux côtés.

Par quelles dénominations distinguait-on les places fortifiées sous les Romains ?

Il y avait trois sortes de forteresses chez les Romains : la dénomination de *castrum* ne s'entendait pas seulement d'un camp, elle désignait encore une place entourée de murs. Les châteaux désignés par le mot *castellum* paraissent avoir été des places d'un ordre inférieur, telles que nos châteaux baronniaux du moyen-âge, de même que les *burgi*, qui, cependant, étaient plus petits que les *castella*, si l'on en juge par le passage suivant de Végèce : *Castellum parvum quod burgum vocant* (1).

Les châteaux désignés sous la dénomination de *castra* embrassaient quelquefois une étendue aussi et même plus considérable que celle des villes. Grégoire de Tours nous en fournit une preuve en parlant du château de Merliac. Il était fortifié naturellement et situé sur un rocher qui s'élevait de 100 pieds au-dessus de la plaine ; il renfermait une vaste

_____

(1) Vegetius, *De re militari*, lib. IV.

pièce d'eau très-agréable à boire; on y voyait aussi des fontaines abondantes, et par une de ses portes coulait un ruisseau d'eau vive. Les
remparts renfermaient un si grand espace que les habitants cultivaient,
à l'intérieur, des terres dont ils recueillaient beaucoup de fruits (1).

*Les châteaux furent-ils nombreux en France sous la domination
romaine ?*

Très-nombreux, surtout dans le IVe. siècle ; mais tous n'étaient pas
garnis de murs en pierre et beaucoup n'avaient que des remparts en
terre.

Zosime nous apprend que Dioclétien garnit toutes les frontières de
l'Empire de places fortes, *oppidis*, de châteaux, *castellis et burgis* ; et
qu'il y établit des garnisons permanentes (2). Il lui fallut aussi pourvoir
à la défense des côtes exposées aux irruptions des Saxons, qui avaient
commencé à troubler la Bretagne et le nord de la Gaule. On sait qu'en
284 une flotte fut équipée, à Boulogne, pour combattre ces nouveaux
ennemis (3).

Plus l'Empire fut exposé, par la suite, aux irruptions des barbares,
plus il fallut élever de forteresses. Ammien Marcellin parle de celles que
Valentinien fit construire, en 368, depuis la Saône jusqu'à la mer ; sur
le bord du Rhin, et même sur quelques points au-delà des rives du
fleuve, après sa victoire sur les Allemands (4).

(1) « Castrum enim propriâ naturâ munitum erat. Nam centenorum aut
eò ampliùs pedum ab exciso vallatur lapide, non murorum structione ; in
medio autem ingens stagnum aquæ, liquore gratissimum : ab aliâ vero parte
fontes uberrimi, ità ut per portam rivus diffluat aquæ vivæ. Sed in tàm grandi
spatio munitio ista distenditur, ut manentes infrà murorum septa terram
excolant, frugesque in abundantiâ colligant. » — Gregor. Turon., *Historia
Francorum,* lib. III, cap. xiii, apud Bouquet, t. II, p. 192.

(2) Quùm imperium Romanorum extremis in limitibus ubique Diocletiani
providentiâ, quemadmodùm à nobis suprà dictum est, oppidis et castellis atque
burgis munitum esset, omnesque copiæ militares *in iis domicilium haberent,*
fieri non poterat ut barbari transirent ubique copiis hostium repellendorum
causâ occurrentibus.

Zosimi comitis et exadvocati fisci *Historiæ novæ,* lib. II, Basileæ, in-f°., p. 33.

Zosime ajoute que Constantin dégarnit de troupes les châteaux des frontières
pour reporter ces garnisons dans les villes de l'intérieur, et que cette mesure
facilita l'invasion des barbares, en même temps qu'elle contribua à amollir le
courage des soldats.

(3) Cette flotte fut confiée à Carausius, qui prit la pourpre en Bretagne et
gouverna cette île pendant sept années; il fut assassiné par Alectus, son lieute-
nant, et celui-ci défait par Constance-Chlore, l'an 293 de notre ère.

(4) At Valentinianus magna animo concipiens et utilia Rhenum omnem, à

Il est probable que, vers cette époque, des perfectionnements et des changements notables s'introduisirent dans l'art de fortifier les places ; plus on divisa les troupes pour opposer une digue au torrent qui menaçait d'envahir l'Empire sur tant de points différents, plus on dut pourvoir à la sûreté des garnisons. Aussi Valentinien s'appliqua-t-il, comme le dit Ammien Marcellin, à élever des murailles plus hautes et plus fortes, à placer ses forts dans des lieux de difficile accès et favorables pour la défense. Cet empereur était habile dans les arts mécaniques, il inventa de nouvelles armes et de nouveaux moyens de défense.

La *Notice des dignités de l'Empire* prouve que des généraux avaient reçu le commandement de divers départements militaires, voisins des frontières ; par exemple, le général préposé à la garde du rivage nervien et armoricain, *Dux tractus armoricani et nervicani* (1), avait sous ses ordres dix cohortes dont le dépôt était établi dans dix places différentes. Elles fournissaient des détachements pour la garde des forts échelonnés le long des côtes. Or, ces forts devaient être nombreux pour protéger utilement une ligne aussi étendue.

Ainsi, on ne peut douter que les châteaux ne fussent très-multipliés dans les régions exposées aux invasions. Paul Orose, historien du Ve. siècle, le dit positivement, et les expressions dont il se sert nous autorisent à croire que ces forteresses étaient d'autant plus nombreuses qu'elles étaient moins considérables et coûtaient moins à établir.

Dans un rescrit à Nomus, maître des offices (2), Théodose et Valentinien recommandent à cet officier de leur faire, chaque année, un rapport exact sur le nombre et l'état des châteaux et des clôtures des fron-

---

Rhetiarum exordio usque ad fretalem oceanum, *magnis molibus communicbat, castra extollens altiùs et castella, turresque assiduas per habiles locos et opportunos,* quà Galliarum extenditur longitudo ; nonnunquàm etiàm ultrà flumen ædificiis positis subrodens barbaros fines.

Ammien Marcellin, liv. XXVIII.

(1) Les autres généraux étaient au nombre de cinq , savoir :

1°. Le comte qui commandait la ligne des frontières de Strasbourg, — Comes tractus argentoratensis ;

2°. Le duc de la Sequanaise, — Dux Sequanicæ ;

3°. Celui qui commandait la deuxième Belgique, — Dux Belgicæ secundæ ;

4°. Le duc de la première Germanie, — Dux Germaniæ primæ ;

5°. Le duc de Mayence, — Dux Mogontiacensis.

(2) Le maître des offices, *magister officiorum*, était un haut fonctionnaire qui réunissait plusieurs pouvoirs différents. Dans l'intérieur du palais impérial, il remplissait une partie des charges attachées chez nous au ministère de la

tières (*clausuræ*) (1) , comme il en faisait sur le nombre des soldats.
La demande d'un recensement pareil indique assez combien les forteresses étaient multipliées.

Dans un autre rescrit adressé, le même jour , au même officier , les
deux empereurs, que je viens de citer, prescrivent aux commandants
des frontières de ne point s'absenter du pays qui leur est confié ,
d'inspecter les châteaux et de les faire réparer (2).

Enfin, l'auteur du traité de la guerre, qui se trouve joint à la notice,
insiste sur l'avantage de posséder des châteaux pour la défense des frontières. Il conseille d'en construire solidement de mille en mille pas. Il
ajoute, que ces places devront être établies par les populations, sans
frais pour l'État , et qu'elles seront gardées par les habitants des campagnes voisines (3).

Tout porte donc à croire , comme je l'ai déjà dit, il y a long-temps ,
dans la deuxième partie de mon *Cours d'antiquités* (p. 340-41), que,
sur différents points des Gaules et des autres provinces, les habitants
pourvurent eux-mêmes à leur défense, en établissant des forteresses,
dont quelques-unes n'offraient probablement qu'une petite place en-

maison du roi; au dehors, il dirigeait les fabriques d'armes placées dans les
diverses provinces. Il donnait des ordres au corps du Génie militaire. Les ingénieurs et les ouvriers qui accompagnaient ou précédaient les troupes pour
aplanir les routes, jeter des ponts sur les rivières, etc. , etc. ; ceux qui préparaient les campements, qui élevaient les retranchements et les forteresses ,
dépendaient du maître des offices.

V. Guidi Panciroli commentarium in *Notitiam dignitatum Imperii*, 1 vol.
in-f°.

(1) Quemadmodùm se militum numerus habet castrorumque ac *clausura-
rum* cura procedat , quotannis significare nobis propriá suggestione procuret.
Cod. Justinian. , lib. I. tit. XXXI : De officio magistri officiorum. Édition
in-f°. , de 1618 , p. 290.

(2) Duces limitum , et præcipuè quibus gentes quæ maximè cavendæ sunt
appropinquant, in ipsis limitibus commorari et milites ad proprium redigere
numerum imminentibus magisteriis potestatibus diuturnisque eorum exerci-
tationibus inhærere præcipimus. *Castrorum quin etiàm refectionis lustrationis-
que curam habeant* , etc. , etc.
Cod. Justin. , tit. XLVI, liv. IV.

(3) Est inter commoda reipublicæ utilis limitum cura ambientium ubique
latus imperii, quorum tutelæ assidua castella meliùs prospicient. Ità ut millenis
interjectis passibus, stabili muro et firmissimis turribus erigantur; quas quidem
munitiones possessorum distributa sollicitudo , *sine publico sumptu constituat ,
vigiliis in his et agrariis exercendis* ut provinciarum quies circumdata quodam
præsidii cingulo illæsa requiescat.

tourée de palissades et de fossés. Plusieurs pouvaient consister dans une tour en pierre ou en bois, au milieu d'une enceinte de retranchements.

Que sait-on des murailles gallo-romaines des anciennes villes de France ?

Il est constant que toutes les villes gallo-romaines ont été entourées de remparts ; il existe encore aujourd'hui trop de débris de ces enceintes pour qu'on puisse en douter ; et la seule difficulté qui se présente est de déterminer à quelle époque on doit rapporter ces ouvrages militaires (1).

Les enceintes des villes gallo-romaines devaient être établies d'après le même système que les camps fixes ou stationnaires. Aussi affectent-elles, le plus ordinairement, la forme d'un carré long plus ou moins régulier.

D'après les observations que j'ai faites, la plupart des enceintes militaires n'étaient pas d'une grande étendue ; le plus souvent elles n'entouraient qu'une partie des villes, c'étaient les châteaux ou citadelles des cités.

Les murs construits en pierres de petit appareil, avec des cordons de brique, étaient flanqués de tours rondes régulièrement espacées.

A l'intérieur de la place, il y avait une tour beaucoup plus vaste, ordinairement carrée, dans laquelle habitait le commandant.

Je ne doute pas que cette tour, qu'on peut considérer comme le prétoire de la citadelle et qui se liait à quelques constructions accessoires, n'ait servi de type pour les donjons du moyen-âge.

---

(1) Jusqu'au XIIe. ou au XIIIe. siècle, les fortifications gallo-romaines sont restées presque intactes dans beaucoup de villes. A cette époque, on construisit assez généralement des fortifications beaucoup plus vastes, mais les murs romains restèrent souvent intacts au milieu de la cité.

CHAPITRE II.

Quel fut l'état de l'architecture militaire du Ve. siècle au XIe. ?

Les invasions des barbares avaient operé, au Ve. siècle, la désunion et le morcellement des diverses parties d'une même province ; les populations, semées sur différents points, vivaient isolées les unes des autres, privées qu'elles étaient de correspondances régulières : *l'harmonie organique du corps social était complétement entravée* (1).

Un tel état de choses ne pouvait être favorable à aucun genre de travaux, pas même à ceux qui avaient pour but la défense et la sûreté du pays. On se renferma dans les forteresses établies précédemment, on en construisit peu de nouvelles ; les édifices militaires élevés à cette époque et au siècle suivant ne consistèrent, pour la plupart, que dans quelques réparations faites aux enceintes murales des villes, par les soins des comtes ou des évêques qui les gouvernaient.

L'auteur anonyme de la vie de saint Léger nous apprend que cet évêque fit réparer les murs d'Autun, reconstruire un portique et plusieurs autres édifices publics de sa ville épiscopale.

D'autres autorités prouvent que les villes fortifiées sous la domination romaine furent maintenues dans un bon état de défense, et qu'alors elles étaient munies de portes fermées de serrures. Vers l'année 530, Childebert ayant voulu s'emparer de Clermont, sur la fausse nouvelle de la mort de son frère, Théodoric, trouva les portes fermées, et ne put s'introduire dans la place que par l'entremise d'Arcadius, sénateur d'Auvergne, *qui brisa la serrure d'une des portes pour la lui ouvrir* (2)

A la fin du Ve. siècle, la Haute-Auvergne était couverte de maisons de campagne et d'habitations fortifiées. Cette contrée offrait, dit Sidoine Apollinaire (3), une agréable perspective de bois, de pâturages et de

---

(1) M. Guizot, *Cours d'histoire moderne professé en* 1829.

(2) Cumque portæ civitatis obseratæ essent, et undè ingrederetur pervium patulum non haberet, incisâ Arcadius serâ unius portæ, eum civitati intromisit. —Gregorii, epis. Turon., *Historia Francorum*, lib. III, cap. ix ; apud Bouquet, t. II, p. 191.

(3) Sidoine Apollinaire, évêque de Clermont, naquit à Lyon, vers l'an 430, d'une famille illustre des Gaules, où son père et son grand-père avaient été préfets du Prétoire : il mourut le 21 août 489.

champs cultivés ; les coteaux, la plupart plantés en vignes, avaient leur cime pierreuse couronnée de manoirs ou de châteaux (1).

Quoique les châteaux occupés au Ve. et au VIe. siècles eussent une origine plus ancienne, quelques-uns pourtant furent construits de fond en comble, à cette époque, et tous à l'imitation de ceux qui avaient été élevés sous la domination romaine ; il n'appartenait point aux barbares, qui avaient envahi les provinces de l'Empire, de perfectionner rien de ce qu'avait produit le génie des Romains, ils ne purent qu'imiter les modèles laissés par ces derniers.

Fortunat, évêque de Poitiers, a donné dans ses poésies la description d'un château bâti sur les bords de la Moselle, par Nicet, évêque de Trèves. C'était une forteresse considérable, assise sur une éminence escarpée, baignée par les eaux du fleuve et défendue, d'un autre côté, par un ruisseau ; les murs, garnis de trente tours, enceignaient une assez vaste étendue de terrain, dont une partie était cultivée. L'habitation ou le château (*aula*), placée au sommet le plus escarpé du coteau, était très-considérable, si l'on en juge par les expressions du poète, et magnifiquement décorée ; de là, la vue plongeait sur les eaux de la Moselle, et s'étendait sur de riches coteaux couverts de vignes, ou chargés de moissons ; du côté opposé où le terrain en pente permettait l'accès du château, une tour armée de balistes et dans laquelle se trouvait un oratoire ou chapelle défendait le passage.

Un moulin à eau faisait aussi partie de ce palais fortifié.

La reine Brunehaut, qui fonda au VIe. siècle une multitude d'églises et de monastères, fit aussi réparer ou construire plusieurs châteaux.

Cette femme célèbre paraît, dans tous ses ouvrages, s'être proposé de faire revivre les arts des Romains, et, en cela, elle fut imitée par les rois qui lui succédèrent.

Non-seulement les rois mérovingiens faisaient réparer les forteresses des Romains, mais ils bâtissaient ou réparaient des cirques pour y donner des spectacles (2), et l'on ne peut douter que leurs ouvrages

(1) Viatoribus molle, fructuosum aratoribus, venatoribus voluptuosum : quod montium cingunt dorsa pascuis, latera vinetis, terrena villis, *saxosa castellis*, opaca lustris, aperta culturis, concava fontibus, abrupta fluminibus, quod denique hujus modi est, ut semel visum advenis, multis patriæ oblivionem sæpè persuadeat. — Apollinarii Sidonii *Epistolarum* lib. IV, epist. 22.

(2) Apud Suessiones atque Parisios Chilpericus circos ædificare præcepit, in eis populo spectaculum præbiturus. — Greg. Tur., lib. V, cap. xxviii ; apud Bouquet, t. II, p. 243.

militaires n'aient été construits et disposés suivant le système usité précédemment.

Mais tous ces travaux, dont malheureusement les historiens ne nous ont point transmis de description, et dont il ne reste plus qu'un souvenir confus, ne peuvent être comparés à ceux que Justinien fit exécuter au VI°. siècle dans l'Empire d'Orient. Comme il est possible que ces importantes constructions aient plus tard influé sur les progrès de l'architecture militaire en Occident, lorsque de nombreux châteaux s'élevèrent du X°. au XIII°. siècle, sous la direction de barons, d'évêques et d'architectes qui avaient visité l'Orient, il est bon, je crois, de nous arrêter un peu sur les ouvrages de Justinien.

Procope mentionne plus de 700 forteresses réparées ou construites en entier par lui dans les diverses parties de l'Empire, et dans ce nombre se trouvaient beaucoup de villes considérables.

Il serait difficile de déterminer en quoi consistèrent les améliorations ou innovations introduites, sous Justinien, dans la fortification des places. Toutefois, on voit cet empereur exhausser presque partout les murs, les garnir de tours et de créneaux, y faire creuser des puits (1), des réservoirs et des citernes, afin que les garnisons ne pussent manquer d'eau.

Dans le grand nombre de forteresses reconstruites ou bâties en entier par Justinien, on en voit beaucoup de placées sur des montagnes escarpées et bordées de précipices. Ainsi, à Théodosiopole, fondée par Théodose, l'empereur fit pratiquer des fossés très-profonds, *semblables aux ravins que la chute d'un torrent peut creuser entre deux montagnes*; ensuite il fit couper des rochers, *tailler des précipices et des abîmes* (2), afin que la muraille fût d'une hauteur extraordinaire, et tout-à-fait imprenable.

Il établit un chemin couvert à l'intérieur des murailles, et chaque tour reçut des augmentations qui en firent une petite forteresse.

Des galeries voûtées furent pratiquées dans l'épaisseur des murs de plusieurs autres places. J'ignore si ce fut une invention de cette époque, et le laconisme de Procope ne permet pas de le décider.

Dans plusieurs places fortes, Justinien fit rétrécir les ouvertures par

_____

(1) Le fort de Baras, qui était situé sur une montagne extrêmement élevée, manquait d'eau; Justinien fit creuser dans cette place un puits qui traversait l'éminence jusqu'à la racine.

(2) Procope, *Des édifices de Justinien*, liv. III.

lesquelles on lançait des flèches sur l'ennemi ; il fit aussi boucher les portes communiquant des tours aux courtines, et n'en conserva pour chaque tour qu'une seule, ouverte dans la place, afin, dit Procope, que les tours fussent plus faciles à défendre, et d'augmenter ainsi la confiance des soldats chargés de les garder.

Les fortifications commencées par Anastase, et continuées par Justinien, à Dara, ville située à 14 milles de Nisibis, peuvent donner une idée de l'architecture militaire de l'époque.

La place était environnée de deux murs, et cinquante pas d'intervalle, laissés entre l'un et l'autre, offraient une retraite au bétail des assiégés. On admirait la force et la beauté du mur intérieur ; ce mur s'élevait à 60 pieds, et les tours en avaient 100 de hauteur. Les ouvertures ou meurtrières, par où la garnison lançait des traits sur l'ennemi, étaient étroites, mais nombreuses ; les soldats se trouvaient postés le long du rempart, sous le couvert d'une double galerie, et l'on voyait au sommet des tours une plate-forme garnie de créneaux. D'un côté, les murs étaient assis sur une roche fort dure et fort élevée ; l'accès de la place était plus facile vers le Sud-Est ; mais on avait établi de ce côté un ouvrage en forme de demi-lune, entouré d'un fossé profond toujours rempli d'eau (1).

Procope cite le château d'Episcopia, comme ayant été construit d'après un nouveau système, mais il n'indique que la forme de la forteresse et la position des portes : « Le bâtiment s'avance, dit-il, hors « de l'enceinte de la muraille, et étant fort étroit au commencement, « il devient fort large et est revêtu, aux deux bouts, de deux tours qui « empêchent les ennemis d'approcher des murailles. Les portes ne sont « pas comme ailleurs au milieu des courtines, *mais à côté, dans des* « *enfoncements qui les dérobent à la vue des ennemis ;* ce fut Théodore « Silentiaire, homme d'un grand talent, qui fut employé à cet ou- « vrage (2). »

Ce que je disais de l'état des forteresses de notre pays au Ve. et au VIe. siècles peut s'appliquer au VIIIe. et même au IXe.

Charlemagne adopta l'ancienne méthode romaine pour tout ce qui avait rapport à l'art de la guerre, et rien ne prouve qu'il ait introduit

---

(1) V. Gibbon, *Sur la décadence de l'Empire romain*, t. VII ; — Procope, *Des édifices bâtis par Justinien*, liv. II.

(2) Procope, *Des édifices de Justinien*, liv. IV.

aucune innovation pour la fortification des places. Il fit garder les côtes et fortifier l'embouchure des fleuves les plus exposés aux pirates normands; mais il y a lieu de supposer que ces ouvrages, établis pour satisfaire le besoin où l'on était de se défendre contre un danger momentané, n'étaient que des redoutes en terre garnies de palissades, ou de petits forts entourés de fossés.

Charlemagne fit aussi réparer les murs de plusieurs villes; il fonda même quelques châteaux, tels que celui de Fronzac, sur les bords de la Dordogne. Cependant les chroniqueurs parlent à peine de ces travaux, tandis qu'ils s'accordent à vanter les édifices religieux et les constructions civiles dont il orna plusieurs villes de son empire.

On remarquait encore, du temps de Charlemagne, une organisation ressemblant à celle qui avait existé sous l'Empire romain pour la garde des frontières : des comtes étaient chargés de la défense d'une certaine étendue de pays, comme au temps où fut rédigée la *Notice des dignités de l'Empire*. Ainsi, le comte des limites du pays nantais figurait à la bataille de Fontenai en 841, et le fameux Rolland, qui périt à Roncevaux, est qualifié par Eginhard de comte des limites bretonnes, *comes britannici limitis* (1).

Or, ces officiers firent nécessairement construire des forteresses, et tout porte à croire qu'elles différaient peu de celles qui se multiplièrent plus tard. Mais, en voyant avec quelle facilité des troupes peu nombreuses de Normands parcouraient et ravageaient les provinces de France au IX⁰. siècle, on demeure convaincu que les châteaux étaient encore

(1) Le duc Angilbert avait reçu de Charlemagne la mission de défendre les côtes Nord-Ouest de la France. Nithard, qui lui succéda, défendit contre les Normands les côtes comprises entre la Seine et l'Escaut.

Sous les rois mérovingiens, plusieurs des peuples barbares qui avaient reçu des terres sur les frontières de l'Empire romain, avaient conservé une organisation militaire. Les Saxons du Bessin, par exemple, sont mentionnés parmi les troupes qui marchaient, en 578, contre les Bretons, par ordre de Chilpéric. Douze ans après, vers 590, la reine Frédégonde envoya aussi les Saxons du Bessin, *Saxones bajocassini*, au secours de Guérech, roi de Bretagne. V. Greg. Turon, *Hist. Francor.*, lib. V, cap. xxvii; apud Bouquet, t. II. — *Hist. de Bretagne*, par Dom Morice, t. Iᵉʳ.

Il est possible que les Saxons du Bessin, qui avaient conservé leurs mœurs et leurs coutumes militaires, aient été chargés de défendre le rivage contre les bandes nouvelles qui auraient voulu y prendre terre, et qu'ils aient ainsi remplacé cette cohorte dont parle la notice, et qui tenait garnison sur les côtes du Calvados :

TRIBUNUS COHORTIS PRIMÆ NOVÆ ARMORICÆ GRANNONA IN LITTORE SAXONICO.

rares sur les frontières, et qu'à l'intérieur des terres il n'y avait que les villes et un petit nombre de bourgades qui pussent opposer une sérieuse résistance.

D'un autre côté, les fortifications furent négligées et quelquefois détruites dans les localités où l'on n'avait rien à redouter. Nous savons, par exemple, que Charlemagne et ses successeurs permirent quelquefois aux évêques de démolir les murs militaires, et d'en tirer des matériaux pour bâtir leurs églises ou leurs cathédrales.

Cependant le besoin de maisons fortifiées se fit sentir de tous côtés, dans le cours du IXe. siècle; quelques-uns entourèrent leurs habitations de palissades: ces forteresses, trop peu nombreuses et probablement mal défendues, furent prises par les Normands; on fut même parfois obligé de les détruire, de peur qu'elles ne devinssent des retraites pour les brigands qui désolaient alors la France.

Un tel état de choses ne pouvait toujours durer : des châteaux plus formidables et des lieux de refuge furent établis sur plusieurs points du royaume; dans la seconde moitié du IXe. siècle, Hérivée, évêque de Reims, en fit bâtir un au village de Coucy et un autre à Epernay-sur-Marne (1). Nous voyons, dans les annales de Metz, qu'en 892 les Normands prirent un *château neuf* près des Ardennes, dans lequel s'était réfugiée une *innombrable multitude de peuple* (2). Je pourrais citer bien d'autres preuves à l'appui de ce que je viens d'avancer.

Le temps approchait où les fortifications privées devaient se multiplier par tout le royaume, donner une nouvelle indépendance à la noblesse, retremper son caractère, et rendre à la nation française les vertus militaires qu'elle perdait sous le gouvernement des prélats et des hommes qui achetaient, au poids de l'or, la retraite des Normands plutôt que de défendre le territoire.

On comprend que je veux parler du régime féodal et de son introduction en France au Xe. siècle.

Je n'ai pas d'exemple de châteaux ou de murs de défense dont l'origine puisse être rapportée, avec certitude, à la période comprise entre le Ve. siècle et la fin du IXe.

L'enceinte que l'on trouve sur le plateau de *Cora*, au-dessus de St.-Marc, entre Avallon et Auxerre, et dans laquelle des fouilles ont

(1) Frodoard, *Hist. de l'église de Reims.*
(2 Ann. de Metz. Collection de M. Guizot, t. IV

été pratiquées par la Société française d'archéologie pour la con-

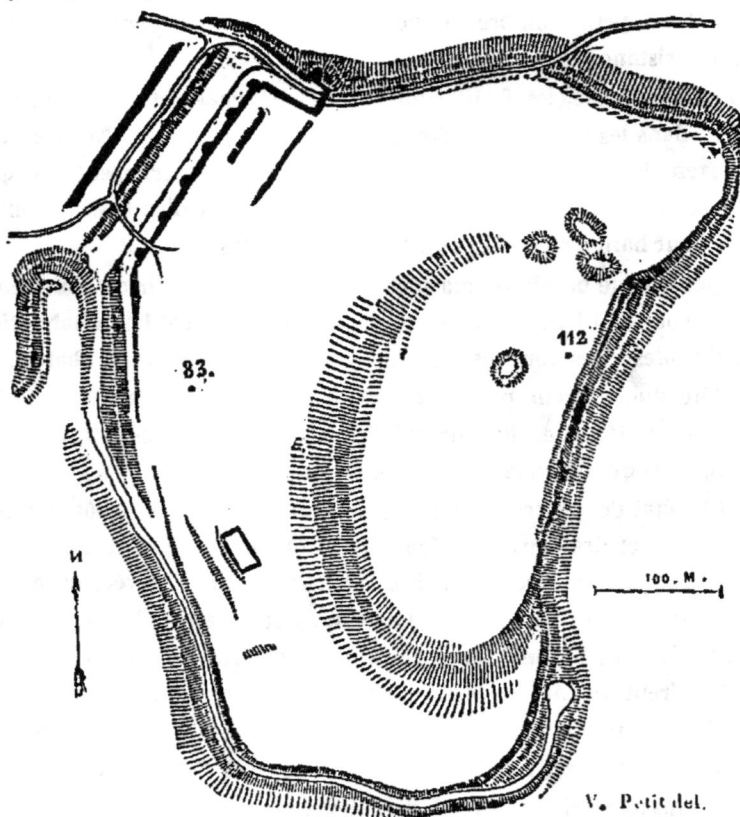

PLAN DE L'ENCEINTE FORTIFIÉE DE CORA.

servation des monuments, était défendue du côté du Nord-Ouest par une muraille, et des autres côtés par la rivière et des pentes abruptes.

La muraille était, de distance en distance, flanquée de demi-tours et formée d'un petit appareil rustique avec cordonst de pierres inclinées.

MM. Victor Petit et Quantin ont regardé cette construction comme étant du VIIIe. siècle ou

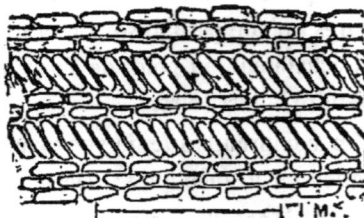

FRAGMENT DES MURS DE CORA.

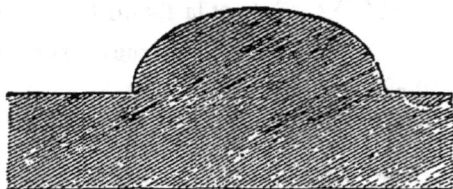

PLAN DE LA MURAILLE ET D'UNE DES TOURS DE CORA.

du IXe. ; mais ils n'ont pas démontré qu'elle ne doive pas être attribuée aux derniers temps de la période gallo-romaine, et je n'ose la présenter comme un exemple authentique de l'époque à laquelle on l'attribue. On peut toutefois admettre que ce mode de construction a été usité depuis le Ve. siècle jusqu'au XIe. , puisque d'une part nous le trouvons dans des constructions incontestablement romaines et dans les châteaux les plus anciens du XIe. siècle.

Donjon de Langeais (Indre-et-Loire).—Derrière le remarquable château de Langeais, que j'aurai à citer quand nous serons arrivés aux derniers siècles du moyen-âge , existent les ruines du donjon primitif bâti en 992 par Foulques Nerra, comte d'Anjou ; on les retrouve sur le haut du coteau avec deux enceintes très-reconnaissables. Voici le dessin que j'en ai fait en 1836. Les murs sont en petit appareil et les cintres des fenêtres offrent encore , comme les constructions romaines , des claveaux alternativement en briques et en pierres cunéiformes encadrées dans un cordon de briques. Il est intéressant de constater , à la fin du Xe. siècle, les procédés de construction usités sous la domination romaine , et ce fait est la preuve de la persistance de l'art gallo-romain jusqu'aux XIe. et XIIe. siècles.

Les pièces de bois enfoncées en terre sur la crête des fossés des cours des châteaux qui n'avaient pas de murs en pierre, étaient aussi d'origine romaine, puisque de tout temps les Romains fortifièrent leurs camps de la sorte.

Il existait beaucoup de clôtures semblables du Ve. au XIe. siècle et long-temps après , non-seulement dans les enceintes fortifiées des châteaux, mais aussi dans les exploitations rurales. D'après le polyptique d'Irminion publié par M. Guérard, les *paxilli fissi* étaient très-usités pour les clôtures des cours des manses et des châteaux, au IXe. siècle ; ils étaient faits avec des pieux fendus, comme l'indique l'expression latine.

Dans quelques localités , on utilisa les arbres et les épines pour clore les cours des châteaux et des manses : on en formait des palissades que l'on fortifiait avec des pieux enfoncés en terre , à peu près comme on le fait encore dans quelques parties de la France.

RUINES DU DONJON DE LANGEAIS, CONSTRUIT EN 992.

Quels changements l'établissement du régime féodal entraina-t-il dans le système de défense ?

L'établissement du régime féodal et la multiplication des châteaux-forts sont deux événements intimement liés et corespondants l'un à l'autre, qui ont changé la face du pays dans le cours des X⁰. et XI⁰. siècles (1).

« Sous la première race, dit M. de Sismondi, les seigneurs avaient rarement fortifié leurs châteaux ou demandé la permission de le faire, parce que les peuples germaniques conservaient encore leur haine pour les enceintes de murailles et leur mépris pour ceux qui faisaient usage de quelque avantage dans le combat. Ces permissions avaient rarement été accordées sous la seconde race, aussi long-temps que les empereurs possédèrent assez d'autorité pour les refuser à leur noblesse dont ils se défiaient. Lorsque Louis-le-Bègue, aussi faible d'esprit et de santé que dénué de crédit, ne put plus résister aux usurpations des grands, des mains desquels il reçut comme par grâce la couronne de son père, tout fut changé dans les mœurs, les opinions, le système militaire de l'État ; les riches propriétaires, en se fortifiant chez eux, songèrent d'abord à leur sécurité, bientôt à leur force, l'ambition prit dans leur cœur la place de la cupidité; la possession de vastes campagnes que jusqu'alors ils avaient considérées sous le seul rapport de leurs revenus, devint un moyen d'augmenter infiniment leur puissance ; ils recommencèrent à distribuer leurs terres en lots nombreux sous la condition du service militaire. La permission de se fortifier qu'ils avaient tout récemment arrachée au monarque, ils l'accordèrent à leur tour à leurs vassaux, et les châteaux s'élevèrent par milliers autour de la forteresse du comte ou du chef d'une province. Les familles de l'ordre équestre se multiplièrent avec une rapidité qui tient presque du prodige ; la noblesse naquit en quelque sorte tout à la fois du milieu du IX⁰. au milieu du X⁰. siècle, et la fable de Deucalion et Pyrrha sembla pour la seconde fois recevoir une explication allégorique: la France, en autorisant l'édification des forteresses, sema des pierres sur ses jachères, et il en sortit des hommes armés. »

« Le droit rendu à tous les sujets de l'Empire de pourvoir par eux-mêmes à leur propre défense, que les monarques avaient si négligée, n'eut donc pas seulement pour résultat d'arrêter et de rendre impossibles

(1) Voir mon *Cours d'antiquités monumentales*, t. V, p. 63 et suivantes.

les effroyables dévastations des Normands, des Hongrois et des Sarrasins ; il retrempa le caractère national ; il rendit le sentiment de l'indépendance à quiconque avait les moyens de se défendre chez soi ; il inspira une nouvelle bravoure à ceux que l'esclavage avait avilis et qui retrouvaient la liberté dans leurs armes ; il leur fit comprendre leur dignité, si ce n'est d'hommes, du moins de chevaliers ; il fit renaître en eux une salutaire estime d'eux-mêmes, et il les autorisa à exiger des égards mutuels de ceux de qui ils tenaient des terres, comme de ceux à qui ils en concédaient. Il introduisit enfin dans les mœurs nationales un respect pour l'équité dans l'inégalité même, qui fut la base du système féodal. »

.... Tous les hommes d'armes qui, du IXe. au Xe. siècle, reçurent en fief tant de parcelles du domaine des comtes, sous l'obligation de les servir à la guerre, commencèrent chacun leur établissement dans la campagne par la construction d'une petite forteresse, *ne fût-elle composée que d'une seule tour.* La confiance de chaque gentilhomme dans la force de sa demeure, dans la bonté supérieure de son cheval, de son armure défensive, développèrent en lui une valeur qu'on n'avait point aperçue tant qu'il n'avait eu aucun moyen de résistance (1). »

Comme on le voit, le système féodal n'a pas été sans avantages pour le temps où il est venu ; il n'a pas été non plus sans force ni sans éclat. De grands faits d'armes, des hommes célèbres, la chevalerie, les croisades, la naissance des langues et des littératures modernes l'ont illustré, et, comme l'a dit avec raison un des premiers publicistes de l'époque (M. Guizot), *le temps durant lequel a régné le système féodal a été pour l'Europe moderne ce que furent pour la Grèce les temps héroïques* (2).

« C'est une grande erreur, dit le savant professeur d'histoire, que
« de juger une institution d'après les résultats qu'elle a amenés au
« bout de plusieurs siècles ; d'approuver ou de condamner ce qu'elle
« était et ce qu'elle a fait, dans les temps où elle est née, d'après ce
« qu'elle est devenue, ce qu'elle a produit plus tard. L'histoire du
« monde n'offre aucun pouvoir, aucun système social qui soit en état
« de supporter une telle épreuve, et puisse accepter la responsabilité
« d'un si long avenir. Il n'a point été donné aux hommes d'agir d'une
« façon si pure et avec tant de prévoyance, que ce qu'ils font aujourd'hui

(1) V. Sismondi, *Histoire de France*, t. IV.
(2) *Essai sur l'histoire de France.*

« pour le bien n'enfante jamais un mal. Dans leurs plus vertueuses in-
« tentions, dans leurs plus habiles travaux, ils sont loin de suffire aux
« nécessités de leur époque ; comment exiger qu'ils ne fassent rien qui
« ne convienne aussi à leurs plus lointains successeurs ? Comment leur
« imputer ce que deviennent des œuvres depuis si long-temps échap-
« pées de leurs mains ? Transportés ainsi dans le passé, l'expérience
« nous trompe, au lieu de nous éclairer ; elle nous préoccupe de besoins,
« d'intérêts, de maux que le passé ne soupçonnait pas, et nous em-
« pêche de reconnaître quels étaient vraiment les siens (1). »

Quelle que soit la manière dont on envisage le régime féodal et ses
effets, il est constant que ce régime parut si avantageux au X⁰. et au
XIᵉ. siècles, que la plupart des possesseurs de terres libres et indé-
pendantes offraient ces terres aux seigneurs du voisinage, pour les
recevoir ensuite d'eux, afin d'obtenir, par cette inféodation fictive, la
protection de ceux dont ils se constituaient ainsi bénévolement les vassaux.

D'un autre côté, les hommes puissants ne faisaient nulle difficulté de
recevoir des fiefs de simples gentilshommes, et de leur prêter foi et
hommage pour ces fiefs. On voyait des chevaliers, vassaux des comtes
pour leur principale seigneurie, être à leur tour seigneurs des comtes
pour d'autres terres dépendantes de leurs domaines ; de sorte que les
mêmes personnes pouvaient se trouver en même temps seigneurs et
vassaux les uns des autres.

Ces rapports nouveaux et multipliés établirent entre les possesseurs
des terres des devoirs réciproques, dont le principal était le service militaire ; le vassal s'engageait à prêter à son suzerain le secours de son
bras lorsqu'il en serait requis, et à conduire avec lui un certain nombre
de guerriers (2).

Le service judiciaire fut attaché à la féodalité comme le service militaire, et les châteaux-forts devinrent encore des tribunaux où l'on
rendait la justice.

Mais je n'ai pas besoin d'expliquer ici le mécanisme du système
féodal ; ces notions appartiennent à l'histoire proprement dite ; elles se
trouvent parfaitement exposées dans plusieurs ouvrages. M. Guizot et

(1) M. Guizot, *Essai sur l'histoire de France.*
(2) Il était rare que le service fût dû pour plus de quarante jours, c'est ce
qui faisait si souvent, au moyen-âge, avorter les siéges et les entreprises militaires ; car, les quarante jours révolus, l'armée se dissolvait et l'expédition ne
pouvait conséquemment être poussée à fin.

M. de Sismondi ont très-bien mis en lumière les faits qui peuvent donner sur le régime féodal des idées claires et précises.

Ce qu'il m'importe de faire connaître, ce sont les châteaux qui couvrirent nos campagnes lorsque la féodalité fut établie.

Quelle était la disposition ordinaire des châteaux aux X. *et XI*. *siècles ?*

Au X*. et au XI*. siècle, les châteaux étaient en général composés de deux parties principales : *d'une cour basse et d'une seconde enceinte renfermant une tour ou donjon.*

L'étendue de la cour basse, ou première enceinte, était proportionnée à l'importance de la place. Souvent elle occupait environ 1/2 hectare, quelquefois 1 hectare de terrain et même davantage. Si j'en juge par le grand nombre d'emplacements de châteaux que j'ai observés, beaucoup étaient entourés d'un rempart en terre sans maçonnerie qui devait être surmonté de palissades en bois, et dont l'approche était défendue par un fossé plus ou moins profond. Beaucoup de châteaux avaient aussi des murs en pierres. L'importance des places n'a pas toujours déterminé à employer la pierre de préférence au bois. Des châteaux appartenant à des hommes puissants, situés dans des localités où les matériaux étaient difficiles à se procurer ou à transporter, n'ont eu que des murs en terre et en bois ; tandis que d'autres peu considérables ont pu être garnis de murs en maçonnerie, là où la pierre était abondante et où on savait la mettre en œuvre.

A l'une des extrémités de la cour, quelquefois au centre, s'élevait une éminence arrondie, souvent artificielle, quelquefois naturelle, sur laquelle était assise la citadelle ou le donjon. Lorsque cette butte était artificielle, elle offrait habituellement l'image assez régulière d'un cône tronqué. C'est ce que l'on appelait *une motte.*

Le prétoire des camps romains avait, dans les camps fixes et les villes murées, pris la forme d'une tour plus ou moins considérable, ordinairement carrée, dans laquelle logeait le gouverneur. Cette citadelle, qui dut être très-importante dans les forteresses du III*. et du IV*. siècles, devint la partie principale des châteaux au X*. ; c'est elle que nous connaissons sous le nom de donjon et qui joua un si grand rôle dans les guerres du moyen-âge.

En quoi consistait le donjon, dans les châteaux du moyen-âge?

Le donjon était une tour plus ou moins élevée, tantôt en bois, tantôt en pierre, divisée en plusieurs étages et du haut de laquelle on découvrait, pour l'ordinaire, une étendue de pays assez considérable. Le

commandant de la place habitait dans cette citadelle, sous laquelle
était ordinairement une prison souterraine où le jour ne pouvait pénétrer.

Quelle fut, au XIe. siècle, la forme et la disposition des places dont
le donjon était l'accessoire ?

La forme générale des châteaux a varié suivant la configuration du
terrain sur lequel ils étaient assis. A cette époque, comme on l'avait
fait sous la domination romaine, et comme on le fit à toutes les époques
du moyen-âge, on choisit, pour fonder des châteaux, les caps ou pro-
montoires formés par deux vallées. Ces excavations naturelles défendaient l'accès des places, de plusieurs côtés ; on pouvait d'ailleurs
rendre cet accès plus difficile encore en arrêtant, au moyen de digues,
le ruisseau qui circulait au fond du ravin, de manière à transformer
en pièce d'eau la vallée entière.

Pour que l'on puisse mieux comprendre la disposition d'un château
à motte, avec palissades en bois, voici un de ceux qui étaient les plus
simples et les moins étendus.

SPÉCIMEN D'UN CHATEAU GARNI DE PALISSADES EN BOIS, AVEC MOTTE
CONIQUE.

Il se compose d'une tour carrée au donjon A, reposant sur une
motte en terre B ; un fossé c. c. forme un cercle à la base de cette
éminence en terre et l'isole en quelque sorte de la cour DD, au centre
de laquelle elle est placée.

Dans cette cour se trouvent les constructions EE, qui servaient soit
de magasins et d'écuries, etc., etc., soit de logements pour les gens

du baron, et qui, dans certains châteaux, pouvaient être beaucoup plus considérables que nous ne les figurons ici.

La cour, qui est ovale, est garnie de pièces de bois enfoncées en terre et serrées les unes contre les autres, de manière à former une espèce de mur FF.

Au-delà de cette palissade existe un fossé qui était très-profond dans certains châteaux, et que l'on remplissait d'eau toutes les fois qu'il était possible d'y conduire quelque ruisseau.

Voilà donc, en peu de mots, la disposition d'une forteresse d'une étendue médiocre ; si, par la pensée, nous en reconstruisons une autre ayant deux cours au lieu d'une, et dont la motte, d'un plus grand diamètre que celle dont j'ai tracé l'esquisse, et surmontée d'une tour également plus considérable, carrée ou ovale, soit placée à l'extrémité ou au centre d'une des cours, nous aurons une idée exacte de l'ensemble des châteaux.

On ne peut, je crois, méconnaître dans le donjon et dans la motte qui le supporte l'imitation du prétoire des camps romains.

Si l'on parvient à prouver que l'origine des mottes peut être reportée jusqu'aux temps de la domination romaine, ce qui toutefois n'est nullement démontré, on admettra que certains châteaux des VIe., VIIe. et VIIIe. siècles ont été pourvus de cet accessoire. Nous n'avons pas encore de faits qui autorisent à l'affirmer.

J'ai décrit, dans le cinquième volume de mon *Cours d'antiquités*, une très-grande quantité d'emplacements de châteaux à mottes : on peut lire les détails que j'ai donnés à ce sujet. Je vais me borner à présenter les plans de trois de ces châteaux, ceux de Briquessart, d'Aulnay et des Olivets (Calvados).

Château de Briquessart, à Livry (Calvados). Briquessart était un des principaux barons normands qui se liguèrent contre le duc Guillaume, en 1047, et dont parle Robert Wace (1). L'emplacement de son château existe dans la commune de Livry, arrondissement de Bayeux, sur le bord de la vallée du Colichon, près d'une place entourée de maisons, qui porte encore aujourd'hui le nom de hameau Briquessart (2).

Ce château est un des plus intéressants de ceux dans lesquels on ne

(1) *Roman de Rou*, vers 8938 et 39.
(2) Cet emplacement remarquable appartenait à feu M. Troplong du Taillis, juge de paix de Caumont, et savant botaniste, membre de la Société d'histoire naturelle de Caen.

remarque ni murs, ni maisons en pierres. On n'y a point trouvé de vestiges de constructions, et sa force consistait dans des fossés et des remparts en terre, sans doute garnis de palissades en bois.

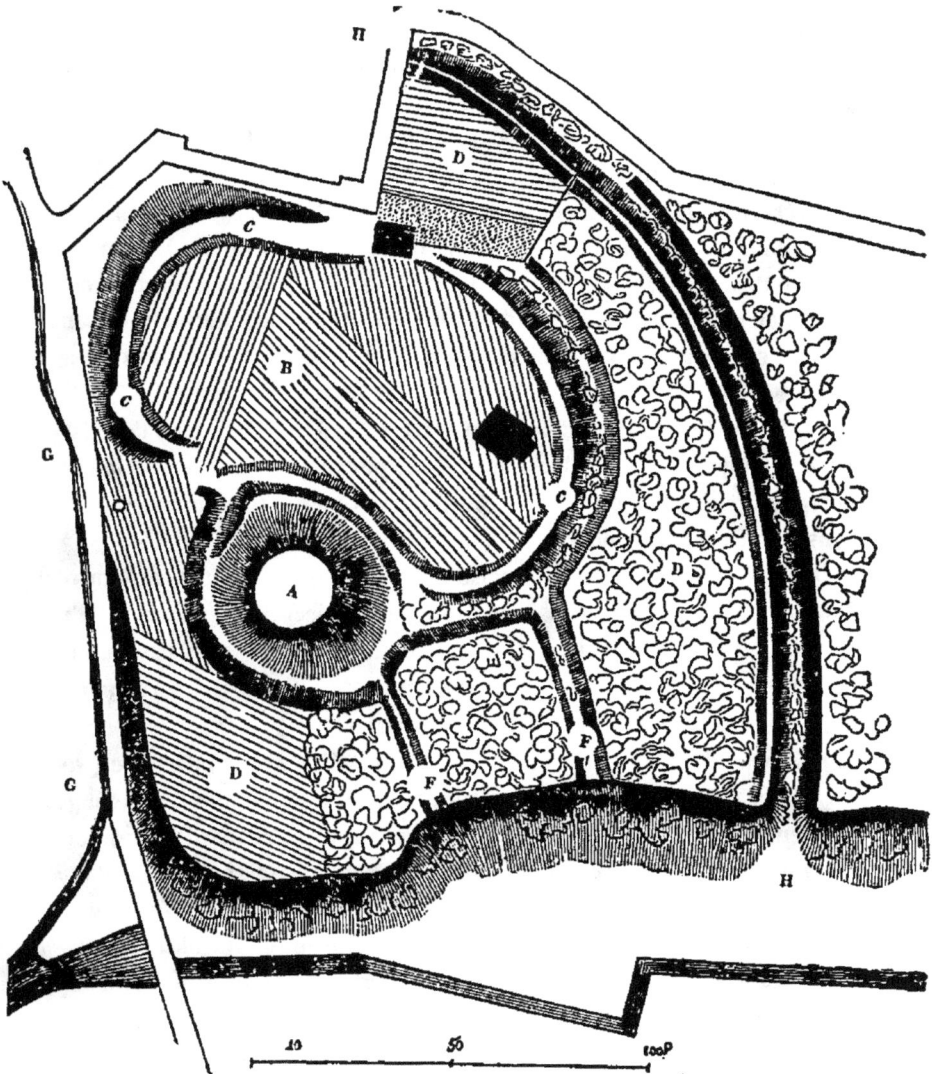

PLAN DU CHATEAU DE BRIQUESSART.

La motte ou l'éminence artificielle qui a dû supporter la tour du donjon se trouvait en A, vers le centre de la place (1), ou plutôt sur le

(1) M. du Taillis a fait des fouilles sur cette motte, sans y rencontrer les

bord d'une enceinte ovale, munie de remparts élevés *c c c c*, qui me paraît devoir être considérée comme la partie la plus forte du château (1).

Une seconde enceinte DDD encadrait les deux tiers de la cour centrale B. Elle était divisée en trois parties par deux fossés parallèles FF, qui descendent vers la vallée du Calichon. Cette vallée défendait la place du côté du Sud. Un petit ravin G, dans lequel coule un filet d'eau, formait, du côté de l'Ouest, un autre moyen de défense. Vers l'Est, où le sol uni est à peu près de niveau avec la partie la plus élevée des cours du château, un rempart en terre et un large fossé HH défendaient l'accès de la seconde enceinte.

Après avoir attentivement examiné cette forteresse, je suis demeuré persuadé que l'entrée principale était en P, par le creux du fossé qui entoure l'enceinte B ; ce fossé, ou, si l'on veut, ce chemin couvert, arrive au pied du donjon, d'où une pente douce permettait sans doute d'entrer à volonté dans la cour de la citadelle B ou dans la seconde enceinte D.

Les fossés FF, tout en défendant l'accès du donjon du côté de l'Est, par où la place avait le plus à craindre, pouvaient aussi servir de sentiers, soit pour aller puiser de l'eau dans la rivière, soit pour descendre dans les prairies voisines.

Quant à la distribution des maisons en bois qui devaient se trouver dans la place, on ne peut faire que des conjectures, puisqu'il n'en reste aucun vestige ; mais il y a lieu de supposer que ces édifices étaient placés dans les cours B et D, à peu de distance des remparts, de manière à laisser libre l'accès des terrasses.

Château d'Aulnay (Calvados). — Robert Wace cite ensemble (vers 13,775 et suivants), comme ayant pris part à la bataille de Hastings, plusieurs autres seigneurs dont j'ai retrouvé les châteaux dans les communes qui portent le même nom. Ce sont les seigneurs d'*Aulnay*, du *Molay*, de *Combray*, de *Rubercy* et de *Fontenay-le-Marmion*. Le poète leur fait proférer des cris de mort contre le roi Harold.

« Les seigneurs de Combray, celui d'Aulnay, les sires de Fontenay, « de Rubercy et du Molay couraient, dit-il, en demandant le roi Harold et disant aux Anglais : *Où donc est le roi que vous servez, le*

moindres vestiges de murailles. Elle est haute de 30 pieds au moins et se compose de terres rapportées, mêlées de pierres du pays, jetées sans ordre.

(1) On voit dans cette enceinte (point B) une chapelle dont la construction paraît remonter au XVIe. siècle ou à la fin du XVe. ; mais je suppose qu'il en existait une autre plus ancienne à laquelle celle-ci aura succédé.

parjure qui a manqué de foi à Guillaume? Si nous pouvons le trouver,
sa mort est certaine (1). »

L'emplacement du château d'Aulnay est à 1/2 lieue du bourg de ce nom, sur le versant nord d'une chaîne d'éminences qui traverse cette partie de l'arrondissement de Vire, et que j'ai décrite dans mon ouvrage sur la géologie du département du Calvados (2). Ce château, assez vaste, aujourd'hui couvert de bois, était divisé en trois parties bien distinctes et qui suivaient la pente du terrain. La motte du donjon C occupait la partie la plus élevée. Elle est ronde. Son diamètre est de 150 pieds. On

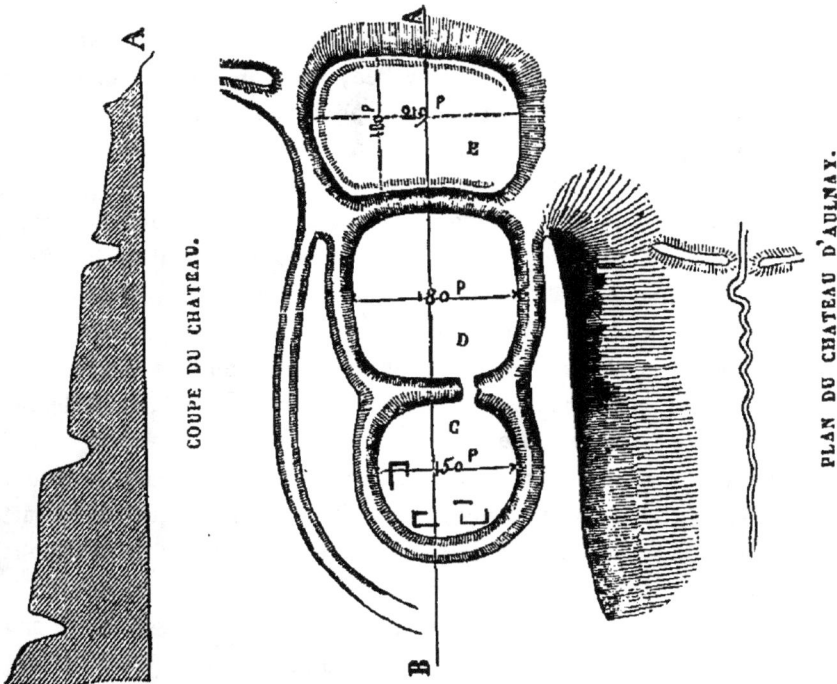

y voit encore des fondations de murailles et un puits qui se trouvait

(1)   Cil de Combray è cil d'Alnei
       E li sire de Fontenei
       De Rebercil è del Molei
       Vunt demandant Heraut li Rei
       As Engleiz dirent : çà estez ;
       U est li Reis ke vos servez ;
       Ki à Guillaume est perjurez,
       Morz est s'il pot estre trovez.

                              Roman de Rou, vers 13,775—82.

(2) On peut voir, dans ma *Topographie géognostique du Calvados* et sur ma carte géologique de ce département (Paris, Lance, 1828), la direction et l'étendue de cette chaîne, en partie formée de grès intermédiaire.

dans une petite cour, que je suppose avoir existé sur la partie de la motte tournée à l'Est.

Ce donjon, ceint de larges fossés, était dominé, au Sud et au Sud-Ouest, par le sommet de l'éminence, dont il occupe la pente septentrionale : ce qui devait considérablement en diminuer la force en cas de siége.

On descendait de la motte dans la cour centrale D, par une pente douce. Cette pente a été pratiquée du côté du Nord-Est, soit parce qu'elle devait correspondre à la cour du donjon, placée, comme je le suppose, du même côté ; peut-être aussi parce que, dans cette direction, la vallée rendait le château peu accessible à l'ennemi.

La cour centrale est à peu près carrée et présente une déclivité sensible vers la vallée voisine. Cette vallée, qui forme un second et large fossé, était autrefois occupée par une pièce d'eau. On voit encore un barrage en terre, servant à maintenir à une certaine hauteur les eaux du ruisseau qui coule dans le vallon.

La seconde cour ou troisième partie du château E, que l'on pourrait appeler la cour basse, en comparant son niveau avec celui de la précédente, offre, comme elle, un carré à angles obtus, dont le côté nord est légèrement convexe. De ce côté et vers le couchant, le *vallum* est plus considérable et s'élève en forme de parapet au-dessus du niveau de la cour. Je n'ai trouvé, dans cette enceinte ni dans la précédente, aucune trace de maçonnerie.

On voit un rempart dirigé vers l'Ouest et bordant un chemin creux. Je suppose que là était une des entrées du château, et que ce rempart avait pour but de défendre l'accès de ce chemin, qui venait aboutir dans le fossé (1).

Je serais assez porté à admettre que l'on accédait aussi au château par la chaussée qui servait à retenir les eaux de l'étang.

J'ai dit que le château d'Aulnay était défendu naturellement, au Nord et à l'Est, par deux vallées, mais que, du côté de l'Ouest et du Nord, il était dominé par les terres environnantes. C'est ce qui aura déterminé à établir, de ces deux côtés, un second fossé F F qui, comme dans le château de Briquessart, formait une double ligne de défense.

(1) Tout près de ce chemin se trouvent plusieurs maisons ; mais il paraît qu'il y en a eu bien davantage à une époque reculée. Là devait se trouver le centre de la bourgade d'Aulnay, qui, dans la suite, aura été transférée où nous la voyons aujourd'hui, et où l'établissement d'un marché aura causé un accroissement rapide de population.

Château des Olivets, à Grimbosq. — Il existe, dans une partie de la forêt de Cinglais, dépendant du territoire de Grimbosq, un plateau étroit, flanqué de deux vallons profonds, et qui se termine en pointe tout près de la rivière d'Orne. On a profité de cette position facile à défendre pour y établir un château. La motte du donjon s'élève au milieu de l'enceinte qu'elle divise en deux parties inégales ; et, pour communiquer de la première cour B à la cour C, vers l'extrémité du cap,

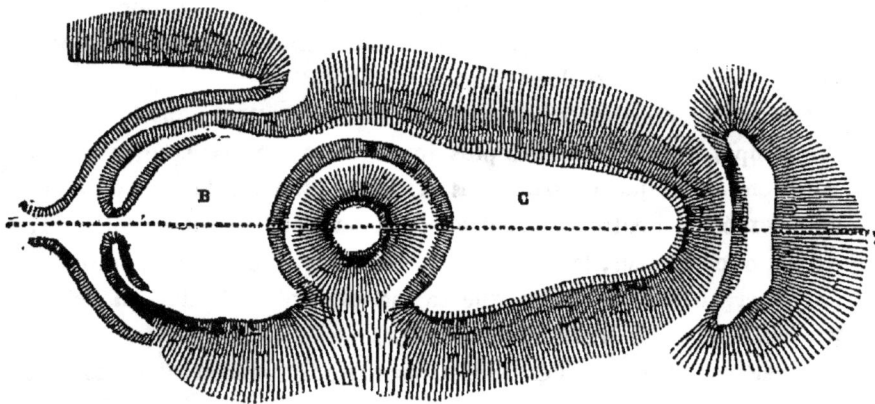

PLAN DU CHATEAU DE GRIMBOSQ.

COUPE DU CHATEAU DE GRIMBOSQ.

il ne reste qu'un étroit passage entre la motte et la pente rapide du coteau.

Cette seconde enceinte C paraît avoir renfermé plusieurs logements dont la base était peut-être maçonnée. Un espace carré, très-bien aplani, et dans lequel il ne croît point d'arbres, indique, je crois, la cour réservée au milieu de ces bâtiments. La motte centrale est ceinte d'un fossé large de 15 pieds et profond de 6. Elle peut avoir 30 ou 40 pieds de diamètre au sommet, et l'on n'y voit point de fondations.

L'ensemble du château présente un ovale fort allongé, résultant de la configuration du cap sur lequel il est assis.

J'ignore à quelle époque remonte l'origine de ce château, mais je le crois ancien ; il doit être au moins du XIe. siècle.

J'indiquerai aussi, comme particulièrement intéressants, les emplacements des châteaux d'Onde-Fontaine, de St.-Sever (Calvados), et du Plessis (Manche), dont les plans ont été figurés dans mon *Cours d'antiquités.* Les autres châteaux à motte indiqués dans cet ouvrage, sont au nombre de soixante.

Parmi ces châteaux, les uns offrent une motte distincte, au centre ou à l'une des extrémités de la cour, comme ceux de Briquessart et des Olivets ; les autres présentent seulement une cour, entourée de remparts en terre, autour de laquelle étaient disposés les bâtiments, comme à Montgommery.

On trouve, en Anjou, en Touraine, en Poitou, en Saintonge, en Bretagne, etc., un grand nombre d'emplacements de châteaux qui peuvent se rapporter à ces deux types.

Un auteur du IXe. siècle, Ermold-le-Noir, atteste aussi que, de son temps, les forteresses les plus importantes, en Bretagne, n'étaient guère entourées que de palissades et de fossés. Dans le récit qu'il fait d'une expédition entreprise contre les Bretons par Louis-le-Débonnaire, on voit que Marman, leur roi, habitait dans un lieu écarté, entre une rivière et un bois épais, et que sa maison était défendue en dehors par des *haies*, des *fossés* et des eaux (1).

Le même système avait été adopté par toute la France et dans les pays voisins.

King et d'autres auteurs anglais citent différents châteaux de ce genre, assis sur des éminences ou dans certaines positions moins élevées, où des fossés pouvaient être remplis d'eau.

Le fameux Macbeth, roi d'Ecosse, dans la première moitié du XIe. siècle (vers l'an 1049), demeurait sur la butte de Dunsimane, au Sud de Strathmore, et à peu de distance de Birman. Sa tour était au milieu d'une enceinte de forme ovale, ayant seulement 162 pieds sur 90, et garnie de remparts en terre (2).

On entrait dans la place par une ouverture pratiquée au sommet de l'éminence, sur une pente abrupte, et à laquelle venait aboutir une

_____

(1) Est locus *hinc sylvis, hinc flumine cinctus amœno*
    Sœpibus et sulcis, atque palude situs.
Intus opima domus, hinc inde recurserat armis,
    Forte repletus erat milite seu vario.
Hæc loca præcipuè semper Marmanus amabat ;
    Illi certa quies, et locus aptus erat.
           Ermoldi Nigelli carmina de rebus gestis Ludovici Pii, lib. III.
            (Vers 93-98 ; apud Bouquet. t. VI, p. 40.)

(2) Pennant tour in Scotland, part. II, p. 178. King's munimenta antiqua, t. III, p. 168 et suiv.

route taillée dans la roche. Les constructions élevées dans cette enceinte étaient en bois.

En Belgique, même système de construction ; les places fortes étaient, le plus souvent, entourées de remparts en terre et de palissades, quelquefois de *haies palissadées*, formant une barrière impénétrable qui pouvait à peine être entamée par la hache. La ville d'Ypres était encore fortifiée de cette manière au XIV*e*. siècle, d'après les recherches de M. le baron de Reiffeinberg, et celles de l'auteur de la *Flandria illustrata* (1).

Tout porte à croire que, chez nous aussi, ces haies épaisses, composées d'épines et de branches d'arbres étroitement enlacées, ont souvent servi de clôture aux châteaux des X*e*., XI*e*. et XII*e*. siècles ; plusieurs même portaient le nom de haies, comme *La Haye-Pesnel*, *La Haye-du-Puits*. etc., etc. Ce genre de défense n'a pas dû être négligé dans nos campagnes, surtout pour les cours ou enceintes extérieures des châteaux.

Dans la vie de saint Jean, évêque de Terouane vers la fin du XI*e*. siècle, que nous a laissée Colmieu, archidiacre de la même église (2), nous trouvons la description du château de Merchem, entre Dixmude et Ypres, où le saint évêque reçut l'hospitalité dans une de ses courses pastorales. Cette forteresse était près de l'église, *secùs atrium ecclesiæ ;* elle s'élevait à une grande hauteur, et avait été construite, long-temps auparavant, par le propriétaire du domaine ; mais, ce qui est surtout pour nous d'un grand intérêt, ce sont les détails suivants que donne à cette occasion Jean de Colmieu sur l'architecture des forteresses de l'époque :

« Ils élèvent aussi haut qu'il leur est possible un monticule de terre transportée ; ils l'entourent d'un fossé d'une largeur considérable et d'une effrayante profondeur. Sur le bord intérieur du fossé, ils plantent une palissade *de pièces de bois équarries et fortement liées entre elles*, qui équivaut à un mur. S'il leur est possible, ils soutiennent cette palissade par des tours, élevées de place en place. Au milieu de ce monticule, ils bâtissent une maison ou plutôt une citadelle, d'où la vue se porte de

_____

(1) Oppidum magnis munitum fossis, muro cespitio ex sepibus et spinis flexis, tam validà intricatione ut vix securibus posset penetrari. *Flandria illustrata*, II, — 258. Voir aussi J. de Guyze, *Hist. du Hainaut*, édition de M. le marquis de Fortia, t. XIV, p. 84.

(2) Vita B. Johannis Morinorum episcopi auctore.Johanne de Colomedio, ejusdem ecclesiæ archidiacono ; apud Bouquet, t. XIV, p. 338 et suiv. Inter acta sanctorum Bollandiana die 27 januarii, t. II.

tous côtés également. On ne peut arriver à la porte de celle-ci que par un pont qui, jeté sur le fossé et porté sur des piliers accouplés, *part du point le plus bas*, au-delà du fossé, et s'élève graduellement jusqu'à ce qu'il atteigne le sommet du monticule et la porte de la maison d'où le maître le domine tout entier (1). »

On croirait, en lisant cette description, voir un des châteaux à motte très-nombreux dont il nous reste des vestiges.

Dans l'image des villes figurées sur la fameuse tapisserie de Bayeux nous voyons très-distinctement ce pont de bois dont parle Colmieu, et par lequel on montait à la porte du donjon.

IMAGE DE LA VILLE DE RENNES SUR LA TAPISSERIE DE BAYEUX.

Que doit-on penser des donjons bâtis sur des mottes ?

Il y a lieu de penser qu'ils étaient, pour la plupart, bâtis en bois, ce qui explique pourquoi on trouve souvent des emplacements de châteaux considérables sur lesquels il n'existe plus aucun vestige de constructions. Quelques tours en pierre ont cependant été établies sur les mottes, mais ce fut plus particulièrement au XIIe. siècle et au XIIIe. Auparavant, les donjons assis sur des terres rapportées ont presque toujours été en bois.

(1) Je me sers de la traduction de M. le baron de Reiffenberg.

Quelqu'imparfaitement rendue que soit l'image des fortifications figurées dans la tapisserie, on reconnaît facilement qu'elles sont en bois,

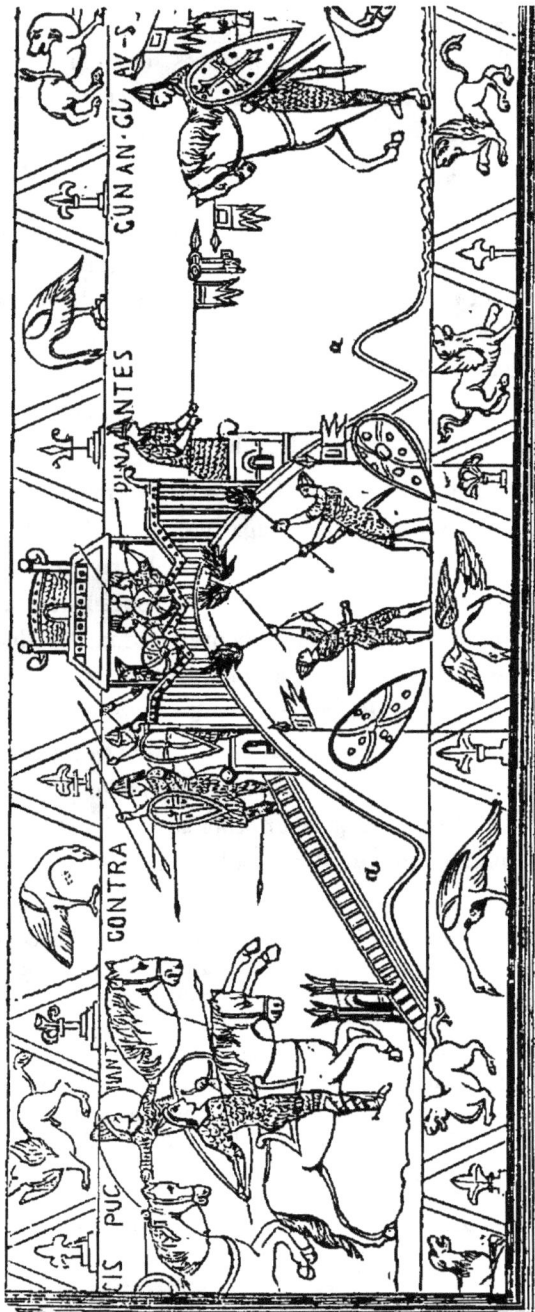

FRAGMENT DE LA TAPISSERIE DE BAYEUX.

formées de poutres liées les unes aux autres : aussi voit-on deux hommes
de l'armée de Guillaume s'efforçant d'y mettre le feu avec des torches.

A cette époque, en effet, on essayait, le plus souvent, de prendre les places en montant hardiment à l'assaut, en escaladant les murs ou en y mettant le feu (1).

Les peuples dont les arts sont peu avancés, ont toujours été portés à employer le bois de préférence à la pierre, dans leurs constructions. Cet usage était général chez les nations germaniques et chez les autres barbares qui vinrent fondre sur l'Empire romain.

Certains châteaux, qui peuvent être distingués des autres sous plusieurs rapports, offrent une enceinte à peu près carrée, à angles obtus, ou imparfaitement ronde, garnie de remparts fort élevés, en terre. La motte, lorsqu'il y en a une dans ces châteaux, fait corps avec un des angles ou toute autre partie du *vallum*, mais souvent on n'y en trouve point. Ces châteaux, très-forts par la profondeur de leurs fossés, n'avaient parfois qu'une enceinte fortifiée.

Château du Vieux-Conches. — Je crois devoir rapporter à ce type de châteaux celui du Vieux-Conches, département de l'Eure, situé à deux kilomètres de la ville actuelle, au bord de la rivière qui sort de la forêt. Ce château appartenait à la famille de Touesny et avait été construit par Roger de Touesny, dans la première moitié du XIe. siècle. Ce Roger de Touesny s'était, ainsi que d'autres seigneurs normands, réuni aux Français que Henri Ier., roi de France, avait envoyés comme auxiliaires à Ferdinand, roi de Castille et de Léon : ce qui lui avait fait donner le surnom de *Conchois d'Espagne* (2). Il se révolta contre Guillaume et fut tué dans un combat qu'il engagea avec les fils d'Onfroy de Veilles, comte de Pont-Audemer, vers l'an 1039 (3).

(1) Par une licence qui n'a rien d'extraordinaire à cette époque, on a peint en même temps, sur la tapisserie, le siège de la ville de Dinan et la capitulation qui en fut le résultat ; on voit, en effet, du côté opposé à l'entrée du château, un homme armé de toutes pièces (probablement Conan, duc de Bretagne), présentant les clefs de la ville au bout de la lance de sa bannière, et un autre homme, également cuirassé (sans doute Guillaume), qui reçoit les mêmes clefs au bout de sa lance, également décorée d'une bannière.

(2) V. Dumoulin, *Hist. de Normandie*, liv. VII, p. 127.

(3) Roger de Conches prétendait descendre de Mahoul, oncle de Rollon, et élevait des prétentions au duché de Normandie.

Rogier de Thoëny desprisoit moult et avoit en desdaing le duc Guillaume, parce qu'il estoit bastard.

Chronique de Normandie de M. le marquis d'Avernes. Collect. de Bouquet, t. XI, p. 329. Le manuscrit de cette chronique appartient aujourd'hui à M. le baron de Vauquelin d'Ailly.

Quelque temps avant sa mort, il avait, à ce qu'il paraît, transféré le siége de son comté dans l'emplacement où se trouve la ville actuelle de Conches. Mais ce fut son fils, Raoul Touesny, second comte de Conches, bien connu pour avoir été le porte-étendard de l'armée normande à Hastings, qui termina l'établissement commencé par son père, notamment les fortifications de la ville.

Le château du Vieux-Conches est donc de la première moitié du XIe. siècle, et dut être abandonné vers 1040.

Cette forteresse présente une enceinte presque ronde, d'environ 300 pieds de diamètre, entourée de fossés très-profonds et de remparts en terre considérables, qui s'élèvent assez haut au-dessus du niveau du sol intérieur, afin de garantir les édifices qui s'y trouvaient sans doute adossés dans l'origine. Du côté opposé à la vallée, où les terres environnantes sont le plus élevées, on voit deux mottes accolées au rempart, à l'intérieur ; l'une de ces éminences, un peu plus considérable que l'autre, supportait probablement une tour en bois, d'où l'on pouvait facilement découvrir le pays.

On ne voit à l'intérieur de la place aucun débris de maçonnerie, et les constructions devaient être en bois, au moins pour la plupart.

Les remparts ne présentent point d'ouverture, et l'on ne saurait dire par où était l'entrée de la place ; je suppose cependant qu'elle se trouvait du côté de la vallée, où l'on voit encore un chemin, au pied des remparts, et une éminence en terre qui pouvait supporter l'extrémité d'un pont de bois.

L'ancienne église de St.-Ouen, dont on voit encore les fondements, était au midi du château, sur un terrain fermé par un rempart en terre.

Le château de St.-Germain de Montgommery, à 3/4 de lieue de Vimoutiers, est, comme celui du Vieux-Conches, dans une enceinte carrée à angles obtus et presque arrondie, entourée de fossés profonds et garnie de remparts élevés. L'intérieur, qui est labouré et planté de pommiers, n'offre rien de particulier ; on voit seulement que les terres du *vallum* sont soutenues par des murs en pierre. Cette place doit être au moins aussi ancienne que celle de Conches ; les Montgommery, auxquels elle appartenait, ont joué un grand rôle en Normandie. Alain III, duc de Bretagne, mourut, en 1035, à Vimoutiers, pendant qu'il faisait le siége du château de St.-Germain-de-Montgommery. Cet événement a donné à la forteresse une certaine célébrité.

On voit que ce château, d'une date incontestablement ancienne, se rapproche de la forme des camps romains.

Les châteaux dont les murs d'enceinte et les constructions intérieures étaient en pierre, offrent en général plus d'intérêt que les précédents : on y trouve autre chose que des fossés. Quelques-uns ont conservé leurs donjons, dont les masses imposantes s'élèvent encore à une grande hauteur, et couronnent de la manière la plus poétique les rochers et les collines qui leur servent de soubassement. Dans plusieurs donjons, on peut reconnaître encore la distribution intérieure de ces fortes tours, palais des barons du moyen-âge (1).

Quelles étaient la forme et la disposition des donjons au moyen-âge?

Les donjons en pierre se rapportent presque tous à deux types principaux.

Le type le plus habituel présente une tour carrée, distante des autres bâtiments de la place, dans laquelle on ne pouvait entrer que par une porte PLACÉE ASSEZ HAUT DANS LE MUR ET QUI RÉPONDAIT AU NIVEAU DU PREMIER ÉTAGE On ne pouvait parvenir à cette porte que par un pont ou un escalier mobile.

Dans le second type, le donjon se liait aux fortifications du pourtour de l'enceinte et faisait, en quelque sorte, corps avec elle ; alors il n'offrait pas un diamètre aussi considérable. C'était une tour d'observation, plus élevée que le reste de l'édifice, mais qui ne pouvait en demeurer indépendante.

Quels exemples peut-on citer des donjons des XIe. et XIIe. siècles?

On pourrait en indiquer encore un très-grand nombre, malgré les démolitions incessantes qui ont lieu sur tous les points de la France ; je vais me borner à en décrire quelques-uns qui appartiennent au XIe. siècle et d'autres qui ne datent que du XIIe.

Château du Plessis-Grimoult. — Le Plessis est un ancien bourg situé dans l'arrondissement de Vire, à 2 lieues d'Aulnay et à 4 de Villers-Bocage, sur le territoire duquel on a trouvé des médailles et des briques

---

(1) Les donjons en pierre se trouvent le plus souvent assis sur des escarpements naturels ; plus rarement sur des éminences artificielles ou mottes, probablement parce que ces monticules en terre rapportée ne présentaient pas un sol assez résistant pour supporter des masses aussi pesantes. Il y a cependant des exemples de tours très-élevées et de châteaux en pierre, établis sur des mottes artificielles.

romaines (1). Le château qu'on y voit encore appartenait à Grimoult, l'un des barons qui se révoltèrent contre le duc Guillaume, en 1047 (2), et qui mourut misérablement en prison après la bataille du Val-des-Dunes. Comme les biens de Grimoult furent confisqués en 1047 et donnés pour la plupart aux moines du Plessis et au chapitre de Bayeux, ce château n'a point été habité depuis, et nous pouvons le regarder comme un des types des forteresses élevées dans la première moitié du XIe. siècle. Malheureusement il se trouve maintenant dans un état de dégradation fort avancé.

Les murs étaient fondés sur une éminence arrondie, au centre de laquelle se trouvait une cour de 8 à 10 perches. Ils formaient ainsi une enceinte qui suivait le contour de la motte en décrivant plusieurs angles obtus; l'ensemble du château présentait l'image d'un polygone irrégulier.

Ces murs étaient revêtus de pierres posées en arête de poisson; on y voyait, de distance en distance, mais généralement de trois en trois rangs, des cordons de pierres schisteuses posées horizontalement et à plat, comme les briques dans les constructions romaines de petit appareil (3). Les matériaux qui entraient dans la construction de ces murailles étaient liés par un ciment de chaux, devenu d'une extrême dureté.

---

(1) *Statistique monumentale du Calvados*, t. III.

(2) Le seigneur du Plessis-Grimoult était un des chefs les plus redoutables de la conjuration qui se forma contre le duc Guillaume. Robert Wace, rapportant les plaintes du duc Guillaume lorsqu'il implora le secours du roi de France, lui fait dire qu'il ne doit haïr personne autant que Grimoult :

E se plenist des Dens Hamon (Hamon-aux-Dents, seigneur de Thorigny)
E de Guion le Burgenion (Gui de Bourgogne)
E de Grimoult ki l'voult trahir

. . . .

Ne deit nul home tant haïr
E de Renouf de Briquessart,
Ki sis rentes prent è despart ;
E d'altres barunz del païz,
Ki encoutre li se sont miz *(Roman de Rou,* vers 8,934 et suivants *)*.

Voir aussi Guillaume de Jumièges et Orderic Vital.

(3) Voir la deuxième partie de mon *Cours d'antiquités,* p. 160 et la XXe. planche de l'atlas.

On voit encore les débris de la grande porte. Elle était à plein-cintre,

B .net del.

RUINES DE LA PORTE D'ENTRÉE DU CHATEAU DU PLESSIS.

pratiquée au milieu d'une tour carrée, placée au Sud, qui ne pouvait s'accéder qu'au moyen d'un pont.

Des restes de constructions appliquées le long des murs d'enceinte, à l'intérieur de la place, montrent que des logements existaient tout autour de la cour centrale. Cette cour, qui forme maintenant le jardin potager d'une maison voisine, était encore pavée il y a peu de temps (1). Elle se trouvait à un niveau très-bas comparativement à celui de la terrasse qui supportait les murs.

Dans l'état de destruction où se trouve aujourd'hui le château du Plessis, on ne peut dire quelle était la hauteur des murailles ; elles n'ont plus que quelques pieds dans les parties de l'enceinte les mieux conservées (2), et l'on n'y voit aucune ouverture. L'éminence sur laquelle elles reposent, s'élève à peine de 15 à 18 pieds au-dessus du sol

(1) Renseignement communiqué par M. Le Grand, curé du Plessis-Grimoult.
(2) Les murs sont presque complètement détruits du côté de l'Ouest. Les parties les mieux conservées se trouvent à l'Est, au Sud et au Nord. V. ma *Statistique monumentale du Calvados.*

environnant. Les fossés qui entourent le rempart, sont encore visibles ; un ruisseau y porte ses eaux.

Au Sud-Est, en avant de la forteresse, se trouvait une cour ou première enceinte qui ne paraît pas avoir été jamais entourée de murs ; c'est aujourd'hui une prairie ; des fossés de clôture, remplis d'eau, indiquent encore la circonscription primitive.

Château du Pin (Calvados). — Le château du Pin est peu considérable, mais fort curieux ; il offre deux enceintes entourées de fossés. La première enceinte ou basse-cour présente la forme d'un demi-cercle, dont le grand diamètre est de 120 pieds, et le petit diamètre de 76.

La seconde enceinte est ovale. Elle renferme les ruines d'un donjon carré long, dont les murs, épais de 8 pieds, s'élèvent encore, d'un côté, à une hauteur de 10 à 12 pieds ; ils sont revêtus de petites pierres cubiques très-régulières, comme on en voit dans les murailles romaines : ce qui déjà nous

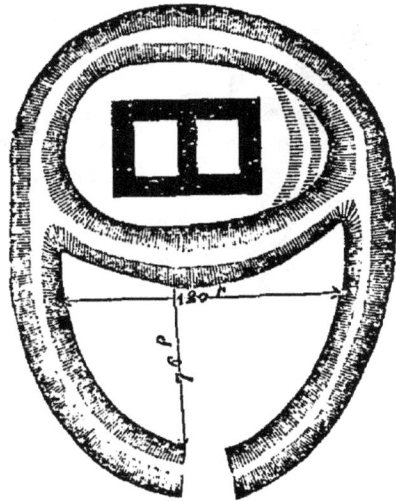

PLAN DU CHATEAU DU PIN.

autoriserait à assigner à cette construction une date assez reculée, quand nous ne saurions pas que le seigneur du Pin assistait à la bataille d'Hastings. Ce donjon, l'un des plus petits que j'aie observés, contenait seulement, au rez-de-chaussée, deux appartements carrés de 17 pieds chacun, et il n'avait que 52 pieds sur 34 hors œuvre.

COUPE DU CHATEAU DU PIN.

Les fossés ont à peu près 25 pieds de largeur, et l'on devait communiquer, au moyen d'un pont, de la première à la seconde enceinte.

Château de St.-Laurent-sur-Mer. — Le château du Pin me rappelle celui de St.-Laurent-sur-Mer. Les restes du donjon de St.-Laurent-sur-Mer ne s'élèvent plus qu'à 1ᵐ. au-dessus du sol, mais ils montrent nettement la division du rez-de-chaussée en deux appartements; puis, on voit les traces des fossés qui entouraient l'enceinte centrale et, plus loin, les limites de la seconde enceinte.

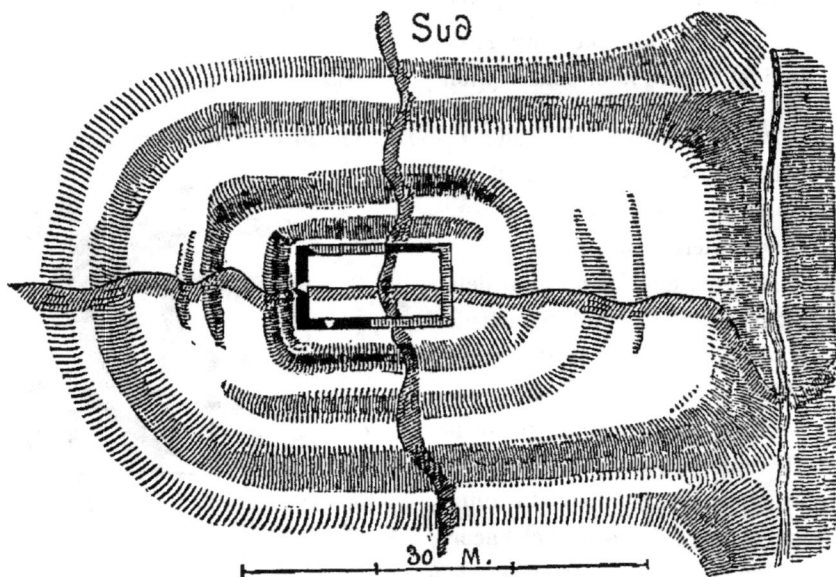

PLAN DU CHÂTEAU DE SAINT-LAURENT.

Les murs du donjon sont construits en arête de poisson.

Le château de la Pommeraye, placé sur la crête d'une petite chaîne de grès intermédiaire, se trouve, d'un côté, défendu par la pente rapide d'un vallon assez profond, dans lequel coule un ruisseau. De l'autre côté, le terrain présente une déclivité qui détache l'éminence de la plaine voisine. Mais des travaux considérables ont été exécutés pour établir un château dans cette position, naturellement très-favorable.

La place était divisée en trois parties, dont les diverses circonscriptions sont encore parfaitement marquées.

La motte qui supportait le donjon est ronde, entourée de fossés profonds; on y accédait au moyen d'un pont de pierre. Elle se trouvait couverte de constructions dont les ruines, perçant au milieu des arbres qui les entourent, attirent encore l'attention du voyageur. On reconnaît, dans ces murailles, la tour du donjon, placée en face du pont dont je viens de parler; elle offrait une profondeur assez considérable et une largeur beaucoup moindre. Cette tour était percée d'un portique assez

élevé par lequel on pénétrait jusqu'au centre de la motte. Au-dessus de
ce passage, solidement voûté à plein-cintre, se trouvaient des appartements. Des restes de murs entourent encore l'éminence circulaire placée

RUINES DU DONJON DE LA-POMMERAYE.

en arrière de ce donjon; mais ils sont dans un tel état de délabrement
qu'il est difficile de décider à quelle hauteur ils pouvaient s'élever.
Tout porte à croire qu'ils ont supporté des toits qui couvraient des logements ou des magasins.

La cour carrée-longue par laquelle on passait pour accéder au donjon,
était entourée de murailles épaisses qui se trouvaient, ainsi que les
autres murs d'enceinte, revêtues, à l'extérieur, de terres rejetées des
fossés et appliquées contre la maçonnerie pour en fortifier les parties
extérieures.

La troisième enceinte était probablement aussi entourée de murailles, mais elles sont à présent totalement détruites; elle était plus

étendue que la seconde enceinte, et sa forme suivait celle du plateau à l'extrémité duquel elle se trouve placée (1).

Château de Beaugency-sur-Loire. — La forme de la tour de Beaugency que l'on voit toujours dans cette ville, près de la Loire, offre un parallélogramme carré-long, ayant à l'extérieur 72 pieds sur 62, et 52 pieds sur 38 à l'intérieur. Elle avait autrefois 125 pieds d'élévation,

VUE DU DONJON DE BEAUGENCY-SUR-LOIRE.

non compris la toiture ; mais aujourd'hui elle ne s'élève qu'à 115 pieds, la partie supérieure ayant été abaissée de 10 pieds en 1767, afin d'éviter la chute des dernières assises des murs, qui étaient endommagées par les eaux pluviales (2).

(1) Les habitants du village de la Pommeraye rapportent mille contes sur le propriétaire de ce château, qu'ils appelaient *Ganne.* Ils disent qu'un souterrain, partant de la motte dont je viens de parler, conduit jusqu'à la rivière d'Orne, à 3/4 de lieue de distance, et que Ganne, seigneur de la Pommeraye, dont ils font un guerrier puissant et rusé, abreuvait ses chevaux dans cette rivière par ce passage souterrain. Ils ajoutent que les chevaux étaient toujours ferrés à rebours, afin que l'on ne pût reconnaître de quel côté leur maître dirigeait ses pas.

(2) *Essais historiques sur la ville de Beaugency,* par M. Pélieux.

Au rez-de-chaussée existe une salle, séparée du premier étage par une
voûte d'une extrême solidité, portée sur de gros piliers carrés, dont six
sont engagés dans les murs du pourtour et deux se trouvent au centre de
la salle.

On voit une porte communiquant à un escalier, pratiqué dans l'épaisseur du mur et par lequel on descendait dans les caves voûtées dont
je viens de parler. Effectivement, il ne faut pas regarder les ouvertures
qui donnent entrée aujourd'hui dans ce rez-de-chaussée comme anciennes. On évitait toujours d'accéder par le rez-de-chaussée dans les
donjons. C'était par le premier étage et par des ouvertures que *bien
des observateurs ont prises pour les fenêtres*, qu'on entrait dans
ces forteresses, soit au moyen de pont-levis, soit au moyen d'échelles
ou d'escaliers mobiles. Ainsi, l'entrée de la tour de Beaugency était une
ouverture fort élevée au-dessus du sol, et qui se trouve au niveau
du pavé dans la salle du premier étage.

On remarque, au-dessous de cette ouverture, des pierres en saillie
qui soutenaient probablement une marche sur laquelle venait s'appuyer
l'escalier mobile ou le pont-levis (1).

Quoi qu'il en soit, le donjon était divisé en quatre étages à partir du
premier : ce dont il est facile de se convaincre en voyant les trous dans
lesquels venaient s'engager les poutres et les solives. Pour éviter la trop
grande portée des poutres, on avait établi au milieu de l'édifice trois
rangs d'arcades portées sur des colonnes et superposées les unes aux
autres, qui correspondaient au niveau des étages. A ce moyen, les planchers pouvaient embrasser tout le diamètre de la tour, sans que leur
solidité fût compromise.

Le pavé de la grande salle du premier étage était sensiblement incliné
vers l'Est. Les autres étages offraient une horizontalité parfaite. On remarque, dans cette première salle, deux grandes cheminées, l'une du
côté de l'Est et l'autre précisément en face dans le mur de l'Ouest. Celle-
ci était accompagnée de deux fenêtres, auxquelles on montait par des
escaliers.

L'autel où l'on célébrait l'office était placé dans l'embrasure d'une
fenêtre ouverte au levant. On y voit encore une peinture à fresque représentant le Père-Eternel et qui paraît du XIIe. siècle.

Les trois étages supérieurs offraient, avec peu de différence, la répé-

(1) Peut-être arrivait-on à ce pont-levis par le rempart qui joignait l'angle de
la tour le plus voisin de la porte.

tition de la grande salle du premier, sauf les subdivisions qui pouvaient exister ; on y montait par des escaliers fort étroits, pratiqués dans l'épaisseur de la muraille ; ils avaient aussi des cheminées au levant et au couchant.

Avant la démolition opérée en 1767, on voyait, au haut des murs, un trottoir, de 5 pieds de largeur, défendu par un parapet. Dès l'année 1568, un incendie avait détruit la charpente à quatre pans, qui supportait le toit : une partie de ce toit était en plomb, l'autre en ardoise (1).

Les murs du donjon de Beaugency n'ont pas moins de 11 pieds d'épaisseur, vers le bas; ils sont formés de pierres inégales, noyées dans le mortier ; le revêtement est en pierres de taille généralement plus larges que hautes et de diverses dimensions, quoique régulièrement taillées; les premières assises sont formées comme celles des murs de construction romaine, avec des pierres de grand appareil.

L'épaisseur des murs diminue progressivement d'étage en étage. Je ne crois pas qu'elle excède 3 ou 4 pieds vers le haut de la tour.

L'origine du donjon de Beaugency est inconnue. On sait seulement que, dans les XIe. et XIIe. siècles, il faisait partie du palais des sires de Beaugency, alors très-riches et très-puissants.

Si l'on excepte quelques fenêtres, agrandies ou réparées du côté de la Loire, en 1530, par le cardinal de Longueville, seigneur de Beaugency (2), la porte d'entrée au Nord, quelques autres ouvertures et les petites niches ou guérites en encorbellement qu'on voit aux angles Nord-Est et Sud, cet édifice paraît avoir subi peu de changements depuis le XIe. siècle.

Château de Loches (Indre-et-Loire).—Plusieurs personnes attribuent cette construction remarquable à Foulques Nerra, comte d'Anjou, dans la première moitié du XIe. siècle; d'autres, à son père, Geoffroy Grise-Gonelle, qui avait fondé la collégiale de Loches; mais cette tour est si élégante avec ses contreforts ornés de demi-colonnes cylindriques, que je serais tenté de l'attribuer au XIIe. siècle, époque à laquelle l'architecture militaire était plus perfectionnée qu'au XIe. siècle.

(1) Pélieux, *Essais historiques sur la ville de Beaugency.*
(2) Le cardinal avait formé le projet de rendre cette tour habitable, afin de s'y fixer pendant le temps que François Ier., son parent, passait à Chambord. Il mourut avant d'avoir terminé les travaux qu'il avait commencés.

Le donjon de Loches s'élève encore à plus de 100 pieds au-dessus
du sol. On peut le diviser en deux parties, savoir : une tour principale

DONJON DE LOCHES.

en forme de carré-long, ayant environ 76 pieds de l'Est à l'Ouest et
42 pieds du Nord au Sud; une autre tour, également carrée-longue,
mais beaucoup plus petite et qui s'applique contre la première, en
formant, du côté du Sud, une espèce de corps avancé.

Cette tour en application, ou, si l'on veut, cette addition au corps

principal du donjon, avait, primitivement, la même hauteur que lui (1).
Elle est, à présent, un peu moins élevée ; ses dimensions répondent précisément à la moitié de la tour principale : car elle a , hors œuvre ,
38 pieds sur 24. On peut la considérer comme le vestibule du donjon.

Elle servait, en même temps , à l'accès de la chambre principale dont
le pavé reposait sur une voûte en pierre. Cette chambre était munie
d'une grande cheminée , placée entre deux fenêtres. Au second étage ,
se trouvait une chapelle dont l'autel était placé, à l'Est, dans une niche.
Une troisième pièce, qui n'existe plus , surmontait cet oratoire.

Le corps principal du donjon n'avait, je crois, d'autre entrée que
la porte ouverte, au haut de l'escalier, dans le mur méridional. Un
corridor percé dans l'épaisseur du même mur , se prolongeait dans le

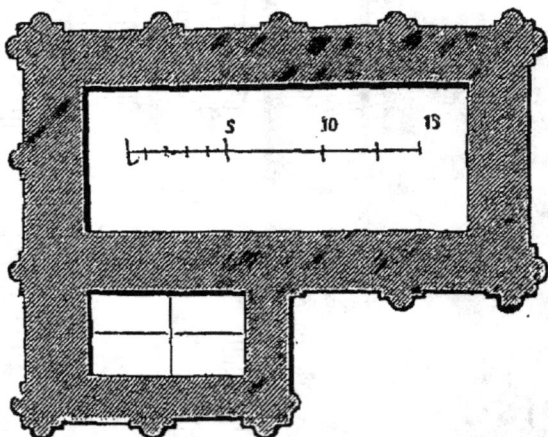

PLAN DU DONJON DE LOCHES.

mur oriental et venait aboutir au-dessous du plancher du premier
étage ; c'était par une étroite issue qu'on pénétrait dans la grande
salle du rez-de-chaussée. L'entrée que l'on voit maintenant au niveau
du sol , n'existait point dans l'origine (2).

La hauteur totale du donjon était divisée en quatre parties par trois
planchers.

(1) Il existe aujourd'hui contre cette partie du donjon , des constructions
occupées par les détenus de la prison. J'en ai fait abstraction dans mon dessin ,
afin de présenter le donjon complètement dégagé de ces constructions qui ,
d'ailleurs , n'en masquent qu'une petite portion.

(2) Cette entrée ne présente qu'une brèche , ouverte dans le mur probablement à une époque peu ancienne et depuis que les planchers du donjon ont
été détruits.

Le premier de ces planchers, voûté en pierre, n'était point horizontal, mais sensiblement incliné du Sud au Nord. Les autres planchers étaient horizontaux et soutenus par des poutres.

Le deuxième et le troisième étages s'accèdent au moyen de petits escaliers tournants très-rapides, pratiqués dans l'épaisseur des murs.

Les fenêtres sont toutes sensiblement évasées à l'intérieur et n'offrent qu'une ouverture extrêmement étroite à l'extérieur. Elles ne sont point espacées régulièrement et plusieurs ont été fort anciennement murées.

Dans les deux petits côtés du donjon, on voit, pour chaque étage, le rez-de-chaussée excepté, une cheminée entre deux fenêtres.

Les murs du château de Loches ont environ 8 pieds d'épaisseur, dans la partie inférieure de l'édifice. Les pierres de l'appareil sont bien taillées ; le ciment qui les joint les unes aux autres, est fort épais et un peu en saillie sur les pierres du revêtement ; il renferme un assez grand nombre de parcelles de charbon de bois mêlées à dessein. Les élégants contreforts semi-cylindriques qui garnissent les murs, ressemblent à ces colonnes engagées qui s'élèvent, depuis le pavé jusqu'à l'origine des voûtes, dans les églises du XIe. siècle (1).

On remarque, à chaque étage, une fenêtre plus large que les autres, qui, selon toute apparence, était destinée à recevoir les munitions, les vivres et tout ce qui était nécessaire pour le service de la forteresse, qu'on hissait au moyen de poulies.

J'ai encore remarqué, à l'extérieur et dans la partie supérieure du donjon, une rangée de trous qui paraîtraient avoir été destinés à contenir des solives. Si ma conjecture est fondée, ces pièces de bois en saillie auraient supporté une espèce de balcon ou de trottoir en bois.

Une enceinte de murs dont quelques parties existent encore, fermait, autour du donjon de Loches, une cour entourée de fossés.

En avant de cette cour du donjon, il existait une grande enceinte allongée, qui est encore aujourd'hui bordée de remparts. Cette belle esplanade, garnie de tours, domine le reste de la ville.

Château de Domfront.—La ville de Domfront est assise sur une chaîne de *grès quartzeux intermédiaire,* qui se trouve brusquement interrompue, vers l'Ouest, par une gorge dans laquelle coule la Varenne. Le château a été élevé sur le bord du précipice ou de la déchirure au milieu de laquelle cette rivière roule ses eaux limpides. Un fossé servait à isoler

(1) Voir la 4e, partie du Cours, page 138.

de la ville l'extrémité du cap sur lequel s'élève le donjon, et fermait, du côté de l'Est, l'entrée du château.

Ce donjon était carré; les murs de 7 à 8 pieds d'épaisseur, en moëllou, étaient revêtus de pierres de granite, taillées symétriquement (petit appareil); des contreforts existent aux angles et au centre de chaque face (1).

Il ne reste plus aujourd'hui que deux côtés de ce carré de murailles;

RUINES DU DONJON DE DOMFRONT.

encore ne sont-ils pas complets. Dans la façade occidentale était une porte dont le seuil se trouvait à un niveau assez élevé, et devait correspondre au premier étage du donjon.

Quoi qu'il en soit, rien n'était plus abrupte que la position de ce château, ni plus facile à défendre : aussi était-il, au XIe. siècle, regardé comme imprenable.

Lorsque le duc Guillaume vint, en 1048, assiéger la place dont

(1) A Domfront, comme dans les autres donjons que j'ai visités, les contreforts du centre étaient moins larges que ceux des angles.

s'était emparé Geoffroy Martel, comte d'Anjou, il reconnut combien il serait difficile de l'emporter d'assaut, et fit construire quatre châteaux de blocus, afin d'interrompre toute communication avec les assiégés et de les prendre par la disette (1).

Le donjon de Broue (Charente-Inférieure) est fondé sur un monticule factice qui s'élève d'environ 80 pieds au-dessus de la mer et du marais dont il est entouré. Il ne reste plus, aujourd'hui, qu'une moitié de la tour, celle qui faisait face à la côte ; mais il est facile de reconnaître qu'elle était carrée, bâtie en moëllon, avec quelques rangs de pierres de taille, de distance en distance. Cinq contreforts fortifiaient chacune de ses faces.

Le donjon de Broue avait quatre étages. A l'intérieur de la partie qui subsiste, on remarque deux portes cintrées qui aboutissent à un petit corridor pratiqué dans l'épaisseur du

DONJON DE BROUE.

mur, à la hauteur de 36 pieds. Au-dessus de ces ouvertures, on aperçoit encore deux fenêtres au milieu desquelles est une cheminée, disposition pareille à celle qui existe dans les châteaux de Beaugency, de Loches, de Nogent-le-Rotrou, et dans plusieurs autres du même temps.

Dans son état actuel, le donjon ruiné de Broue atteint une hauteur de 75 pieds. La cour, au milieu de laquelle il est placé, était entourée d'un mur qui s'élevait à plus de 20 pieds, et le fossé avait d'un côté 50 pieds d'ouverture. Vers l'Est, quelques ouvrages restent encore au-

(1)   Vit li païz è li cuntrées
        Vit li trespas è li valées
        Vit li destreiz è li sentiers
        Vit li veies è li rochiers
        Vit li chastel *ki sist en halt*
        N'ert mie à prendre par assalt.
        Treiz chastel fist faire envirun
        Si lur toli la garnisun.

                Roman de Rou, vers 9420-27.

delà du fossé, ou peut-être il y
avait une seconde enceinte.

Le donjon de l'Islot est une tour
carrée, contenant plusieurs appartements, qui a 90 pieds de hauteur
et 44 pieds sur chaque face (1).
Une plate-forme carrée ou terrasse
lui sert de base, et il y avait là ,
probablement, un chemin de ronde
couvert.

DONJON DE L'ISLOT.

*Le donjon de Tonnai-Bou-
tonne ,* entre Saintes et La Ro-
chelle , et celui de Tonnai-Cha-
rente, près de Rochefort, offrent
des tours carrées qui ont beaucoup de ressemblance avec
celles de l'Islot.

DONJON DE TONNAI-BOUTONNE.

Le donjon de Pons (Charente-
Inférieure) date de la fin du
XIIe. siècle ; il est carré , mais
beaucoup plus large sur un sens
que sur l'autre , puisqu'on y voit
cinq contreforts , sur deux des
côtés , et seulement trois , sur les
deux autres.

Bouet del.

DONJON DE PONS.

Le donjon de Chamboy (Orne) qui doit aussi dater de la seconde

(1) Le château de l'Islot appartenait , en 1130 , à un certain Isembert, qui
y fut assiégé par Guillaume, duc d'Aquitaine. Richard de Poitiers rapporte, dans
sa chronique insérée au XIe. volume de la collection de Dom Bouquet, que ce
château était dans une position avantageuse , entouré, de tous côtés, par des
eaux et des marécages et qu'il tint une année tout entière. Forcé de se rendre

moitié du XIIᵉ. siècle, est un des mieux conservés que j'aie rencontrés :

DONJON DE CHAMBOY (Orne).

il n'y manque que la toiture et les planchers ; les murs et leur couronnement sont à peu près intacts.

au bout d'un an de siége, Isembert fit ses conditions , il partagea , par moitié ,
avec le duc , les revenus de la province et se retira dans l'île de Ré, qu'il
posséda toute sa vie ; il paraît, d'après quelques mots de Richard de Poitiers ,
que le donjon de l'Islot fut démantelé , et c'est probablement depuis cette
époque, qu'il se trouve dans l'état où on le voit aujourd'hui.

Sedit autem exercitus ducis in hujus obsidione spatium unius anni. Ad
ultimum vero traditum est ei, tali vero pacto, ut inter ducem et dominum Isem-
bertum redditus totius provinciæ per medium dividerentur : quod et factum
est. Willelmus vero dux, victor et eversor oppidi Lisletti, possedit Castrum
Julii, ut superius dictum est, cum tota provincia sua , excepta insula de Re ,
quam Dominus Isembertus quandiu vixit tenuit.

Cette jolie tour offre l'image d'un carré-long, garni, aux quatre angles, de larges contreforts couronnés par quatre guérites en pierre. Le grand côté, tourné vers le Sud, est, en partie, masqué par une tour appliquée, à peu près semblable à celles que j'ai citées dans d'autres forteresses ; un contrefort central garnit le mur du Nord.

Une galerie crénelée et saillante, portée sur des modillons, couronne l'édifice entre les quatre guérites et fait le tour du toit.

La porte d'entrée se trouvait à 18 pieds au-dessus du sol, dans la tour appliquée contre la façade méridionale ; rien n'annonce qu'on y accédât par un escalier, et les habitants de Chamboy rapportent, avec quelque vraisemblance, qu'on se servait d'une échelle en fer pour y monter.

Un vestibule étroit, éclairé par une fenêtre légèrement pointue et divisée en deux par un meneau, succédait à cette porte et précédait un vaste appartement qui occupait à lui seul tout le diamètre du donjon, au premier étage au-dessus du rez-de-chaussée. Une corniche à modillons règne tout autour de ce salon ; elle devait supporter les solives du plafond ; une vaste cheminée, dont le manteau est couvert de moulures en losanges, attire les regards dans le mur du Nord, au milieu de ce bel appartement.

Deux autres étages, dont les planchers n'existent plus, n'offraient pas, dans leurs décors, le même soin que la grande salle du premier étage. Il est facile de voir que celle-ci était le lieu de réception, le salon du baron de Chamboy et de sa famille.

L'intérieur des tourelles carrées, placées aux angles, avait été utilisé de différentes manières : un oratoire se trouvait dans la tour du N.-E.; celle qui est désignée par la lettre *f*, et qui est orientée au Sud-Est, renfermait, à sa base, un cachot ou prison, dans lequel on descendait par une trappe ; enfin, la partie supérieure de la tourelle était disposée pour servir de colombier.

Si l'on veut d'autres descriptions de châteaux et de donjons des XI°. et XII°. siècles, on peut recourir au V°. volume de mon *Cours d'antiquités*, dans lequel j'en ai donné beaucoup : je me borne à présenter encore quelques esquisses de donjons.

La tour cylindrique qu'on voit sur le premier plan est une construction du XVe. siècle qu'il faut supprimer, par la pensée, pour rétablir la forme du donjon de Falaise ; ce donjon a perdu au moins un étage.

Bouet del.

DONJON DE FALAISE.

Tour présumée du XIe siècle, presque complète, sauf la toiture, en forme de parallélogramme carré-long. — Division intérieure du donjon en quatre étages superposés.

DONJON DE NOGENT-LE-ROTROU (Eure-et-Loir).

Comme on le voit, ce donjon avait une terrasse dont le mur a s'élevait de manière à former une chemise au pied de la tour centrale. Il y a lieu de croire que ce chemin de ronde était couvert.

Bouet del.

DONJON DE MONTRICHARD (Loir-et-Cher).

DONJON DE MONTBAZON (Indre-et-Loire).

DONJON DE NEWCASTLE (Angleterre).
(Les parties supérieures ont été refaites)

Qu'y a-t-il à ajouter, relativement à la disposition des bâtiments accessoires des places aux XI°. et XII°. siècles ?

La première enceinte ou l'enceinte extérieure était garnie de murs, dans lesquels on voyait, à certaines distances, des tours carrées ou rondes qui servaient, tant à loger quelques-uns des officiers du château, qu'à d'autres usages ; et, le long de ces murs, à l'intérieur de la cour, étaient des bâtiments pour les domestiques et les gens de la suite du baron, pour les greniers, les magasins etc. Tout le monde sait que les *murs compris entre les tours se nomment courtines.*

Au sommet des murs, et sur les toits plats de ces bâtiments, se tenaient ceux qui défendaient la place lorsqu'elle était assiégée, et c'est de là qu'ils jetaient des flèches, des dards et des pierres sur les assaillants. La grande porte d'entrée du château, qui était parfois défendue, de chaque côté, par une tour, était fermée avec d'épaisses portes battantes en chêne, bardées de fer, et avec des herses ou grilles.

L'enceinte extérieure renfermait un large espace découvert, ou une grande cour, appelée, dans les châteaux les plus vastes et les plus complets, le *bayle* ou *ballium* extérieur, et dans lequel il y avait ordinairement une église ou une chapelle. Après cette première cour, venait la seconde enceinte ou *bayle intérieur,* renfermant le donjon et les maisons du baron. *Presque tous les châteaux offrent ces deux divisions très-bien marquées.*

En avant de la porte d'entrée des châteaux du XII°. siècle, se trouvait assez ordinairement un ouvrage extérieur, appelé *barbacane,* qui était destiné à défendre l'entrée du pont ; mais il paraît qu'on désignait aussi sous le nom de *barbacane,* ou d'*antemural,* certaines palissades établies en dehors des fossés de la principale enceinte, et peut-être des contre-escarpes ; c'est, au moins, ce qui paraît résulter de l'emploi que font de ce mot plusieurs historiens dans leurs récits, et de la définition qu'en donne Ducange.

Si quelques innovations s'introduisirent, au XII°. siècle, dans l'art de défendre les places, il ne faut pas les regarder comme des inventions du temps. La herse, par exemple, dont on trouve la trace dans presque tous les châteaux du XII°. siècle, tandis qu'on ne la voit pas dans d'autres d'une époque plus ancienne, est décrite par Végèce comme une chose connue depuis très-long-temps ; cet auteur explique très-bien comment elle fonctionnait, et comment les guerriers, qui seraient parvenus à franchir la porte du château, auraient été, par l'abais-

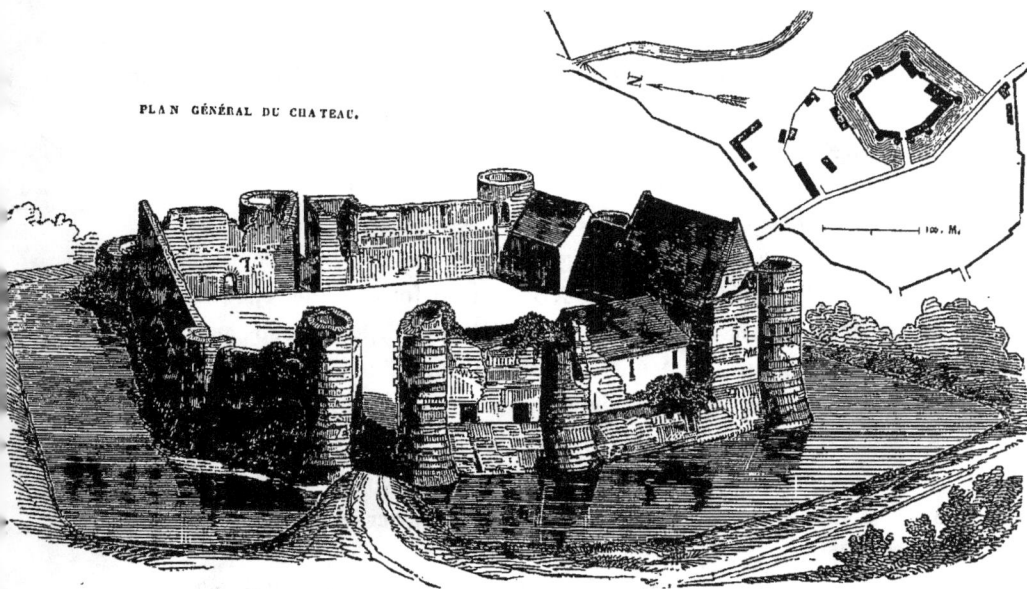

VUE DU BAYLE INTÉRIEUR ET DES MURS D'ENCEINTE DU CHATEAU DE COURCY (Calvados).

V. Petit del.

sement de cette grille, séparés de leurs compagnons d'armes, privés de secours, et pris ou massacrés. Végèce parle aussi de certaines ouvertures, qu'il conseille de placer au-dessus des portes, et qui paraissent avoir une grande analogie avec les machicoulis.

Il est probable que ces moyens de défense, ainsi que plusieurs autres, avaient été long-temps négligés et même oubliés dans nos contrées, et qu'ils furent repris lorsqu'on apporta plus de science et plus d'art dans les fortifications. M. Deville cite, dans son histoire du Château-Gaillard, un passage très-curieux du moine Jean de Marmoutier, où il raconte *que Geoffroy-Plantagenet, étant occupé à assiéger un certain château-fort, étudiait le traité de Végèce sur l'art de la guerre, et y cherchait les moyens de le mieux attaquer.* Nous verrons, en parlant des siéges et de la défense des places, que tout le système était conforme à celui des Romains, et n'avait presque pas changé au moyen-âge.

Qu'y a-t-il à remarquer dans les constructions militaires du XIIᵉ. siècle, comparées à celles du XIᵉ. ?

L'architecture militaire fit de grands progrès dans la seconde moitié du XIᵉ. siècle et au XIIᵉ. : le XIIᵉ. siècle forme une époque distincte pour la *seconde classe* des châteaux (V. le tableau, p. 300); ce qui peut donner lieu à une subdivision dans l'architecture militaire, comme dans l'architecture civile et dans l'architecture religieuse des XIᵉ. et XIIᵉ. siècles.

On peut observer aussi, dans l'architecture militaire du XIIᵉ. siècle, un système de transition dont nous allons parler avant de passer au XIIIᵉ. siècle.

L'esprit guerrier qui prédomina dans le XIᵉ. siècle et dès le Xᵉ., la nécessité où se trouvèrent les comtes et les barons d'élever des forteresses pour conserver leur puissance et leur sécurité, furent la cause principale du progrès de l'architecture militaire : plus on posséda de donjons, plus on acquit alors de pouvoir et d'indépendance.

A cette époque, nous trouvons un certain nombre de comtes et de barons qui se sont distingués parmi tous les autres par leur goût pour les constructions militaires, dans l'Ouest de la France ; par exemple, aucun prince du temps ne s'occupa autant que Foulques-Nerra des progrès de cette architecture : maître de l'Anjou, de la Touraine et du Beaujolais, on le vit partout bâtir des villes et des forteresses ; des églises, des monastères, en si grand nombre que, si les auteurs n'étaient pas unanimes sur ce point, on ne pourrait y ajouter foi.

Foulques-Nerra fit quatre pélerinages à Jérusalem, et l'on ne peut douter qu'il n'ait rapporté de ses voyages des idées nouvelles, qui auront contribué au perfectionnement de l'architecture en Anjou et dans les pays voisins.

Dans la 1re. moitié du XIe. siècle, le comte Eudes, contemporain de Foulques-Nerra, fit aussi élever d'importants édifices. Il construisit, entre autres, sous les murs de la ville de Tours, un pont en pierre de 15 arches, pour traverser la Loire. Jusque-là, il n'y avait eu qu'un pont de bois, et le passage était dangereux dans les grandes inondations.

Après la conquête de l'Angleterre, révolution qui rendit les Normands maîtres d'un important royaume, le duc Guillaume partagea, entre ses compagnons d'armes, une grande quantité de terres et de seigneuries. Or, pour se faire obéir de leurs vassaux, en même temps que pour se mettre en sûreté en pays ennemi, il fallut à ces nouveaux propriétaires des demeures fortifiées, capables d'en imposer à la population au milieu de laquelle ils allaient vivre en maîtres.

Guillaume comprit, d'ailleurs, que, pour affermir sa puissance en Angleterre, il lui fallait un grand nombre de places fortes, et il encouragea de tout son pouvoir l'exécution de cette mesure commandée par la politique et par l'intérêt particulier. L'Angleterre, pauvre, jusque-là, en moyens de défense, se couvrit tout à coup de maisons fortifiées.

Le premier soin de quiconque recevait de la couronne une concession de biens fut d'y construire un château, pour s'y défendre et y résider.

Un des plus habiles constructeurs de l'époque fut Gundulph, moine de l'abbaye du Bec, qui devint évêque de Rochester. Il introduisit diverses améliorations, tendant à augmenter la force, la commodité et la beauté des châteaux. C'est à lui que King et quelques autres antiquaires anglais croient devoir attribuer les perfectionnements que montrent plusieurs donjons anglais de la fin du XIe. siècle, soit dans la distribution des appartements, soit dans la conduite des escaliers, soit dans leurs portes d'entrée; ils pensent aussi qu'avant lui la herse, espèce de grille mobile en fer, que l'on abaissait à volonté derrière les portes, n'était point en usage en Angleterre, non plus que les ponts-levis. Gundulph mourut en 1095.

L'impulsion donnée, en Angleterre, à l'art des fortifications ne fut pas moins puissante en Normandie. Les barons et les chevaliers établis de l'autre côté du détroit n'avaient point abandonné leurs possessions continentales. Au contraire, ils venaient souvent visiter et habiter leurs domaines de Normandie. Devenus riches à l'étranger, beaucoup d'entre eux mirent une sorte d'orgueil à donner, dans le pays natal, des preuves de leur prospérité en faisant reconstruire leurs châteaux sur un nouveau plan. Ils en faisaient élever, en même temps, en-deçà et au-delà de la Manche.

Le règne de Henri Ier., qui coïncide avec le premier tiers du XIIe. siècle, doit être signalé comme faisant époque dans l'histoire de l'architecture militaire en Angleterre et en Normandie.

Des châteaux nouveaux furent élevés au XIIe. siècle dans toutes les autres parties de la France.

J'ai figuré et décrit, dans le Ve. volume de mon *Cours*, p. 214, le château de Rochester, bâti par l'évêque Gundulph. Ce donjon ressemble à beaucoup d'autres par sa forme et sa distribution, notamment à celui de Loches.

Le *donjon de Douvres* que voici n'a été élevé que sous le règne de Henri II ; par conséquent, dans la seconde moitié du XIIe. siècle ; mais il a été construit sur le même plan que celui de Rochester.

DONJON DU CHATEAU DE DOUVRES.

M. King cite différents châteaux édifiés en Angleterre, à peu près sur le même plan que les précédents, et conformément au système de Gundulph, notamment la tour de Newcastle, élevée par Robert, fils du Conquérant, et le donjon de Richemont dans le comté d'York, bâti par Alain, comte de Bretagne, neveu de Guillaume.

On cite, en Angleterre, bien d'autres donjons pareils, celui de

Cantorbéry, par exemple, décrit dans mon *Cours* (page 220). Le donjon

DONJON DU CHATEAU DE NORWICH.

de Norwich, quoique d'une époque postérieure, se rapporte encore au même type.

TRANSITION.

En même temps que, dans l'architecture religieuse, de notables modifications se préparaient durant le XIIe. siècle, d'autres changements se manifestaient dans l'architecture militaire. La forme cylindrique ou polygonale, adoptée pour le donjon, et quelques autres particularités que je vais indiquer, caractérisent parfois, pour cette architecture, *la période de transition*.

Ce fut principalement sous les successeurs de Henri Ier., sous Henri II, auquel on dut un assez grand nombre de constructions, et sous Richard-Cœur-de-Lion, que ces changements se produisirent. Ils coïn-

cident donc précisément avec la période durant laquelle s'opéra la
transition du plein-cintre à l'ogive : ce qui nous prouve de plus
en plus qu'il régnait, à cette époque, un besoin d'innover que les
voyages en Orient avaient excité, et qui se révéla dans les édifices militaires comme dans tous les autres.

L'examen de quelques châteaux va nous montrer ces tendances.

Château de Gisors. — Le château de Gisors, un des plus intéressants
de la province, fut bâti par ordre de Guillaume-Le-Roux, vers la fin
du XIe. siècle, (1097) sur les plans de Robert de Bellême, habile con-
structeur de forteresses. Mais Henri Ier. augmenta considérablement,
dans la suite, la force de ce château : il l'environna de murs d'enceinte
fort élevés et de tours formidables.

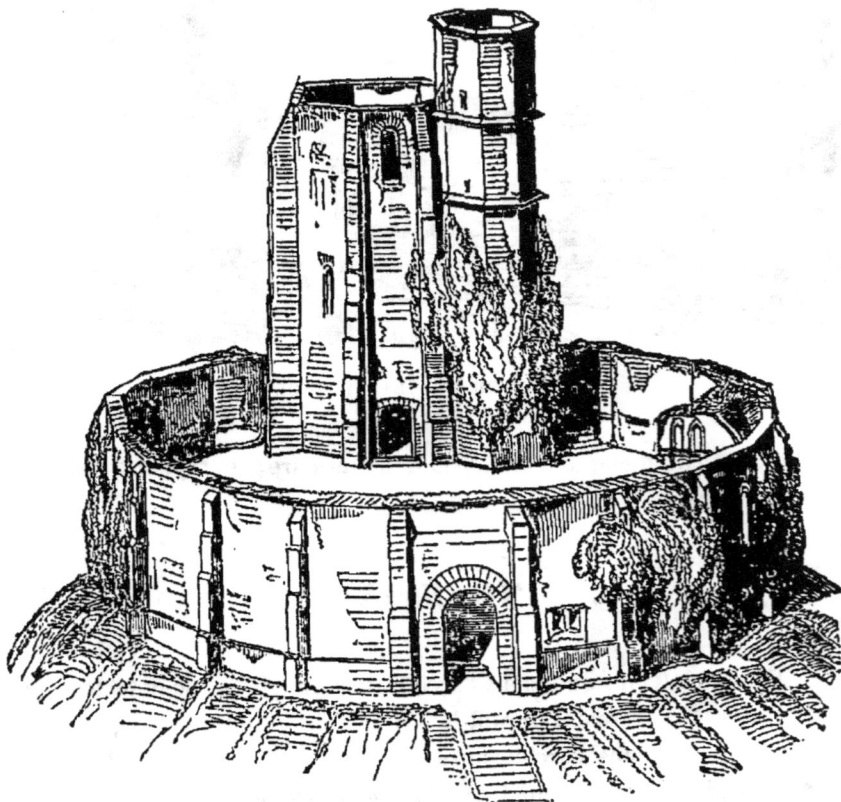

DONJON DE GISORS.

Il est certain que Henri II fit aussi des réparations et des augmentations considérables au château de Gisors. Lorsque ce roi eut une

conférence, dans cette ville, avec Louis VII, roi de France, en 1175, le château avait reçu, depuis peu, des accroissements notables, et de nouvelles tours avaient été élevées le long des murs, d'après le témoignage d'un chroniqueur contemporain ; plus tard, en 1184, des réparations furent faites à la tour du donjon, aux murs qui entourent l'esplanade de la motte et qui existent encore, aux fossés, aux ponts qui servaient à y accéder, à une maison de bois placée en dehors du bayle, et à la partie basse des murs qui bordaient la place du marché (1). Henri II faisait, dans le même temps, réparer plusieurs autres forteresses situées près de Gisors, le long des frontières ou marches normandes.

Le château de Gisors est donc un ouvrage du XII°. siècle ; il est probable que Philippe-Auguste, lorsqu'il fut maître de la place, y fit

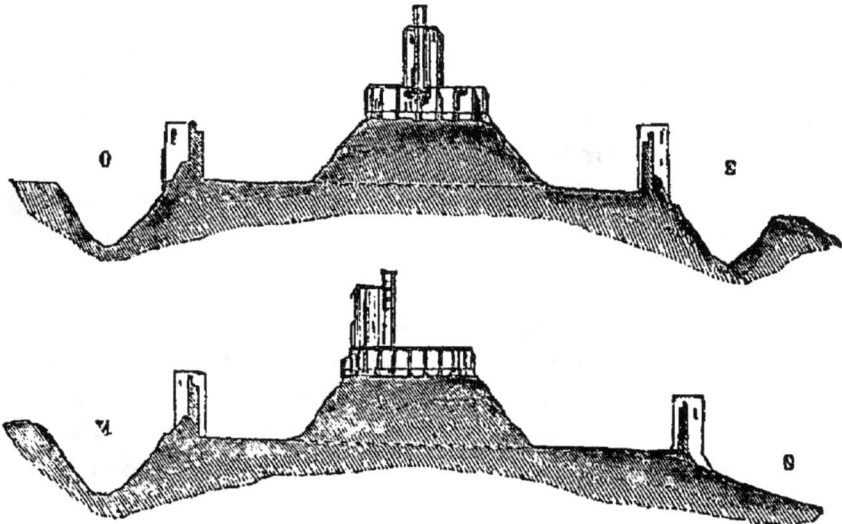

MOTTE, DONJON, MURS D'ENCEINTE ET FOSSÉS DU CHATEAU DE GISORS VUS DE DEUX CÔTÉS.

aussi de nouveaux ouvrages ; mais le donjon et son enceinte ne durent guère recevoir d'additions depuis Henri II.

(1) Nous trouvons ces curieux détails dans le passage suivant d'un fragment des rôles de l'Échiquier de Normandie pour l'année 1184, qu'a publiés M. Pétries, conservateur des archives de la Tour de Londres.

In operationibus turris de Gisorcio recooperiende , et muri circa motam , et coquine et fossati extra virgultum , et pontium , et portarum , et domus ligue

Cette ancienne partie du château de Gisors, encore très-bien conservée, se montre au sommet d'une éminence artificielle, ronde et conique; un mur flanqué de contreforts plats occupe le contour du plateau ménagé sur l'éminence : ces murs renfermaient un assez grand nombre de poutres couchées et incrustées dans la maçonnerie, et ces pièces de bois, que j'ai remarquées dans les murs de plusieurs autres châteaux (Brionne (Eure), Malesmains (Calvados), etc., etc., etc.), avaient évidemment pour but d'empêcher les dislocations, en reliant, par de grandes traverses, ces murs épais pour la solidité et la durée desquels on n'avait à craindre que l'affaissement du sol et les fissures ou crevasses qui pouvaient en être la suite.

Une de ces poutres incrustées était, il y a peu d'années, visible dans le mur, où elle a été, en partie, mise à nu par l'enlèvement du revêtement extérieur.

Une tour polygonale, assez élevée, se trouvait en contact avec le mur d'enceinte et formait le donjon. Elle faisait face à la porte d'entrée de cette petite cour qui était garnie de logements et dans laquelle on remarque aussi les restes d'une chapelle.

Cette chapelle était placée entre la porte dont je viens de parler et la tour du donjon; et près d'elle existait une issue étroite ou poterne communiquant avec l'extérieur.

Le donjon et son enceinte, étant ainsi établis sur une motte artificielle, ne pouvaient offrir que très-peu d'étendue; des logements bien autrement spacieux se trouvaient dans le bayle, ou la grande place d'armes qui entourait cette éminence; on y remarque encore des tours, des portes et des murailles considérables, qui montrent très-bien l'étendue et l'importance de la place.

Château de Carentan.—Le donjon de Carentan qui date, je crois, du XIIe. siècle, est polygonal. Nous donnons, dans l'esquisse suivante, la partie dans laquelle s'ouvrait autrefois la porte d'entrée : l'archivolte de cette porte est ornée de billettes et repose sur des colonnes romanes comme celles d'une porte d'église.

On ne pouvait accéder à cette entrée que par un pont-levis.

infra baillium, et pedis muri circa mercatum ij lib. DC li L li. xxiij d. (2,650 l. 23 deniers).

ANCIENNE ENTRÉE DU DONJON POLYGONAL DE CARENTAN (Manche).

Donjon de Coudé-sur-Noireau. — Les restes du donjon, situés à peu de distance de l'église St.-Sauveur, sont maintenant réduits à ce qui forme la clôture d'une partie de la prison. Ils dessinent de ce côté un quart de cercle renforcé de cinq contreforts cylindriques, dont les uns partent du sol, tandis que les autres ne prennent naissance qu'à

PLAN DE LA PARTIE FIGURÉE.

Bou t del

RUINES DU DONJON DU CHATEAU DE CONDÉ.

30 pieds plus haut (Voir la figure, page 364); des pierres d'attente existent à une certaine élévation, comme pour relier le donjon à d'autres constructions.

Ce qui reste aujourd'hui n'est qu'un quart environ de la tour du donjon ; il est difficile, vu le peu de caractère, d'indiquer l'époque de cette construction : je crois qu'elle appartient à la fin du XIIe. siècle, dans quelques-unes de ses parties.

Les voûtes des chambres pratiquées dans l'épaisseur du mur sont à plein-cintre.

La partie orientale du donjon s'écroula en 1747, et, trente ans après, un nommé Lair de La Blare démolit cette tour et la réduisit à peu près à ce qui en reste à présent.

Donjon de Conches. — Le donjon du château de la ville de Conches, figuré dans l'atlas de mon *Cours d'antiquités*, pl. LXXIII, se compose d'une maîtresse-tour cylindrique et d'un chemin de ronde, garni d'un mur et de quatre ou cinq tours.

Cet ensemble de constructions occupe le sommet d'une éminence conique, isolée par des fossés assez profonds, des cours et autres dépendances du château.

La tour centrale, ou donjon proprement dit, est mieux conservée que le reste et ne paraît point avoir subi de réparations. La porte d'entrée de cette tour correspondait au premier étage, au-dessus du rez-de-chaussée ; on y remarquait un puits, pratiqué dans l'épaisseur du mur et aujourd'hui comblé de pierres, qui devait être extrèmement profond dans l'origine.

On montait au second étage par un escalier tournant ; un autre escalier donnait accès au troisième.

Le rez-de-chaussée, solidement voûté en pierre, n'avait aucune porte et ne communiquait avec la salle établie au-dessus que par une ouverture, ronde percée au centre de la voûte.

Château-Gaillard. Le Château-Gaillard, près des Andelys, bâti par Richard-Cœur-de-Lion, à la fin du XIIe. siècle, se compose d'une tour, circulaire dans les trois quarts de son développement, se terminant en angle vers l'Est, et garnie extérieurement de contreforts ressemblant assez, selon la judicieuse observation de M. Deville, à de vastes coins en pierre appliqués contre la muraille. Cette construction

DONJON DU CHATEAU-GAILLARD.

se lie à une enceinte elliptique offrant, dans la plus grande partie de son développement, des segments de tours au nombre de 17, qui ne

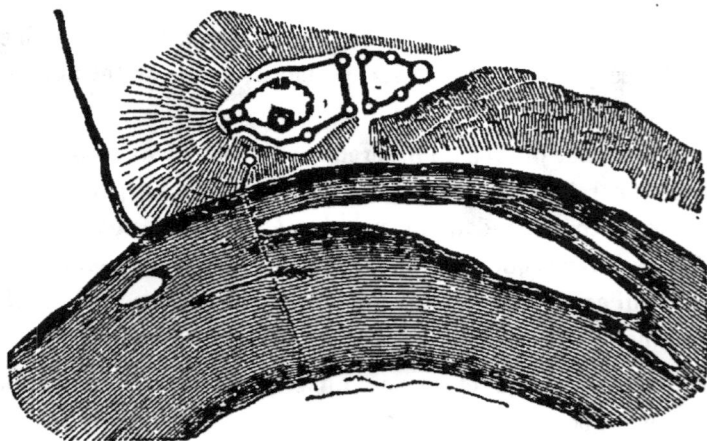

PLAN DU CHATEAU-GAILLARD.

sont séparés les uns des autres que par deux pieds de courtine, et forment ainsi une muraille bosselée assez singulière (1).

Deux autres enceintes se développent derrière la cour du donjon. La dernière, dont la pointe faisait face à la langue de terre qui reliait le château aux hauteurs voisines, était séparée de la seconde par des murs et un fossé creusé dans le roc.

(1) V. l'*Histoire du Château-Gaillard*, par M. Deville.

Donjon de Provins. — Un des donjons les plus remarquables du XIIe. siècle, par sa disposition et sa forme extérieure, est celui de Provins (la Tour-le-Roi), dont je dois un très-bon dessin à M. Victor Petit.

La tour, carrée à l'extérieur jusqu'au milieu du premier étage, devient octogone à cette hauteur ; quatre tourelles qui s'élèvent aux angles comme des contreforts, se séparent de la masse pour s'y rattacher plus haut par des arcs-boutants.

Une galerie ou chemin de ronde qui, probablement, était couvert dans l'origine, fait le tour de l'octogone en passant derrière les tourelles.

De là, on monte à l'étage supérieur par quatre escaliers pratiqués dans l'épaisseur du mur. Cette portion du donjon a été refaite, en grande partie, et les seize ouvertures qui existent au-dessous de la toiture, ne m'ont pas paru antérieures au XVIe. siècle.

Il faut aussi distraire du donjon du XIIe. siècle le soubassement ou retroussis cylindrique en maçonnerie, qui garnit la motte sur laquelle le donjon est fondé. On sait que cette construction est due à Thomas Guérard, capitaine anglais, qui fit exécuter divers travaux aux fortifications de Provins après la prise de cette ville par les Anglais, en 1432 : aussi appelle-t-on ce soubassement du donjon le *pâté des Anglais.*

D'après les recherches de M. Bourquelot, il est question de la *tour de Provins* dans une charte du comte Henri donnée l'an 1176, et tout porte à croire que la tour dont il s'agit est bien le donjon que nous venons de figurer et qui remonte ainsi au XIIe. siècle.

Ce qu'il importe de faire remarquer, c'est que le donjon, passant du carré à l'octogone et flanqué de tours cylindriques, offre une imitation de certaines tours d'église de la même époque et une disposition nouvelle ou insolite pour les forteresses.

La disposition intérieure de la tour est aussi très-curieuse : les deux salles qui subsistent intactes, sont voûtées en ogive.

La salle du premier étage renferme une grande cheminée dont le tuyau rond se perd dans la maçonnerie : je regrette de n'avoir pas de coupe intérieure à mettre en regard de l'élévation extérieure de l'édifice. Il paraît certain qu'autrefois le donjon de Provins avait quatre étages, deux de plus qu'aujourd'hui.

Château d'Étampes. — Le donjon du château d'Étampes, que tout le monde a pu voir en allant de Paris à Orléans, est d'une forme particulière : il semblerait composé par la réunion de quatre tours cylin-

DARDELET

DONJON DE PROVINS.

· VUE EXTÉRIEURE DU DONJON D'ÉTAMPES.

driques. M. Victor Petit l'a décrit avec soin dans le tome XII du *Bulletin monumental*. Le dessin ci-joint montre la partie de la tour qui fait face à la ville.

L'ouverture placée entre la convexité des tours, au niveau du premier étage, est la porte d'entrée. On y arrivait par un pont-levis qui s'abaissait sur le mur d'enceinte. Au-dessus de cette porte A, on re-

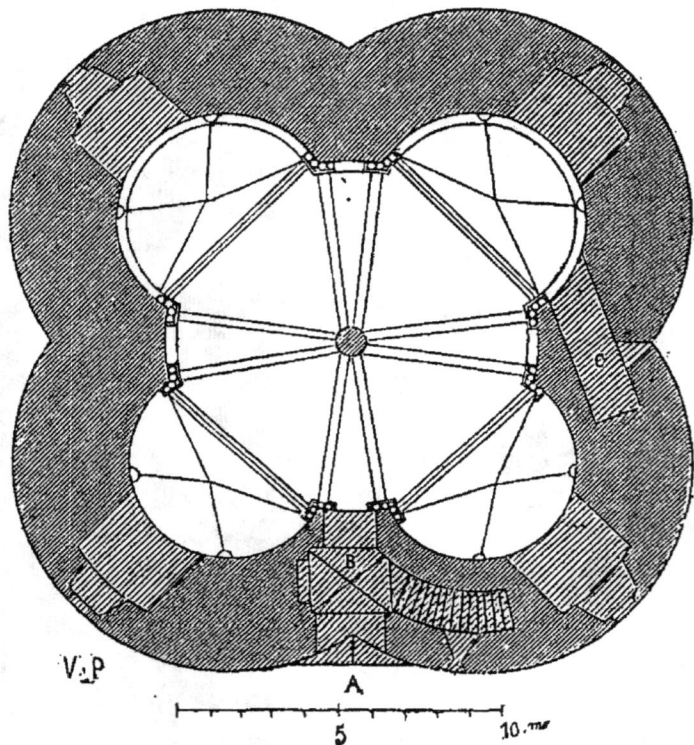

PLAN DE L'ÉTAGE AU-DESSUS DU REZ-DE-CHAUSSÉE.

marque une seconde ouverture, complètement défigurée par suite de l'arrachement des larges pierres qui l'entouraient ; elle éclairait une petite salle voûtée servant de corps-de-garde, B.

Le plan indique la disposition de cette partie du premier étage. A gauche, un escalier descendait au rez-de-chaussée, qui semble n'avoir été éclairé que par des ouvertures très-étroites. De fortes poutres, s'appuyant sur un pilier central, soutenaient le plancher de la grande salle du premier étage. Celle-ci, éclairée par quatre longues fenêtres à larges embrasures intérieures, était voûtée en pierre ; la retombée des nervures, formées de grosses moulures rondes, posait sur un simple tailloir et sur un pilier central.

Le dessin de l'intérieur de la tour fera comprendre, mieux qu'une description, la disposition de ces voûtes dont l'ensemble devait être imposant et monumental.

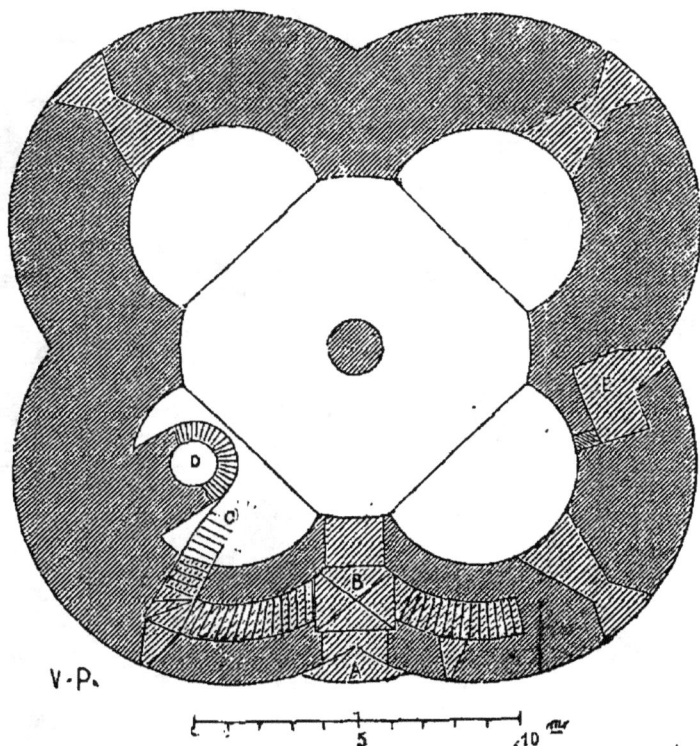

PLAN DE LA SALLE DU REZ-DE-CHAUSSÉE.

V.P.

Le deuxième étage, qui était assurément la partie la plus remarquable de l'édifice, formait sans doute le logement du seigneur châtelain. Quatre colonnes, ornées de beaux chapiteaux, soutenaient de forts arcs-doubleaux destinés à supporter une voûte en pierre.

La vue intérieure de la tour indique, aussi exactement que possible, la disposition de cette belle salle, qui était éclairée par des fenêtres à larges embrasures intérieures. Deux énormes cheminées, dont il ne reste que le foyer et le tuyau, n'offrent plus d'intérêt.

Le troisième étage, auquel on arrive par un escalier en spirale encore bien conservé, est celui qui a le plus souffert.

Les murs en ont été détruits presque jusqu'à leur base; il est donc impossible d'indiquer la hauteur de cet étage qui, selon toutes les

VUE INTÉRIEURE DU DONJON D'ÉTAMPES.

probabilités, devait être celui qui supportait les toitures. D'après la
gravure de Chastillon, de nombreux créneaux, assez étroits, éclairaient
l'intérieur. Malheureusement il ne reste aucun renseignement sur la
forme et la hauteur des toitures qui, peut-être, étaient aiguës et
coniques au-dessus de chacune des demi-tourelles qui forment la masse
du donjon ; un grand toit central supportait la portion qui ne posait
pas sur la muraille.

Il reste à mentionner deux détails d'aménagement, fort utiles dans
un donjon où les assiégés pouvaient rester bloqués fort long-temps.
Je veux parler d'un puits étroit et très-profond, dont l'orifice s'ouvrait
dans la grande salle du premier étage, et aussi d'un immense conduit
de fosse d'aisance, allant du sommet à la base de la tour, dans l'intérieur de la muraille.

On est amené, dit M. Victor Petit, à faire remonter jusqu'au XIIe.
siècle l'époque de la construction du donjon d'Etampes. Les détails
d'ornementation, si utiles pour faciliter l'appréciation de l'âge des
monuments, ne nous manquent pas ; voici le dessin de l'un des quatre

BASE ET CHAPITEAU DU CHATEAU D'ETAMPES.

grands chapiteaux et d'une base de colonne de la salle du deuxième
étage.

Les tailloirs épais et saillants, ornés de feuilles ou de dentelures ; les larges feuilles plates de la corbeille ; enfin, le profil des bases, indiquent la fin du XII°. siècle ou la première période du règne de Philippe-Auguste, de 1180 à 1200.

Deux portes fortifiées s'ouvraient dans les murs d'enceinte du château : l'une sur la ville, l'autre sur la campagne près de la vieille route de Dourdan.

De vastes bâtiments, dont il ne reste plus que de larges fondations, cachées sous les massifs de verdure d'un petit bois, s'élevaient en avant du donjon, et ne communiquaient avec lui qu'à l'aide d'un pont-levis placé sur la muraille quadrangulaire qui formait, autour de ce donjon, une enceinte défendue par un fossé profond (1).

Une partie de ce gros mur se retrouve encore vers le côté ouest de la tour. Un peu à droite de ces bâtiments, on remarquait une petite chapelle dédiée à saint Laurent.

Tour de Châteaudun. — Parmi les donjons de transition, celui de Châteaudun mérite une mention particulière, parce qu'il est cylindrique et que cette forme fut décidément préférée au XIII°. siècle ; c'est donc un des plus avancés au point de vue des innovations successives essayées au XII°. siècle ; tout porte à croire qu'il est de la fin de ce siècle, quoiqu'une inscription fasse parler la tour et lui fasse déclarer elle-même qu'elle est du X°. (2).

(1) Voir le mémoire de M. Victor Petit sur le château d'Étampes, dans le t. XII du *Bulletin monumental.*

(2) Voici cette inscription, transcrite textuellement :

J'AI ÉTÉ CONSTRUITE PAR THIBAULT-LE-
VIEUX OU LE TRICHEUR, COMTE DE DUNOIS,
AU COMMENCEMENT DU X°. SIÈCLE ;
MA HAUTEUR JUSQU'À L'ENTABLEMENT
EST DE 90 PIEDS, ET EN TOTAL, LA
FLEUR DE LYS COMPRISE, DE 138 ;
MON DIAMÈTRE INTÉRIEUR, PAR LE BAS,
EST DE 27 PIEDS, ET EXTÉRIEUR DE 53 ;
MA CIRCONFÉRENCE INTÉRIEURE EST DE
65 PIEDS, ET EXTÉRIEURE DE 167.

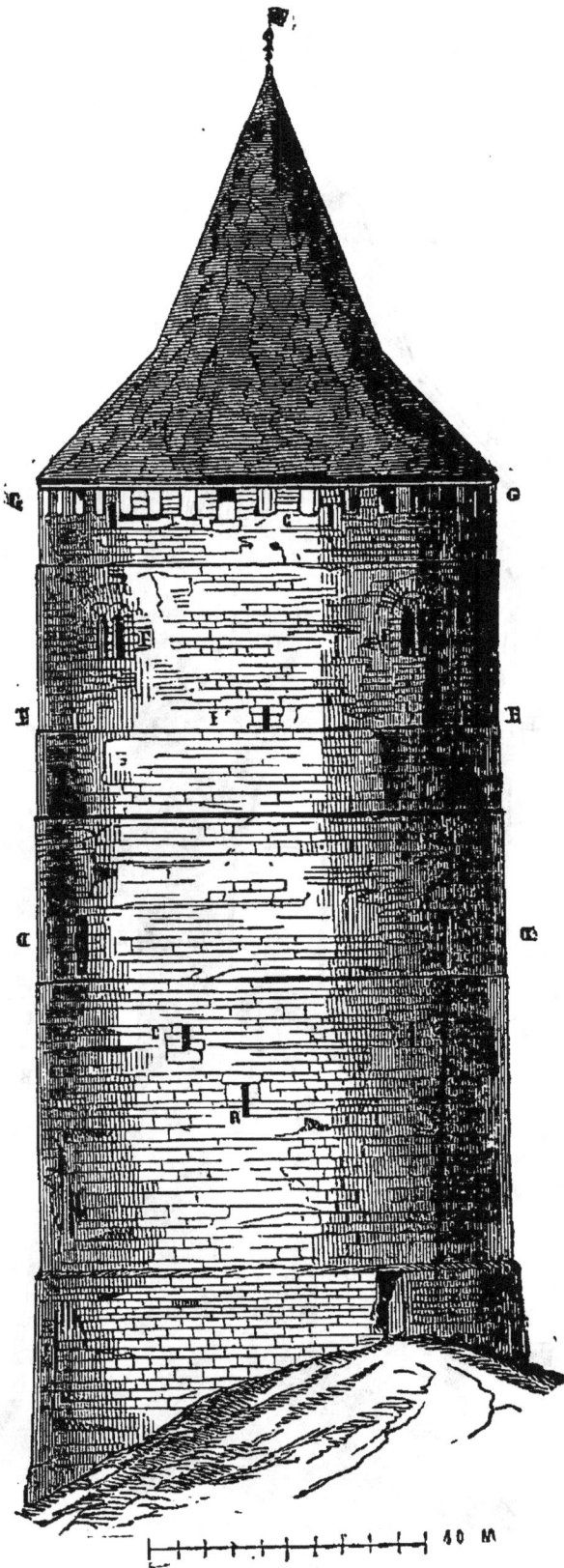

ÉLÉVATION EXTÉRIEURE DU DONJON DE CHATEAUDUN.

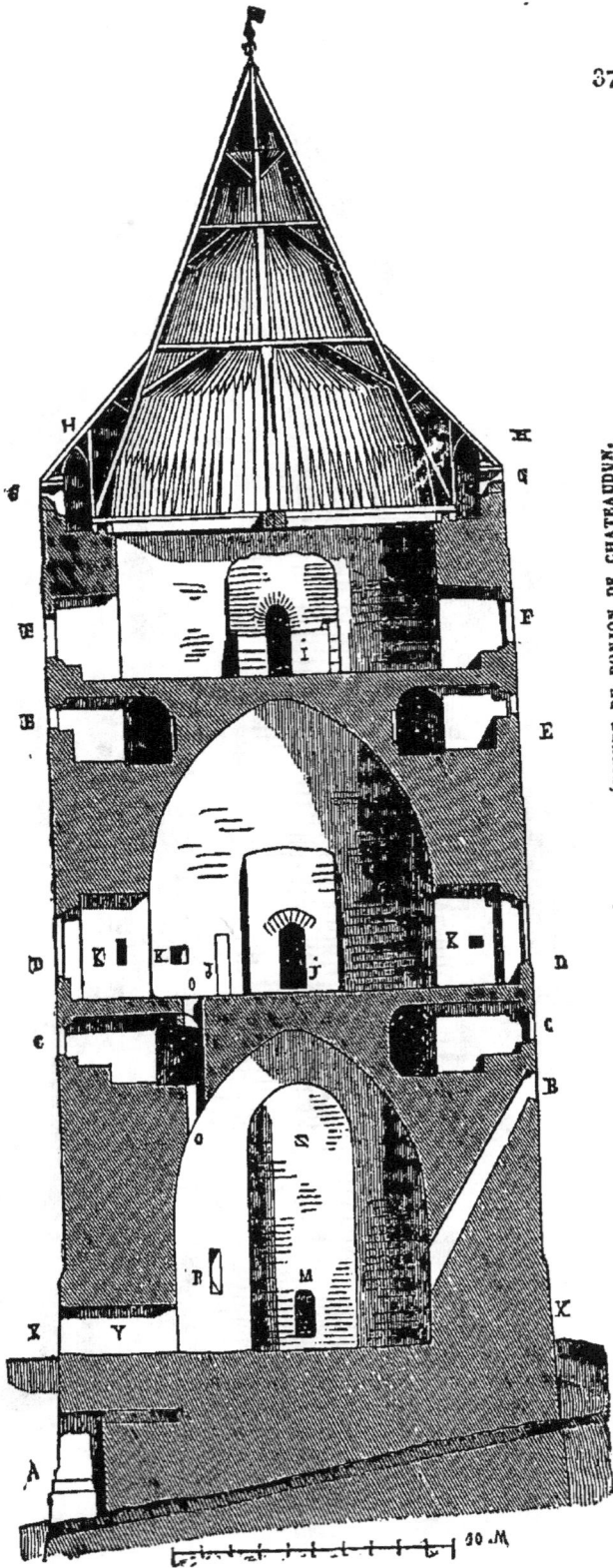

M. Victor Petit l'a visitée depuis moi, et c'est encore à lui que j'emprunte les figures que je présente du donjon de Châteaudun (1).

A Châteaudun, comme ailleurs, l'entrée du donjon était à la hauteur du premier étage. Pour y arriver maintenant, il faut prendre un escalier placé dans l'aile du château, près d'une chapelle bâtie vers 1465 ; suivre des corridors étroits et tortueux, et enfin traverser une sorte de passage mobile qui aboutit à la véritable porte du donjon. (Lettre T.)

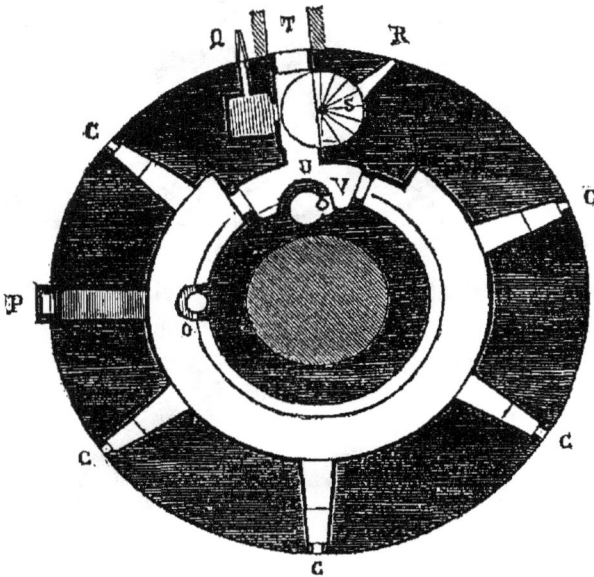

PLAN DE LA TOUR, AU NIVEAU DE LA PREMIÈRE GALERIE.

Mais ce qu'il importe de signaler dans ce donjon cylindrique, ce sont des galeries intermédiaires pratiquées dans l'épaisseur des murs, entre les voûtes du rez-de-chaussée et le pavé du premier étage, entre celui-ci et le troisième.

La coupe précédente (page 373) montre ces deux galeries circulaires : l'une éclairée par les ouvertures CC ; l'autre, par les fenêtres EE.

De la première galerie intermédiaire, on monte quatorze marches pour arriver dans une vaste salle éclairée par trois fenêtres à longues embrasures, dans lesquelles sont pratiquées de petits réduits obscurs. Une voûte en dôme couronne cette salle.

On monte trente-huit marches pour arriver à une seconde galerie

(1) Voir, dans le tome XVI du *Bulletin monumental*, la notice de M. Victor Petit, sur ce donjon.

8

intermédiaire , aussi curieuse que la première. Quinze autres marches

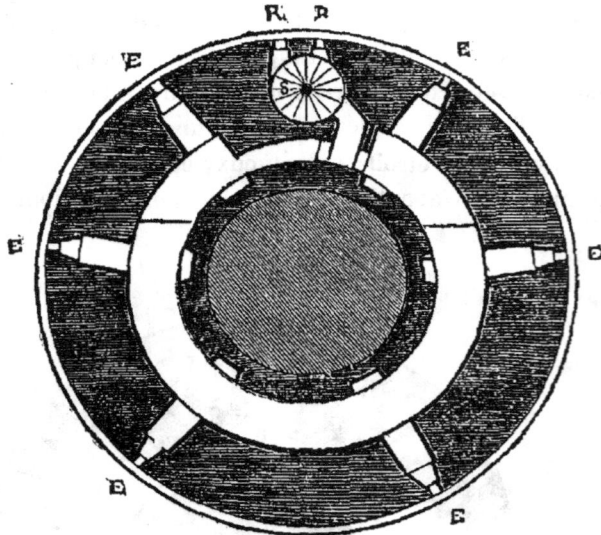

mènent à la grande salle du dernier étage. Celle-ci est éclairée par trois belles fenêtres géminées FFF. Enfin, vingt-sept marches d'un petit es-

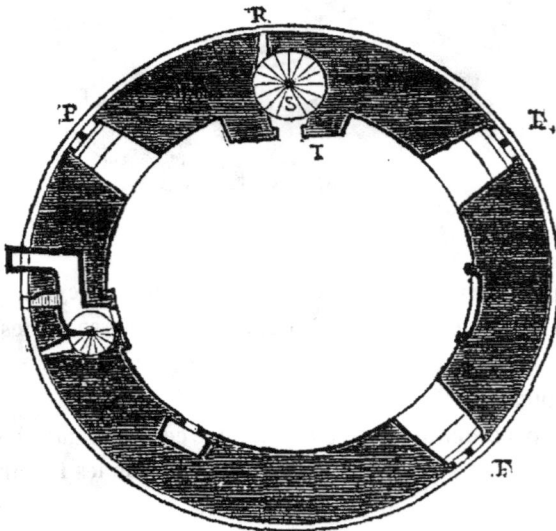

calier conduisent sur le chemin de ronde qui borde le sommet de la tour, et que de nombreux créneaux éclairent. Ici on peut étudier long-temps une magnifique charpente qui semble neuve, tant elle est bien conservée. On remarque avec intérêt le savant et puissant assemblage des bois, depuis les plus fortes pièces jusqu'aux plus petites.

Tour de Néaufle. — Le donjon de Néaufle, dont il ne reste que la moitié, est aussi une tour cylindrique : ce qui montre que cette forme

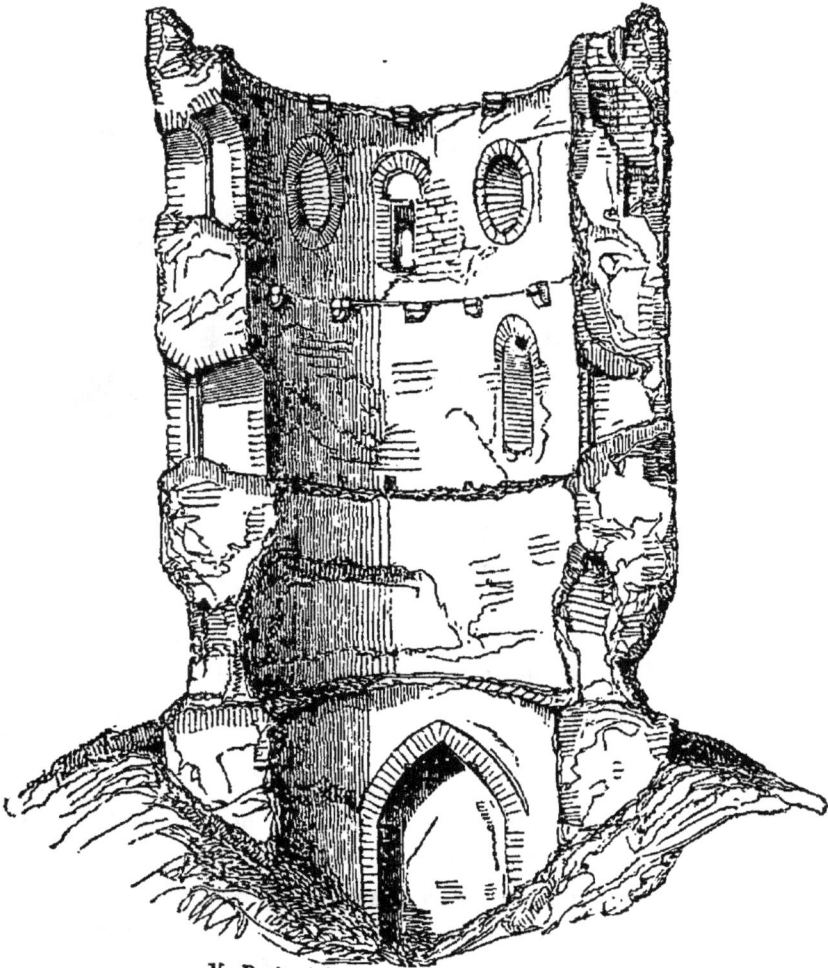

V Petit del.

RUINES DE LA TOUR DE NÉAUFLE.

devint fréquente dans la 2e. moitié du XIIe. siècle ; il est certain qu'en 1184 Henry II fit réparer ou reconstruire plusieurs places situées près de Gisors , le long des frontières normandes. Le rôle de l'Echiquier de Normandie vers 1184, d'où nous tirons ce renseignement, cite , entre autres, les châteaux de NÉAUFLE, de NEUFCHATEL , de PIERREFITTE et de DANGU. On peut induire, des termes du rôle, que la tour du donjon de

Néaufle a été édifiée à cette époque avec les bâtiments voisins, tandis qu'on ne faisait qu'exhausser les murs d'enceinte : « *in operationibus*

PLAN DE LA TOUR DE NÉAUFLE.

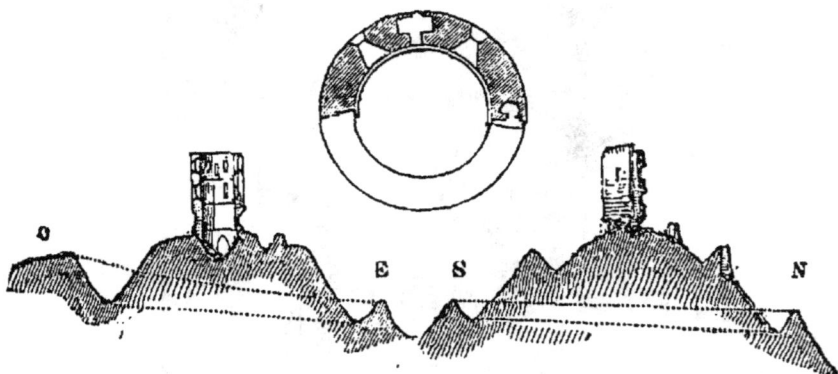

MOTTE ET RUINES DE LA TOUR DE NÉAUFLE.

(Vues de deux côtés.)

turris de Nealfa et domorum ; et muri altiorandi et pedes ejusdem muri faciendi, c libræ, quatuor xx lib., xv lib. iiii solidi viii denarii. »

Château de Laval. —Le donjon cylindrique du château de Laval, qui produit un merveilleux effet au milieu de cette ville, sur les bords de la Mayenne, est digne de figurer parmi ceux que je viens de citer. Il doit dater des dernières années du XII°. siècle, à en juger par son style et la forme de ses ouvertures (V. la p. 378) ; il ne faut, en effet, tenir aucun compte des deux fenêtres à colonnes, couronnées de frontons, qui existent au centre de la tour : ce sont évidemment des ouvertures faites, au XVI°. siècle, pour donner du jour aux appartements.

Cette belle tour se divise en cinq étages, en comptant deux salles basses dans lesquelles on ne pénétrait que par une ouverture circulaire, pratiquée au centre de la voûte.

La partie supérieure de la tour (V. la p. 379) est garnie d'une charpente extrêmement intéressante, portée en saillie sur le cylindre en pierre et offrant, au-dessous du toit, une chambre et une galerie

Dardelet sculp.   V   Petit del.

VUE EXTÉRIEURE DU DONJON DE LAVAL.

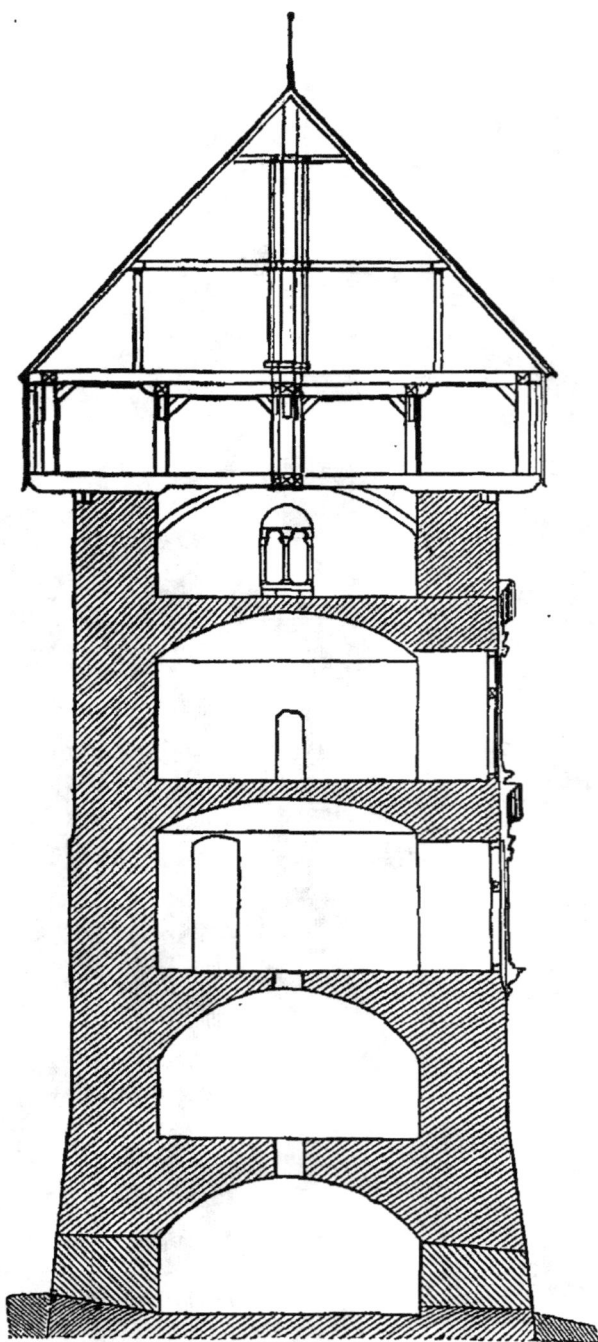

V. Petit del.

COUPE DU DONJON DE LAVAL.

COUPE DE LA CHARPENTE.

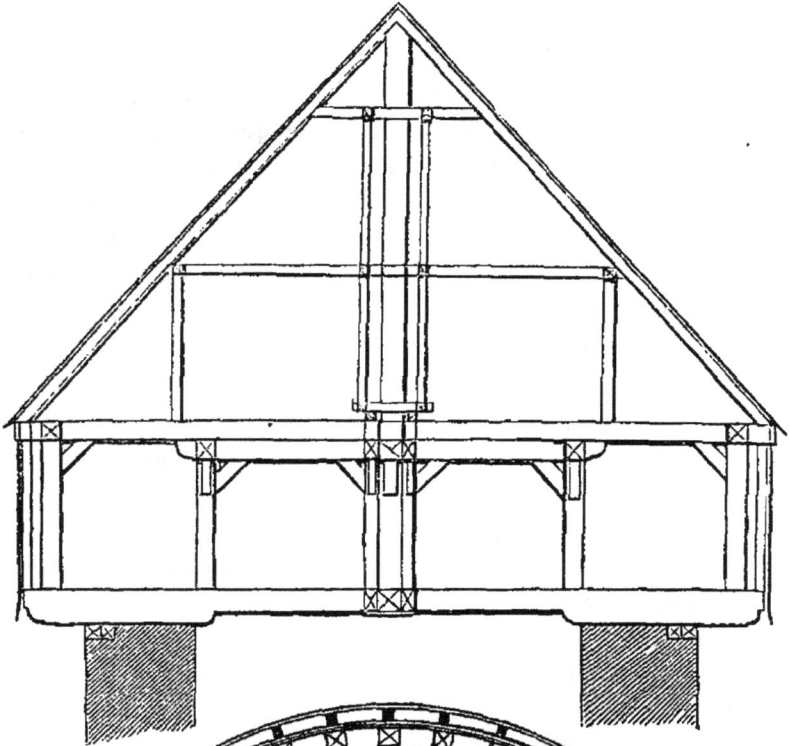

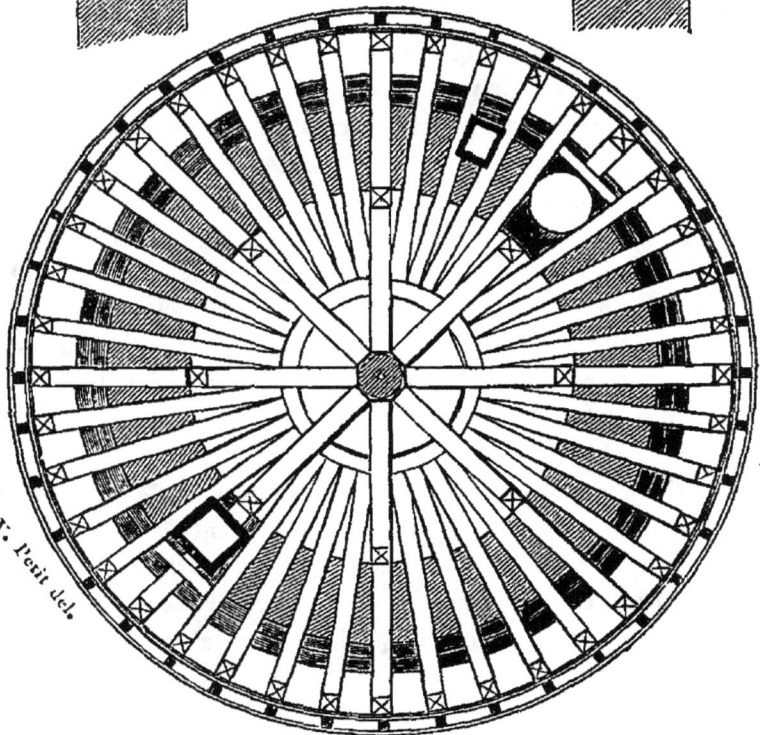

V. Petit del.

PLAN DE LA CHARPENTE DU DONJON DE LAVAL.

garnie de ses *hourds*. Les hourds étaient des espèces de murs en planches
que l'on établissait au-dessus des tours et des murs du moyen-âge, et
qui, faisant saillie sur ceux-ci, permettaient de jeter des pierres et autres
projectiles sur les assaillants, par les intervalles ménagés entre les poutres
de support, tandis que le mur en bois qui s'élevait au-dessus de ces
poutres garantissait la garnison des flèches lancées par les assiégeants.

Ces hourds ont été, comme je le disais, très-usités au moyen-âge ; on
finit, mais assez tard, par les remplacer, presque partout, par des
murs ou parapets en pierre, portés sur des consoles en pierre entre
lesquelles on ménagea, comme entre les poutres en bois, des intervalles
ou *machicoulis* pour assommer les assaillants.

La charpente du donjon de Laval est une des plus anciennes que
j'aie rencontrées : la disposition des pièces de bois qui la composent est
remarquable. Une poutre verticale remplit l'office de pivot central ;
puis, à la base du toit, une série de poutres horizontales forment,
autour de cette espèce de moyeu, une énorme roue. Les extrémités de
ces rais débordent sur le cylindre en pierre de la tour, et forment des
consoles ou machicoulis portant les hourds.

Probablement ces poutres ont été renouvelées, au moins en partie,
depuis l'origine de la tour ; mais il y a lieu de croire aussi qu'une
bonne partie de la charpente existe telle qu'elle a été établie dans
l'origine ; on n'a fait que remplacer les pièces trop vermoulues. Quant
au pivot central, la partie basse doit être celle qui a été placée au
XIIe. siècle : car, dans l'appartement situé au-dessous, elle a été taillée
de manière à former une sorte de rosace, et ces moulures appartiennent
au style roman.

M. Victor Petit a bien voulu dessiner, à ma demande, l'élévation
extérieure et la coupe longitudinale que je viens de présenter de la tour.
Voici maintenant (p. 380) le profil et le plan de la charpente : avec des
figures si claires et si nettes, on comprendra sans difficulté la construction de ce couronnement en bois de la belle tour de Laval, couronnement si intéressant par son ancienneté.

Château de Landsberg. — Les châteaux de l'Alsace offrent certains
caractères que nous indiquerons en parlant des châteaux du XIIIe.
siècle ; les tours cylindriques y sont plus rares que dans le centre et
le nord de la France. M. A. Ramé, dans ses notes sur quelques
châteaux de cette contrée, publiées dans le *Bulletin monumental* (1),

(1) T. XXI.

RUINES DU CHATEAU DE LANDSBERG.

a donné une vue intéressante de celui de Landsberg, qu'il regarde, avec MM. Parker et Schweighauser, comme remontant à la fin du XIIe. siècle. Ce château, dont il ne reste plus que la moitié, offrait un parallélogramme très-allongé orienté *Est* et *Ouest*, divisé en trois parties : la partie centrale occupée par les bâtiments d'habitation et le donjon carré ; les deux extrémités réservées aux dépendances et formant deux vastes cours (1). Toutes les fenêtres, percées dans les murailles, sont cintrées, souvent géminées, très-étroites à l'extérieur, mais évasées à l'intérieur. MM. Parker et A. Ramé ont remarqué, avec raison, comme très-intéressante la saillie formée, à l'extérieur du mur (V. la p. 382), par l'abside de la chapelle des seigneurs de Landsberg : c'est un des exemples les plus anciens que nous ayons de ces constructions en encorbellement, qui devinrent beaucoup plus fréquentes dans les siècles suivants, notamment au XVe. siècle, et auxquelles les Anglais ont donné le nom d'*oriel*, du latin *oriolum* (2).

Les murailles des villes ont-elles offert quelque chose de particulier ?

Dans tout ce qui précède, je me suis occupé presqu'exclusivement des châteaux proprement dits, sans parler des enceintes murales des villes.

Ces murailles n'avaient rien qui les distinguât de celles qui entouraient le bayle des châteaux; elles étaient aussi flanquées d'un nombre plus ou moins considérable de tours rondes ou carrées.

Les portes, qui étaient en certain nombre dans les grandes enceintes urbaines, offraient parfois quelques différences dans la disposition des appartements qui les surmontaient. On trouvait ordinairement, entre deux tours, mais parfois sans cet accessoire, une large porte par laquelle pouvaient entrer les charrettes.

Entre la porte extérieure, fermant l'issue à laquelle accédait le pont-levis, et la herse qui se trouvait derrière, il y en avait une seconde

---

(1) A. Ramé, *Notes sur quelques châteaux de l'Alsace*.
(2) On peut voir dans le palais des comtes, à Grenoble, la partie absidale de la chapelle, qui est de la fin du XVe. siècle, portée ainsi en surplomb ; le sanctuaire de la chapelle de l'hôtel de Cluny, à Paris, est disposé de même.

à l'extrémité du passage voûté traversant l'épaisseur du mur C ; de sorte que, si quelques assaillants pouvaient franchir les premières clôtures, ils trouvaient un dernier obstacle qu'il était presque impossible de surmonter.

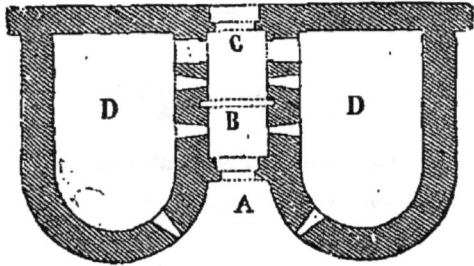

Quelquefois les portes de ville ont eu leur tympan orné de bas-reliefs : la Porte-Neuve, à Trèves, nous en offre un bel exemple.

Ce bas-relief représente le Christ entre saint Pierre et saint Euchaire :

TYMPAN DE LA PORTE-NEUVE, A TRÈVES.

On lisait, autour du groupe, l'inscription suivante :

TREVERICAM PLEBEM DOMINUS BENEDICAT ET URBEM.

Les traces des crampons qui avaient fixé les lettres de l'inscription sont restées dans la pierre, comme le montre l'esquisse précédente.

Quelles furent, au XIIe. siècle, les conséquences de la multiplication des châteaux forts ?

L'établissement de ces nombreux châteaux entraîna de notables changements dans l'état du pays.

Vers la fin du XIIe. siècle, telle localité inconnue au IXe., et dans laquelle un seigneur avait établi son château au XIe., était devenue une bourgade importante, une baronnie, dont dépendaient parfois des villes anciennement fondées. Ces nouveaux centres, formés par l'établissement des châteaux, déplacèrent une partie de la population. Les habitants des campagnes groupèrent leurs habitations autour du donjon qui devait les protéger contre les rapines, et dans lequel ils allaient, en temps de guerre, porter leurs effets les plus précieux (1).

Toute agglomération d'habitants nécessite des échanges et l'exercice des arts indispensables : aussi vit-on constamment s'établir des marchés, des foires et des artisans près des forteresses ; le centre féodal devint un petit centre d'affaires, dont l'importance s'est maintenue jusqu'à nous, puisque la plupart de nos chefs-lieux de canton ont été au moyen-âge le siége d'une baronnie et d'une forteresse plus ou moins importante.

L'établissement des abbayes, et la fondation des églises ou paroisses par ces dernières, fut aussi une des grandes causes qui vinrent, au XIe. siècle et surtout au XIIe., changer la géographie de nos contrées. On vit alors des landes incultes devenir fertiles, et se couvrir d'habitations.

Un bon ouvrage sur la statistique et la géographie des forteresses au XIIe. siècle serait, à nos yeux, rempli d'intérêt et extrêmement utile, pour classer dans la mémoire les faits d'armes et les divers événements

___

(1) Les habitants des campagnes déposaient ordinairement leurs meubles dans le château voisin, lorsqu'ils craignaient le pillage. Les églises étaient aussi remplies d'effets et servaient de lieux de refuge dans les moments de danger. Lorsque Serlon fit à Carentan, en 1105, son fameux discours contre les longues chevelures, qui décida Henri Ier. et les seigneurs de sa suite à se laisser tondre, l'église était encombrée de meubles : ce qui donna lieu à l'orateur de débuter par une peinture pathétique des malheurs du temps et des effets de l'anarchie régnante. Voir Orderic Vital, *Histoire de Normandie*, liv. XI.

qui constituent l'histoire nationale. Comment, en effet, suivre les détails
donnés par nos chroniques sur les siéges de tel ou tel château, si nous
en ignorons la position exacte ?

Pour que le travail fût complètement satisfaisant, il faudrait que
cette géographie féodale présentât quelques notions sur l'importance
relative des châteaux, sur les fiefs qui en dépendaient, afin qu'on pût
y puiser en même temps des notions sur la hiérarchie militaire, et sur
la position des maisons fortifiées du moyen-âge.

CHAPITRE III.

(XIIIᵉ. SIÈCLE.)

*Quels ont été, durant le XIIIᵉ. siècle, les caractères de l'archi-
tecture militaire ?*

Nous avons vu comment, au XIIᵉ. siècle, une transformation
s'opérait dans l'architecture militaire aussi bien que dans l'architecture
religieuse, et quelques châteaux de la fin du XIIᵉ. siècle nous ont
montré ces changements déjà accomplis. Il sera facile de suivre ce développement en passant en revue un certain nombre de châteaux du
XIIIᵉ. siècle.

Quelques forteresses s'élèvent hautes et fières et sont là pour prouver
que, si le génie de l'architecture avait porté ses inspirations les plus
belles et les plus pures dans la composition de ces admirables cathédrales que l'on a justement appelées *de grandes épopées de pierres*,
la puissance féodale avait aussi fécondé le talent des architectes du
XIIIᵉ. siècle. Si les cathédrales de Chartres, d'Amiens, de Paris, de
Reims, etc., etc., ravissent d'admiration et de surprise, et pénètrent
l'âme d'émotions religieuses, le château de Coucy avec sa tour colossale
n'agit pas moins fortement sur l'esprit du spectateur.

Il a aussi sa poésie cet énorme donjon cylindrique, haut de 200
pieds, qui s'élève, comme une colonne inébranlable, au milieu d'une
auréole de tours et de murailles crénelées; cette colonne féodale que
les révolutions du globe n'ont pu ébranler sur sa base (1) et qui

(1) Un tremblement de terre, arrivé en 1692, a fendu verticalement les
murs du donjon de Coucy, et l'une de ces crevasses est même assez considé-

domine un immense horizon comme un emblème de la puissance et de
la fierté de ces barons qui prenaient pour devise :

> ROI NE SUIS,
>
> PRINCE, NE COMTE AUSSI.
>
> JE SUIS LE SIRE DE COUCY. '

·   On se rappelle qu'au XIIIe. siècle brilla cette architecture aux longues colonnes réunies en faisceaux , aux voûtes élancées , aux arcades
aiguës, que nous avons appelée *ogivale* (1) et qui, répudiant les traditions romaines vint en quelque sorte conquérir le sol français. Les
châteaux durent, comme les églises, se soumettre à une révolution artistique si complète, si générale ; mais les innovations ne pouvaient
porter que sur des parties accessoires, car ces édifices offrent des masses
et peu de détails. Les portes, les fenêtres , les voûtes, l'ornementation ;
voilà surtout, dans les châteaux, ce qui subit, au XIIIe. siècle, les effets
de la révolution ogivale.

Forme générale. — La forme ou disposition générale des châteaux du
XIIIe. siècle fut, comme auparavant, subordonnée à celle du terrain,
lorsqu'ils reposaient sur la cime d'un rocher, ou sur un plateau bordé
de vallons et de ravins. En pays de plaine, on préférait la forme carrée
longue ; on trouve, autour des deux enceintes, les mêmes travaux de
défense que dans les forteresses du XIIe. siècle.

Tour du donjon. — Si l'on vit encore , au XIIIe. siècle , des donjons
carrés , ils eurent un diamètre moins considérable que ceux des XIe.
et XIIe. siècles ; mais, le plus ordinairement, ils étaient de forme
cylindrique dans le centre de la France. Quelle que fût la place attribuée
à cette maîtresse-tour, elle était isolée (Coucy), entourée d'un fossé
particulier et accessible seulement au moyen d'un pont-levis.

A partir du XIIIe. siècle, on n'éleva plus de mottes en terre ou du
moins on n'en établit que très-rarement, et dans les lieux où l'absence
de bons matériaux forçait d'avoir recours à ce moyen d'accroître la
hauteur des édifices : encore les donjons du XIIIe. siècle en petit
nombre , assis sur des mottes , ne sont peut-être ainsi placés , au moins

_____

rable ; mais l'aplomb de la tour n'a point été compromis par cette violente
secousse.

(1) Voir la quatrième partie de mon *Cours d'antiquités* et l'*Abécédaire d'archéologie.*

pour la plupart, que parce qu'ils ont succédé à des tours plus anciennes.

Logements. — Les bâtiments voisins du donjon prirent une nouvelle extension. Le luxe avait sensiblement augmenté : il fallut des appartements plus spacieux, de vastes salles de réception. Quelques-unes de ces salles étaient magnifiques ; elles avaient des fenêtres *en lancette* garnies de vitraux peints, et des pavés de briques émaillées, représentant des armoiries, des rosaces ou des compartiments de différentes couleurs.

Tours d'enceinte. — La forme cylindrique prévalut pour les tours d'enceinte comme pour celle du donjon ; les architectes du XIIIᵉ. siècle se sont montrés fort habiles dans la régularité et la solidité parfaite de ces belles pyramides, qui s'élèvent comme de robustes colonnes destinées à consolider les murs et à les défendre contre les attaques du siège. Les tours sont divisées en deux ou trois étages par des voûtes en pierre, quelquefois par des planchers portés sur des poutres, et couronnées d'une galerie de créneaux.

Voûtes. — Les voûtes, construites d'après le même principe que celles des églises, dans les bâtiments qui bordaient les cours, offrent, pour les tours circulaires, des arceaux reposant sur des consoles ou des colonnettes espacées également les unes des autres, et qui vont se réunir au milieu de la voûte. Le point où s'opère la réunion de ces arceaux est orné d'un fleuron, quelquefois d'un écusson armorié.

Appareil. — L'appareil que je distingue par la dénomination de *moyen* se rencontre habituellement dans les tours et les murs du XIIIᵉ. siècle ; mais les pièces varient de dimensions suivant la nature des matériaux employés. A Coucy, où ces pièces sont assez fortes et parfaitement taillées, on avait encore consolidé les murs au moyen de poutres incrustées dans la maçonnerie, selon le système déjà décrit (Brionne, Gisors) et en vigueur dans les siècles précédents. Quelques tours, dont

les revêtements sont en moellons, m'ont présenté des assises de pierres de taille placées à différentes hauteurs, comme des cordons de briques, et figurant ainsi des espèces de cercles dans l'élévation des tours (Blois, Angers, etc., etc.). L'esquisse précédente montre cette disposition.

Fenêtres. — Les fenêtres, ordinairement très-simples à l'extérieur, affectent la forme de lancettes plus ou moins étroites. A l'intérieur, elles sont parfois ornées de colonnes de chaque côté et de tores ou de nervures, comme celles des églises. Dans les parties les moins exposées aux attaques, à l'intérieur des cours, on trouve des fenêtres à deux compartiments, encadrées dans des lancettes géminées ; les grandes salles des châteaux étaient ainsi éclairées. Dans ces fenêtres, la tête de l'ogive était très-souvent remplie en maçonnerie : de sorte que les ouvertures étaient carrées et non pointues au sommet.

Portes. — Les grandes portes flanquées de deux tours, à l'entrée des places, prirent aussi la forme ogivale dans leurs arcades : elles étaient quelquefois munies de deux herses : l'une manœuvrant derrière le pont-levis et l'autre placée à l'extrémité opposée du passage voûté, vers l'intérieur de l'enceinte. Habituellement on ne pouvait communiquer de la porte aux tours latérales : l'accès de celles-ci était pratiqué en dedans du bayle.

Les portes des tours et des bâtiments situés à l'intérieur des châteaux, beaucoup moins grandes que les précédentes, étaient quelquefois ornées de moulures et de colonnes ; mais jamais elles n'offraient de voussures multipliées comme celles des églises de la même époque, et bien souvent elles étaient simples et sans aucun ornement.

Moulures. — Les moulures que j'ai remarquées dans les châteaux du XIIIe. siècle sont les mêmes que nous avons citées en parlant de l'architecture religieuse du même temps (*Abécédaire d'archéologie*, architecture religieuse, chap. IV). Des trèfles, des quatre-feuilles en creux, des feuilles entablées, des crochets, etc., etc., ornent l'entablement et la corniche. Autour des portes et des fenêtres on peut trouver des têtes de clous, des violettes, des fleurons et des guirlandes de feuillages (Voir, pour la description de ces ornements, la 4e. partie du *Cours*, p. 240, et l'*Abécédaire d'archéologie religieuse*, p. 240).

A l'intérieur des salles on trouve aussi des arcades simulées comme dans les églises.

Peintures. — Les croisés, qui avaient visité l'Italie, la Sicile et les villes de l'Orient, durent rapporter de ces contrées un goût pour le luxe qu'ils n'avaient point auparavant; la peinture fut employée pour la décoration des murailles. A Coucy, j'ai remarqué des rinceaux d'un rouge-foncé sur un fond jaunâtre, autour de plusieurs arcades; ailleurs les voûtes étaient peintes en bleu. Dans quelques salles du XIIIe. siècle, j'ai trouvé des quatre-feuilles disposés en guillochis sur un fond jaune, et, en guise de bordure, des arcades trilobées figurant une sorte de balustrade à hauteur d'appui.

Au château de Sendré (Allier) des peintures murales du XIIIe. siècle, récemment découvertes, représentent un tournoi (V. p. 391) : elles ont été décrites, dans l'*Art en province*, par M. A. Dauvergne.

Dans les salles où le luxe des décors a été poussé plus loin, les corniches, l'archivolte des portes et parfois les arceaux des voûtes, ont reçu des dorures.

Comment peut-on expliquer l'abandon de la forme carrée et l'adoption de la forme cylindrique, au XIIIe. siècle, pour les donjons?

Les tours cylindriques devaient mieux résister aux attaques des machines que les tours carrées, leurs surfaces convexes offrant partout la même solidité; l'introduction des voûtes élancées en ogive devait, d'ailleurs, faire abandonner ces larges donjons à planchers droits : on trouva tout simple de voûter les tours et de consolider ces voûtes au moyen d'arceaux reposant sur des colonnettes ou des consoles espacées également, et formant pour les appartements une décoration analogue à celle des églises. Enfin, les toits coniques des donjons cylindriques offraient moins de surface et moins de danger, en temps de siège, que les toits à quatre pans des larges donjons carrés, qui étaient quelquefois incendiés par les brandons lancés du dehors.

Ne peut-on pas indiquer encore d'autres causes de l'adoption du donjon cylindrique ?

La grande révolution qui s'était opérée dans l'architecture en général par l'avènement du style ogival, avait dû réagir sur l'architecture militaire : il fallut donner plus d'élévation aux étages, mettre les tours en harmonie avec les constructions voisines. Ce changement, d'ailleurs, est si intimement lié avec l'introduction du style ogival, qu'on voit la façade carrée persister, dans les régions de la France qui conservèrent

CEINTURES MURALES DU CHATEAU DE SENDRÉ (ALLIER).

le style roman de transition, concurremment avec le style ogival, telles que les provinces du Sud, du Sud-Est, de l'Est ; et c'est surtout dans le royaume de France, où l'architecture ogivale se montrait si belle au XIIIe. siècle, que le donjon cylindrique développe ses belles formes. La tour du Louvre était un donjon cylindrique. Philippe-Auguste paraît l'avoir préféré, et son exemple dut en général être suivi dans la France du XIIIe. siècle.

Tour blanche d'Issoudun. — Le donjon du château d'Issoudun est connu sous le nom de *Tour blanche.*

Cette belle tour cylindrique, sur laquelle un épi triangulaire est soudé du côté de l'escalier, est construite sur une espèce de motte assez élevée et entourée de quelques constructions accessoires qu'il fallait franchir pour accéder à la porte de la grande salle.

Cette salle était, comme dans la plupart des autres tours, au-dessus d'un appartement répondant au rez-de-chaussée et dans lequel on n'entrait que par une trappe circulaire, pratiquée au centre du plancher.

PLAN DE LA TOUR BLANCHE.

La grande salle est octogone, ornée de colonnes qui supportent les arcades du pourtour et les arceaux de la voûte. Les bases des colonnes ont des pattes : ce qui annonce la fin du XIIe. siècle ou le commencement du XIIIe. Les chapiteaux n'ont point été sculptés et n'offrent que des blocs carrés.

Une autre salle existe au-dessus de celle-ci ; le couronnement ancien du donjon est détruit : évidemment un toit conique recouvrait et terminait cette tour, dont l'élévation était ainsi occupée par trois grands appartements, non compris l'étage des combles : celui du rez-de-chaussée, la grande salle ornée d'arcatures et la salle supérieure.

On entre aujourd'hui dans la salle inférieure par une brèche pratiquée récemment dans l'épaisseur de la muraille.

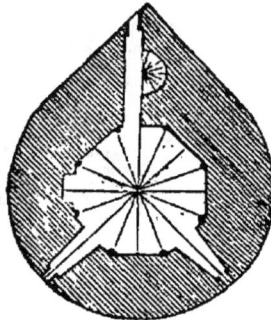

DONJON DU CHATEAU D'ISSOUDUN.

(Appelé la Tour blanche.)

Donjon de Lillebonne.—Le château de Lillebonne est fort ancien : j'y ai vu encore, il y a vingt-cinq ans, des salles considérables dans le style roman du XIe. ou du XIIe. siècle ; mais elles ont disparu. Le donjon cylindrique qui subsiste, et qui forme aujourd'hui la partie la plus intéressante de cette ancienne forteresse, doit être du XIIIe. siècle ; il offre la plus grande analogie avec les donjons connus de cette époque.

Cette belle tour (A) est complètement détachée des autres et ceinte d'un fossé profond dont la contrescarpe était probablement garnie d'un mur; on ne pouvait accéder à la porte d'entrée qu'au moyen d'un pont-levis.

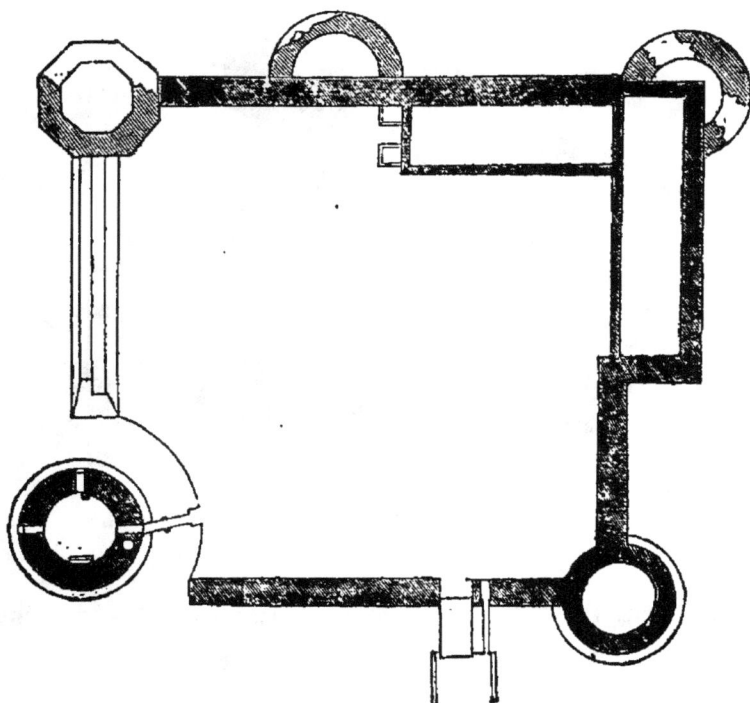

PLAN DU CHATEAU DE LILLEBONNE.

Trois étages superposés occupaient l'élévation de la tour, à partir du niveau de la porte d'entrée : ces étages étaient voûtés en ogive comme le montre la coupe suivante.

Les autres parties du château de Lillebonne ne sont pas toutes du XIII°. siècle : la tour octogone, placée à l'angle B, n'est pas antérieure

ÉLÉVATION INTÉRIEURE DU DONJON DE LILLEBONNE.

au XIV°. siècle. Il est difficile de se prononcer sur l'âge des autres murs, ils peuvent être de plusieurs époques.

Donjon de Tournebut. — Le donjon de Tournebut est encore très-intéressant, malgré les altérations qu'il a subies; c'est une belle tour cylindrique dont voici l'image (p. 396) dessinée, avec la plus grande fidélité, par M. V. Petit.

Plusieurs assises de pierre de taille forment des cercles à différentes hauteurs au milieu de l'appareil. Les pierres des deux cercles inférieurs s'emboîtent les unes dans les autres : je n'ai trouvé que là cet appareil dont le dessin de M. Victor Petit donne une idée très-juste; car toutes les

AD. SOUPEY, SC.

DONJON DE TOURNEBUT.

pierres ont été scrupuleusement indiquées : la plupart d'entre elles portent aussi des signes d'appareil plus ou moins ressemblants à ceux que l'on trouve en si grand nombre dans les monuments du Midi et de plusieurs autres contrées de la France.

La tour de Tournebut a subi intérieurement de grands changements vers la fin du XVIe. siècle, et la partie inférieure a été engagée et cachée, par suite de l'établissement de bastions. Dans son état ancien , la partie basse de la tour , aujourd'hui cachée, formait un talus depuis le fond du fossé jusqu'à la crête du rempart : ce qui lui donnait une tout autre élégance qu'elle n'a maintenant. Elle offrait alors des proportions et une forme à peu près semblables à celles des donjons cylindriques du XIIIe. siècle que nous connaissons ailleurs , notamment celui de Villeneuve-le-Roi , département de l'Yonne. Voici la tour de Tournebut rétablie telle qu'elle existait dans l'origine, et le plan indiquant les deux fossés qui en défendaient l'abord.

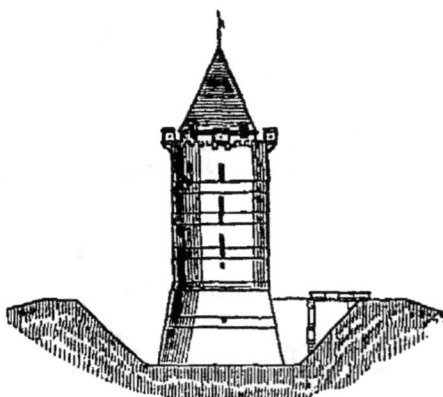

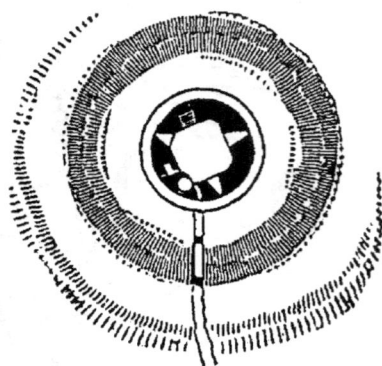

Je n'ai pu me procurer de renseignements sur la date des fortifications modernes qui défigurent la partie inférieure de l'édifice ; mais elles remontent vraisemblablement au règne de Louis XIII , ou tout au plus au temps d'Henri IV.

Ce fut à la même époque, je crois, que l'intérieur de la tour fut retravaillé du haut en bas et les planchers refaits, avec des cheminées dont les moulures sont très-bien conservées.

Les planchers sont tous détruits. Je donne ci-après (p. 398) la coupe intérieure de la tour avec l'indication des étages, des escaliers, des ouvertures, cheminées, etc., etc.

Le dernier étage était séparé des créneaux par un chemin de ronde La tour avait subi dans cette partie quelques additions au XVIe. siècle.

COUPE DU DONJON DE TOURNEBUT ET DE SES ACCESSOIRES.

Château de Coucy (Aisne). — La forteresse de Coucy s'élève sur une éminence allongée en forme de cap, qui domine de larges vallées, et qui m'a paru appartenir à la formation du calcaire grossier tertiaire.

Disposition générale. — On entre d'abord dans une vaste cour, de forme irrégulière, dont les remparts, soigneusement construits en pierres de grand appareil, sont flanqués de dix tours ; trois de ces tours, appliquées sur des angles saillants, sont cylindriques et les sept autres semi-sphériques ; elles renfermaient des appartements voûtés en pierre.

Pour entrer dans cette première enceinte, il fallait franchir un fossé profond ; puis, passer sous une grande porte voûtée en ogive, armée d'une herse et défendue par deux tours semi-sphériques. Deux arcades en ogive sont pratiquées dans le mur, de chaque côté de l'allée voûtée sous laquelle on passait après avoir franchi le seuil de la porte.

Un appartement, d'où l'on faisait manœuvrer la herse, surmontait ce passage. Sur l'archivolte de l'arc de la porte faisant face à la cour, on remarque une guirlande de passe-roses. L'extrémité opposée de la voûte et l'archivolte de l'arcade extérieure sont complètement détruites ; mais il est probable qu'elles n'offraient point d'ornements semblables, exposées qu'elles étaient aux attaques de l'ennemi.

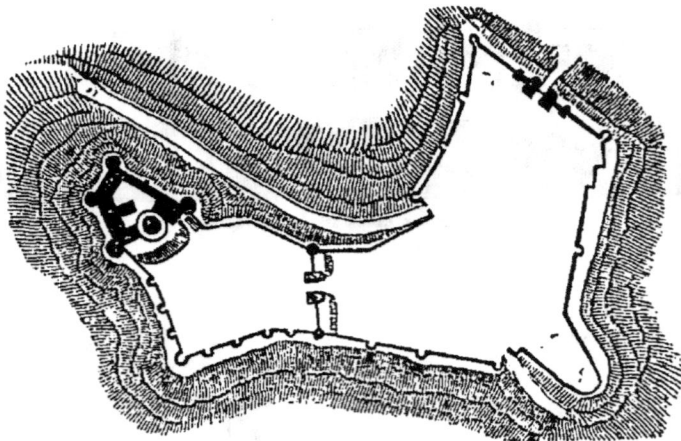

PLAN DU CHATEAU DE COUCY.

La seconde enceinte, tournée obliquement par rapport à la première, à cause du mouvement naturel du terrain sur lequel elle repose, en était séparée par un fossé profond creusé dans la roche : elle présente la forme d'un carré irrégulier, aux angles duquel s'élevaient quatre belles tours cylindriques. Le donjon était placé tout près du mur orienté à l'Est et faisait face à la première enceinte, à peu près à égale distance des deux tours qui garnissaient de ce côté les angles des murs; il ne faisait pas corps avec la muraille, mais il n'en était séparé que par un chemin de ronde assez étroit; des édifices considérables s'étendaient le long des murs, des trois autres côtés. On pénétrait dans cette enceinte formidable en traversant le fossé sur un pont étroit, aujourd'hui totalement détruit, qui était, dit-on, surmonté de cinq portes; à l'extrémité de ce passage se trouvait un pont-levis, puis une dernière porte armée d'une herse.

Un ancien dessin du château de Coucy, que je présente, aidera à

ANCIENNE VUE DU CHATEAU DE COUCY.

reconstruire cette belle forteresse telle qu'elle était autrefois; on voit que le donjon avait plusieurs cheminées et que la chemise de murailles qui le protège à sa base était garnie de créneaux.

Donjon. — Commençons par le donjon : cette belle tour cylindrique a 155 pieds de hauteur perpendiculaire et sa circonférence est de 305 pieds. Comme elle n'a plus de toit, on peut évaluer à près de 200 pieds la hauteur de l'édifice lorsqu'il conservait encore son couronnement. La porte d'entrée attire l'attention. Elle était ornée de colonnettes, aujourd'hui brisées en partie; ces colonnettes supportaient un linteau garni de feuilles entablées, qui a été arraché dans le siècle dernier, en même temps qu'un bas-relief ornant le tympan et représentant un guerrier, armé de son bouclier et de son épée, luttant

contre un lion furieux (1). Un arrachement qui reste, montre encore une
partie du corps de l'animal. Ce tympan était entouré d'une double
bande formant l'archivolte : l'une ornée de personnages en bas-relief,
l'autre présentant une guirlande de feuillages : le tout encadré dans un
tore ou cordon en saillie reposant sur de petites caryatides.

L'enlèvement du tympan et du linteau laisse voir la coulisse qui
renfermait la herse, laquelle pouvait être mise en mouvement par des
gardes postés dans un petit appartement situé au-dessus.

Le corps de la tour jusqu'au dernier étage ne présente qu'un très-
petit nombre d'ouvertures ; à ce niveau, on remarque un rang de
consoles très-bien conservées, et, au-dessus, vingt-quatre fenêtres en
ogive. Je suppose que ces consoles ont supporté une rampe formée
avec des pièces de bois, espèce de balcon dans lequel on aurait ménagé
des trous entre chaque console pour jeter des pierres, en cas de siége.
Ainsi, les pièces en saillie que nous voyons ne seraient que les restes
d'un cercle de machicoulis placé au-dessous et à portée des fenêtres
ouvertes à la partie supérieure de la tour.

L'usage des machicoulis avec encorbellements de pierre n'a commencé
qu'à la fin du XIIe. siècle, et il n'est devenu général que très-long-temps
après, vers le XIVe. siècle; il n'est pas étonnant qu'au commencement
du XIIIe. on n'eût pas encore adopté, pour cette partie des murailles
militaires, la disposition que nous trouverons consacrée dans les forteresses d'une époque moins ancienne.

Les fenêtres en ogive qui dominent les consoles ont 10 pieds d'élévation sur 6 pieds de largeur; entre chacune d'elles est une étroite
ouverture ou meurtrière : le tout est couronné par une corniche ornée
de deux rangs superposés de feuilles entablées; de sorte que la tour
ressemble en grand à ces grosses colonnes cylindriques, à chapiteaux
courts, qui supportent les arcades des nefs dans certaines églises.

A l'intérieur, la tour de Coucy est extrêmement curieuse et d'une
très-grande élégance.

Malheureusement toutes les voûtes sont détruites, mais les belles

(1) On a publié, il y a vingt-cinq ans, chez M. Engelmann, plusieurs lithographies du château de Coucy, par M. le chevalier de Lépinois, ancien sous-
préfet. L'une de ces vues représente la porte du donjon, telle qu'elle était avant
la mutilation du tympan. M. Melleville, auteur de l'*Histoire de Laon*, a publié,
de son côté, un volume in-8°. sur l'*Histoire de Coucy* : ce volume est orné
d'un assez grand nombre de gravures sur bois.

arcades, au nombre de douze à chaque étage, et les sculptures qui décoraient le pourtour des murs, sont à peu près intactes. Ces arcades, presque sans ouvertures à l'extérieur, affectent la forme de lancette qui domine dans les fenêtres des églises du XIIIe. siècle; celles

ÉLÉVATION EXTÉRIEURE DU DONJON DE COUCY.

du troisième et du quatrième ordre offrent un élancement et une profondeur que nous trouvons particulièrement dans les fenêtres placées autour des absides du XIIIe. siècle (cathédrales de Coutances et de Bayeux, St.-Etienne de Caen, etc.).

La première salle, au rez-de-chaussée, avait 40 pieds de hauteur et 48 pieds de diamètre; elle comprenait dans son élévation les deux premiers rangs d'arcades et était, ainsi que les salles supérieures, éclairée par trois ouvertures seulement. Les arceaux de la voûte venaient reposer, à 6 pieds du sol, sur des consoles ornées de personnages et engagées dans les massifs compris entre les arcades du premier ordre.

La seconde salle correspondait aux arcades du troisième ordre; elle avait à peu près la même élévation que la première pièce, et les arceaux de la voûte étaient disposés de même.

ÉLÉVATION INTÉRIEURE DU DONJON DE COUCY.

La troisième salle correspondait au quatrième ordre : un peu moins élevée que les deux autres, elle était entourée, à une certaine hauteur au-dessus du pavé, d'une galerie ou corridor pratiqué dans l'épaisseur du mur, et au moyen duquel on pouvait faire le tour de la pièce sans y entrer.

Une plate-forme qui occupait le dernier étage, se trouvait éclairée par les vingt-quatre fenêtres dont nous avons déjà parlé ; elle avait environ 15 pieds de hauteur, et la corniche était, ainsi que celle de l'extérieur, ornée d'un double rang de feuilles entablées.

Comme on avait donné beaucoup moins d'épaisseur aux murs, à partir du pavé de ce quatrième étage, le diamètre intérieur de la tour se trouve être beaucoup plus considérable à ce niveau et d'environ 72 pieds.

L'escalier tournant qui servait à monter jusqu'au sommet de l'édifice était placé, dans l'épaisseur du mur, tout près de la porte d'entrée ; il était large et commode, ayant un diamètre de 12 pieds (1).

Le puits, dont la profondeur approchait, dit-on, de 200 pieds, s'ouvrait sous la seconde arcade, à partir de la porte d'entrée, du côté droit ; on pouvait y puiser de l'eau du premier étage au-dessus du rez-de-chaussée. — Sous une autre arcade, on aperçoit une cheminée.

PLAN DU DONJON DE COUCY.

Il est très-fâcheux qu'il ne reste pas quelques parties un peu considérables des voûtes, mais on devine comment elles se terminaient à leur sommet.

Tours d'enceinte. —J'ai dit que quatre tours étaient placées aux angles du château ; elles sont aussi très-curieuses à observer, quoique bien moins considérables que le donjon. Leur hauteur est de 100 pieds, leur circonférence de 140, l'épaisseur des murs de 9 pieds et le diamètre intérieur des salles d'environ 33 pieds.

Elles sont couronnées d'un rang de consoles qui supportaient une corniche en saillie et formaient des machicoulis. A l'intérieur, on remarque dans le pourtour des murs trois ordres d'arcades lancéolées comme celles du donjon ; trois étages divisaient l'élévation de ces tours et correspondaient aux trois rangs d'arcades, celles-ci étaient au nombre de six seulement à chaque étage.

Sous les tours se trouvaient des salles souterraines de 24 pieds de

_____
(1) Ce diamètre était seulement de 10 pieds au haut de la tour.

profondeur, espèces de prisons dans lesquelles on ne pouvait pénétrer que par une ouverture circulaire, pratiquée au milieu de la voûte, et ressemblant à l'orifice d'un puits.

Bâtiments établis entre les tours.—Les trois grands corps de bâtiments qui régnaient entre les tours, au Nord, à l'Est et à l'Ouest, n'avaient pas moins de 70 pieds de hauteur, non compris le toit. A l'Est et à l'Ouest, on n'y voyait guère extérieurement que des ouvertures en forme de meurtrière; mais à l'intérieur il y en avait d'assez grandes qui n'existent plus, le mur dans lequel elles étaient percées ayant été en grande partie démoli. Plusieurs ouvertures assez spacieuses étaient percées au centre du mur orienté au N.-N.-O., et qui domine la route de Chauny; le château était inattaquable de ce côté à cause de l'escarpement du terrain.

Dans l'état actuel des bâtiments, il est impossible de se rendre compte de leur distribution intérieure. On remarque d'abord, au niveau de la cour centrale, des caves ou magasins solidement voûtés. Plusieurs de ces magasins n'avaient point de communication les uns avec les autres, et devaient s'ouvrir dans la cour comme des remises. J'ai remarqué la même disposition dans beaucoup d'autres châteaux, et il paraît que ces espèces de caves, destinées à serrer les provisions du châtelain, servaient aussi, en temps de guerre, à loger les meubles et autres objets que les paysans du voisinage venaient mettre en sûreté dans les châteaux. Quelques-unes de ces pièces ont peut-être servi de cuisines à Coucy; on y voit des cheminées dont les tuyaux sont carrés et assez étroits.

Au-dessus des voûtes du rez-de-chaussée, régnaient des appartements spacieux; une magnifique pièce appelée Salle-des-Gardes, et qui existait encore presque intacte dans le siècle dernier, occupait toute l'étendue comprise entre les tours. Cette grande salle, qui paraît avoir été richement décorée au XIII°. siècle, avait été retouchée au XVI°. dans quelques parties, ainsi que l'attestent diverses moulures d'ornement.

Dans les grands châteaux, on trouve de pareilles salles qui devaient servir aux parades et aux cérémonies.

Près de la salle des Chevaliers du château de Coucy, était une chapelle dont il ne reste plus que les fondations et qui s'avançait vers le milieu de la cour.

D'autres appartements, plus ou moins spacieux et dont il serait difficile d'indiquer la destination, occupaient les bâtiments situés entre

les tours. L'un d'eux, placé dans le petit côté de la cour, vers Chauny,
pouvait servir de salle à manger ou de réfectoire ; c'était le mieux
éclairé.

Il est probable qu'il existait partout un second étage au-dessus du
premier.

Vers la fin du XIIIe. siècle, on donna plus d'extension encore qu'on
ne l'avait fait précédemment aux corps-de-logis destinés à la vie
ordinaire du baron et de sa suite; on négligea même quelquefois
d'établir le donjon avec une enceinte particulière, et l'on donna ce nom
à une tour plus haute que les autres, mais liée aux principales constructions.

Ainsi, l'on voit déjà, dans les châteaux de la fin du XIIIe. siècle,
l'alliance intime des constructions considérables et purement civiles
avec les tours et les ouvrages militaires, et souvent ils présentaient la
réunion d'une forteresse et d'un palais.

Donjon de Villeneuve-le-Roi (Yonne). — Le donjon cylindrique de
Villeneuve-le-Roi est, comme celui de Lillebonne, isolé du château
voisin par un fossé large et profond, et offre, au-dessous du sol de la
salle par laquelle on entre, un empatement conique ou talus de 4^m. ou
environ de hauteur, ayant à sa base 17^m. environ de diamètre, et à son
sommet environ 15^m. 40. Là est un retrait d'environ 0^m. 15^c. au pourtour, à partir duquel s'élève la tour cylindrique ayant ainsi environ
15^m. 10 de diamètre.

A la hauteur de ce retrait ou de ce socle s'ouvre, au levant,
une porte ogivale actuellement murée. Au couchant, vers l'intérieur
de la ville, est une porte semblable de 1^m. 13 d'ouverture.

Le premier étage se trouve au-dessus d'une salle obscure dans laquelle on ne peut pénétrer que par une trappe, au milieu du pavé.
Elle était couverte par une voûte ogivale à six arcs doubleaux, à
deux tores séparés par une gorge, dont on voit les retombées supportées par des culs-de-lampe ornés de feuilles de lierre, de choux,
etc., plus ou moins fouillées. Une voûte pareille, dont on voit encore
les restes, recouvrait une deuxième salle, qui était surmontée d'un
troisième étage; on en a employé les pierres à la construction du
quai, en amont du pont sur l'Yonne. Le diamètre intérieur du donjon
est de 7^m. 60, de sorte que l'épaisseur des murs est de 3^m. 75 à
3^m. 80.

A gauche de l'entrée est pratiqué, dans l'épaisseur du mur, un es-

calier conduisant aux étages supérieurs. Plus loin, du côté du Nord,
on voit le tuyau de la cheminée à section presque carrée et très-pro-

DONJON DE VILLENEUVE-LE-ROI (Yonne).

fond dans le sens de l'épaisseur du mur. Au deuxième étage, les
deux chapiteaux, très-bien sculptés, des colonnettes qui supportaient
le manteau de cheminée, sont toujours en place. En face de la cheminée, au Midi, est une profonde ouverture dans le mur, à l'origine
de laquelle est un puits qui se termine, au parement extérieur, en une
baie de fenêtre assez étroite.

Château de St.-Verain.—Deux châteaux du XIII°. siècle sont cités
comme remarquables en Nivernais : ceux de St.-Verain et de Rosemont.
Le premier, situé à l'une des extrémités de la petite ville de St.-Verain,
elle-même entourée de murailles, se compose d'une grosse tour cylindrique s'élevant au milieu d'un terre-plein renfermé dans un carré de

V. Petit del

ÉLÉVATION INTÉRIEURE DU DONJON DE VILLENEUVE-LE-ROI.

murailles flanqué de tours également rondes. Ces tours découronnées offrent encore de beaux restes, du côté de la campagne. Deux enceintes séparaient le donjon du reste de la ville.

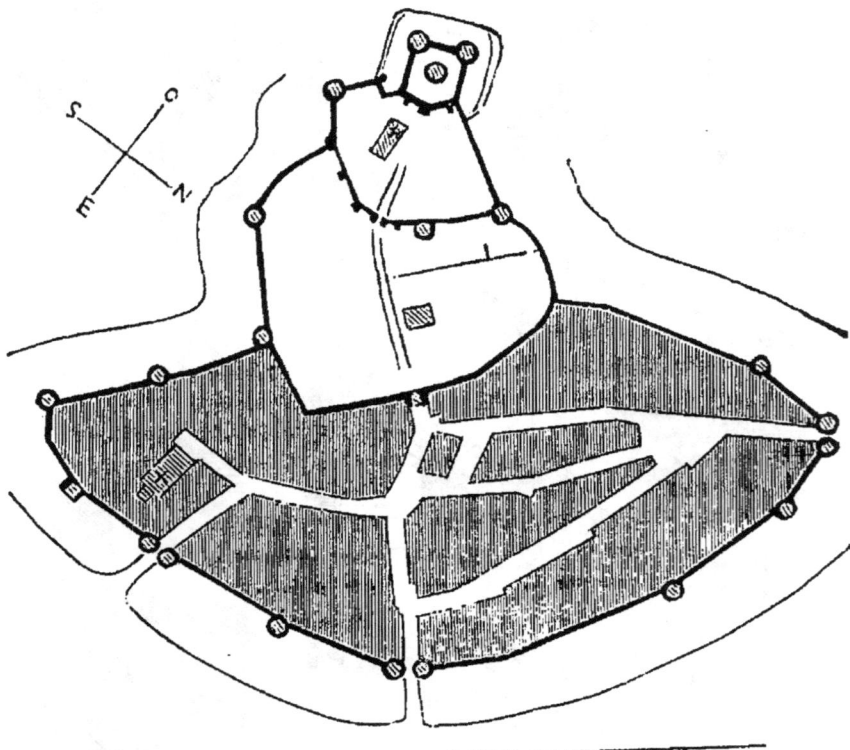

PLAN DU CHATEAU ET DE LA VILLE DE SAINT-VERAIN.

Ce peu de mots suffit pour expliquer le plan que je présente ; voici

le donjon et les deux tours qui garnissent les angles extérieurs de la cour qui le protège.

Les murs de cette enceinte sont percés de conduits horizontaux qui évidemment résultent de la disparition des poutres ou pièces de bois qui, là, comme à Gisors et ailleurs, étaient incrustées dans la maçonnerie pour la consolider et la garantir des dislocations. D'après la forme de ces conduits, les pièces de bois employées étaient les unes rondes, les autres carrées (1).

Donjons de Cosson et de Verneuil. — La tour de Cosson, donjon cylindrique, qui se montre en ruines sur le promontoire situé entre St.-Ilan et St.-Brieux, est encore un donjon du XIIIe. siècle.

Nous signalerons aussi, parmi les belles tours cylindriques du XIIIe. siècle, la tour grise à Verneuil et les belles tours du château de Chinon (Indre-et-Loire).

Château de Chinon. — La partie du château de Chinon qui date du XIIIe. siècle est celle qui se trouve du côté de l'Ouest. La vue que je présente (page 412) montre l'extrémité du château de ce côté, savoir : les remparts, la tour du moulin, la tour du donjon et la tour qui renfermait la chapelle. Cette vue offre ainsi groupées les parties du château les plus belles et les plus homogènes : les tours qui garnissent la place, du côté opposé à la ville, sont aussi bien conservées. En avant est la belle tour du moulin A avec ses différents étages; elle est faite avec un soin très-remarquable, et les voûtes intérieures sont magnifiques. Qu'on se figure un toit conique, en plomb, et une grande roue de moulin à vent dont l'arbre sortait par une des fenêtres de l'étage supérieur, et l'on aura l'image de la tour telle qu'elle existait au XIIIe. siècle. Un épi crénelé s'avançait sur la vallée, au pied de cette tour, et supportait un chemin qui accédait à une ouverture par où le blé pouvait être monté de l'extérieur, au moyen d'engins. C'était par des moyens identiques qu'on montait les provisions au Mont-St.-Michel.

Le donjon cylindrique B, qui porte tous les caractères du XIIIe. siècle, et dont l'étage inférieur est voûté, est un des plus beaux que je connaisse. Placé à une certaine distance des remparts, on n'en distingue que la partie supérieure dans mon dessin; mais c'est une tour allant de pair avec les plus belles de l'époque, et qui ne doit pas, du côté du fossé qui sépare la dernière enceinte de la première, avoir moins d'élévation que la tour de Constance à Aigues-Mortes, bien que le diamètre en soit, je crois, un peu moins considérable.

_____

(1) Plusieurs observateurs qui n'avaient pas remarqué d'autres faits du même genre, ont cru voir dans ces cavités des conduits acoustiques destinés à communiquer des ordres; mais cette opinion tombe d'elle-même.

DONJON DE COSSON , PRÈS DE SAINT-BRIEUX.

Bouet del.

CHATEAU DE CHINON, VU DU CÔTÉ DE L'OUEST.

Dardelet sculp.

La chapelle E se trouve dans un bastion qui appartient à la première enceinte, et se trouve sur le bord du fossé profond qui sépare celle-ci de la seconde; elle est voûtée. C'est sur le bord même de ce fossé profond, séparant la première enceinte de la seconde, que se trouve le donjon dont je parlais tout à l'heure; il occupe à peu près le centre de cette ligne de fossés, et les belles assises de la base en talus descendent jusqu'au fond de la tranchée.

Cette position du donjon de Chinon est analogue à celle qu'occupe la belle tour du château de Coucy, place avec laquelle (V. le plan, p. 399) celle de Chinon offre encore d'autres analogies.

Châteaux de Semur et d'Alluye. — J'ignore la date du donjon de Semur et de celui d'Alluye; je ne les ai vus qu'à distance, il y a déjà longtemps; mais en supposant qu'ils ne datent que du XIVe. siècle, ils appartiennent par leur forme et leur disposition à la même famille que les donjons du XIIIe.

V. Petit del.

TOUR D'ALLUYE (Eure-et-Loir).

COUPE DE LA TOUR DE SEMUR.

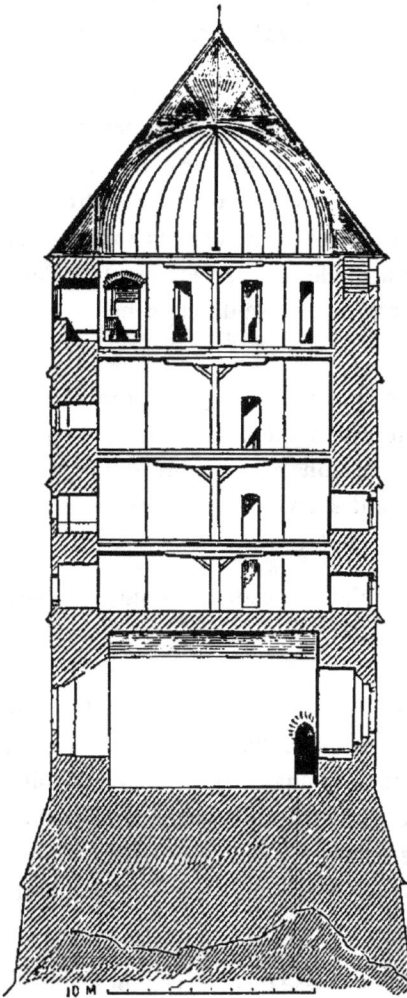

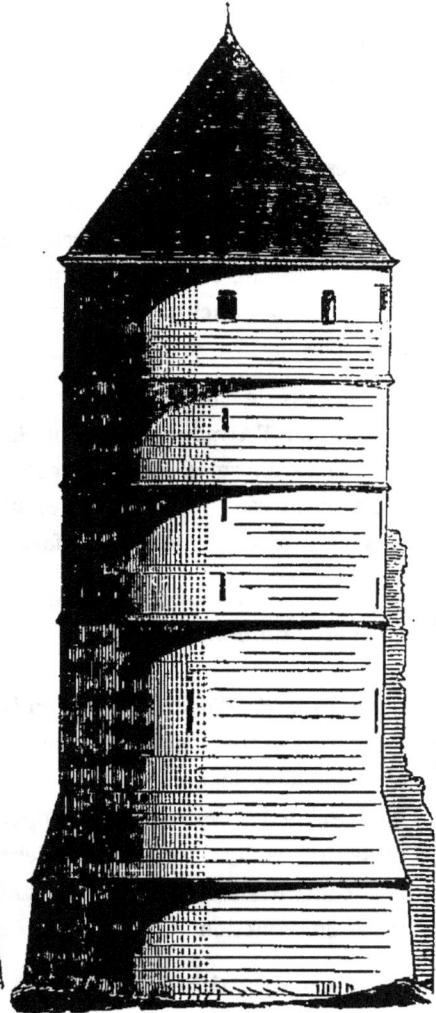

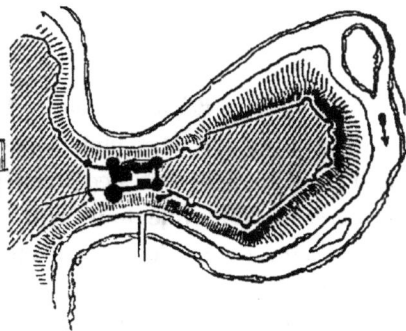

ÉLÉVATION D'UN DES TOURS DE SEMUR.

10 M

Dardelet sculp.

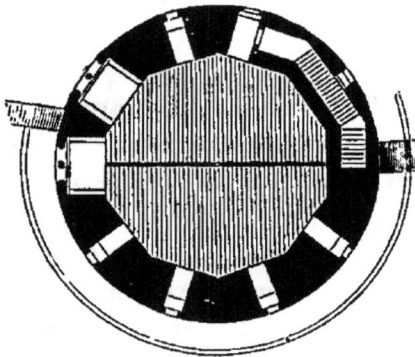

Victor Petit del

PLAN DE LA TOUR.   PLAN DU CHATEAU DE SEMUR.

M. Victor Petit a bien voulu me procurer des élévations intérieure et extérieure de ces tours : celle d'Alluye est voûtée en ogive ; la tour de Semur n'a que des planchers.

Près de Semur, la rivière de l'Armançon, après avoir traversé un sol très-ondulé, arrive se heurter de front, pour ainsi dire, à une crête de rochers longue, étroite et très-escarpée vers son extrémité. L'Armançon ne pouvant franchir cette crête de roches, la tourne, et, après un rapide circuit, vient passer à quelques pas seulement de l'endroit qu'il a franchi, mais sur le versant opposé de cette même crête de roches.

C'est sur le sommet de ce rocher escarpé, baigné à droite et à gauche par l'Armançon, qu'une forteresse a été bâtie. Elle se compose de quatre énormes tours placées à chacun des angles d'une vaste enceinte carrée, formée par des murailles épaisses et crénelées, inaccessible des deux côtés faisant face à la rivière.

Je donne, à la page précédente, le plan de cette forteresse et celui de la tour du donjon.

Château de Bourbon-l'Archambault. — Les ruines du château de Bourbon-l'Archambault sont importantes : une belle tour cylindrique, probablement le donjon ; plusieurs tours d'angle, de hautes murailles dans lesquelles des cheminées superposées et des arrachements considérables de voûtes accusent plusieurs étages et de vastes salles; enfin, des courtines très-élevées, tout annonce dans ce château une importante construction féodale.

· Mais si les parties basses de cette belle masse de constructions sont du XIII°. siècle, il y a eu des reprises faites à diverses époques postérieures.

Château de la Roche-Guyon. — Le château de la Roche-Guyon, qui vient ensuite, doit être plus ancien que celui de Bourbon-l'Archambault, et date peut-être des premières années du XIII°. siècle ou des dernières du XII°. Une tour cylindrique s'élève, comme le donjon de Gisors, au milieu d'une cour entourée de murs, sur l'escarpement des falaises crayeuses de la rive droite de la Seine, et communiquait, par des souterrains, à la partie basse de la falaise où se trouvaient probablement d'autres constructions anciennes dès le XIII°. siècle.

VUE DU CHATEAU DE LA ROCHE-GUYON (1).
(Présumé du commencement du XIII. siècle.)

Il serait facile de citer beaucoup d'autres donjons du même type.

La planche suivante indique les formes et les proportions relatives de quelques-uns des donjons cylindriques que j'ai cités comme appartenant au XIII⁰. siècle ou à la fin du XII⁰.

(1) Le château de la Roche-Guyon appartient à M. le duc de La Rochefoucault-Liancourt, membre du Conseil général de l'agriculture.

TABLEAU COMPARATIF DE QUELQUES TOURS CYLINDRIQUES DU XIII°. SIÈCLE.

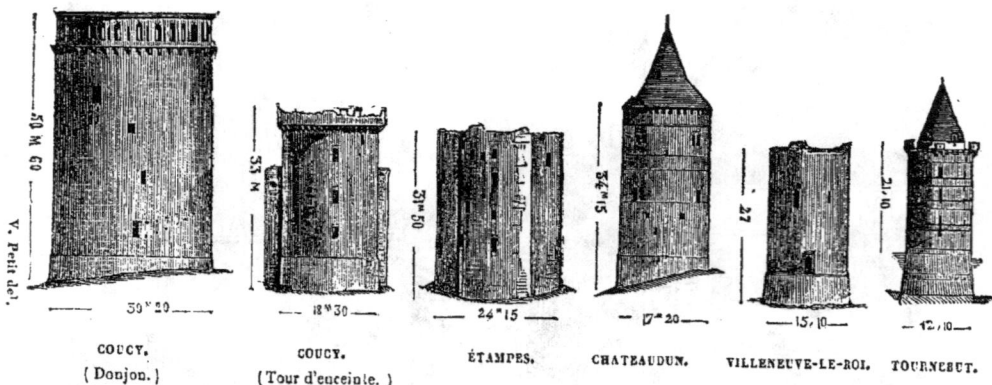

V. Petit del.

COUCY.
(Donjon.)

COUCY.
(Tour d'enceinte.)

ÉTAMPES.

CHATEAUDUN.

VILLENEUVE-LE-ROI.

TOURNEBUT.

On voit que le donjon de Coucy a des dimensions plus considérables que toutes les autres tours : je regrette de n'avoir pu faire figurer dans ce tableau comparatif la belle tour de Constance, bâtie, à Aigues-Mortes, par saint Louis, et un des plus beaux donjons cylindriques de France.

J'ai déjà dit qu'au XIIIe. siècle les donjons cylindriques sont moins nombreux que les donjons carrés dans l'Est, le Midi, et plusieurs autres provinces, où le style roman a persisté plus long-temps que dans l'Ile-de-France et dans le Nord. Le même fait se produit sur les bords de la Moselle et du Rhin, dans la Bergstrass, aux environs de Bade, dans la chaîne des Alpes et en Italie. Mes études sur ces forteresses ont embrassé une ligne presque continue depuis Cologne jusqu'à Ancône et à Rome, et j'ai toujours trouvé les donjons carrés incomparablement plus nombreux que les donjons cylindriques.

Mais, au XIIIe. siècle, le donjon carré, quand il a été préféré, est plutôt une *tour d'observation* qu'un bâtiment d'habitation, et, sous ce rapport, il diffère tout-à-fait de nos donjons romans du Nord-Ouest de la France et de l'Angleterre, qui renfermaient des appartements spacieux.

On pourrait donc dire, en considérant les faits que j'ai constatés, que le donjon cylindrique, adopté par Philippe-Auguste et ses successeurs, appartient plus spécialement à la féodalité française qu'à celle des autres pays, puisque nous voyons le donjon cylindrique dans la plupart des châteaux qui, au XIIIe. siècle, relevaient de la couronne de France. M. Raynal nous apprend, de son côté, dans sa remarquable *Histoire du Berri,* que les fiefs mouvants du roi, féaux de son duché de Berri, relevaient de cinq donjons principaux; ces donjons, notamment les grosses tours de Bourges et d'Issoudun, étaient cylindriques, comme les tours de Villeneuve-le-Roi (Yonne), comme la grosse tour de Constance, construite à Aigues-Mortes par saint Louis, comme plusieurs autres tours qui relevaient de la famille royale.

CHATEAUX DE MONTAGNE.

Les châteaux de montagne, ceux qui se trouvent bâtis sur des roches escarpées, comme ceux des Vosges, de la Moselle, du Rhin, du duché de Bade, etc., etc., etc., n'offrent pas de divisions aussi régulières que les châteaux dont nous avons indiqué jusqu'ici la disposition. La forme abrupte des rochers a souvent été mise à profit, les diverses parties du château se trouvent à des niveaux différents: il en résulte une grande incohérence entre ces parties ; seulement

CHATEAU DE FALKENBERG, SUR LE RHIN.

Bouet del.

Godard sculp.

le donjon occupe toujours un des points culminants et domine la
contrée.

CHATEAU D'EHERENBERG, SUR LA MOSELLE.

Bouet del.

Godard sculp.

L'examen de quelques châteaux de la chaîne des Vosges va nous
montrer l'irrégularité dont je parle et l'emploi fréquent, au XIIIe. siècle,
de la forme carrée pour la tour du donjon.

Château d'Ortenbourg. — Le château d'Ortenbourg est très-intéressant et d'un bel effet : il offre trois masses principales, savoir : la première

DONJON DU CHATEAU D'ORTENBOURG.

(Dans la chaine des Vosges.)

enceinte et la porte d'entrée, une seconde enceinte dont les murs sont beaucoup plus élevés, et enfin la tour du donjon, de forme carrée, qui domine et couronne tout l'ensemble des constructions. L'allée qu'il fallait parcourir pour pénétrer dans la place, une fois la première porte franchie, était dominée d'un côté par des terrasses élevées, et resserrée de l'autre par le mur d'enceinte.

De plus, comme le terrain est inégal et que la seconde enceinte est plus élevée que la première, le chemin s'élevait en décrivant un circuit ; de telle sorte que les troupes qui le parcouraient étaient long-temps exposées, de flanc, aux projectiles de la garnison.

C'est ce que M. de Krieg de Hocfelden appelle *chemin de défilement* dans le mémoire qu'il a publié, il y a quelques années, sur divers châteaux du duché de Bade. Ce chemin de défilement est conduit avec beaucoup d'art autour de la plupart des châteaux de l'Est de la France. Plus le centre du château était élevé, plus il fallait de rampes pour y accéder, et plus on était long-temps exposé aux projectiles de la forteresse et des ouvrages qui la défendaient.

Château de Wineck. — L'origine du château de Wineck est fort obscure, et quoiqu'il en soit fait mention, pour la première fois, en 1349, on

DONJON DU CHATEAU DE WINECK.

croît que sa construction remonte au siècle précédent. **En tout cas**, un document prouve qu'en 1502 le Wineck était déjà inhabité et à l'état de ruine.

Le donjon de cette forteresse est carré; la porte d'entrée se voit à une certaine hauteur au-dessus du sol, et s'accédait au moyen d'un escalier mobile ou d'une échelle. Un balcon recevait probablement l'extrémité de l'échelle, et le donjon de Wineck, comme plusieurs autres, porte encore la trace des solives qui servaient de support à cette pièce en saillie faisant l'office de seuil ou de palier à l'entrée.

Château de Waldeck. — Les restes du donjon du château de Waldeck offrent les mêmes caractères que ceux de Wineck. Le donjon est aussi carré, seulement il a été très-endommagé d'un côté. La vue que voici montre la porte d'entrée toujours à une certaine hauteur et inaccessible autrement que par une échelle.

DONJON DU CHÂTEAU DE WALDECK.

Je n'ai pas trouvé de documents sur son origine : on ne peut douter qu'il n'existât au XIIIe. siècle, en considérant sa ressemblance avec tous les autres, dont l'existence, à cette époque, est prouvée par des documents historiques certains.

Château de Plixebourg. — Il est fait, pour la première fois, mention du château de Plixebourg dans les Annales des Dominicains de Colmar : on y voit qu'en 1276 la fille d'Ulrich de Ferette, possesseur de deux autres châteaux remarquables du pays, et femme de Werner de Hadstest, avocat d'Alsace, y mourut. Ce château a subi plusieurs aliénations, et je n'ai pas à en rappeler ici les vicissitudes. Il me suffit d'établir qu'il remonte au XIIIe. siècle.

Le donjon est cylindrique. La partie basse est renforcée par une espèce de retroussis que j'ai trouvé dans beaucoup d'autres donjons et qui avait pour but d'accroître l'épaisseur des murs jusqu'à la hauteur où ils pouvaient souffrir du jeu des machines. Dans quelques donjons même, j'ai reconnu que cette base était pleine et n'offrait aucune cavité

DONJON DU CHATEAU DE PLIXEBOURG.

intérieure. La porte est ici, comme ailleurs, à une certaine hauteur au-dessus du *retroussis* dont je parle.

Le donjon de *Reichenstein*, près Siqueviler, est très-ressemblant à celui de Wineck ;

Ceux de Waugenbourg, près de Marmoutiers ; Gutemberg, près de Wissembourg ; Nideck, près Haslach ; Landskron, près Bâle ; Scharfenberg, près Landau ; Landeck, près Bergzabern ; Girbaden, près Meutzig ; Geroldseck, près Saverne ; Hohenfels, près Niederbronn ; Milandre, près Delle ; Hagneneck, près Colmar ; Bilstein, et plusieurs autres, appartiennent au même type ; ils sont tous de forme carrée. Les dates de ces châteaux n'ont pas été suffisamment étudiées, il y a lieu de croire pourtant que la plupart ne sont pas antérieurs au XIIIe. siècle.

On trouve un certain nombre de donjons cylindriques se rapportant au type de Plixebourg : ainsi, à Liebstein, près Ferette, à Kaisersberg et à Ribeauvillé, il y a de belles tours de cette forme.

Châteaux de Ribeauvillé. — La petite ville de Ribeauvillé (dans le Haut-Rhin) est renommée , parmi les touristes, pour ses trois châteaux.

On est tout naturellement porté à se diriger d'abord vers le *château de St.-Ulrich*, c'est celui qui se développe le mieux pour l'effet : ses principales pièces, échelonnées au milieu des rochers, paraissent plus vastes qu'elles ne sont réellement. Tout invite le voyageur à faire la visite de ces ruines.

De là, la vue est admirable ; on aperçoit vers la plaine une immense étendue : Strasbourg, Schelestadt, Colmar, montrent au loin leurs clochers et l'on voit passer, au-dessous de soi, les convois qui parcourent la ligne de fer pour se rendre de ces trois villes à Mulhouse et à Bâle.

M. de Golbéry (1) croit que le château de St.-Ulrich fut construit dans le XIIIe. siècle ; il tire son nom d'une chapelle dédiée à saint Ulrich, qui se trouvait dans l'enceinte ; du reste, il est qualifié, dans les anciens actes, de *Castrum inferius*, à cause de sa position moins élevée que celle des deux autres châteaux voisins, ou de *Castrum majus*, à cause de son étendue un peu plus considérable.

Le dessin figuré, p. 426, montre le château du côté de la chapelle ; côté le plus intéressant et qui regarde le Levant et le Sud-Est. Mais, pour comprendre l'effet de ces ruines, il faut savoir qu'il existe au-dessous d'elles une pente rapide de 4 à 500 pieds au moins, une pyramide naturelle, dont elles forment le couronnement, comme le chapiteau forme le couronnement d'une colonne.

Pour arriver à la porte du château, le chemin contourne les murs d'un côté, passe sous la tour du donjon, fondée sur une crête de rocher et sous le mur d'un bastion qui fait suite au donjon, du côté de l'Est. On entrait dans une petite cour dominée de tous côtés et dont on distingue encore l'enceinte, au milieu des ruines et des pans de murs renversés.

La partie principale de l'habitation paraît avoir été en regard du donjon, du côté du Sud-Ouest et sur la vallée parcourue par la route de Ribeauvillé à Ste.-Marie-aux-Mines. Cette partie et le donjon paraissent aussi plus anciens que le reste : les pierres d'appareil sont taillées en bossages.

On croit, dans le pays, que la chapelle St.-Ulrich était une grande pièce éclairée par des fenêtres à plein-cintre subdivisées en deux baies, au nombre de sept, dans le mur qui se trouve sur le premier plan de mon dessin (V. la page 426). Mais M. Ramé a démontré, dans un mémoire qui fait partie du tome XXI du *Bulletin monumental*, que cette pièce était la grande salle du château et non une chapelle :

« Un pan de mur, dit-il, quelque ruiné qu'il soit, pourvu qu'il soit percé d'une fenêtre bien conservée, présente toujours un moyen assuré

(1) *Monuments de l'Alsace,* in-folio.

CHATEAU DE SAINT ULRICH, A RIBEAUVILLÉ.

Bouet del.

Godard sculp.

de distinguer un débris de monument d'architecture civile, d'un fragment d'édifice religieux. Il ne faut chercher ce caractère, ni dans la forme, ni dans les dimensions de ces ouvertures; le moyen-âge ne connaissait pas l'emploi de deux styles distincts d'architecture, consacrés à deux destinations différentes. L'architecture était une, et les fenêtres de ce bâtiment problématique de St.-Ulrich seraient aussi bien placées dans le collatéral d'une église romane que dans un château fort ou une maison de l'Alsace. Mais, dans le premier cas, elles ne seraient ni percées à hauteur d'appui, ni surtout accompagnées, à droite et à gauche, de deux bancs placés dans l'épaisseur du mur, sous l'arcade intérieure dont nous avons parlé. La présence de ces bancs latéraux est un excellent caractère pour distinguer, dans le doute, les fenêtres d'une construction civile de celles d'un édifice religieux. Une faible élévation au-dessus du sol est aussi un indice qu'il ne faut pas négliger, mais qui est moins sûr que le précédent; car des circonstances particulières peuvent avoir exigé que ces ouvertures fussent percées à une hauteur supérieure à la taille d'un homme. Dans ce cas, de petits escaliers en pierre permettaient d'accéder à la fenêtre, et d'aller y chercher l'air et la vue de l'extérieur. On voit des degrés ainsi disposés aux fenêtres du donjon de Concy, et j'ai eu occasion de signaler un exemple d'une disposition analogue au château de Kœnigsheim. Dans une chapelle, toutes ces dispositions eussent été superflues; les fenêtres n'y ont d'autre but que de procurer la lumière, et non les distractions du dehors. Enfin, quand les fenêtres sont divisées en deux baies par un meneau central, l'examen de ce meneau fournit encore un caractère distinctif pour reconnaître les constructions religieuses et les constructions civiles. Dans les premières, le vitrage est fixe; dans les secondes, il est mobile en tout ou en partie, et comme il consistait en général, aux XII°. et XIII°. siècles, et surtout dans les petits châteaux de l'Alsace, en simples volets de bois, on rencontre à la face intérieure du meneau un ressaut dans la pierre, tantôt arrondi en anneau, tantôt simplement équarri et percé d'une cavité dans laquelle venait s'adapter le verrou du volet. En résumé, faible élévation au-dessus du sol, présence de bancs intérieurs et de gâches en pierre, tels sont les trois caractères qui distinguent les fenêtres d'une construction civile. »

La vue intérieure que nous donnons, p. 428, permet de reconnaître que ces divers caractères se trouvent réunis dans le bâtiment de St.-Ulrich.

Quelques moulures assez simples décorent, à l'intérieur, cette salle, dans laquelle on entrait par deux petites portes : l'une à l'Est, l'autre au Nord-Ouest.

GRAND'SALLE DU CHATEAU DE SAINT-ULRICH.

Le plancher n'existe plus ; mais les corbeaux en pierre qui garnissent les murs, et qui supportaient les poutres, montrent le niveau du pavé au-dessus de la salle qui existait dessous.

Il est très-difficile, à présent, de se rendre un compte exact du plan et de la distribution du château de St.-Ulrich, établi sur la crête d'un rocher que l'on n'a point aplani avant de bâtir. Plusieurs des principales pièces étaient à des niveaux différents, il fallait monter ou descendre pour communiquer des unes aux autres.

Le donjon avait, comme ceux que j'ai cités déjà, sa porte à une certaine hauteur ; je pense que la partie basse de la tour était pleine et que le vide ne commençait qu'au niveau de l'entrée.

Le second château de Ribeauvillé, tout près du premier, est établi sur une roche coupée à pic, du côté du Nord et du Sud-Ouest. On le nomme château de Girsperg. « On dirait, écrit M. de Golbéry, « que l'approche en est interdite autant par la nature que par de « sinistres souvenirs ; il n'est pas cependant tout-à-fait inaccessible ; « mais si quelquefois il est visité par l'antiquaire, que l'amour de la « science instruit à ne rien redouter, le plus souvent on l'abandonne « aux oiseaux de proie. »

Effectivement, quand je les ai visitées, des faucons planaient autour de ces ruines, fort inquiétés de ma présence.

Le donjon de Girsperg est carré comme celui de St.-Ulrich, et assis sur la partie la plus haute et la plus escarpée du rocher.

La plupart des antiquaires et des dessinateurs ont négligé le troisième château de Ribeauvillé, probablement parce qu'il est beaucoup plus élevé que les deux premiers et par suite plus difficile d'accès.

Cette tour, qui n'a guère que 40 pieds de hauteur, est construite en bel appareil à bossages, de grès vosgien, dont presque toutes les pièces portent des signes d'appareilleur.

Elle est fondée sur le rocher.

Du côté de la vallée du Rhin, on a rétabli le niveau, à la base de la tour, entre deux crêtes de rocher, au moyen d'un arc qui simule une fausse porte ; l'archivolte est garnie de gros boutons de fleurs que l'on a souvent employés dans l'architecture allemande au moyen-âge. Ce moyen de supporter la partie saillante du cylindre de la tour, là où la roche était échancrée et droite, mérite d'être remarqué ; il est d'autant plus ingénieux qu'on l'a fait servir à la décoration de l'édifice. Vue à distance, cette arcade produit l'effet de la porte principale de la tour ; mais on se tromperait si l'on croyait que jamais elle ait servi d'entrée : tout porte à croire que la tour est pleine à cette place, et la véritable entrée est à près de 20 pieds d'élévation, comme dans tous les autres donjons que nous avons signalés précédemment.

Les appartements d'habitation sont en ruine, mais il est bien facile d'en tracer le plan. Quant au chemin par lequel on devait le plus habituellement accéder à ce château, il est très-rapide, au milieu des bois taillis qui couvrent la montagne, et ce n'est pas sans peine que je l'ai parcouru.

On comprend difficilement aujourd'hui comment on pouvait accéder à ces forteresses, suspendues sur la pente de collines plus ou moins élevées et plus ou moins abruptes : à peine peut-on gravir à pied les sentiers qui y conduisent, et les graviers qui roulent sous vos pas rendent, pour quelques-uns, l'ascension très-pénible. Il est certain, pourtant, qu'autrefois on allait et venait à cheval par ces routes si difficiles; mais j'ai la conviction que, le plus souvent, des traverses en bois étaient disposées dans le chemin, de place en place, et formaient des espèces d'escaliers : nous voyons des chemins de cette espèce, grossièrement figurés, sur la Tapisserie de Bayeux, et parcourus par des chevaux.

S'il ne reste plus de traces aujourd'hui des chemins-escaliers dont je parle, c'est que les traverses en bois ont fini par pourrir. Mais dans quelques-uns, où ces traverses étaient remplacées par des pierres, on en voit encore les traces. Le château de Nideck, près Haslach, s'accède encore par un chemin de cette espèce.

Château de Châlusset (Haute-Vienne). —Quoiqu'il occupe le sommet d'une éminence, le château de Châlusset, près de Limoges, n'est pas un château de montagne; mais je le cite à la fin de cette revue, parce qu'il offre des dispositions un peu différentes de celles que nous avons trouvées dans ceux que nous avons décrits jusqu'ici et qu'il montre, une fois de plus, que la forme du terrain a modifié à l'infini la distribution des pièces : c'est un des plus considérables que j'aie visités. D'abord construit au XIIe. siècle, il a été presque complètement refait au XIIIe., d'après M. de Verneilh, membre de l'Institut des provinces, qui a fait une étude particulière des monuments de la Haute-Vienne et du Périgord.

Ce château est situé au confluent de la Briance et de la Ligoure. Dans la première enceinte, qui est très-considérable, on remarque un donjon bien conservé qui, très-certainement, appartient à la première construction; les murs sont fort délabrés; l'entrée s'est cependant conservée : elle n'avait pas de pont-levis, ni de herse, c'était une simple porte

222222222222222

en ogive. Le plan que voici montre assez la belle conservation du château proprement dit, qui occupe la troisième enceinte.

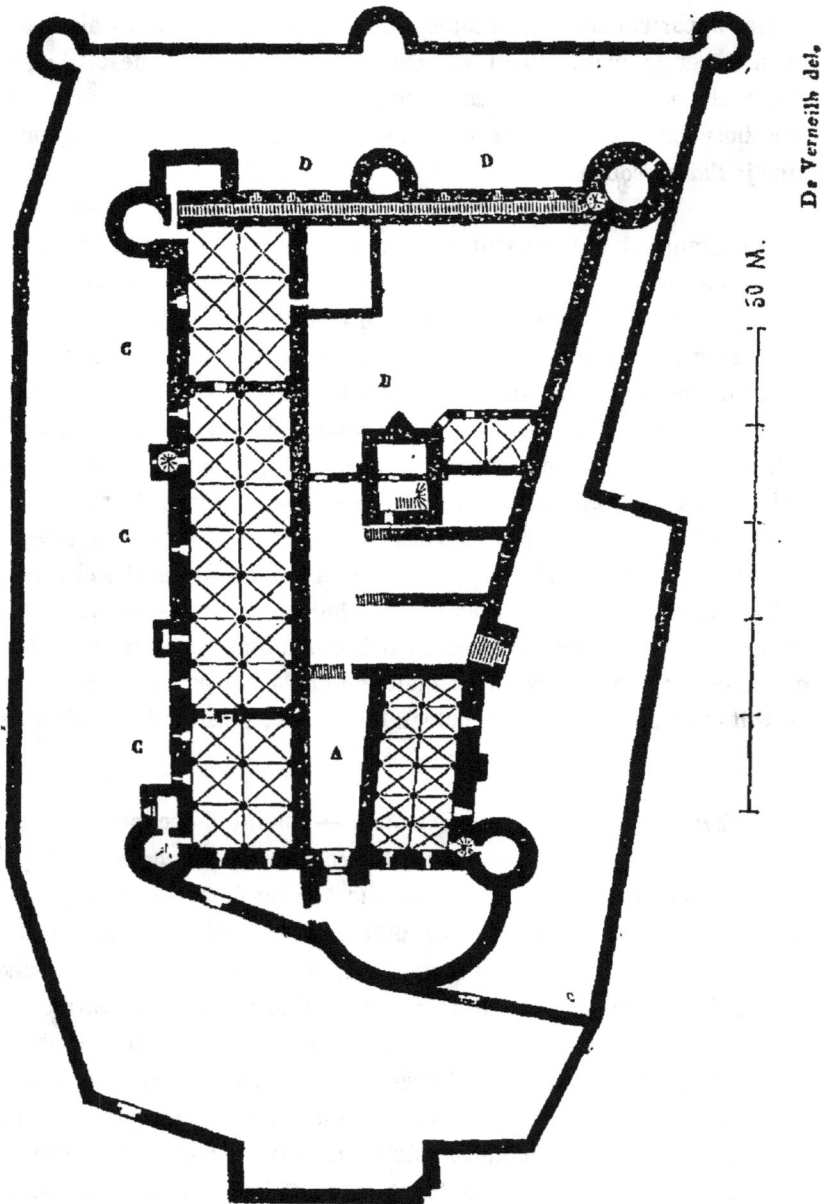

PLAN DU CHATEAU DE CHALUSSET ET DE SA SECONDE ENCEINTE.

' Une terrasse en demi-cercle couvre la porte principale, haute ogive percée dans une tour carrée; on constate l'emploi de la herse, et même , comme quelques assaillants auraient pu tenter de la briser , en s'abritant sous la voussure du portail, on a ménagé , au sommet de l'ogive, un trou carré servant de machicoulis. Une dernière ressource était enfin ménagée aux défenseurs du château. La cour oblongue (A) dans laquelle on débouchait, après avoir surmonté tant de difficultés, n'avait pas de communication directe avec les salles qui la bordent des deux côtés, et l'ennemi s'y trouvait retenu plus ou moins long-temps sous une grêle de projectiles.

Au surplus, le donjon B, dans le dernier état du château, ne conservait nullement son rôle primitif, mais était devenu une simple tour d'observation. Enveloppé presque de toutes parts par des constructions ogivales, il est de style roman comme la tour de la première enceinte (Voir cette tour à la page suivante).

Le véritable donjon de ce château, c'était le château lui-même. Sur tout ce vaste développement, les courtines, presque aussi hautes que les murs et couronnées comme eux de machicoulis et de créneaux, n'ont jamais moins de 20 mètres de hauteur. Tout assaut , toute escalade étaient impossibles avec de semblables remparts. Aux deux extrémités du *trapèze* , qui s'est d'ailleurs modelé sur la colline dont il occupe le sommet , les murs sont assez exhaussés pour masquer les pignons et les toits des bâtiments intérieurs ; de sorte qu'ils en gardent l'empreinte et comme la coupe à leur revers. Cela est particulièrement vrai pour le grand corps-de-logis CCC, que l'on était parvenu à rendre assez régulier malgré la difficulté du terrain , et qui n'a pas moins de 70 mètres de long sur une largeur de 13^m. 50. On voit que le toit était fort aigu et semblable de tout point au grand comble d'une cathédrale. On voit très-bien de même que les étages supérieurs n'étaient point voûtés, si ce n'est au-dessus de la salle la plus reculée. Il n'y avait point de piliers intermédiaires pour soutenir la voûte de l'étage inférieur qui était d'une grande élégance et d'une certaine hardiesse, car elle avait environ 15 mètres sous clef et plus de 10 de portée. Comme l'escarpement du flanc de la colline, non moins que l'élévation des murs, éloignait tout danger de ce côté, de grandes fenêtres à roses et à meneaux éclairaient latéralement cette pièce. Elle était pavée en carreaux émaillés dont on retrouve quelques débris. Là devait être la salle d'honneur (1). La chapelle était placée ailleurs et de même au premier étage, au-dessus du passage voûté, con-

(1) Voir le mémoire de M. de Verneilh, dont nous tirons ces renseignements, dans le Compte-rendu des séances tenues à Limoges, en 1847 , par la Société française d'archéologie pour la conservation des monuments. Nous avons visité avec lui le château de Châlusset.

duisant au préau, qu'elle a obstrué de décombres. Un des angles du donjon a conservé les arrachements de sa voûte et même quelques restes des peintures religieuses qui la décoraient.

TOUR ROMANE DE LA PREMIÈRE ENCEINTE.

Jules de Verneilh de:.

VUE DE L'ENTRÉE DU CHÂTEAU DE CHALUSSET ET D'UNE PARTIE DE LA PREMIÈRE ENCEINTE.

La façade postérieure du château D (V. le plan, p. 431) est fortifiée de trois tours, l'une carrée, les autres rondes, et n'est percée que de

meurtrières. Au lieu de deux mètres d'épaisseur, elle en a trois; et
l'on a profité de cette épaisseur pour ménager, dans toute la longueur
de la muraille, une étroite galerie qui établissait une prompte communication entre les tours et recevait en outre un certain nombre d'arbalétriers. Les six meurtrières en croix qui s'y voient encore pouvaient
battre les approches du fossé par-dessus la première enceinte, car la
galerie était située dans la région moyenne de la façade, fort au-dessus
de l'atteinte du bélier.

Il reste assez de détails caractéristiques pour pouvoir affirmer que
Châlusset a été complètement rebâti et fort agrandi, dans la première
moitié du XIIIᵉ. siècle. Les crochets des chapiteaux et des consoles,
les doubles tores des nervures, les jambages de plusieurs cheminées,
enfin le dessin des fenêtres, se rapportent au style ogival qui était alors
en usage dans le Limousin. A cette époque, d'ailleurs, le château
était devenu la propriété des vicomtes de Limoges qui semblent en
avoir voulu faire leur résidence principale ou, du moins, le siège de
leur puissance.

ENCEINTES URBAINES.

*Quels caractères les enceintes murales des villes offrirent-elles au
XIIIᵉ. siècle?*

On sait qu'un grand nombre de villes et de bourgades furent érigées
en communes au XIIᵉ. et au XIIIᵉ. siècle. Cette institution, l'une des
plus importantes révolutions sociales du moyen-âge, produisit des
changements immenses dans l'importance relative et l'état matériel des
cités.

En payant des redevances fixes, les villes de commune se trouvaient
affranchies des droits arbitraires que les seigneurs se croyaient en
droit d'en exiger à volonté : elles étaient régies par les coutumes qui
y avaient été de tout temps observées, ou par celles que les habitants
déclaraient vouloir adopter.

Les habitants étaient désignés sous le nom de bourgeois, les affaires
publiques confiées à des magistrats élus par eux, et tirés de leur
corps (1).

_____

(1) *Recherches sur l'institution des communes, principalement en Belgique,* par
M. de Bast, membre de l'Institut des Pays-Bas, 1 vol. in-4°. Gand, 1819.

Non-seulement des villes et des bourgades furent érigées en communes, mais quelques seigneurs trouvèrent de l'avantage à en fonder
de nouvelles dans lesquelles ils accueillaient, sous certaines redevances,
tous ceux qui voulaient jouir des avantages attachés à cette résidence.
Ces asiles donnèrent naissance à des villes qui bien souvent se peu-
plèrent aux dépens des seigneuries voisines. M. Augustin Thierry indique, dans sa xvᵉ. lettre sur l'histoire de France, comment se faisaient
les fondations de nouvelles communes. — La charte qui octroyait le
droit de bourgeoisie aux nouveaux domiciliés, était rédigée et scellée
par le fondateur avant l'existence de la ville; il la faisait publier au
loin pour qu'elle fût connue de tous ceux qui voulaient devenir bourgeois et propriétaires de terrains, moyennant un prix modique et une
taille raisonnable.

Une foule d'étrangers apportaient dans ces villes leurs arts, leurs
connaissances et leurs richesses.

Bientôt l'esprit d'industrie s'y ranima, le commerce y devint un
objet d'attention, et commença à fleurir ; la population augmenta sensiblement, et l'aisance parut dans des lieux qui avaient été long-temps
le séjour de la pauvreté.

Alors les villes s'accrurent et s'embellirent.

La plupart furent entourées de murailles, et celles qui en avaient
déjà élargirent leur vieille enceinte.

Philippe-Auguste fit établir autour de Paris une nouvelle ceinture
de murailles, qui fut terminée en 1211 ; ce mur était flanqué de plusieurs
centaines de tours, et percé de vingt-quatre portes (1).

Diverses parties très-bien conservées des murs d'enceinte de la ville
de Blois appartiennent au temps de saint Louis.

La grande muraille qui entourait la ville d'Angers, et dont quelques
parties subsistent encore, avait aussi été construite au XIIIᵉ. siècle, de
1228 à 1232, par ordre de saint Louis. L'enceinte était formée d'un
fossé de 15 à 18 toises de largeur sur 5 de profondeur. Elle avait
environ 1,900 toises de circuit, et se trouvait coupée en deux parties
inégales par la rivière de Maine.

Les tours, presque toujours cylindriques, furent disposées le long
des murs de ville comme elles l'étaient le long des murs des châteaux.
Nous avons vu, dans le plan de la tour blanche d'Issoudun (p. 392),

_____

(1) Félibien, *Histoire de Paris*, t. 1ᵉʳ.

un exemple de ces épis triangulaires, destinés à augmenter la force des murs là où ils pouvaient être le plus exposés à l'attaque. Cette disposition, quand elle s'appliquait aux tours d'enceinte, avait pour résultat d'augmenter la saillie de celles-ci, et donnait aux défenseurs placés à l'étage supérieur le moyen de mieux dominer les courtines comprises entre les tours et de les défendre avec plus de facilité. Ce fut au XIIIe. siècle que les tours cylindriques prirent quelquefois, d'un côté, cette excroissance triangulaire qui, du reste, fut une exception (château de Loches, porte St.-Jean de Provins, Villeneuve-le-Roi).

Les murs, quand ils étaient mis en état de défense, étaient couronnés de ces galeries saillantes, en bois, dont la tour de Laval (p. 378) m'a fourni un remarquable exemple. Au moyen de ces encorbellements en bois, appelés *hourds*, on pouvait dominer le pied des remparts et jeter des pierres ou d'autres projectiles sur les assiégeants, par des intervalles ménagés entre les pièces de bois supportant le parapet en surplomb.

Mais ces couronnements en bois pouvaient être incendiés, et les ingénieurs du XIIIe. siècle ont cherché les moyens de substituer la pierre au bois. Ainsi, la grande tour de Coucy avait des corbeaux en pierre pour support de la galerie, vraisemblablement en bois, qui correspondait aux ouvertures du dernier étage ; on pourrait citer d'autres exemples des tentatives qui furent faites pour substituer la pierre au bois.

Ce ne fut cependant qu'au XIVe. siècle que cette amélioration devint générale, et que les encorbellements de pierre remplacèrent généralement ceux que l'on avait faits en bois.

Aigues-Mortes. — L'enceinte murale d'Aigues-Mortes est, selon toute apparence, la plus complète et la plus entière qui reste de la fin du XIIIe. siècle, et c'est une place à visiter pour ceux qui étudient l'architecture militaire du moyen-âge : on sait que ces belles murailles furent élevées par Philippe-le-Hardi ; elles portent bien le cachet de son temps (1270-1285), sauf quelques reprises qui ont eu lieu dans les parties supérieures.

Ces murs d'enceinte, dont la hauteur excède 30 pieds, ont conservé partout leur couronnement crénelé ; seulement une ou deux assises supérieures ont été enlevées, de sorte que la crête du mur entre les créneaux présente une surface droite au lieu d'être taillée en biseau comme elle était d'abord, *du moins je le suppose :* ce qui nuit à la beauté du parapet vu de l'extérieur. Ce parapet est percé alternativement de créneaux et de meutrières et, au-dessous des créneaux, d'un rang de trous carrés A dont je ne m'explique pas bien l'usage, mais qui vraisemblablement contenaient des pièces de bois saillantes pour supporter des *hourds*. De place en place, à des distances égales, existent des niches en encorbellement qui ne peuvent avoir été que des latrines pour la garnison. Le chemin de ronde, large et bien pavé, qui est couvert par le parapet, fait tout le tour de la place.

Dans la partie inférieure de la muraille se trouvent, régulièrement espacées, des meurtrières ou archères correspondant avec des arcades ou embrasures assez larges ouvertes à l'intérieur des murs, et garnies de bancs de pierre pour asseoir les soldats qui veillaient à la défense. La plupart de ces ouvertures ne me paraissent point, comme d'autres l'ont pensé, postérieures à la muraille; je les crois au contraire du même temps.

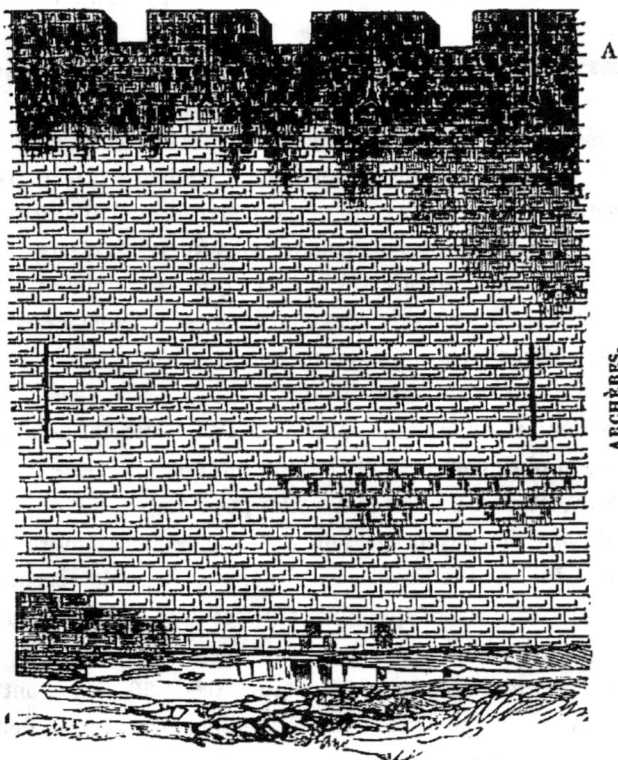

EXTÉRIEUR DES COURTINES DE L'ENCEINTE MURALE D'AIGUES-MORTES.

Le parement extérieur des murs d'Aigues-Mortes est droit, avec un talus à la partie basse. Toutes ces pierres sont en bossage, appareil

qui ne se rencontre pas dans le
Nord à cette époque, mais qui est
assez ordinaire dans le Midi de la
France, dans l'Est et dans quelques
parties de l'Allemagne : ces pierres,
fort bien ajustées, sont de grandeur inégale : elles portent, la plupart,
sur la partie saillante ou bossage, des signes d'appareilleurs. Ces
figures se répètent fort souvent sur les pierres.

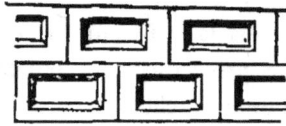

L'enceinte d'Aigues-Mortes présente la forme d'un parallélogramme
rectangle : des tours, la plupart semi-circulaires à l'extérieur du mur
et carrées à l'intérieur, de manière à présenter peu de saillie sur le

UNE DES PORTES D'AIGUES-MORTES.

rempart intérieur et à faire ligne avec lui, s'élèvent à une certaine
hauteur au-dessus du parapet.

Les portes principales s'ouvrent entre deux tours ; l'intervalle qui
existe entre ces dernières est occupé par la salle où l'on faisait ma-

mœuvrer les herses ; chaque porte en avait deux : l'une pour la porte extérieure, l'autre pour la porte intérieure. Entre ces deux herses était dans la voûte un trou par lequel on pouvait assommer, au moyen de projectiles, les ennemis qui auraient été enfermés dans cette espèce de trébuchet.

De beaux escaliers, dont les marches reposent sur des voûtes en quart de cercle, permettaient de monter sur le rempart, de chaque côté de ces grandes portes.

REMPARTS ET TOURS D'AIGUES-MORTES, VUS DE L'INTÉRIEUR DE LA PLACE.

Les voûtes des tours sont garnies d'arceaux croisés. Quelques cheminées existent dans les salles qui surmontent les portes ; le tuyau qui les termine est toujours octogone.

Dans les petits côtés du carré long qui forme l'enceinte murale, sont des tours dont la partie basse est carrée, mais dont la partie supérieure, en encorbellement sur le carré, est de forme octogone ; l'appareil de ces parties coupées à pans n'est point en bossage, et elles peuvent être moins anciennes que les autres.

Les portes par lesquelles on entre des courtines dans les tours, sont défendues par ces espèces de machicoulis que M. Mérimée a proposé de nommer *Mou-charabis.* On ne remarque pas de pareils ouvrages de défense au-dessus de toutes les por-tes qui s'accèdent du côté intérieur du mur, vers la ville. Les cour-tines sont dépour-vues de machi-coulis.

Pas une seule maison n'est ap-pliquée contre les murs, à l'intérieur de la place, ce qui donne un intérêt de plus à cette enceinte si complète. Il faut espérer que les choses resteront long-temps en cet état. L'enceinte actuelle est plus que suffisante pour la population, et il y a, d'un côté, des parties considérables qui ne sont point couvertes de mai-sons.

UN DES MOUCHARABIS SURMONTANT LES PORTES QUI ACCÈDENT AUX REMPARTS D'AIGUES-MORTES.

Portes. — Les portes des villes étaient, au XIIIe. siècle, comme celles des châteaux : quelquefois elles n'offraient qu'une ouverture pratiquée dans un corps carré, flanqué de tourelles en encorbellement ; plus souvent elles étaient protégées par deux tours, et il y avait une grande porte pour les charrettes et une petite pour les piétons.

Dans plus de deux cents portes de villes ou de châteaux antérieurs au XIVe. siècle qu'il m'a été permis de visiter, je n'ai pas trouvé la trace des ponts-levis tels qu'ils furent établis plus tard.

Les ponts-levis manœuvraient au moyen de poutres formant leviers, auxquelles le tablier était suspendu. Je n'ai pas aperçu la trace des rainures dans lesquelles venaient se loger les poutres ou leviers, et ce système ne fut, je crois, général qu'au XIVe. et au XVe. siècle.

V. Petit del.

UNE DES PORTES DE L'ENCEINTE MURALE DE LAON.

Les ponts qui accédaient aux portes pouvaient être coupés, à l'approche de l'ennemi; c'étaient le plus souvent des ponts en bois, que l'on pouvait établir ou détruire en peu de temps, peut-être aussi parfois des ponts mobiles; mais le pont-levis, dont le tablier s'enlevait au moyen de leviers par un mouvement de bascule, paraît n'avoir été adopté que postérieurement au XIIIe. siècle, et des traces, comme je le disais, s'en trouvent surtout aux portes du XVe.

La herse, qui s'abaissait derrière les portes en suivant une coulisse taillée dans la pierre, avait pour objet de multiplier les obstacles ; on la

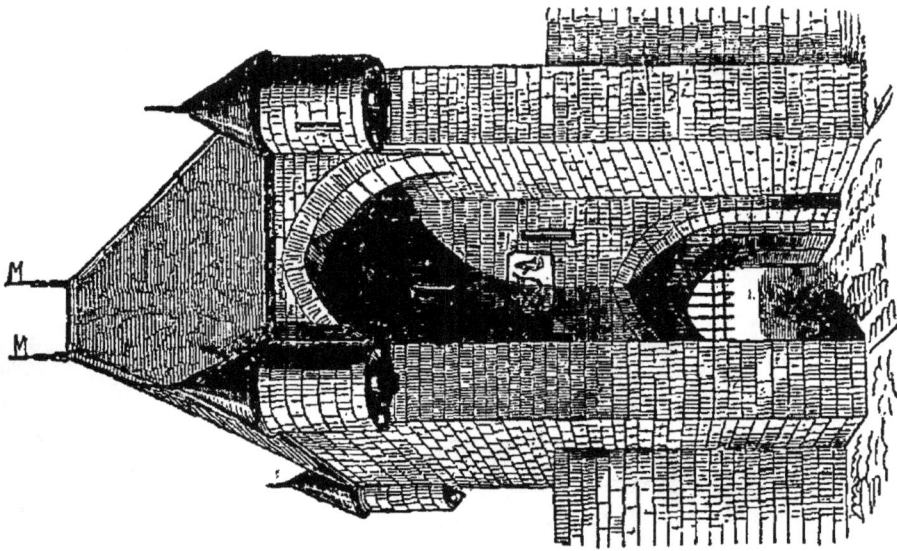

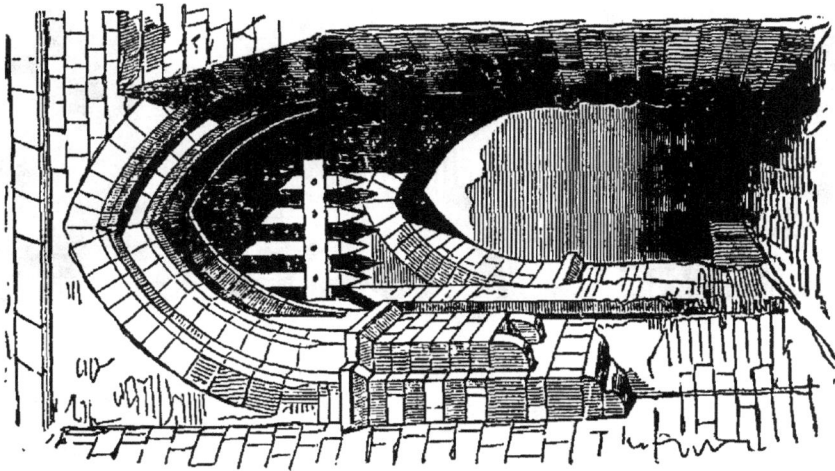

faisait mouvoir de l'appartement qui surmontait la porte, et ceux qui
se laissaient prendre entre les herses pouvaient être assommés d'en haut,
ou percés de flèches à travers les barreaux.

Si les villes étaient traversées par des rivières, on barrait le canal
avec des grilles ou des herses, comme on en voit encore aux trois
arches d'un pont percé dans les murs de Troyes (p. 443) ; ou bien on
tendait de grosses chaînes fixées aux murs qui bordaient les deux côtés

PONT A HERSES DE FER DANS LES MURS DE TROYES.

du courant. Le passage de la Seine était ainsi fermé sous Philippe-Auguste ; et comme les chaînes avaient une grande portée, elles s'appuyaient, de distance en distance, sur des bateaux solidement assujettis par de gros pieux (1).

A Angers, les deux extrémités des lignes murales qui fermaient la ville, à droite et à gauche de la Maine, étaient terminées par des tours qui prenaient de leur position les noms de *haute-chaîne* et de *basse-chaîne*, parce qu'en ces endroits on tendait de nuit de grosses chaînes portées sur des bateaux, pour défendre l'entrée de la ville par la rivière (2).

Quand les rivières passaient en dehors des murs, et qu'on avait pu les utiliser pour la défense, les ponts avaient à leurs extrémités des tours ou deux forteresses : l'une pour défendre l'entrée du pont, l'autre pour arrêter la troupe qui aurait pu le franchir ; ces ouvrages, appelés *têtes de pont*, se composaient quelquefois de plusieurs tours

VUE D'UNE TÊTE DE PONT.

et formaient un petit fort carré, défendu de tous côtés.

Il arrivait aussi, quand le pont avait un certain nombre d'arches, que la dernière de chaque extrémité n'était pas voûtée et qu'un pont en bois reposait sur les piles.

Il y avait enfin dans certaines localités des tours établies sur le pont même ; le pont de Cahors nous en a offert plusieurs (V. la page 146).

Diverses parties, encore assez bien conservées, des murs d'enceinte de beaucoup de villes remontent au XIIIe. siècle et confirment ce que je viens d'avancer.

(1) Félibien, *Histoire de Paris*, t. Ier., p. 253.
(2) Bodin, *Recherches historiques sur Angers et le Bas-Anjou*, t. Ier.

ATTAQUE ET DÉFENSE DES PLACES.

N'avait-on pas des machines pour attaquer et pour défendre les places fortes?

L'usage des machines devint plus commun et plus nécessaire, soit pour attaquer, soit pour défendre les places, à mesure que les forteresses se multiplièrent.

Ainsi, l'on avait des engins pour lancer des pierres et des dards de différents poids et de différentes dimensions. Les plus grands répondaient à nos grosses pièces de canon ou à nos mortiers ; les plus petits, à nos pièces de campagne. On les distinguait sous les noms de : *Balistes , Catapultes , Epingares , Trébuchets , Mangoneaux* ou *Mangonels , Pierriers*, etc., etc.

Les catapultes et les balistes furent placées sur des murailles ou dans les rangs des assiégeants comme nos canons ; elles formaient une artillerie formidable , dont les historiens parlent souvent dans leurs récits , et qui a continué d'être employée jusqu'à l'invention de la poudre.

La *catapulte* (p. 447 , fig. A) était une machine qui servait à lancer non-seulement des pierres , mais encore de gros dards, des faisceaux entiers de flèches , et souvent des pierres et des flèches ensemble; aussi Végèce dit-il « que cette machine est très-dangereuse et très-meurtrière, « que les coups en sont comparables à ceux de la foudre ; il ajoute « qu'elle a d'autant plus de force qu'elle est plus grande , et que plus « ses cordages, qui sont faits de nerfs de bœuf, sont gros et épais , « plus elle a de force pour chasser des corps lourds et pesants (1). »

La *baliste* (p. 447, fig. B) servait à lancer des traits d'une longueur et d'un poids surprenants ; Ammien-Marcellin a donné, dans son vingt-troisième livre , une description de cette machine (2). Beaucoup d'au-

---

(1) Dirigit lapides , sed pro nervorum crassitudine et magnitudine, saxorum pondera jaculatur : nam quanto amplior fuerit , tanto majora saxa fulminis more contorquet. (Veget., *De re militari*, lib. IV).

(2) *Voici la description d'Ammien-Marcellin :* Ferrum inter axiculos duos firmum compaginatur , et vastum in modum regulæ majoris extentum : cujus ex volumine tereti, quod in medio ars polita componit , quadratus eminet stylus extentius recto canalis angusti meatu cavatus, et hâc multiplici chordâ nervorum tortilium illigatus : eique cochleæ duæ ligneæ conjunguntur aptissimè , quarum prope unam adsistit artifex contemplabilis et subtiliter adponit in temonis cavamine sagittam ligneam , spiculo majore conglutinatam , hocque facto , hinc indè validi juvenes versant agiliter rotabilem flexum. Quùm ad extremitatem

leurs paraissent confondre la baliste avec la catapulte, et ces deux machines ont été souvent prises l'une pour l'autre ; ce qui rend plus obscur encore ce qu'ils en disent.

Le système d'attaque et de défense usité chez nos ancêtres, avant et même pendant un certain temps depuis l'invention de la poudre à canon, était semblable à celui des Romains. Ils se servirent de la plupart de leurs machines, sous différents noms.

Pour approcher des murs, on construisait des tours mobiles dans lesquelles les assiégeants étaient à couvert et dominaient les remparts : ce qui leur permettait de voir l'intérieur de la place et sa garnison (V. p. 447, fig. G).

Pour passer les fossés, on se servait du chat (fig. C), machine qui répondait au *pluteus*, à la *vinea* et au *musculus* des Romains (fig.DE) (1), et sous laquelle un certain nombre d'hommes pouvaient se mettre à couvert et braver les flèches ou les autres projectiles.

Dans les siéges de peu d'importance où les assaillants ne construisaient pas de grandes machines, ils s'élançaient en se couvrant de leurs boucliers, et s'efforçaient de dégarnir les remparts de leurs défenseurs en faisant des décharges de pierres et de flèches, pendant que d'autres jetaient des fascines dans le fossé, et dressaient des échelles pour l'escalade.

Mais, lorsqu'il fallait vaincre de plus grands obstacles, on faisait d'abord avancer sous des claies les soldats chargés de combler le fossé; les claies étaient portées par des archers, couverts de larges boucliers à l'épreuve des flèches et dressés à cette manœuvre.

Dès qu'on était parvenu à combler le fossé, de manière à pouvoir y descendre facilement, le *chat* était poussé en avant, et des hommes, garantis par cette machine, travaillaient à niveler le passage pour faire approcher une tour mobile (2). Lorsque cette tour G était arrivée près

nervorum acumen venit summum , percita interno pulsu à balistâ ex oculis evolat , interdùm nimio ardore scintillans , et advenit sæpius, ut antequàm telum cernatur , dolor lethale vulnus agnoscat.
(Ammiani Marcellini, lib. XXIII, cap. IV).

(1) V. Veget. , *De re militari*, lib. IV.

(2) Les assiégeants rompaient aussi les digues en terre qui servaient à contenir l'eau dans les fossés de certains châteaux, ou à former près d'eux des étangs. Philippe-Auguste, assiégeant Gournay, eut recours à un autre expédient : il rompit la digue d'un étang voisin pour en diriger les eaux contre la forteresse. Voici comment s'exprime, à ce sujet, le poète Guillaume Le Breton :

« Le château de Gournay était inexpugnable par sa position , quand même

A. Catapulte. B. Baliste. C. Le Chat. DE. Autres machines mobiles pour travailler à couvert. F. Le Bélier. G. Tour mobile pour aborder les remparts.

447

des murs, les archers qui en occupaient les différents étages faisaient des décharges continuelles de dards, de flèches et de pierres, afin de dégarnir le rempart. En même temps, les mineurs commençaient à saper le murailles et à les battre avec le bélier (fig. F). Souvent aussi, sans se servir de tours mobiles, on pratiquait, à l'abri du chat, des mines ou cavités souterraines.

Pendant la confusion occasionnée par la chute de la partie minée qui ordinairement était une tour, les assiégeants se précipitaient dans la brèche et montaient à l'assaut.

De leur côté, les assiégés faisaient tous leurs efforts pour tenir l'ennemi à distance, en lui lançant des flèches et des pierres et, à défaut d'autres projectiles, les poutres et les bois de charpente des maisons (1), ils cherchaient à mettre le feu aux fascines jetées dans le fossé, ainsi qu'aux machines ; à couper les échelles, et à neutraliser l'effet du bélier en le saisissant avec des cordes jetées du haut du rempart, puis tirées avec force.

Ils faisaient aussi des contre-mines qui entraînaient l'affaissement du sol, et par suite la chute des tours en bois élevées par les assiégeants.

Pour tromper ces derniers, certains châteaux étaient construits de manière à attirer leurs attaques sur des points qui, en apparence, plus faibles que les autres, étaient, au contraire, à l'intérieur, renforcés d'un double mur et presque indestructibles. C'est ainsi que souvent des portes bouchées, simulées dans les murs, offraient cette disposition et montraient la ruse des anciens constructeurs. Ces diverses tromperies, qui se trouvaient combinées différemment suivant les lieux, faisaient qu'on se gardait bien de laisser pénétrer les étrangers à l'intérieur des châteaux.

il n'y aurait eu dans l'intérieur personne pour le défendre ; il était sous les lois de Hugues de Gournay, seigneur de beaucoup d'autres châteaux. Les fossés de celui-ci étaient très-vastes et très-profonds, et l'Epte les avait tellement remplis de ses eaux, que nul ne pouvait les franchir pour s'avancer vers les murailles. Voici cependant l'artifice que le roi employa pour s'en rendre maître :

« Non loin des murs était un très-vaste étang, dont les eaux telles que celles d'une mer stagnante étaient rassemblées pour former un lac plein de sinuosités et contenues par une chaussée en terre, recouverte de pierres carrées et d'un gazon fort épais. Le roi fit rompre cette chaussée vers le milieu : par là s'écoula aussitôt un immense déluge d'eau qui inonda les campagnes voisines et ruina le château.

(1) Voir la *Philippide* de Guillaume Le Breton, ch. X, p. 291 de la traduction.

Écoutons le récit, que fait Guillaume Le Breton, du siége du château de Boves, près d'Amiens, par Philippe-Auguste (1) :

« Les assiégeants, dit-il, construisent avec des claies, des cuirs et de forts madriers, un *chat*, sous lequel une jeunesse d'élite puisse se cacher en toute sûreté, tandis qu'elle travaillera sans relâche à combler les fossés ; puis, lorsque ceux-ci sont comblés, les chevaliers appliquent leurs boucliers contre les murailles, et, sous l'abri de ces boucliers, les mineurs travaillent avec des poinçons et des piques à entailler les murailles dans leurs fondations ; et de peur que le mur, venant à tomber fortuitement, n'écrase de son poids et ne frappe les travailleurs d'une mort indigne d'eux, on étançonne, avec de petits troncs d'arbres et des pièces de bois rondes, la portion de la muraille qui reste comme suspendue et menace incessamment les ouvriers. Ainsi les fossoyeurs déchaussent, sur tous les points, le pied de la muraille à plus de moitié de la profondeur des fondations, et, lorsqu'ils jugent que c'est assez creusé, ils y mettent le feu et se retirent prudemment dans leur camp. La flamme cependant fait fureur, et, lorsqu'elle a complètement consumé tous les supports, la muraille s'écroule par terre ; des flots de poussière et de fumée cachent le soleil à tous les yeux. A cette vue les assiégés prennent la fuite, mais non pas tous sans éprouver quelque mal. Une troupe de jeunes gens, armés de fer, s'élancent à travers les débris de murailles, au milieu des flammes et des torrents de fumée, massacrent beaucoup d'ennemis et font beaucoup de prisonniers ; beaucoup d'autres, enfin, s'échappent par la fuite ou se retirent dans la citadelle, dont un rocher escarpé, flanqué d'une double muraille, fait un asile sûr.

« Aussitôt, la machine, construite pour plusieurs fins, se dresse et attaque la citadelle à coups redoublés ; tantôt c'est un mangonneau qui, *à la manière de ceux que les Turcs emploient*, fait voler dans les airs de petites pierres ; tantôt c'est une pierre terrible qui, mise en mouvement par des cordes que l'on tire du côté de la plaine, à force de bras, et roulant ainsi en sens inverse sur un axe incliné, plus rapide que les plus grandes frondes, lance des blocs de pierre énormes, tout bruts et d'un tel poids que deux fois quatre bras suffiraient à peine pour en soulever un seul....

« Déjà l'on voit paraître sur les murailles de nombreuses fentes ; déjà

(1) Je passe le récit, que fait d'abord le poète, de la prise de la première enceinte du château pour arriver au combat le plus important, qui se livra sous les murs de la seconde enceinte.

la citadelle, fatiguée de tant de coups, s'entr'ouvre sur un grand nombre de points (1). »

Comme on le voit par ce récit et par tant d'autres (car il n'est personne qui n'ait lu des descriptions de siége), quand le sol le permettait, la mine était le moyen le plus sûr pour faire écrouler des tours ou faire brèche dans les courtines. On creusait des galeries souterraines jusqu'au pied des murs, et on pratiquait sous ceux-ci des excavations que l'on avait soin d'étançonner, à mesure que l'on s'avançait, au moyen de pièces de bois. Quand on jugeait les excavations suffisantes, on mettait le feu à tous les étançons, et cette base venant à manquer, les murs se fendaient et s'écroulaient. Quelques-uns pourtant résistaient à cette épreuve, tant leur solidité était grande.

Quand on ne pouvait miner les murailles, on les battait avec le bélier.

Les assiégés, de leur côté, faisaient des contre-mines ; et, quand ils prévoyaient la chute de la partie attaquée de la muraille, ils établissaient à la hâte, en arrière, *des palissades en bois* percées de meurtrières ou archères pour lancer des flèches sur les assiégeants.

Enfin, on avait recours au soufre, que l'on jetait dans des sacs après l'avoir allumé, pour écarter les travailleurs qui voulaient saper les murailles.

Dans les siéges longs et difficiles, on formait aussi quelquefois un blocus, en élevant, autour de la ville, une ligne de fossés garnis de forteresses. Nous avons dit, en parlant de Domfront, que Guillaume-le-Conquérant fut obligé d'employer ce moyen pour réduire la ville, en 1048 ; on eut souvent recours à cette tactique dans les siècles suivants. On voit, dans le septième chant de la *Philippide* de Guillaume Le Breton, que Philippe-Auguste, assiégeant le château Gaillard, fit entourer son camp d'un double fossé, et éleva, entre ces deux lignes de défense, quinze tours de bois, égales en hauteur, également espacées, et tellement bien construites, qu'elles auraient pu servir d'ornement aux remparts d'une ville. Froissard rapporte qu'Édouard III, non content d'assiéger Calais par mer, bâtit encore, autour de la place, une sorte de ville en bois, où il y avait de vastes habitations, des rues, et que l'on y vendait, le mercredi et le vendredi, des merceries, des toiles et

(1) Guillaume Le Breton, *Philippide*, p. 52 et 53.

toutes sortes de marchandises apportées de Flandre et d'Angleterre.

On trouverait, dans les chroniqueurs, un grand nombre de passages qui fourniraient des notions très-exactes sur l'art d'attaquer et de défendre les places; cet art paraît s'être perfectionné sensiblement depuis les croisades, et dans le passage de Guillaume Le Breton, que je viens de citer, le poète fait entendre que le mangonneau était une machine imitée de celles des Turcs (1).

Si les guerriers du moyen-âge suivaient la tactique des Romains dans l'attaque et la défense des places, on admettra facilement qu'ils suivaient aussi leurs traditions pour l'établissement des camps ; un grand nombre de passages de chroniques l'attestent. Guillaume Le Breton, parlant du siège de Tours, par Philippe-Auguste, dit que ce prince établit son camp entre le Cher et la Loire, dans un lieu où il trouva beaucoup d'arbres fruitiers, et d'autres arbres dont le bois pouvait servir à fortifier le camp.

Ainsi, l'armée de Philippe-Auguste campait, comme les légions romaines, en s'entourant de fossés dont le *vallum* était couronné de palissades en bois. Nous en concluons que certains campements du moyen-âge peuvent offrir une grande ressemblance avec les camps romains, et qu'ils ont dû parfois être confondus avec ces derniers.

---

(1) Guillaume Le Breton rapporte, dans le second chant de sa *Philippide*, que les Français ne faisaient point usage de l'arbalète à la fin du XIIᵉ. siècle :
« En ce temps-là, dit-il, nos enfants de France ignoraient entièrement ce « que c'était qu'une arbalète et une machine à lancer des pierres ; dans toute « son armée, le Roi n'avait pas un seul homme qui sût manier de telles armes, « et l'on pensait que tout chevalier n'en était que plus léger pour combattre. »
Il est cependant certain que les Normands et les Anglais faisaient usage d'arbalètes dès le XIᵉ. siècle ; ils s'en servirent avec avantage à la bataille d'Hastings (V. Hallam, l'*Europe au moyen-âge*, t. III, p. 203).
Il paraît résulter des paroles mises, par le poète Guillaume Le Breton, dans la bouche de la *Parque Atropos* (chant Vᵉ.), que Richard-Cœur-de-Lion avait donné de l'extension à l'usage de cette arme, et que, « le premier, il avait montré aux enfants de France l'usage de l'arbalète. »

CHAPITRE IV.

ARCHITECTURE MILITAIRE DE LA 4ᵉ. ÉPOQUE

XIVᵉ. SIÈCLE ET 1ʳᵉ. MOITIÉ DU XVᵉ.

A partir du XIIIᵉ. siècle on établit, je crois, moins de châteaux qu'on ne l'avait fait auparavant ; la France féodale *était formée*, le réseau de forteresses était complet.

On reconstruisit sans doute bon nombre de châteaux détériorés par le temps ; mais il fallut presque toujours suivre le plan et la disposition de la forteresse précédente, se conformer aux dimensions de l'enceinte préexistante bornée par des fossés profonds et des mouvements de terrain considérables. Dans beaucoup d'endroits, même, on se contenta de rétablir ce qui devait être renouvelé et l'on conserva ce qui pouvait subsister encore des anciennes constructions.

Ainsi l'on comprend pourquoi il est assez rare de trouver des monuments militaires, appartenant *dans leur entier* au XIVᵉ. siècle.

Mais les additions faites aux constructions plus anciennes, et les changements apportés dans la disposition de leurs locaux, montrent le style de l'époque, et nous permettent d'indiquer sommairement ce qui peut caractériser l'architecture militaire de ce siècle. Ces caractères s'appliquent aussi à la première moitié du XVᵉ.

Forme générale. — Dès le XIVᵉ. siècle, les parties habitées des châteaux prennent des formes plus régulières et qui tendent à les rapprocher du style moderne. Dans la cour principale, qui est ordinairement carrée, de grands et vastes corps-de-logis se lient intimement aux murs d'enceinte. Ainsi, les ouvrages de défense sont entremêlés d'appartements, et les *constructions civiles s'accroissent aux dépens des fortifications*.

Les tours des angles renfermaient ordinairement des escaliers pour monter aux différents étages. On plaçait aussi parfois un grand escalier dans une tour élevée au centre de la façade principale de l'édifice. Nous trouvons le type de ces escaliers qui deviennent très-communs au XIVᵉ. et au XVᵉ. siècles, dans les tours accessoires en application par lesquelles on montait aux principales pièces des donjons des XIe. et XIIe. siècles.

La plupart des châteaux du XIVe. siècle étaient, comme ceux du XIIe. et du XIIIe., précédés d'une enceinte extérieure entourée de fossés.

Les murs d'enceinte, ou courtines, étaient quelquefois couronnés de machicoulis en pierre, de sorte qu'on faisait le tour de la place dans la galerie par laquelle on communiquait avec ces nombreuses ouvertures, et qui traversait les tours du rempart.

Par cette galerie on pouvait, de tous les points, jeter des pierres d'un poids considérable sur les travailleurs qui auraient essayé de saper les murs, ou de dresser des échelles pour les escalader (1).

Ainsi employés, d'une manière continue, les machicoulis ne se voient guère avant le XIVe. siècle et le XVe., et, à défaut d'autre caractère, leur présence peut faire suspecter l'ancienneté des murailles quand ils les couronnent d'une manière continue.

On voit, il est vrai, des machicoulis au sommet de quelques murs plus anciens, mais il est souvent très-facile de reconnaître que ces ouvrages sont des soudures ajoutées, ou des couronnements postérieurs aux murs : les machicoulis en pierre peuvent être regardés comme un perfectionnement des anciens couronnements des murailles.

Il est certain que, dans certains cas, les tours étaient couronnées d'échafaudages ou de balcons en bois ou *hourds* sur lesquels les soldats se tenaient quand il en était besoin. Ces encorbellements de bois, dont il reste un exemple très-bien conservé à Laval, et que nous voyons souvent dans les vignettes des manuscrits, ont remplacé, pendant long-temps, comme je l'ai dit déjà, les machicoulis et les encorbellements en pierre.

Les tours carrées, à machicoulis très-réguliers, que l'on observe dans les murailles d'Avignon, ont été imitées dans plusieurs autres localités.

Voici la forme la plus ordinaire des machicoulis du XIVe. siècle que j'ai rencontrés dans cette partie de la France.

(1) On jetait, par les ouvertures des machicoulis, des pierres de différentes grosseurs, de l'eau bouillante, du plomb fondu. Quelquefois aussi on se servait de blocs de pierre ou de plomb attachés au bout d'une chaîne, de sorte qu'on pouvait les retirer à soi et s'en servir de nouveau après les avoir lancés sur la tête des assaillants.

GALERIE CRÉNELÉE, PORTÉE SUR DES MACHICOULIS DU XIVᵉ. SIÈCLE.

Dans le château des Papes, forteresse immense, de grandes arcatures ogivales qui garnissent les murs entre les tours, tout en fortifiant

MURS DU CHATEAU DES PAPES, A AVIGNON.

les courtines, ont pour but de former de larges machicoulis, par lesquels on pouvait jeter des objets d'un très-grand volume, tels que des poutres.

Les fortifications de la ville méritent un sérieux examen, elles sont de la deuxième moitié du XIVᵉ. siècle, et les machicoulis, quoique portés

sur des consoles très-allongées, n'ont pas encore la forme qu'ils prirent
au XV⁰. Les arcades qui les séparent sont les unes cintrées, les autres
ogivales; les créneaux sont percés de meurtrières.

Tours d'enceinte. — Les tours, parfois couvertes d'un toit qui venait
reposer sur le parapet en saillie recouvrant l'ouverture des machicoulis
et la galerie par laquelle on en approchait, offraient aussi quelquefois,
au XIV⁰. siècle, la disposition que l'on voit dans celles du château de
Pierrefont (V. p. 457); c'est-à-dire que les machicoulis formaient une
espèce de ceinture ou de balcon vers le haut des tours, mais que celles-
ci s'élevaient encore d'un étage au-dessus de cette galerie avant de
recevoir la charpente du toit.

On remarque, au pied de quelques tours, comme dans celles du XIII⁰.
siècle, des salles souterraines dans lesquelles on ne pouvait descendre
que par une ouverture ronde pratiquée, au centre de la voûte, dans le
pavé de l'appartement supérieur.

Les tours de quelques châteaux avaient reçu des noms tirés des
principaux fiefs dépendant de la baronnie, et dont les possesseurs étaient
obligés de venir faire guet et garde dans ces tours, en temps de guerre.

Fenêtres. — Si l'on voyait toujours des fenêtres en ogive divisées en deux
parties par une colonne, et à peu près semblables, sauf la largeur qui
était plus grande, à celles du XIII⁰. siècle, offrant cette disposition, les
fenêtres carrées longues non surmontées d'un arc aigu prédominaient
cependant au XIV⁰. siècle. Ces fenêtres carrées, plus ou moins grandes
suivant l'importance et la destination des salles, étaient habituellement
divisées en deux, et parfois en quatre, par des traverses en pierre; quelques-unes étaient ornées de moulures analogues à celles qui se rencontrent dans les églises du même temps.

La plupart des fenêtres étaient établies en dedans des cours; quelques-
unes furent aussi pratiquées en dehors dans le mur extérieur, mais
toujours à des places où elles ne pouvaient guère donner d'inquiétude.
Au reste, on ne voyait le plus ordinairement dans les murs d'enceinte

que ces ouvertures évasées en dedans, mais si étroites en dehors,
qu'elles ressemblent presque à une fente, et auxquelles on a donné
le nom de *meurtrières* ou d'*arbalétrières*. On pouvait lancer des flèches
par ces ouvertures, sans avoir rien à craindre de celles de l'ennemi.

Portes. — Les portes des salles, à l'intérieur des châteaux, sont quelquefois ornées de moulures, comme les fenêtres (guirlandes de feuillages, écussons, animaux, etc., etc.); elles s'ouvrent sous une arcade
ogivale; quelques-unes sont carrées ou voûtées en cintre très-surbaissé.

Les portes des cours sont presque constamment défendues par deux
tours, et surmontées, comme au XIIIe. siècle, d'une salle d'où l'on
faisait manœuvrer la herse. Ce fut au XIVᵉ. siècle qu'elles commencèrent à être pourvues de ponts-levis à bascule. La petite porte destinée aux piétons avait son pont-levis particulier, comme le montre la
figure suivante.

INTÉRIEUR D'UNE PORTE AVEC PONT-LEVIS.

Ornements. — Les sculptures qui ornent les châteaux, tant à l'intérieur qu'à l'extérieur, sont conformes à celles que j'ai décrites en
parlant de l'architecture religieuse de la même époque (Voir l'*Abécédaire
d'archéologie religieuse*); ce sont des crochets, des feuillages, des

fleurons, des animaux, des personnages en bas-relief, et autres moulures de l'époque. — Quelques grandes salles sont décorées d'arcades
simulées et peintes à peu près comme au XIIIe. siècle, quant à la
teinte des couleurs et à leur emploi. Les pavés émaillés ont été encore
plus fréquemment employés au XIVe. siècle qu'au XIIIe.

Château de Pierrefont. — Un des châteaux les plus intéressants du
XIVe. siècle, est celui de Pierrefont, département de l'Oise, à l'extrémité orientale de la forêt de Compiègne.

Le premier château, qui avait été fondé vers le temps des incursions
des Normands, est entièrement détruit : il se trouvait sur une hauteur
que des pentes très-raides rendaient inaccessible de plusieurs côtés.

Vers l'an 1390, le château fut reconstruit par Louis, duc d'Orléans
et de Valentinois, sur une autre éminence, séparée de la précédente par
un vallon, et très-avantageuse pour l'établissement d'une place forte,
car elle s'avançait dans la vallée comme un cap, et ne se liait à la plaine
que par une langue de terre. Ce second édifice, encore très-bien conservé, fut regardé à juste titre comme un chef-d'œuvre d'architecture,
et l'une des merveilles de l'époque (1).

CHATEAU DE PIERREFONT.

Le château de Pierrefont a quatre faces élevées sur un plan carré
irrégulier; les murs, très-bien conservés, étaient couronnés de machicoulis et fortifiés par des tours hautes de 108 pieds, non compris le
toit. Les murs et les tours sont en pierre de taille de grand appareil
et offrent un choix de matériaux que l'on trouve rarement dans les

(1) V. Dulaure, *Histoire physique et morale des environs de Paris*, t. IV.

monuments militaires. On avait même lié les pierres des angles avec des crampons de fer, pour donner plus de solidité à cette partie des murailles.

La porte du château a été renversée; on y entre aujourd'hui par une large brèche.

A droite de la porte on trouve, près de l'angle Sud-Est de la place, un corps-de-logis fort élevé, divisé en quatre étages, et dont les gables étaient taillés en gradins, disposition que l'on trouve dans beaucoup d'anciennes maisons des XVᵉ., XVIᵉ. et XVIIᵉ. siècles. Ce bâtiment était éclairé par un assez grand nombre de fenêtres donnant sur la cour, et toutes de forme carrée.

Les autres logements adossés aux grands murs de la cour devaient être moins importants, et toutefois considérables ; il n'en reste plus que la trace; au-dessous d'eux se trouvaient des galeries voûtées très-étendues, dont une portion est encore parfaitement conservée, et qui, là comme à Coucy, devaient servir à serrer des provisions, et à déposer les effets apportés par les habitants du voisinage.

Les tours, qui renfermaient elles-mêmes des appartements, offrent une rare élégance dans leurs corniches et dans les modillons qui supportaient les galeries à machicoulis ; tout est taillé avec un soin, une symétrie que l'on ne trouve pas souvent ailleurs. Au-dessus du cercle des machicoulis, le diamètre des tours se rétrécissait, puis elles s'élevaient encore d'un étage avant de recevoir le toit conique qui les couronnait.

Ces tours sont encore fort belles, et seraient presque intactes si l'on n'avait pratiqué, à grand'peine, des espèces de brèches pour mettre le château hors de défense.

Ces démolitions furent terminées sous Louis XIII, en 1617, d'après un ordre de Richelieu portant que le château de Pierrefont serait démantelé (1).

A cette époque de destruction pour les châteaux, on se borna souvent à exécuter de semblables sentences, en pratiquant dans les murailles des espèces de déchirures semblables à celles que l'on voit à Pierrefont. Les murs des forteresses étaient si solides, qu'il aurait fallu des travaux énormes pour les détruire entièrement.

La chapelle se trouvait dans une des tours du côté du Sud-Est, près du grand corps-de-logis dont j'ai parlé d'abord.

_____

(1) On enleva à la même époque le toit des bâtiments, afin que les pluies hâtassent la destruction des voûtes et des planchers.

En avant de la porte d'entrée du château, existait une première enceinte dont on voit les fossés. Il n'en reste presque rien.

Il y a quelque chose de grandiose dans les ruines de Pierrefont. Si on les visite comme moi un jour d'automne, lorsque les vents de l'équinoxe viennent se briser en mugissant sur ces énormes masses de pierres, et qu'au milieu de ce sombre murmure des vents on entende les sons vagues et doux des harpes éoliennes placées au sommet d'une des plus hautes tours (1), on sera frappé de la beauté du spectacle, et d'une indéfinissable émotion.

Château de Villebon (Eure-et-Loir). — Parmi nombre d'autres châteaux du XIVᵉ. siècle, on cite celui de Villebon, qui fut bâti par un d'Estouteville ; ce château se compose d'un bâtiment carré au milieu duquel est une cour, et qui est entouré de fossés larges et profonds remplis d'eau ; mais il a subi diverses restaurations, principalement vers le commencement du XVIIᵉ. siècle, que Sully en devint propriétaire. Ainsi les tours, au nombre de quatre dans la façade, et de trois

CHATEAU DE VILLEBON.

dans le côté opposé, ne sont pas en entier du temps de la fondation du château ; elles ont été retouchées vers le XVIIᵉ. siècle, ou la fin du XVIᵉ. : tout porte à croire qu'elles n'étaient pas, dans l'origine, couvertes d'une plate-forme comme aujourd'hui.

(1) C'est une heureuse idée que d'avoir placé des harpes éoliennes, au haut des tours de Pierrefont. Continuellement caressées par le vent, elles remplissent le château de leurs ondes sonores, et ces vibrations ont quelque chose de doux, de monotone, qui s'allie merveilleusement avec la solitude et l'immobilité des ruines.

Le château de Villebon montre comment on a , dans le XIXᵉ. siècle, modifié les maisons fortifiées, soit en y perçant de nouvelles fenêtres, soit en établissant à l'intérieur de nouvelles distributions. Il appartient aujourd'hui à M. le marquis de Pontois de Pontcarré, membre de la Société française d'archéologie et du Conseil général d'Eure-et-Loir.

Château de Kœnigsheim. — Le château de Kœnigsheim, en Alsace, est du XIVᵉ. siècle, j'en donne le dessin d'après M. Ramé. « Les fenêtres de ce château, dit cet excellent observateur, sont nombreuses, grandes, percées à une faible hauteur ; aucune tour ne défend les angles du bâtiment, à l'exception d'un donjon circulaire qui s'élève à l'extrémité occidentale de la cour intérieure. Ces angles ne sont protégés que par de petites échauguettes portées en encorbellement. Rien ne rappelle l'appareil militaire d'un château isolé au milieu de la campagne ; c'est plutôt une maison forte, comme l'étaient au XIIIᵉ. siècle certaines résidences urbaines, qu'une forteresse dans l'acception ordinaire du mot.

« Les abords même du château ne sont que médiocrement disposés pour la défense. Quand on a pénétré dans la grande enceinte extérieure, on se trouve devant la porte, représentée à gauche de la vue générale que nous donnons ici. Cette porte est percée dans un mur mince et très-peu fortifié. Au lieu d'être rapprochée du corps de la forteresse, et dominée d'aplomb par ses défenseurs, elle est percée à une certaine distance du pied du château. Elle donne entrée dans une seconde cour extérieure de petite dimension. Dans cette cour, une trentaine de degrés permettent d'atteindre le sommet de la courtine, et c'est après les avoir gravis et parcouru tout le côté occidental de cette cour sur l'étroit chemin formé par l'épaisseur du mur à son sommet, qu'on rencontre l'entrée du château proprement dit. Autour de la base de ce château règne une sorte de terrasse ou de chemin de ronde, représenté sur notre dessin, et formé par un mur large de 3 mètres et élevé seulement de 15 ou 18 pieds au-dessus du sol des deux cours extérieures. C'est à cette hauteur que se trouve le niveau de la cour intérieure. Cette espèce de retroussis en pierre était inattaquable par la sape et la mine ; c'était un avantage. Mais il forme une sorte d'échelon tout préparé pour les assaillants, dans le cas où ils auraient voulu tenter l'escalade. Les aggresseurs, parvenus ainsi sans grande peine à la plate-forme, pouvaient entrer dans le château par la porte ou par les fenêtres.

« Il y a, cependant, à Kœnigsheim une construction véritablement forte, c'est le donjon, grosse tour circulaire, isolée aux extrémités de la cour intérieure. On n'y accédait que par une petite porte pratiquée à

VUE EXTÉRIEURE DU CHATEAU DE KOENIGSHEIM.

A. Ramé del

son étage supérieur, au niveau des créneaux et des murs les plus
élevés du château. Elle est flanquée de grosses consoles destinées, soit,
à soutenir des hourds en temps de guerre, soit à supporter une des
extrémités du pont volant, par lequel on pouvait s'introduire dans le
donjon. J'attribuerais volontiers Kœnigsheim à la première moitié du
XIVᵉ. siècle. Pendant la guerre qui s'était élevée entre Albert, fils de
Rodolphe de Habsbourg et l'empereur Adolphe de Nassau, les habitants
de Châtenois, qui suivaient le parti d'Albert, prirent et détruisirent, en
1298, le village de Kœnigsheim et le château qui le dominait. Depuis, ce
château disparaît de l'histoire, et il faut descendre jusqu'à l'année 1492
pour le trouver mentionné dans une vente faite à la ville de Schelestadt,
par Jean de Hadstat. Le monument, qui existe encore aujourd'hui, dut
être reconstruit peu d'années après le désastre qui marqua les dernières
années du XIIIᵉ. siècle; les fenêtres, formées de deux baies trilobées,
surmontées d'un trèfle et encadrées dans une grande ogive, appar-
tiendraient encore à cette époque : nous en retrouvons de semblables, dans d'autres châteaux du XIIIᵉ. siècle, à Andlau et à
Spesbourg. Seulement, au XIIIᵉ. siècle, l'appareil était encore ca-
ractérisé par l'emploi des pierres en bossage ; à Kœnigsheim, l'appareil, surtout dans les parties basses, est assez régulier et formé
d'assises de 25 centimètres de hauteur; mais les bossages ont disparu
presque partout; on ne les rencontre plus qu'aux angles du château,
à la base du donjon, et sur un point de l'enceinte extérieure. Or,
cet emploi des bossages à l'angle des édifices caractérise assez souvent,
dans la région rhénane, les constructions civiles du XIVᵉ. siècle.

« La cour intérieure de Kœnigsheim est garnie, sur deux de ses faces,
de bâtiments d'habitation. Le plus considérable présentait sa façade au
Midi ; il avait deux étages, divisés chacun en une quantité considérable
d'appartements éclairés par des fenêtres ogivales géminées. De ce côté
était la porte et le logement du portier, ou corps-de-garde. A l'Orient,
et en angle droit, avec les constructions précédentes, existe un second
bâtiment, également à deux étages, contigu au premier; là se trouvait
la grand'salle, bâtie sur de vastes magasins, dont les voûtes d'arêtes
retombent sur une colonne centrale (1). »

Château de Neuilly (Calvados).—Quelques parties de ce qui reste du

_____

(1) Voir la *Description de quelques châteaux de l'Alsace*, par M. Ramé, dans le
t. XXI du *Bulletin monumental.*

château de Neuilly, qui appartenait aux évêques de Bayeux, notamment
les salles voûtées qui occupent le rez-de-chaussée du principal corps-de-
logis, me paraissent aussi remonter au XIVe. siècle. Le reste des bâtiments a été retravaillé et refait en partie à diverses époques postérieures : les murailles en briques qui bordent la cour doivent être de la
fin du XVIe. siècle (1).

On cite comme appartenant au XIVe. siècle la tour et les ruines du
château de Montespiloy , près de Senlis, et quelques parties du château
des comtes de Poitou à Poitiers.

La fameuse Bastille de Paris, détruite en 1789, dont on trouve le

VUE EXTÉRIEURE DE LA BASTILLE.

fac-simile dans un grand nombre de bibliothèques publiques, avait
été commencée en 1369 par ordre de Charles V. Cette forteresse se composait de logements fort élevés, disposés régulièrement autour d'une
cour carrée longue ; quatre tours semi-sphériques étaient aux angles du
carré et deux autres au milieu des deux grands côtés. Diverses fenêtres carrées s'ouvraient à l'intérieur des cours et même dans les murs
extérieurs.

(1) Dès le XIe. siècle, il existait un château à Neuilly (Voir ma *Statistique
monumentale du Calvados*).

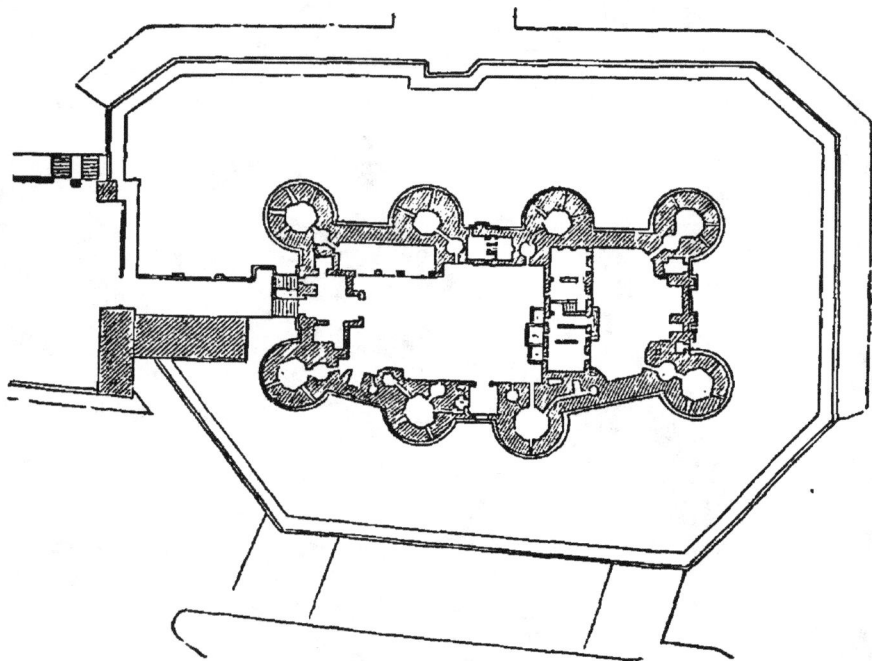

PLAN DE LA BASTILLE DE PARIS.

On voyait encore, il y a peu d'années, l'emplacement des fossés de la Bastille : ils étaient larges et pleins d'eau.

Château de Tonquédec. —Le château de Tonquédec daterait en partie du XIVᵉ. siècle, d'après divers observateurs.

Une première enceinte forme en quelque sorte le corps avancé de la place (V. le plan, p. 465). Un pont-levis y donnait accès. Le corps de la place était composé de constructions militaires, avec un massif d'habitations développées sur trois des faces du trapèze. Des salles d'armes, encore voûtées et très-belles, se remarquent dans cette partie. Venait enfin le donjon, auquel on arrivait de la place par un pont volant qui reposait sur une pile quadrangulaire, dont le sommet était au niveau d'une porte placée au premier étage de la tour. Ce donjon et la tour qui avoisine l'entrée A (V. le plan) sont hexagones intérieurement et à quatre étages. Les murailles ont 3 mètres d'épaisseur dans leur plus grande largeur.

Les vicomtes de Tonquédec étaient au premier rang dans la noblesse de Bretagne ; ils devaient au duc cinq chevaliers d'ost, et au Parlement

CHÂTEAU DE TONQUÉDEC, PRÈS LANION (Côtes-du-Nord).

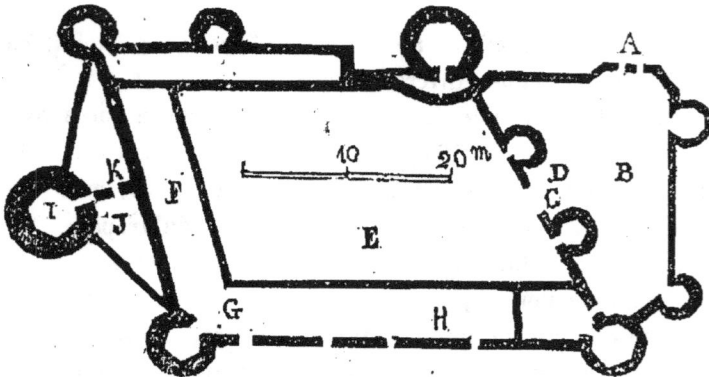

PLAN DU CHATEAU DE TONQUÉDEC.

A. Entrée. B. Première cour. D. Porte du château proprement dit. E. Cour du château.
FGH. Habitations disposées autour de la cour et adossées aux murs d'enceinte. I. Tour
du donjon.

général ils prétendaient tenir la première place comme premiers bannerets de la province. Ils avaient des cours dans soixante-une paroisses et trois grandes juridictions principales (1) ; ils possédaient de nombreux priviléges.

Château de Montbard. — La tour de Montbard, dans la Côte-d'Or ,

ÉLÉVATION INTÉRIEURE.

ÉLÉVATION EXTÉRIEURE.

10   M

V. Petit.

VUE DE LA TOUR DE MONTBARD.

(1) Voir *Notice sur quelques monuments des Côtes-du-Nord*, par MM. Barthé-

est un donjon très-remarquable du commencement du XVe. siècle ou
de la fin du XIVe. ; elle n'est pas carrée, mais bien à pans coupés
d'un côté et rectangulaire de l'autre.

Cette belle tour, voûtée en pierre, est garnie à son sommet de créneaux percés de larges meurtrières et de moucharabis régulièrement
espacés. Elle est divisée en trois étages.

Je doute que ce donjon ait été, dans l'origine, terminé par une plate-
forme ; un toit devait exister, et je crains que, par la suite, les eaux ne
pénètrent de plus en plus entre les dalles de pierre et ne pourrissent les
voûtes. Quant à présent, c'est une des tours les plus belles, les mieux
conservées et dont l'appareil offre le plus de solidité.

On trouve, dans l'ouvrage intitulé *Beautés de l'Angleterre*, plusieurs descriptions de châteaux du XIVe. siècle ; elles prouvent que,
dans ce pays, on avait comme en France, à cette époque, constamment mélangé les bâtiments civils aux ouvrages de défense, et que le
luxe intérieur avait fait de grands progrès (1).

Place de Vincennes. — Vincennes est plutôt une place forte qu'un
château proprement dit ; on voit par l'esquisse ci-jointe la forme régulière

VUE GÉNÉRALE DE VINCENNES.

de l'enceinte, du donjon, des tours, des courtines, et ce bel exemple d'un
grand monument militaire du XIVe. siècle prouve qu'on adoptait alors
un plan symétrique toutes les fois que le terrain le permettait. Vincennes est trop connu pour que j'en donne la description : il n'y a pas
un parisien qui ne soit allé s'y promener. Si des travaux considérables
y ont été faits à diverses époques, il est facile cependant de dégager

lemy et Guimard, dans le tome XIV du *Bulletin monumental*, et la notice de
M. Duchatellier dans le tome XIX du même recueil.

(1) Plusieurs seigneurs qui avaient reçu des sommes considérables pour la
rançon des prisonniers faits à la bataille de Poitiers et à celle de Crécy, les
employèrent à l'embellissement et l'agrandissement de leurs châteaux.

comme on l'a fait dans l'esquisse précédente, la forteresse du XIVe.
siècle des parties refaites ou ajoutées.

Remparts de Bâle (Suisse). — Dans certains pays, les tours qui garnissent les murs et surtout celles qui renferment les portes ne sont pas rondes, mais carrées.

La ville de Bâle est entourée d'une ceinture de murailles garnies de belles tours carrées, qui datent en grande partie du XIVe. siècle (1333-1345). On n'y voit pas de tours rondes, et les portes sont ouvertes au milieu de ces tours carrées.

Dans l'Ouest, les portes de ville sont le plus souvent flanquées de deux tours cylindriques, et se trouvent ainsi en retrait entre ces deux corps saillants. Dans l'Est, au contraire, et dans beaucoup de localités du Midi, les portes font saillie sur le mur, parce qu'elles sont pratiquées dans les tours carrées. Comme il était impossible d'ouvrir une porte dans un mur hémisphérique, les tours carrées ont offert cet avantage de pouvoir contenir les portes. On a pu éviter, en adoptant ce système, l'établissement des tours d'accompagnement. Quand il fallait beaucoup d'issues, comme à Bâle et dans certaines villes, on y a trouvé économie et avantage. Reste à savoir si la défense y a gagné : je ne le crois pas. Mais ce n'est pas ici le lieu de discuter la question.

Dans diverses contrées de la France, nous voyons les tours carrées préférées aux tours rondes, toutes les fois qu'elles étaient destinées à protéger un passage étroit dans lequel l'établissement de deux tours cylindriques eût été difficile. Ainsi, des tours carrées s'élèvent au nombre de trois sur le pont de Cahors. Il faut passer aussi sous une tour carrée, quand on suit la chaussée qui conduit à la ville d'Aigues-Mortes.

Pour défendre l'abord des portes en saillie dans les tours carrées, on a souvent pratiqué, au-dessus d'elles, un rang de machicoulis très-saillants (*Moucharabis*) et d'où l'on pouvait d'autant mieux écraser les assaillants, que les corps pesants jetés par ces ouvertures ne pouvaient tomber que devant l'embrasure des portes. On en voit au-

LA CHAUSSÉE D'AIGUES-MORTES ET SA TOUR.

dessus de la porte principale du pont de Cahors, figurée page 146.

Les meurtrières, au lieu d'offrir une simple ouverture verticale, étroite, prennent quelquefois la forme d'une croix, à partir du XIVe. siècle, mais plutôt encore au XVe.

Les créneaux présentent aussi, très-exceptionnellement, des échan-

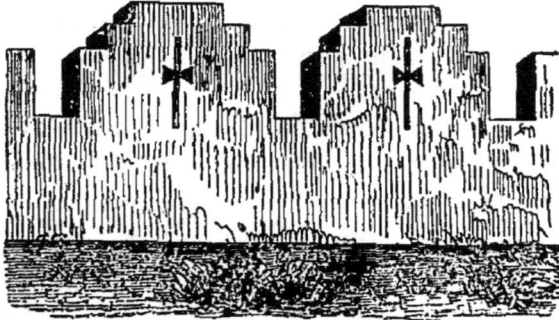

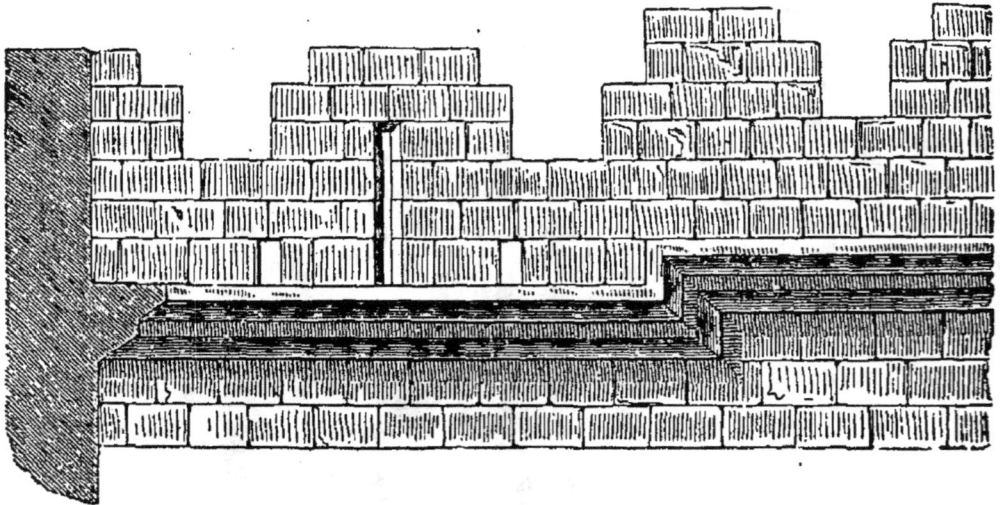

CRÉNEAUX AVEC ÉCHANCRURES.

crures qui en varient la forme et l'aspect.

TOURS A SIGNAUX.

Il me reste à dire un mot de certaines tours, échelonnées de manière à correspondre les unes avec les autres au moyen de signaux convenus, et qui ne sont pas l'accessoire d'une forteresse.

Dans les vallées des Pyrénées et dans quelques autres contrées montueuses, on remarque des tours de cette espèce, carrées, presque sans aucun accessoire. Toutes ces tours paraissent avoir surtout été destinées à faire le guet, afin d'avertir du danger ou de l'approche d'un ennemi. Toutes sont placées de manière à correspondre les unes avec les autres ; elles pouvaient contenir une petite garnison, car elles ont souvent quatre étages. J'en ai vu dont le diamètre intérieur est de 30 pieds sur 25, et il doit y en avoir d'un peu plus grandes, comme il y en a sans doute de plus étroites. Quelques-unes ont, à l'extérieur, une chemise ou chemin de ronde garni de petites tours aux angles ; telle est celle qui domine le village d'Oo dans la vallée de Larboust, près de Luchon.

Toutes ces tours sont sur le bord des vallées et ne s'élèvent pas jusqu'au sommet des pentes. Cela se conçoit : les populations qu'elles étaient destinées à protéger habitaient les vallées, c'est là qu'étaient les richesses et les troupeaux ; d'ailleurs, il n'y a que les vallées d'accessibles ; toutes les routes y passent, et, pour peu que la tour pût dominer ces routes, le but était rempli. Si elles eussent été sur des points plus élevés, elles n'auraient servi à rien ; de là on n'aurait pu voir ce qui se passait dans le fond de la vallée. La tour de Castel-Viel, près de Luchon, que connaissent tous les baigneurs et les touristes des Pyrénées, montre quelle est en général la position de ces tours. Quant à leur âge, aucune de celles que j'ai vues ne m'ont paru antérieures au XIVᵉ. siècle ; mais je n'en ai vu que quelques-unes, et les caractères tirés de la nature de l'appareil sont toujours un peu indécis. Dans la tour d'Oo, on voit une cheminée et quelques moulures du XVᵉ. siècle. Je suis porté à croire que, pour la plupart, elles sont à peu près du même temps que les principaux châteaux féodaux des Pyrénées : je veux dire ceux qui sont encore debout. Le système me paraît trop général, au moins dans les vallées où je les ai vues, pour qu'elles n'aient pas été établies par suite de mesures prises simultanément par les seigneurs du pays.

M. Mérimée dit qu'en Corse, des tours semblables forment une espèce de ceinture autour de l'île. M. de Castelnault, membre de la Société française d'archéologie pour la conservation des monuments, en a observé beaucoup en Espagne. Il en existe aussi de pareilles dans les Alpes et dans les Apennins.

Ponts. — Les ponts d'une certaine importance qui donnent accès aux villes sont toujours, aux XIVᵉ. et XVᵉ. siècles comme ils l'avaient été dans le XIIIᵉ., précédés d'un fort.

La vue suivante montre un dessin de l'ancien pont de Pontoise, qui pouvait dater du XIVᵉ. siècle, et qui aujourd'hui est remplacé par un pont moderne.

Des maisons couvraient cet ancien pont. Il est probable que l'envahissement des ponts par les usines et les autres maisons ne date,

Dardelet sculp.

V. Petit de l.

VUE DE L'ANCIEN PONT DE PONTOISE.

e plus souvent, que du XVI⁰, et d'une époque de tranquillité : les ponts ont d'ailleurs été très-recherchés par le commerce ; aucune rue n'était plus avantageuse pour les marchands que celle par laquelle tout le monde était obligé de passer pour franchir un fleuve.

L'autre dessin, que je dois comme le précédent à M. Victor Petit,

V. Petit del.

PORTE, PONT ET CHAPELLE SAINT-JEAN, A ARGENTAN.

est tirée comme lui d'un recueil très-intéressant d'anciennes vues, qui fait partie de la bibliothèque de M. Bignon. Il représente le pont qui existait à Argentan, sur la rivière d'Orne, avant l'élargissement de la rue et la construction du pont actuel. Une tour placée sur le pont même défendait, comme on le voit, l'entrée de la ville.

Sans connaître la date de ces ouvrages, maintenant détruits, je suppose qu'ils étaient du XIV⁰. siècle ou du XV⁰.

Une des portes du château de Caen, qui a été travaillée à la fin du XV⁰. siècle ou au XVI⁰., mais dont une partie doit être plus ancienne et probablement du XIVᵉ., était précédée d'un pont et d'une tête de

Bunet del.

TÊTE DE PONT D'UNE DES PORTES DE LA PLACE DE CAEN.

pont formant, comme ailleurs, un petit fort carré., garni de tours cylindriques.

CHAPITRE V.

ARCHITECTURE MILITAIRE DE LA 5ᵉ. ÉPOQUE.

SECONDE MOITIÉ DU XVᵉ. SIÈCLE ET PREMIÈRE MOITIÉ DU XVIᵉ.

Les progrès de la civilisation disposèrent de plus en plus les seigneurs et les barons à donner à leurs demeures un aspect moins sévère, à les rendre plus commodes, à abaisser ces hautes murailles qui semblaient les isoler des populations voisines.

Louis XI , dont la politique tendait à abattre la puissance des grands feudataires, ne dut pas d'ailleurs favoriser l'établissement des châteaux forts , et de nombreux documents prouvent que , sous ce prince et ses successeurs, ce n'était pas sans difficulté qu'on relevait ceux qui étaient tombés en ruine (1).

Une circonstance, plus puissante que toutes les autres, diminua d'ailleurs l'importance des anciens châteaux dont la force consistait surtout dans la hauteur des murs : je veux parler de l'usage de l'artillerie et des armes à feu qui devint général au XVe. siècle. Les hautes tours crénelées et les remparts les plus formidables ne pouvaient résister au feu du canon ; on prévit que le système de défense serait bientôt changé, et qu'une révolution allait s'introduire dans l'art de la guerre : alors, on dut attacher beaucoup moins d'importance à ce qui avait fait auparavant la force des places et des maisons féodales.

Cependant bon nombre de châteaux de la seconde moitié du XVe. siècle étalent encore à l'extérieur une certaine apparence de force ; l'entrée est défendue par des tours, des herses et des ponts-levis ; les murs sont garnis de tours et de machicoulis.

Mais, si l'on vient à examiner de plus près ces murailles, on reconnaît bientôt qu'elles sont faites plutôt pour en imposer aux yeux que pour garantir d'une attaque longue et sérieuse. Ainsi, nos ancêtres, accoutumés à attacher l'idée de la grandeur et de la puissance aux châteaux qui déployaient un appareil militaire, voulurent que leurs habitations offrissent l'apparence d'une maison forte, lorsqu'à l'intérieur ce n'étaient plus que des fabriques élégantes et fastueuses.

Un grand nombre de ces anciennes demeures ont été détruites et remplacées par des habitations modernes ; mais il en reste beaucoup encore qui n'ont pas cessé d'être habitées. Si elles ont reçu de nouvelles distributions plus en rapport avec les habitudes actuelles, elles ont conservé le cachet du XVe. siècle dans leur forme extérieure et dans leurs accessoires.

Forme générale.—La forme la plus ordinaire, à la fin du XVe. siècle,

(1) Lorsqu'on voulait à cette époque faire relever des tours ou d'autres fortifications, il arrivait souvent que le bailli s'y opposait au nom du roi, et que l'on faisait une enquête pour savoir s'il avait existé auparavant dans le même lieu un château fortifié. Il fallait faire cette preuve pour pouvoir continuer le travail. Je dois à Mme. de Tevray une copie de la permission donnée, en 1489, pour reconstruire la tour de Tevray, arrondissement de Bernay ; on y relate la signification, qui fut faite par le lieutenant-général du bailli, d'arrêter les travaux commencés, et le résultat de l'enquête qui prouva qu'il existait auparavant dans le même endroit un manoir enclos de grands fossés larges et profonds.

était la forme carrée. Ainsi, l'on voyait des forteresses dont les bâtiments entouraient complètement la cour centrale ; dans d'autres, les constructions n'occupaient que trois côtés du carré, et le quatrième était fermé par un mur. D'autres châteaux n'occupaient qu'un des côtés de l'enceinte. Les fossés qui entourent ces châteaux ont généralement une profondeur médiocre, et, sans l'eau dont ils étaient remplis presque constamment, ils n'auraient offert qu'un obstacle facile à franchir.

En effet, au XVᵉ. siècle, ON NE CHERCHAIT PLUS LES ÉMINENCES POUR L'ÉTABLISSEMENT DES CHATEAUX ; on avait reconnu les incommodités de plus d'un genre attachées à ces hautes positions, toujours d'un accès difficile, et l'on était *descendu dans les plaines et les vallées,* où l'eau, si utile pour les besoins de la vie, se trouvait en abondance.

Appareil.—La brique qui avait été employée sous la domination romaine et aux premiers siècles du moyen-âge, et qui avait complètement disparu dans les constructions des XIIᵉ., XIIIᵉ. et XIVᵉ. siècles dans le Nord de la France, se montre de nouveau vers la fin du XVᵉ. siècle, après le règne de Louis XI ; mais cette brique, bien différente de la brique romaine par ses dimensions, est aussi différemment employée ; elle n'est point disposée dans la maçonnerie par cordons horizontaux. Elle y remplaçait quelquefois entièrement le moëllon, et la pierre de taille ne servait qu'aux ouvertures (fenêtres, portes) et aux angles des édifices. Ailleurs, elle a été disposée par carrés alternant avec des massifs en pierre de la même étendue, de manière à présenter en grand un dessin en échiquier (1).

Les briques du XVᵉ. siècle ressemblent à celles de nos jours : quelquefois elles sont plus grandes et plus minces (2).

Ce que je dis de la réapparition de la brique à la fin du *XVᵉ. siècle,* ne s'applique qu'à certaines parties de la France et à l'Angleterre. Dans d'autres contrées où la pierre est rare, comme dans le Sud-Ouest de la France et dans la haute Italie, la brique a été employée *de tout temps, à toutes les époques,* et n'a pas cessé de l'être.

(1) Dans plusieurs cantons des départements du Calvados et de l'Eure, où l'on taille le silex de la craie, on l'a employé de la même manière, au XVᵉ. et au XVIᵉ. siècles, dans la construction des murs. De nos jours, cette disposition par carrés alternatifs de pierre et de silex, n'est pas encore abandonnée entièrement.

(2) La plupart des cheminées du XVᵉ. siècle ont le fond construit en briques, probablement parce qu'elles supportent mieux la violence du feu que les pierres.

Les pierres de taille sont ordinairement ajustées avec soin, quelquefois de grand appareil.

Quant le donjon forme une tour distincte dans les châteaux du XVe. siècle, il affecte souvent la forme polygonale ou octogone; le donjon de Sillé-le-Guillaume (Sarthe), décrit par M. Hucher, montre cette

DONJON DE SILLÉ-LE-GUILLAUME.

disposition ; il appartient à la seconde moitié du XVe. siècle. Il est bon de noter que la forme octogone n'a pas, en général, été employée aux tours de donjon avant la fin du XIV°. siècle. Le donjon polygonal de Briquebec (Manche) qui est de cette forme, et dont quelques touristes ont fait une tour très-ancienne, n'est certainement pas antérieur à la date que j'indique.

Portes et fenêtres. — Un grand nombre de portes, au lieu d'être surmontées d'une arcade en ogive, offrent au contraire un cintre très-surbaissé, dont le centre se relève quelquefois de manière à fermer une accolade ; on remarque le même mouvement dans les fenêtres.

Les portes principales des châteaux sont parfois surmontées ou couronnées, comme celles des églises du même temps, par une espèce de fronton appliqué sur le mur, garni de feuilles recourbées et terminé par un fleuron ou panache.

Ornements. — A l'intérieur, les châteaux ne se distinguent guère des palais ou des hôtels élevés dans les villes.

Ce sont d'ailleurs des moulures tout-à-fait conformes à celles que nous avons signalées pour l'architecture religieuse du même temps, telles que nervures prismatiques multipliées, arabesques, feuillages profondément fouillés, crochets, panneaux trilobés, dentelles de pierre, percées à jour, les grandes feuilles contournées dont le mouvement rappelle la forme d'une tête de dauphin, les pinacles en application, les niches, les tourelles en encorbellement, etc., etc., etc.

Les toits eux-mêmes n'étaient pas dépourvus d'ornements, leur faîte était garni de crêtes, de crochets ou de diverses moulures en plomb ; le sommet des toits coniques des tours offrait aussi des pinacles ou épis en plomb, en fer ou en terre cuite.

Les créneaux reposent sur des encorbellements très-allongés et ordinairement assez saillants, dont on pourrait signaler plusieurs variétés.

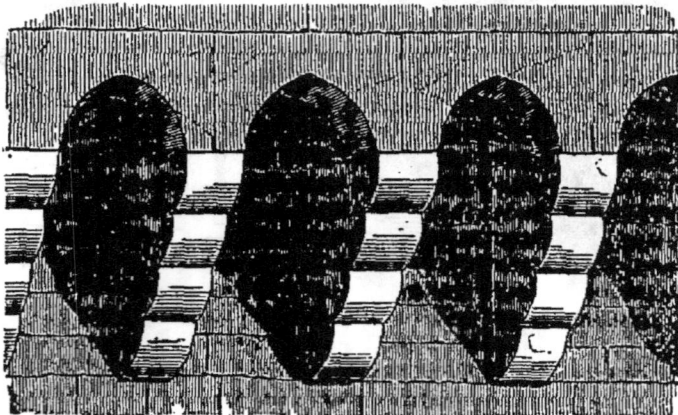

MACHICOULIS DU XV°. SIÈCLE.

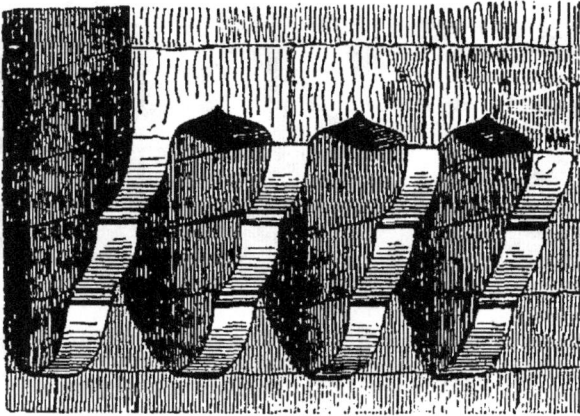

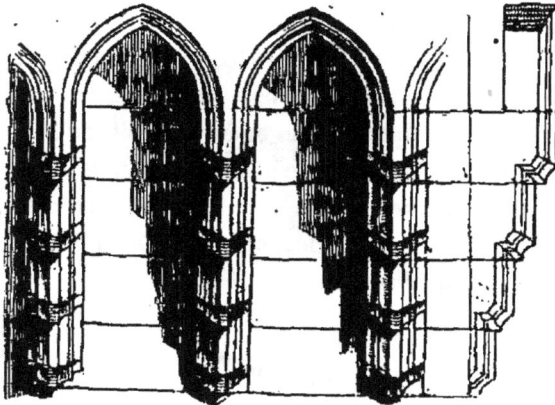

MACHICOULIS DU XVᵉ. SIÈCLE.

COURONNEMENT D'UNE TOUR SANS TOIT , AVEC SES MACHICOULIS ET SA
TOURELLE D'ESCALIER COUVERTE EN PIERRE.

Dans la deuxième moitié du XVᵉ. siècle, quand l'usage de l'artillerie fut très-répandu , on fit , près des portes surtout, des tours peu élevées, mais très-saillantes , formant ainsi des espèces d'épis au-delà des remparts. Cette saillie avait pour but de dominer une plus longue ligne de remparts et d'en battre les abords avec le canon , en cas d'attaque : nous voyons de pareilles tours à Beaune, à Dinan, à Fougères et dans un très-grand grand nombre d'autres places.

Dans beaucoup de châteaux du XVᵉ. siècle, j'ai trouvé , dans les parties souterraines, des cellules disposées des deux côtés d'une allée

centrale ; mais ces espèces de
cachettes, que l'on pouvait
murer en temps de guerre
après y avoir déposé des objets
précieux, se trouvent aussi
dans des châteaux plus anciens.

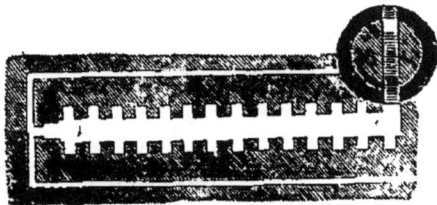

Château de Colombières. — Le château de Colombières (Calvados) a
été retouché dans beaucoup de parties : les fenêtres surtout ont été défigurées ; mais le corps des tours appartient probablement à la fin
du XVe. siècle. Son enceinte, de forme carrée régulière, est entourée
de fossés pleins d'eau. Le principal corps-de-logis occupe le côté
du Nord ; le rez-de-chaussée est voûté et n'a point été défiguré ;
les appartements des étages supérieurs ont, au contraire, été re-
touchés vers le règne de Louis XIV et même depuis cette époque.
Aux deux extrémités de ce bâtiment allongé, sont deux tours
rondes qui protègent les angles de la place ; celle du Nord-Ouest
renferme un appartement dont les décorations sont encore du XVe.
siècle. Sur le manteau de la cheminée, on voit une guirlande
de feuilles de choux frisés, dessinant une ogive en forme d'accolade.

La porte d'entrée se trouvait dans le côté Est du carré.

Près de cette dernière tour, on voit sous la porte des bancs en pierre
pratiqués dans l'épaisseur du mur, pour les soldats de garde, et une
visière pour regarder ce qui se passait au-dehors.

Les sculptures les plus remarquables qui restent à Colombières paraissent de la seconde moitié du XVe. siècle, mais il est possible que les
tours et quelques parties des courtines soient un peu plus anciennes.

Château de Langeais. — Le château actuel de Langeais est un des mieux
conservés qui existent ; ses couvertures et ses tours sont couronnées de
machicoulis continus et d'une galerie crénelée, sur laquelle les toits
viennent s'appuyer.

Je n'ai jamais rien vu d'antérieur au XVe. siècle dans le château
de Langeais dont on a publié diverses lithographies, et qui est très-
connu. Je ne peux donc admettre qu'il ait été construit, comme on le
dit, par Pierre de La Brosse, favori de Philippe-le-Hardi, vers 1260 :
vraisemblablement il s'agit, dans le document qu'on invoque, d'un
château complètement refait à une époque postérieure.

Sottain sculp.

V. Petit del.

CHATEAU DE COLOMBIÈRES (VU DU CÔTÉ DU NORD).

Le mariage de Charles VIII avec Anne de Bretagne fut célébré à Langeais, en 1491.

31

CHATEAUX DE LA FIN DU XVᵉ. SIÈCLE.

L'entrée du château de Fontaine-Etoupefour est peut-être la plus

ENTRÉE DU CHATEAU DE FONTAINE-ÉTOUPEFOUR.

élégante qui nous reste dans l'arrondissement de Caen. Ce pavillon, d'un effet si pittoresque, est couronné d'un fronton triangulaire garni de crosses, surmonté d'un clocheton, et flanqué de deux tourelles cylindriques à clochetons aigus. La porte, aujourd'hui condamnée, était précédée d'un pont-levis.

Les découpures très-fines qui ornent les deux tours du pavillon principal du château d'O, fi-guré dans mon *Cours d'antiquités*, annoncent la fin du XVᵉ. siècle.

On peut citer, comme bâti dans la seconde moitié du XVᵉ. siècle, le château de Cour-boyer (1), situé dans la commune de Nocé, à 2 lieues de la petite ville de Bellème;

Le pavillon flanqué de deux tours par lequel on entre au château de Nogent, et qui fut con-struit en 1492;

L'entrée du château de Frazé (Eure-et-Loir), presque semblable à celle du château de No-gent;

Celle du château d'A-lençon, qui n'était pas encore terminée en 1515 (2).

Château de Folleville. — Le château de Folleville, département de la Somme, décrit par M. Ch. Bazin, est encore un remarquable spéci-men de l'architecture féodale de la deuxième moitié du XVᵉ. siècle.

Une tour qui domine l'horizon et qui représentait sans doute le donjon est, dit M. Bazin, *bizarre dans sa forme* et gracieuse dans son originalité; ronde à sa base jusqu'à moitié de sa hauteur, elle s'arme en ce point d'une ceinture de machicoulis; la seconde moitié se divise en plusieurs étages superposés qui affectent des formes différentes. Hexa-

(1) Ce château a été figuré dans l'ouvrage de M. Pattu de Saint-Vincent, sur les monuments du Perche et du comté d'Alençon.

(2) V. les *Mémoires historiques sur Alençon*, par Odolant Desnos, t. 1ᵉʳ., p. 58.

gonale d'abord, elle devient octogone ensuite et décagone au sommet.

Etranglée au point où elle passe du cercle à l'hexagone, elle s'élargit à mesure qu'elle ajoute au nombre de ses côtés. La deuxième moitié, posée sur la première, produit à l'œil l'effet d'une pyramide renversée.

Château de Beaugé. — Le château de Beaugé, bâti par le roi René d'Anjou, postérieurement à 1472, montre toujours ses grandes lucarnes garnies de crochets, ses toits aigus et ses tourelles. Il a été figuré par M. Hawke, dans l'ouvrage de M. Godard-Faultrier sur les monuments de l'Anjou.

On voit aussi, dans l'atlas du même ouvrage, le château du Pont-de-Cé, autre type du XVe. siècle; celui du Plessis-Bourré, bâti sous Louis XI; de Ville-l'Evêque sur le Loir, à Arthezé, près la Flèche; de Monsabert, près St.-Remy-la-Varenne; de Riou, près Mortagne, de Brion, et plusieurs autres.

Château du Plessis-Macé. — Le château du Plessis-Macé dont voici les ruines, avait aussi été reconstruit au XVe. siècle.

Bouet del.

CHATEAU DU PLESSIS-MACÉ (Maine-et-Loire).

Château de Durtal. —Le château de Durtal, au bord du Loir, sur la route de la Flèche à Angers, reconstruit à la fin du XVᵉ. siècle ou au commencement du XVIᵉ., est remarquable par ses belles tours à toits coniques, ses machicoulis, etc., etc.

Château de Tevray. — Le château de Tevray, près de Bernay (Eure), avec ses machicoulis surmontés de créneaux, et ses hauts toits surmontés d'épis, a dû être construit postérieurement à 1489.

Bouet del.

CHATEAU DE TEVRAY (Eure).

Je m'arrête dans cette énumération qui pourrait se prolonger presque indéfiniment, car il reste encore un très-grand nombre de constructions féodales de la fin du XVᵉ. siècle.

ARCHITECTURE MILITAIRE DU XVIe. SIÈCLE.

Un grand nombre de châteaux du XVIe. siècle (première moitié) diffèrent peu de ceux de la fin du XVe.

Mais, pendant que beaucoup d'architectes suivaient les mêmes principes qu'au XVe. siècle, une nouvelle école travaillait, comme on l'a vu déjà en étudiant l'architecture civile du XVIe. siècle (V. p. 231), à substituer l'architecture grecque au style ogival et procédait à cette révolution architectonique par voie de transition. Elle formait ce style mixte auquel on a donné le nom de *Renaissance* (V. l'*Abécédaire d'archéologie*, partie religieuse, ch. V).

Vers la fin du XVe. siècle, Charles VIII, successeur de Louis XI, avait ramené d'Italie des architectes appartenant à cette école ; pendant le court espace qui s'écoula entre son retour de la guerre d'Italie et sa mort arrivée en 1498, son exemple engagea quelques seigneurs de la cour à faire reconstruire ou restaurer leurs châteaux (1).

Les relations beaucoup plus suivies qui existèrent entre l'Italie et la France, sous Louis XII et sous François Ier., favorisèrent le développement et les progrès du goût qui tendait à ramener aux formes classiques.

François Ier., passionné pour le luxe, détermina surtout le succès du nouveau style, par la préférence qu'il lui accorda et l'impulsion qu'il donna aux travaux d'architecture.

De tous côtés, les plus riches seigneurs s'empressèrent d'imiter le souverain en élevant des palais et des châteaux dans lesquels les architectes employèrent les combinaisons de formes les plus gracieuses, et les ornements les plus délicats du style de la Renaissance.

Ce style, appliqué aux châteaux, devait faire peu à peu disparaître ce qui, dans ces édifices, montrait encore l'intention de se défendre

(1) Plusieurs parties du château d'Amboise ont été construites par Charles VIII. Dans les tours sont pratiquées des pentes douces conduites, en hélice, par lesquelles les chevaux et les voitures peuvent monter en tournant jusque dans la cour du château.

Ces tours flanquent les murs d'enceinte, qui s'incorporent en quelque sorte à la roche élevée qu'ils entourent et recouvrent. Il y avait une tour pareille au palais des ducs de Lorraine, à Nancy ; on en connaissait d'autres dans des châteaux ou des palais de la même époque.

contre une attaque. Les machicoulis devaient faire place à des frises et à des modillons sculptés.

Les tours percées de fenêtres ne devaient plus être conservées que pour donner du mouvement à l'édifice, et pour éviter la monotonie d'une façade rectiligne.

Il exista donc, pendant la première moitié du XVI°. siècle, deux styles différents pour les châteaux; l'un peu différent de celui qui avait été en usage à la fin du XV°. siècle; l'autre, dans lequel on adoptait franchement le style de la Renaissance (1).

Le château de Vigny (Seine-et-Oise), bâti par le cardinal d'Amboise,

Da.delet sculp.   E. Sagot del.

VUE DU CHATEAU DE VIGNY.

appartient à la première de ces deux classes de châteaux; il ressemble tout-à-fait à ceux du XV°. siècle : seulement on peut remarquer que

---

(1) J'ai déjà parlé, dans la 4°. partie de mon *Cours d'antiquités* (p. 314), de cette simultanéité des deux styles au XVI°. siècle, simultanéité qui d'ailleurs se manifeste toujours lorsqu'il y a passage d'une architecture à une autre, à toutes les époques de *transition*.

les tours étaient appliquées sur les murs, autant comme ornement que comme moyen de défense. Les larges fenêtres distribuées également dans toutes les parties des murs extérieurs, prouvent combien on redoutait peu les attaques.

Ce beau château établi sur un terrain coupé carrément, présentait la forme d'un carré long. Le grand côté qui sert de façade est garni de quatre tours également espacées, surmontées de machicoulis et couronnées de toits coniques fort élevés et très-élégants; la porte d'entrée se trouve au milieu de l'édifice, entre les deux tours centrales, dans une espèce d'avant-corps ou de pavillon qui rappelle, par sa position, les donjons de certains châteaux du XIIe. siècle.

Plusieurs fenêtres sont surmontées d'arcades simulées, en forme d'accolade et ornées de feuillages frisés, qui annoncent les dernières années du XVe. siècle et le commencement du XVIe.

Le château qui suit est, comme le précédent, du commencement du XVIe. siècle, dans plusieurs de ses parties, et ne diffère pas non plus essentiellement de ceux du XVe.

Bouet del.

Dans le château de la fin du XVe. siècle ou du commencement du

XVIᵉ., dont voici le dessin, la porte, à l'intérieur de la cour, est surmontée de trois machicoulis qui, au besoin, en auraient rendu l'accès

Bonet del.

très-périlleux. J'ai trouvé cette précaution employée dans quelques châteaux qui ne devaient dater que du milieu du XVIᵉ. siècle.

STYLE DE LA RENAISSANCE.

Le style des châteaux de la Renaissance est trop connu pour s'y
arrêter long-temps. Je vais citer au hasard un certain nombre de
types.

Chenonceaux (Indre-et-Loire).— Tout le monde connaît le château
de Chenonceaux, soit pour l'avoir visité, soit pour en avoir vu l'image
jusque sur les papiers de tenture : je ne le décrirai donc pas. Je me
borne à rappeler qu'il fut construit en style de la Renaissance, par
Thomas Boyer, dans la première moitié du XVIᵉ. siècle.

Dans la suite, il appartint au roi Henry II qui le donna à la duchesse de Valentinois.

Après la mort du roi, arrivée en 1559, Catherine de Médicis força cette duchesse à l'échanger contre son château de Chaumont. Chenonceaux fut ensuite habité par Henry III (1).

Le château d'Ussé-sur-Loire, un des plus beaux de la Touraine, et dont il existe plusieurs lithographies, date en partie de la première moitié du XVIe. siècle (1538) ; mais il fut terminé beaucoup plus tard, sous la direction de Vauban.

Château d'Azay-le-Rideau. — Le château d'Azay-le-Rideau, bâti par Gilles Berthelot, maître de la Chambre des comptes à Paris et maire de Tours, en 1520, appartient au style de la Renaissance. La salamandre de François Ier. se voit au-dessus de la porte d'entrée. Des tours percées de belles fenêtres à croisées en pierre garnissent les angles du château dont les toits pyramidaux sont couronnés d'épis et dominées par des cheminées. L'escalier est magnifique et les voûtes en sont admirablement sculptées. La rivière d'Indre, au milieu de laquelle se trouve le château, le défend de plusieurs côtés.

On aimait beaucoup, au XVIe. siècle, à bâtir au milieu de l'eau ; nous avons encore de cette époque une série considérable de châteaux entourés de belles douves. Fervaques et Victot dans le Calvados, Flers dans l'Orne et une multitude d'autres que nous citerions au besoin, se mirent, comme celui d'Azay, comme celui de Chenonceaux, dans les eaux d'une rivière ou d'un étang, et l'usage de se clore ainsi au moyen de l'eau a régné jusqu'au XVIIIe. siècle.

L'eau était effectivement un excellent moyen de braver les voleurs et les pillards qui, pendant et long-temps après les guerres de religion, parcouraient les campagnes impunément.

Le château de Lasson, décrit dans le 1er. volume de ma *Statistique monumentale du Calvados*, et dont je présente la vue générale, est décoré de moulures riches et élégantes : au-dessus du second ordre, un encorbellement très-prononcé porte une frise ornée de cartouches, de médaillons et d'autres moulures usitées à cette époque ; au-dessus s'élève un parapet formant attique et dissimulant une partie du toit.

Les lucarnes cintrées, les grandes cheminées qui dominent l'édifice,

(1) V. *Guide du voyageur en Touraine*, par M. l'abbé Bourassé. M. de Villeneuve, sénateur, est aujourd'hui propriétaire de Chenonceaux.

l'aiguille qui surmonte l'angle du corps-de-logis le plus saillant et la tourelle octogone qui renferme, à l'une des extrémités du château, l'escalier par lequel on monte dans plusieurs pièces et dans les galeries

Godard sculp.   Bouet del.

CHATEAU DE LASSON.

de l'attique, sont du meilleur effet. On voit dans la frise une de ces inscriptions énigmatiques dont la Renaissance offre de fréquents exem-

ples : je l'ai donnée dans ma *Statistique monumentale* sans oser l'inter-
préter.

Le *château de Lyon* (Calvados) présente un pavillon à toits pyramidaux et à tourelles en encorbellement dont voici l'esquisse. Soit qu'on

CHATEAU DE LYON.

l'examine du côté de l'Est, en se plaçant dans le parc, soit qu'on le
voie du côté opposé, dans la cour, ce corps-de-logis est d'une grande

élégance ; il doit avoir été élevé dans la première moitié du XVIe. siècle. Pour en faire mieux apprécier le style, voici le détail d'une des lucarnes de ce pavillon : on y reconnaît une analogie complète avec

UNE DES LUCARNES DU CHATEAU DE LYON.

plusieurs parties d'un château du voisinage, qui date de 1537, et avec d'autres fenêtres de la même époque.

Château de Bernesq. — Le château de Bernesq, garni de tours et de fossés extérieurement, présente à l'intérieur de la cour un très-élégant édifice dans le style de la Renaissance. Il est habité par un fermier.

CHATEAU DE BERNESQ (CÔTÉ DE LA COUR).

V. Petit del.

m'ont servi de guide, lors de mes excursions dans le département de
Loir-et-Cher, la disposition des bâtiments de Chambord forme un
carré long de 80 toises sur 60, dont les angles sont flanqués de quatre
grosses tours de 60 pieds de diamètre ; un second édifice moins grand,
aussi de forme carrée et flanqué également de quatre grosses tours à
toits pointus, et terminé par une lanterne, est entouré de trois côtés
par les bâtiments du premier, et leurs deux faces du côté du Nord se
confondent en une seule, que les quatre tours qui s'y rencontrent partagent en trois parties à peu près égales. Ces constructions, dont le développement est immense, mais qui ne sont pas entièrement terminées,
étaient jadis entourées de larges fossés d'eau vive, alimentés par la
rivière voisine (1).

Ainsi, comme l'observe M. de La Saussaye, le plan de l'édifice
rappelle celui des châteaux des siècles précédents (XVᵉ. siècle principalement), et se compose, comme eux, d'une vaste enceinte flanquée
de tours qui forment le château proprement dit, et d'un bâtiment
situé vers le milieu de l'enceinte, et garni aussi de tours, que l'on
appelait le donjon. Seulement cette ordonnance, anciennement imaginée
comme système de défense, n'était plus usitée au XVIᵉ. siècle, que
parce que c'était une forme consacrée, à laquelle l'habitude faisait
conserver son empire. Les tours, devenues inoffensives, n'étaient plus
qu'une décoration fort incommode pour la distribution des appartements (2).

La partie centrale du château (le donjon) était tout entière du temps
de François Iᵉʳ.; d'autres ont été faites du temps de Henry II. Quant
à l'enceinte des bâtiments qui enclôt, du côté du Midi, la cour du
château, et masque si désagréablement la brillante façade du monument, elle est évidemment d'une époque moins ancienne, et bien certainement elle n'entrait point dans le plan de l'architecte ; c'est effectivement de ce côté que le château se présente dans toute sa beauté ; la
partie centrale s'avance majestueusement dans la cour, se détache, ainsi
que les deux ailes, sur le fond des bâtiments et donne à l'édifice un
mouvement, un brillant, que l'architecte se serait bien gardé de cacher

(1) Ces fossés ont été comblés par le roi de Pologne, Stanislas, pendant son
séjour à Chambord, dans le siècle dernier, ce qui a ôté au château quelque
chose de sa physionomie originale, et diminué la légèreté des bâtiments en
les enterrant de plusieurs pieds.   *(Note de M. de La Saussaye.)*

(2) Notice sur le château de Chambord, par M. de La Saussaye.

VUE DU CHATEAU DE CHAMBORD.

E Sagot del.

par cette ligne monotone de constructions sans intérêt, qui empêchent de voir le château à une distance convenable et d'en bien saisir tout l'effet.

M. de La Saussaye fait remarquer que, dans la décoration, le luxe augmente à mesure que l'édifice s'élève, et que la partie où l'architecte a épuisé les prestiges de son art, est la partie des combles.

« C'est sur les terrasses qui entourent le couronnement du grand es-
« calier, dit mon savant confrère, que doivent s'arrêter les curieux ; là,
« il faut apprécier l'homme dont le génie a dirigé la construction de ce
« prodigieux édifice. C'est sur le point le plus difficile à traiter qu'il s'est
« plu à répandre les ressources les plus riches de son imagination, et
« qu'il a imprimé un caractère d'originalité et de grandeur qui n'avait
« pas eu de modèle. Les cheminées qui font le désespoir des architectes,
« maintenant que l'art dégénéré en a fait de long tuyaux désagréables
« à la vue, sont ici de véritables monuments, groupés avec un art in-
« fini... L'édifice acquiert le plus haut degré d'originalité dans ce qui
« compose le couronnement du donjon et la coupole du grand es-
« calier. »

Fontaine-Henry (Calvados).—Le château de Fontaine-Henry n'était point le palais d'un roi, c'était l'habitation d'un riche seigneur; aussi n'offre-t-il pas des dimensions comparables à celles de Chambord ; mais plusieurs de ses parties sont de la plus grande élégance.

Ce beau château, figuré et décrit dans mon *Cours d'antiquités*, dans la *Statistique monumentale du Calvados,* dans l'ouvrage de l'antiquaire anglais Pugin, sur la Normandie, et dans celui de Cotman, est de plusieurs époques. La partie droite est la plus ancienne et peut dater de la fin du XVe. siècle, ou des premières années du XVIe. Les fenêtres en sont surmontées d'arcades en forme d'accolade, et ornées de panaches et de feuillages frisés. Deux tours carrées rompent la monotonie des lignes horizontales. L'une est surtout remarquable par ses moulures ; l'autre paraît plus ancienne que tout le reste, et dater de la fin du XVe. siècle.

A partir de la première tour, le style change complètement. Des arabesques, des rinceaux de la plus grande finesse, et semblables à ceux que l'on rencontre sur les monuments les plus ornés du XVIe. siècle, couvrent les murs avec profusion ; l'entablement prend des proportions classiques. En un mot, tout annonce l'époque de la Renaissance, et cette partie du château doit être du temps de François 1er. On voit, d'ailleurs, le millésime 1537 sur un arc des fenêtres de l'aile gauche.

Les combles extrêmement élevés de cette aile et sa cheminée colossale dominent tout l'édifice. La grande cheminée n'est guère moins considérable que celles de Chambord et prouve que, dans les châteaux du XVIe. siècle, ces accessoires sont de véritables monuments, selon l'idée très-juste de M. de La Saussaye.

Sur un des angles du pavillon se trouve une élégante tourelle à pans coupés, ornée de moulures et de médaillons.

Une tour plus élevée, et au long toit conique, garnit l'angle opposé du même pavillon.

Plusieurs têtes en bas-relief décorent la partie supérieure des fenêtres.

Le derrière du château a été réparé, il n'avait jamais été aussi orné que la façade ; ce côté était défendu par la pente rapide du vallon, dans lequel coule la petite rivière de Mue.

L'intérieur du château a été retouché et n'offre pas, à beaucoup près, le même intérêt que l'extérieur.

Au-dessus d'une porte, dans l'escalier qui monte aux appartements du pavillon de 1537, on voit Judith, en buste, tenant de la main gauche la tête d'Holopherne, et la main droite appuyée sur son épée, dont elle presse la poignée sur sa poitrine (1). Les sculpteurs du XVIe. siècle ont reproduit quelquefois l'histoire de Judith et plusieurs autres sujets de l'Histoire-Sainte.

Le château de Meillant, en Berri, est un des plus magnifiques de France, il a été gravé, lithographié et décrit plusieurs fois, tout le monde le connaît.

Le Manoir des Gendarmes, bâti par Gérard de Nolent, seigneur de St.-Contest, à 1/4 de lieu de la ville de Caen, faubourg Saint-Gilles,

(1) On lit ce qui suit dans un cartouche, au-dessous de cette figure de haut-relief :

ON. VOIT. ICY. LE. POURTRAICT.
DE. JUDITH. LA. VERTUEUSE.
COMB. PAR UN HAUTAIN FAICT
COUPPA LA TESTE FUMEUSE
D'HOLOPHERNES QUI. L'HEUREUSE
JERUSALEM EUT DEFAICT

est de la première moitié du XVIe. siècle. Ce qui reste de cette maison de plaisance se compose de deux tours à plate-forme, jointes par un mur crénelé, qui figurent ainsi un petit château fortifié.

La tour orientée à l'Ouest, près de la porte d'entrée, est la plus intéressante : sur la plate-forme sont deux statues en pierre, représentant des soldats ou gens d'armes dans une attitude menaçante. L'un est armé d'un arc, l'autre d'une arbalète, et ils paraissent vouloir défendre l'entrée du logis : ce qui a fait donner à la maison le nom de *manoir des gens d'armes :* une fenêtre éclaire cette tour, le chambranle en est décoré d'arabesques et surmonté des armoiries de Nollent.

La muraille où courtine comprise entre les deux tours n'est pas sans ornements : chacun des créneaux porte un médaillon offrant, en relief, des figures d'empereurs ou de divers personnages historiques avec des devises.

Manoir d'Ango, à Varengeville (Seine-Inférieure).—En 1525, Ango, riche armateur de Dieppe, fit construire, à Varengeville, le beau manoir dont les élégantes ruines attirent sur ce point les pas du voyageur ; ce château a été figuré dans le voyage de MM. Nodier, Taylor et de Cailleux dans l'*Ancienne France.* François Ier. fut reçu au château de Varengeville, en 1534.

Gaillon.—Le cardinal d'Amboise, qui avait un goût décidé pour l'architecture, avait accompagné Louis XII en Italie, et il en avait ramené des architectes qui durent contribuer à introduire dans nos contrées le style de la Renaissance. De 1502 à 1510, ce cardinal rebâtit le château de Gaillon et en fit un palais magnifique, digne d'être remarqué entre tous ceux qui méritent de l'être.

Elevé au commencement du XVIe. siècle, Gaillon offre, dans sa construction, les premiers éléments de la Renaissance mêlés aux dernières traditions du style ogival. Parmi les habiles artistes appelés à lutter de génie et de goût dans cette construction, M. Deville cite Guillaume Senault, François Senault, Jean Fouquet, A. Colombe, A. Juste, et plusieurs autres architectes ou sculpteurs, sous le ciseau desquels des arabesques d'une délicatesse exquise, d'élégantes moulures et de riches médaillons se multiplièrent (1).

___

(1) Voir le beau volume in-4°., et l'atlas in-folio publiés, par ordre du Gouvernement, en 1850 et intitulé : *Comptes de dépenses de la construction du chá-*

Les restes du château d'Ascier, département du Lot, qui avait été construit par Galliot de Genouilhac, grand-maître de l'artillerie sous François Ier.; le château de Montal, près de Saint-Céré (Lot), bâti par Rose de Montal, vers 1534; le château d'Oiron (Deux-Sèvres), de St.-Ouen, près Château-Gontier, offrent aussi des exemples remarquables du style de la Renaissance, alors adopté pour les châteaux.

PORTE DU CHATEAU D'ARGOUGES.

On peut encore citer, parmi les châteaux du XVIe. siècle, celui d'Argouges, près Bayeux; celui de Barou, près Falaise, détruit depuis plusieurs années, mais dont un dessin de M. Charles de Vauquelin a

teau de Gaillon, d'après les registres manuscrits des trésoriers du cardinal d'Amboise, par M. Deville, correspondant de l'Institut.

conservé le souvenir ; la porte d'entrée de l'ancien château de Vienne

(Calvados) ; quelques parties de celui de Maintenon (1), et grand
nombre d'autres châteaux des diverses parties de la France.

Château du Vomissel. — Le château du Vomissel, avec ses tours à toits

CHATEAU DU VOMISSEL.   V. Petit del.

(1) Ce château, construit par Jean Cottereau, au XVIᵉ. siècle, a été con-

coniques, sa tourelle, sa grande et sa petite porte d'entrée, ses murs
d'enceinte et ses fossés, est encore un type du XVIe. siècle que je suis
bien aise de citer.

Souvent les châteaux du XVIe. siècle portent des inscriptions, en
lettres capitales, gravées dans la pierre.

Ces inscriptions, quelquefois très-difficiles à comprendre à cause des
abréviations, reproduisent tantôt des textes de l'Ecriture Sainte, tantôt
des textes d'auteurs profanes.

M. R. Bordeaux a trouvé que les inscriptions gravées sur les tours
du château de Serville (Seine-Inférieure), inscriptions qui avaient
déjà attiré l'attention de M. de Glanville et de M. de La Quérière,
reproduisaient des fragments du Digeste et des passages de l'Ecriture
Sainte. Les textes de la loi romaine se rapportent d'ailleurs au domicile,
comme celui-ci :

DE DOMO SVA NEMO EXTRAHI DEBET.

Les inscriptions de Serville ont donné lieu à la publication d'une notice
intéressante de M. Bordeaux, dans le 49e. volume du *Bulletin monumental.*

Dans les contrées où la brique a été le plus habituellement com-
binée avec la pierre, on a disposé en damier ces deux espèces de matériaux, de manière à produire des carrés alternativement rouges et
blancs ; quelquefois même la brique était de plusieurs couleurs (rouge,
verte, jaune, etc., etc.). Tel se présente l'intéressant château de Livet,
arrondissement de Lisieux, dont les toits sont eux-mêmes formés de
tuiles émaillées de plusieurs couleurs (jaunes, vertes, rouges). Ce
château, sous ce rapport comme sous plusieurs autres, est un type très-
curieux à examiner.

Les toits de tuiles vernies qui s'harmonisent si bien avec les murs
polychrômes et avec les pavés de briques émaillées, se rencontrent
encore par fragments dans plusieurs de nos châteaux du XVIe. siècle.

---

sidérablement retouché dans la suite ; toutes les fenêtres ont été élargies, mais
le donjon, qui surmonte la porte d'entrée et qui ressemble à celui de Vigny, les
toitures des angles et une grande partie des murs de l'édifice principal appartiennent au XVIe. siècle.

ENTRÉE DU CHATEAU DE SAINT-GERMAIN DE LIVET.

Nous trouvons à peu près le même système de construction dans l'entrée du château de Beuvillers.

Bouet del.

ENTRÉE DU CHATEAU DE BEUVILLERS.

Le rez-de-chaussée est bâti en damier, de pierres et de briques alternativement rouges et vertes ; le premier étage n'est pas en pierre, mais en bois, recouvert d'essentes disposées en dessins variés. Un escalier à vis, contenu dans une des tourelles, mène dans une chambre haute, placée au-dessus de la porte, où existe un beau pavage en briques émaillées.

Nous venons de voir une entrée de château construite moitié en pierre et en brique, moitié en bois ; on a quelquefois, au XVIe. siècle, construit des châteaux fortifiés, presqu'entièrement en bois, c'est-à-dire avec des pièces de bois solidement maintenues et engagées dans des poutres, comme nous l'avons vu en parlant des maisons de l'époque, et dont les intervalles sont garnis de pierre, de brique, de chaux ou de plâtre.

Le château suivant, qui a des tours aux angles et qui était défendu par des fossés pleins d'eau, est construit de la sorte ; la pierre n'existe que dans les soubassements.

Le colombier seigneurial, qui faisait partie de l'enceinte, est lui-même en bois.

CHATEAU DE BELLOU, CONSTRUIT EN BOIS.

Colombier.

Boitel sc.

505

Un grand nombre de châteaux se composent simplement d'une cour
carrée, garnie de constructions rurales, au fond de laquelle se trouve le
manoir seigneurial ; les fenêtres de ces maisons ont presque toujours
été changées et défigurées, mais on y voit souvent, presque intacte, la
tour à pans coupés qui renfermait l'escalier, et qui était appliquée sur
le milieu de l'édifice : ces *Gentilhommières*, comme on les appelle parfois, sont tellement communes dans les campagnes qu'il est inutile
de les décrire.

Bien des châteaux du XVIe. siècle, qui offrent encore une ceinture
de murailles flanquée de quelques tours, et des fossés pleins d'eau qui
en font de petites places fortes, n'ont rien, à l'intérieur de la cour, qui
les distingue des métairies dont nous avons parlé en esquissant l'histoire de l'architecture civile. Je ne sais même si l'on peut toujours
voir une réminiscence du donjon dans la tour élevée qui renferme
l'escalier.

Je termine en présentant quelques châteaux appartenant à différentes
époques du XVIe. siècle.

CHATEAU DE BEAUMAIS, ARRONDISSEMENT DE FALAISE, PRÉSUMÉ DU MILIEU
DU XVIe. SIÈCLE.

ENTRÉE DU CHATEAU DE SASSY, PRÈS CHALONS-SUR-MARNE, ANCIENNE
RÉSIDENCE DES ÉVÊQUES DE CETTE VILLE.

(D'après le dessin de M. Barbat.)

CHATEAUX DU XVI°. SIÈCLE.

A. Petit del.

CHATEAU DE CRIQUIVILLE (CALVADOS), DE LA FIN DU XVIe. SIÈCLE.

Bouet del

Bouet del.

CHATEAU DE LA CHALERIE, PRÈS DOMFRONT, PORTANT LA DATE 1558.

MURS DE VILLE.

Quelques villes firent réparer leurs murailles au XVIe. siècle, il y en eut même qui se firent ceindre de murs pour la première fois, mais par mesure de police, et plutôt pour se garantir des voleurs que de l'ennemi. Ainsi, nous voyons qu'en 1540, les habitants de Montlhéry, près de Paris, demandèrent à François Ier. et obtinrent de lui la permission de faire entourer leur ville d'une enceinte de murailles, *parce qu'ils avaient souffert plusieurs maux, pilleries, tueries, etc., d'aucuns mauvais garçons* (brigands qui infestèrent les environs de Paris sous François Ier.), *gens volontaires, tenant les champs, qui les avaient souvent volés, pillés, battus et outragés.*

La ville de Flavigny offre des murs du XVIᵉ. siècle, dont les portes sont semblables à celles du XVᵉ.

V. Petit del

PORTE DE FLAVIGNY (Côte-d'Or).

Dans beaucoup de villes, on fit, à diverses parties des courtines et des tours, des changements que l'usage de l'artillerie avait rendus nécessaires.

2ᵉ. MOITIÉ DU XVIᵉ. SIÈCLE.

Sous Henri II, et plus tard, vers la fin du XVIᵉ. siècle, l'architecture prit un caractère un peu différent ; elle se dégagea des moulures qui rappelaient celles du style ogival. Les arabesques et les autres ornements de même genre furent employés avec moins de profusion ; on remplaça par des colonnes les chambranles couverts d'arabesques.

Quelquefois les murs furent unis à l'extérieur ; les toits en dôme hémisphérique furent substitués aux toits coniques pour les tours, les fenêtres moins carrées et moins larges, relativement à la hauteur.

Les étages séparés, à l'extérieur, par un double bandeau continu en pierre, annoncent généralement la seconde moitié du XVIe. siècle et même le premier quart du XVIe., le temps des guerres de religion, le règne de Henri IV et une grande partie de celui de Louis XIII. Il y a des nuances, sans doute, dans les productions de cette période encore assez longue ; on devra les observer avec attention.

Ces différences pourront être bien appréciées en comparant un certain nombre de châteaux.

Les guerres de religion qui éclatèrent dans la seconde moitié du XVIe. siècle, excitèrent partout la défiance ; on vit s'élever autour des métairies des murs peu épais, mais souvent assez élevés, dans lesquels on établissait ordinairement, à défaut de tours, des niches en saillie ou *échauguettes* qui servaient à regarder ce qui se passait au-dehors, et à tirer dans diverses directions, par des trous ménagés sur chaque face. On plaçait presque toujours de semblables guichets près des portes, afin que l'on pût, avant d'ouvrir, reconnaître les personnes qui demandaient l'entrée de la cour, et s'assurer qu'elles n'étaient point hostiles. Il existe encore beaucoup de murs semblables dans les campagnes.

Les châteaux de la deuxième moitié du XVIe. siècle ont, presque toujours, affecté la forme d'un carré. De larges fossés pleins d'eau formaient un vaste miroir dans lequel les murs et les tours allaient se refléter ; des tours cylindriques étaient toujours placées aux angles de l'enceinte, et quelquefois on les rapprochait près du château proprement dit ou de l'habitation du seigneur. Du reste, ces tours, dont quelques-unes pourtant étaient armées de couleuvrines, étaient plutôt des tours de luxe que des tours de guerre, et souvent une d'elles était consacrée aux pigeons. Le colombier était alors, comme il le fut encore aux deux siècles suivants, une partie importante des châteaux et des fiefs.

Le château de Chevillon (Yonne), dont je présente une vue générale, d'après M. Victor Petit, offre les dispositions typiques d'un château de la deuxième moitié du XVI°. siècle et confirme ce que je viens d'avancer : seulement l'habitation a été *modernisée*.

Victor Petit del.

VUE DU CHATEAU DE CHEVILLON (Yonne).

Château de Tanlay. — Le beau château de Tanlay, département de l'Yonne, est un exemple de l'architecture de la seconde moitié du XVI°. siècle.

Il faut en lire la description et en voir les figures dans le bel ouvrage de M. le baron Chaillou-des-Barres, auquel nous renvoyons avec d'autant plus de plaisir que ce livre est plein d'intérêt, et ne se distingue pas moins par l'élégance du style que par l'abondance des détails historiques.

Château de Mesnil-Guillaume. — Le château de Mesnil-Guillaume, près de Lisieux, se rapproche beaucoup par son style de celui que je viens de citer : ce château appartenait, au XVI°. siècle, à la famille d'Ecoville qui a fait beaucoup construire dans le Calvados, et qui était très-riche à cette époque et au commencement du XVII°. siècle.

CHATEAU DU MESNIL-GUILLAUME.

Bouet del.

Château de Mailloc. — Le château de Mailloc, dans la même vallée, doit être à peu près du même temps, mais il a été très-altéré; toulefois, ses quatre grosses tours rondes, dont le pied plongeait jadis dans

CHATEAU DE MAILLOC (Calvados).

des fossés pleins d'eau et qui aujourd'hui sont à sec, donnent encore au château un certain caractère. Je le crois, en partie (car il y a beaucoup de murs reconstruits), de la fin du XVIe. siècle, probablement du temps d'Henri IV.

Mailloc était le chef-lieu d'un fief considérable (1).

Château d'Ancy-le-Franc. — Parmi les grands châteaux de la seconde moitié du XVIe. siècle, on peut citer aussi celui d'Ancy-le-Franc, dans l'Yonne.

Le château d'Ancy-le-Franc fut commencé en 1555, sous Henri II, par les ordres d'Antoine de Clermont, dans la maison duquel était passé le comté de Tonnerre, jusque-là tenu en grand-fief. Ce fut sur les dessins du Primatice d'abord et sur ceux de Serlio plus tard, que s'éleva cet imposant édifice, achevé seulement en 1622.

Le caractère du château d'Ancy-le-Franc est, dit M. le baron Chaillou-des-Barres (2), le type de la régularité la plus parfaite. Le style de l'architecture est majestueux ; le développement de ses quatre façades entièrement uniforme est imposant.

(1) *Statistique monumentale du Calvados*, t. IV.

(2) *Histoire des châteaux d'Ancy-le-Franc, Tanlay, St.-Fargeau et Chastellux, département de l'Yonne*, un magnifique volume in-4°., avec dessins de M. V. Petit.

CHAPITRE VI.

PÉRIODE MODERNE.

Les châteaux du XVIIᵉ. siècle offrent encore bien des traits de ressemblance avec ceux de la fin du XVIᵉ.

Il étaient presque toujours, comme eux, au milieu d'un emplacement carré entouré de fossés pleins d'eau, garnis de murs en talus. Les
angles de cette esplanade offraient ordinairement des espèces de tours
ou de bastions en saillie et quelquefois de forme cylindrique.

G.dard sculp.   Bonet del.

ENCEINTE EXTÉRIEURE D'UN CHATEAU DE 1614.

Le château de Flers (Orne), dans quelques-unes de ses parties;

celui de Fresnay-le-Puceux (Calvados), bâti vers 1580 et fini sous Louis XIII, appartiennent à la même période aussi bien que celui de

ENTRÉE DU CHATEAU DE FRISNAY.

Dampierre; le dernier est remarquable par ses tours bizarres à toits hémisphériques en pierre, et ses guérites ou lucarnes en encorbellement.

VUE DU CHATEAU DE DAMPIERRE (Calvados).

En général, les châteaux du XVIIe. siècle ont des formes très-régulières ; ils se composent souvent d'un corps central allongé, et de deux ailes orientées transversalement aux deux extrémités de ce corps central, de manière à offrir la forme de deux L ou de deux T réunis par la base.

Les fenêtres étaient encore divisées en quatre parties par des croix en pierre, et quelquefois légèrement arquées au sommet ; celles qui s'élèvent au-dessus de la base du toit se terminent assez souvent par un fronton arrondi ou triangulaire.

Des modillons se voient presque constamment sous la corniche.

Les toits, sans être aussi élevés que ceux du XVIe. siècle, forment cependant encore un angle assez aigu ; les cheminées, également fort hautes, sont décorées à leur sommet de frontons triangulaires plus ou moins historiés.

Du reste, plus de rinceaux, plus d'arabesques sur les murs.

Parmi les manoirs appartenant au XVIIe. siècle, je citerai le château de Chiffrevast, près de Valognes, construit vers le commencement du XVIIe. siècle ;

Quelques parties, encore subsistantes, du château de Ste.-Marie-du-Mont (Manche) ;

VUE DU CHATEAU D'AUBIGNY.

Le château d'Aubigny, près de Falaise (en partie) ;

Celui de St.-Manvieu, près de Caen, bâti en 1627 ; on y voit aux angles des tourelles cylindriques en encorbellement, hémisphériques en-dessus et en-dessous.

Bouet del.

PARTIE DU CHATEAU DE SAINT-MANVIEU.

Les châteaux qui vont suivre montrent le développement de l'architecture moderne, depuis le commencement du XVIIe. siècle jusqu'au XIXe.

L'histoire de l'architecture militaire du moyen-âge finit, il est vrai, au XVIe. siècle et je devrais m'y arrêter; mais il n'est pas sans intérêt de suivre jusqu'à nos jours les transformations subies par l'architecture féodale.

D'ailleurs, les châteaux du temps de Louis XIII et ceux qui ont été élevés sous le règne de Louis XIV ont du caractère; ils forment une classe de constructions intéressante à étudier.

Bouet del.

CHATEAU DU DÉTROIT, PORTANT LA DATE 1634.

Bouet del.

CHATEAU DE GLATIGNY, CONSTRUIT VERS LE MILIEU DU XVII° SIÈCLE.

CHATEAU DE BALLEROY (Calvados), BATI D'APRÈS LE PLAN DE L'ARCHITECTE MANSARD.

Quelques parties remontent à 1614, mais la plus grande partie ne date que de la seconde moitié du XVII° siècle.

CHATEAU DE LA SECONDE MOITIÉ DU XVIIIe SIÈCLE.

V. Petit del.

Ce que j'ai dit en parlant de l'état de l'architecture urbaine à notre
époque (p. 297) s'applique à l'architecture des maisons de campagne
et des châteaux : il n'y a pas de style proprement dit de nos jours, on
a essayé de tous les styles ; certaines imitations de la Renaissance sont
assez satisfaisantes, et quelques-unes sont très-élégantes ; mais il ne faut
pas le dissimuler, l'ère des châteaux est passée. A présent que les for-
tunes se sont divisées et que la vie de campagne est plus solitaire
qu'autrefois, les grands châteaux sont devenus des charges dispen-
dieuses, des habitations peu commodes, et, sauf un petit nombre d'exceptions, on ne bâtit plus de châteaux, mais bien ce qu'on appelle des
PAVILLONS.

CONCLUSION.

Je ne terminerai pas cette instruction élémentaire sans recommander,
à ceux qui étudieront nos antiquités nationales, d'explorer avec un soin
tout particulier les *constructions civiles et militaires* du moyen-âge,
de les décrire et de les dessiner. Les églises subsisteront long-temps
malgré les mutilations et les restaurations qu'elles subissent. parce que
le respect qui les entoure les protège encore contre le vandalisme. ;
mais nos vieilles constructions civiles, mais nos tours féodales seront, à
une époque donnée, détruites de fond en comble. Chaque jour, je vois
le marteau et la mine saper, sans aucun profit réel, des ruines qui
animaient le paysage, qui fournissaient au voyageur un moyen de
s'orienter dans nos campagnes, et qui pour nous étaient des témoins
vivants des faits les plus importants de l'histoire locale. La Société
française d'archéologie pour la conservation des monuments lutte contre
cette stupide manie de détruire ; elle réussira quelquefois, elle achètera
çà et là quelques édifices ; mais elle ne pourra jamais en préserver qu'un
nombre bien restreint. Je conjure donc tous les amis de l'archéologie
d'explorer et de décrire les monuments civils et militaires du moyen-
âge *plus particulièrement que tous les autres*, afin que nous con-
servions au moins le souvenir de ceux que nos efforts n'auront pu
sauver.

FIN.

TABLE DES MATIÈRES.

———

Page 338. Supprimer : *la grande salle paraît sensiblement inclinée vers l'Est.*

Caen, imp. de A. Hardel.

L'architecture civile (monastique, publique ou privée) a subi dans la forme de ses ouvertures les mêmes changements que l'architecture religieuse, depuis le Ve. siècle jusqu'au XVIe.

L'A

Jusqu'au XIIe. siècle inclusivement les châteaux forts ont un donjon ou tour centrale occupée par le commandant de la place, qui affecte la forme carrée : cette forme avait été précédemment adoptée pour les donjons galloromains.

B

Au XIIIe. siècle, en même temps que l'ogive vient à dominer, les donjons prennent souvent la forme cylindrique.

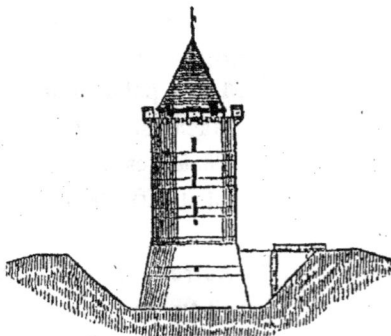

C

A partir du XIVe. siècle jusqu'au XVIe., les châteaux forts cessent le plus souvent d'être établis sur des éminences ; ils se rapprochent de la forme carrée. Le donjon se confond avec l'ensemble des constructions du château.

DE

L'ARCHÉOLOGIE.

www.ingramcontent.com/pod-product-compliance
Lightning Source LLC
Chambersburg PA
CBHW070624270326
41926CB00011B/1810